Dartsch · Musik lernen – Musik unterrichten

Michael Dartsch

Musik lernen – Musik unterrichten

Eine Einführung in die Musikpädagogik

Breitkopf & Härtel

Umschlagfotos Vorderseite (von oben nach unten):
Alex Emmer, Henrike Franke, Barbara Neumeier, Clarissa Schelhaas, Thomas Buse
Umschlagfoto Rückseite: Astrid Karger

BV 399
ISBN 978-3-7651-0399-5
2. Auflage 2020
© 2014 by Breitkopf & Härtel, Wiesbaden
Alle Rechte vorbehalten

Umschlaggestaltung: Marion Schröder, Wiesbaden
Notensatz: Ansgar Krause, Krefeld
Satz und Layout: Hubert & Co, Göttingen
Druck: Bräuning + Rudert OHG, Espenau
Printed in Germany

www.breitkopf.com

Inhalt

Kursiv und mit → gesetzte Seitenverweise beziehen sich auf den vorliegenden Text.

**Das umfangreiche Literaturverzeichnis finden Sie zum Download im PDF Format
auf www.breitkopf.com.**

Einleitung

Im vorliegenden Buch geht es um das Lernen und Unterrichten von Musik. Lernen soll dabei gemäß den üblichen Bestimmungen als dauerhafter Erwerb von Verhaltensmöglichkeiten verstanden werden (vgl. hierzu etwa: Gage, Berliner 1996, S. 231; Joerger 1987, S. 15ff.). So handelt das Buch also vom Gewinnen neuer Möglichkeiten im Umgang mit Musik. Besonders für Lehrkräfte eines Instruments – wobei hier stets auch die Stimme als Instrument eigener Art verstanden werden soll – dürfte dies ein zentrales Thema darstellen, sind sie doch von Berufs wegen bestrebt, genau dies im Unterricht zu fördern. Dabei stellen sich eine Reihe wichtiger Fragen:

- Wie kann man das Lernen von Musik möglichst wirkungsvoll initiieren?
- Was können die Gründe sein, wenn das Lernen weniger gut gelingt?
- Welche Voraussetzungen sollten gegeben sein?
- Warum ist das Ganze überhaupt förderungswürdig?

Für eine systematische Behandlung bieten sich die klassischen Fragewörter an (vgl. auch: Mahlert 2011, S. 20ff.):

- warum,
- wozu,
- was,
- wie,
- wer,
- wo.

In einem ersten Schritt soll gefragt werden, *warum* Menschen Musik lernen. Dabei zielt die Frage nicht auf die Zwecke, sondern auf die Ursachen des Musiklernens; es werden also Faktoren untersucht, die das Lernen von Musik maßgeblich beeinflussen. Als wichtige Faktoren sollen hier die **Begabung** (Kap. 1.1), die **Sozialisation** (Kap. 1.2), der **Übeeinsatz** (Kap. 1.3) und die **Motivation** (Kap. 1.4) beleuchtet werden. Der Frage nach der Begabung kommt dabei eine besondere Bedeutung zu, da sich aus ihrer näheren Bestimmung auch die Möglichkeit der „Musikalisierung" ergibt.

Natürlich hat auch die Frage nach den Zwecken ihre Berechtigung. Dabei soll das *Wozu* zunächst ganz allgemein auf die **Bedeutung der Musik für den Menschen** (Kap. 2.1) abzielen. Versuche einer Antwort auf diese Frage stellen schließlich eine Basis für die Legitimation von Musikunterricht bereit. Danach lässt sich jedoch auch konkreter nach allgemeinen **Zielen des Unterrichts** (Kap. 2.2) fragen. Deren Formulierung kann helfen, beim Unterrichten die Gesamtheit der Aufgaben im Blick zu behalten und den selbst erteilten Unterricht entsprechend zu planen und zu beurteilen.

Im pädagogischen Alltag stellt sich immer wieder auch die Frage, *was* eigentlich gelernt und unterrichtet werden soll. Hier werden nun fünf wichtige Lernthemen herausgegriffen, die mit grundlegenden Gedanken sowie teilweise auch mit Beispielen vertieft werden sollen. Zu Beginn geht es um die **Elementare Musikpraxis** (Kap. 3.1), die nicht nur für Lehrkräfte dieses Faches selbst von Bedeutung ist, sondern auch in den Instrumentalunterricht und den Musikunterricht an Schulen hineinreicht. Das **Erfinden von Musik** (Kap. 3.2) kann zwar als Teilbereich der Elementaren Musikpraxis aufgefasst werden, soll jedoch als grundsätzliche Möglichkeit des Umgangs mit Musik und auch des Instrumentalspiels eigens thematisiert werden, wobei hier besonders Möglichkeiten des Improvisierens in den Blick genommen werden sollen. Untrennbar mit jeder Art von Musikunterricht ist auch das **Verstehen von Musik** (Kap. 3.3) verbunden; diesem Themenfeld wird ebenfalls ein eigener Abschnitt gewidmet. Schwerpunkte bilden dabei die Solmisation und die Rhythmussprachen, deren unterschiedliche Ansätze und historische Entwicklungen eine genauere Behandlung verdienen. Zweifellos kommt auch dem **Interpretieren** (Kap. 3.4) eine unabweisbare Bedeutung im Rahmen des Instrumental- und Gesangsunterrichts zu; in diesem Zusammenhang soll insbesondere auch der Wandel ästhetischer Vorstellungen untersucht werden. Zuletzt wird das **Üben** (Kap. 3.5) – sicher ein zentrales Thema der Instrumental- und Vokalpädagogik – aus verschiedenen Blick-winkeln diskutiert.

An die Frage nach dem *Was* schließt sich unmittelbar diejenige nach dem *Wie* an. Hier sollen methodische Aspekte im weiteren Sinne entfaltet werden. Zunächst geht es dabei um den Aspekt der **Methodik in der Pädagogik** (Kap. 4.1), schließlich konkret um Verhaltensoptionen der Lehrkraft im Unterricht. Gewissermaßen als Exkurs soll es im Anschluss hieran um das **Methodenrepertoire der empirischen Forschung** (Kap. 4.2) gehen. Auch das Erreichen von Zielen im Musikunterricht kann mit diesen Methoden untersucht werden. Einige Beispiele aus eigenen Studien sollen dies illustrieren. So kann ein Eindruck davon vermittelt werden, wie sich auf diesem Gebiet forschen lässt und welche Schwierigkeiten sich dabei ergeben.

Die Frage nach dem *Wer* ließe sich auf vielfältige Weise stellen. Sie soll hier auf Zielgruppen und Unterrichtsformen bezogen werden. Zunächst werden die Charakteristika verschiedener **Altersgruppen** thematisiert (Kap. 5.1). Danach wird schlaglichtartig die Arbeit mit Menschen beleuchtet, für die ein **besonderer Förderbedarf** besteht (Kap. 5.2). Abschließend soll es um **Formen des Unterrichts** gehen: Lernt ein Einzelner, lernt eine Gruppe oder eine Klasse (Kap. 5.3)? Jede dieser Möglichkeiten soll mit ihren speziellen Chancen und Anforderungen bündig beschrieben werden. Lehrkräfte können mit allen diesen Formen rechnen und müssen sich in ihrem praktischen Handeln auf die jeweiligen Bedingungen einstellen.

Am Schluss soll auch das *Wo* Berücksichtigung finden. Hier beschäftigt sich der Text mit den verschiedenen **Institutionen des Musiklernens** (Kap. 6) in Deutschland. Unterschiede und Gemeinsamkeiten sollen deutlich werden, sodass sich ein Überblick über die musikpädagogische Landschaft ergibt. Als Charakteristikum kann die Trennung von schulischen und außerschulischen Lernumgebungen gelten. An dieser Stelle richtet sich der Fokus auf die vielfältigen Erscheinungsformen der außerschulischen Musikerziehung.

Selbstverständlich könnten die hier behandelten Themen jeweils ausführlicher beleuchtet werden; über viele von ihnen sind eigene Bücher verfasst worden. Die zahlreichen Quellenangaben ermöglichen den Zugriff auf einschlägige Literatur. Auf grundlegende Titel zu den Hauptthemen wird jeweils im Anschluss an die Kapitel verwiesen. Das vorliegende Buch möchte jedoch einen Überblick über das gesamte Themenspektrum liefern und versteht sich in diesem Sinne ebenso als Einführung in die Musikpädagogik wie auch – in seiner deutlichen Fokussierung auf den Instrumentalunterricht, seine Bedeutung, seine Ziele, Inhalte und Methoden – als Grundriss der Allgemeinen Instrumentaldidaktik. Dass konkrete Bezüge zum Unterricht häufig aus dem Bereich der Violinpädagogik genommen sind, hat seinen Grund im Hauptinstrument des Autors; hierfür sei um Nachsicht gebeten. Vielleicht können mit den Beispielen vergleichbare Überlegungen für das eigene Instrument oder die Stimme angeregt werden. Mit der Behandlung grundlegender Fragen des Musiklernens berührt das Buch aber gleichzeitig auch die Felder der Elementaren Musikpädagogik sowie des Musikunterrichts an Schulen. Alle genannten Praxisbereiche könnte man schließlich in einem allgemeinen Sinne als Musikunterricht bezeichnen.

Die Texte verstehen sich als Ausgangspunkt für weiterführende Fragen, Diskussionen, Referate und Vertiefungen – etwa im Rahmen eines Seminars –, als Hilfe zur Prüfungsvorbereitung, aber auch als Anstoß zur Reflexion des praktischen Tuns. Damit richtet sich das Buch zunächst an Studierende der Musikpädagogik, aber durchaus auch an Lehrkräfte, die bereits in der Praxis arbeiten und über Hintergründe ihrer Arbeit nachdenken möchten. Die Gedankengänge in den beiden theoretischer ausgerichteten Kapiteln zu den Einflussfaktoren sowie zur Bedeutung des Musiklernens wollen schließlich auch als Beitrag zur Fachdiskussion verstanden werden, etwa wenn es um die Begriffe der Begabung und der Musikalisierung oder um den Komplex übergreifender Ziele geht. Bei allem aber soll die Praxis nie aus dem Blick geraten; innerhalb jedes Kapitels sollen daher auch Folgerungen für das pädagogische Handeln bedacht werden. Wenn das Buch hier zur Orientierung beitragen kann, wäre ein wichtiger Zweck erfüllt.

Remagen und Saarbrücken, Herbst 2013　　　　　　　　　　　　Michael Dartsch

1 Einflussfaktoren

1.1 Begabung

Der Begriff der Begabung wird von Lehrkräften nicht selten im Munde geführt. Sie erzählen etwa davon, eine sehr begabte Schülerin zu unterrichten, oder klagen über unbegabte Schüler. In Bezug auf Musik wird auch davon gesprochen, jemand sei sehr musikalisch. „Musikalität" wird dabei als Synonym für „musikalische Begabung" gebraucht. Hier soll nun untersucht werden, wie sich der Begriff der musikalischen Begabung wissenschaftlich fassen lässt.

Schon das Wort „Begabung" legt es nahe, das Gemeinte als Gabe zu verstehen, also als etwas, das dem Menschen mitgegeben ist, das er sich mithin nicht selbst erarbeitet hat. Hierfür wird auch das Wort „Talent" benutzt. Dementsprechend schwingt wohl für viele Menschen im Begabungsbegriff die Konnotation des Angeborenen mit. Musikalität müsste dann bereits in der genetischen Ausstattung eines Neugeborenen angelegt sein. Musikalität ließe sich weiter als Persönlichkeitsmerkmal verstehen, da einem Menschen eine bestimmte Ausprägung von Musikalität relativ dauerhaft zugeschrieben wird; Musikalität ändert sich nicht von heute auf morgen und unterscheidet sich von Mensch zu Mensch (vgl. Schneewind 1994, S. 206). Die Unterschiede in Bezug auf Persönlichkeitsmerkmale werden heute tatsächlich zu einem gewissen Anteil auf die genetische Ausstattung zurückgeführt. Dies legen Untersuchungen an eineiigen Zwillingspaaren nahe, bei denen die Ausprägungen von Merkmalen auch dann noch vergleichsweise stark zusammenhängen, wenn sie getrennt aufgewachsen sind. An den dennoch bestehenden Unterschieden in den Ausprägungen eineiiger Zwillinge lassen sich die Einflüsse der Umwelt festmachen. Demgegenüber zeigen sich bei normalen Geschwistern statistisch geringere Zusammenhänge als bei eineiigen Zwillingen, gleichwohl sind die Zusammenhänge bei echten Geschwistern immer noch stärker als bei Adoptivgeschwistern. Hier werden genetische Einflüsse greifbar. So lassen sich etwa Intelligenzunterschiede bei Jugendlichen unseres Kulturkreises grob zur Hälfte durch die unterschiedlichen Gene erklären (vgl. Asendorpf 1988, S. 30, 259ff.). Zwar ist es derzeit nicht möglich, bestimmte Persönlichkeitseigenschaften speziellen Genen zuzuordnen; dementsprechend lässt sich auch kein Musikalitätsgen benennen. Musikalität lässt sich noch nicht einmal mit einer bestimmten neurologischen Ausstattung in Zusammenhang bringen oder an ihr ablesen (vgl. Sloboda 2002, S. 567). Dennoch erscheint es vor dem Hintergrund der persönlichkeitspsychologischen Erkenntnisse vernünftig, auch Musikalitätsunterschiede zu einem gewissen Anteil auf genetische Unterschiede zurückzuführen.

Musikalität und Hormone

Eine biologische Vermittlungsgröße könnte die Ausschüttung des männlichen Hormons Testosteron im Mutterleib bilden. Der Zeitpunkt und die Menge der Testosteronausschüttung in der Fötalzeit beeinflussen eine Reihe verschiedenster Merkmale, darunter auch das Verhältnis des Zeigefingers zum Ringfinger. Dieses fällt bei Männern tendenziell deutlich kleiner als Eins aus – der Ringfinger ist also der längere Finger –, bei Frauen hingegen neigt es zu einem etwas höheren Wert. Das Größenverhältnis der Finger dient daher als Indikator für frühe Testosteronausschüttungen. Wirkt Testosteron später auf das sich entwickelnde Gehirn ein, so scheint dies die Entwicklung der rechten Gehirnhälfte zu stimulieren. Damit wächst offensichtlich die Wahrscheinlichkeit, dass der Mensch zum Linkshänder wird, dass Immunerkrankungen wie etwa Allergien auftreten, dass Sprache stärker in beiden Hirnhälften verarbeitet wird, dass sich eine räumliche Begabung und eben auch eine Befähigung zur Musik zeigen. Schließlich sorgt das Zusammenspiel der Hormone in diesem Fall für eine androgyne Tendenz: Bei Jungen findet sich dann im Vergleich zu anderen Jungen weniger Testosteron, bei Mädchen eher mehr. Tatsächlich sind alle diese Merkmale auch bei Musikern beobachtet worden, sie bestätigen sich teilweise besonders bei männlichen Probanden. So fanden sich unter Musikern überdurchschnittlich viele Linkshänder, Anfälligkeit für Asthma, Allergien und Migräne, eine stärker auf beide Gehirnhälften verteilte Sprachverarbeitung, eine räumliche Begabung und nicht zuletzt eine androgyne Tendenz. Man kann dies auch zur Erklärung nachlassender musikalisch-kreativer Leistungen in der Pubertät heranziehen, denn zu diesem Zeitpunkt verändert sich die Hormonausschüttung in Richtung des eigenen Geschlechts und vermindert so die Androgynität. Die Psychologin Marianne Hassler legt einen Schwerpunkt ihrer Untersuchungen auf die Androgynität von Musikerinnen und Musikern mit kompositorischen, also kreativ-musikalischen Fähigkeiten (Hassler 1998, S. 58ff.; 2011). Der Psychologe Anthony Kemp fand bei Musikerinnen und Musikern Hinweise auf psychologische Androgynität, das heißt auf Merkmale, die traditionell dem anderen Geschlecht zugeschrieben werden (Kemp 1985). Ähnlich berichtet die Psychologin Mona Vogl von tendenziell reizbaren und durchsetzungsorientierten Musikstudentinnen sowie von zögerlichen und gelassenen männlichen Musikstudenten; insbesondere unter den männlichen Geigern und Pianisten fand sie Verschlossenheit (Vogl 1993, S. 91ff.). Dagegen wiesen männliche Orchestermusiker in einer Untersuchung der Neurowissenschaftlerin Vanessa Sluming und des Psychologen John Manning unterdurchschnittliche Zeigefinger-Ringfinger-Verhältnisse auf, was auf höhere Testosteronwerte, also eine hormonell stärker ausgeprägte Männlichkeit hinweist; ihrer Ansicht nach könnte dies aber auch mit der Durchsetzungskraft erklärt werden, die nötig ist, um die Konkurrenz um eine Orchesterposition für sich zu entscheiden (Sluming, Manning 2000). Tatsächlich deutet ein männliches Fingerverhältnis der rechten Hand tendenziell auch auf höhere Aggressivität hin (Benderlioglu, Nelson 2004; Bailey, Hurd 2005;

vgl. insgesamt: Geschwind, Behan 1982; Geschwind, Galaburda 1986; Hassler 1992; 1998; 1999; Sluming, Manning 2000; Ostatníková, Laznibatová, Putz et al. 2002; vgl. auch: Gembris 1998a, S. 135ff.; Hoppe, Stojanovic, Elger 2006, S. 5f.). Alles in allem spricht die Verflochtenheit mit biologischen Prozessen und einer Vielzahl physiologischer Merkmale dafür, dass sich Musikalität nicht ausschließlich auf Umweltfaktoren zurückführen lässt.

Musikalität und Intelligenz

In jüngerer Zeit wurden Zusammenhänge mit dem Testosteronspiegel auch für die Intelligenz von Schulkindern nachgewiesen (Ostatníková, Celec, Putz et al. 2007). Tatsächlich erscheinen biologische Einflüsse auf die Musikalität noch plausibler, wenn man diese als besondere Form der Intelligenz ansieht. Genau dies tut der Psychologe Howard Gardner, der von einem Bündel verschiedener Intelligenzen ausgeht. Jede dieser Intelligenzen bezieht sich auf den Umgang mit einer bestimmten Klasse von Symbolen oder Grundfunktionen. So betrifft etwa die *sprachliche Intelligenz* den Umgang mit Wörtern, die *logisch-mathematische Intelligenz* den Umgang mit Zahlen und Relationen, die *körperlich-kinästhetische Intelligenz* den Umgang mit dem Körper und die *soziale Intelligenz* den Umgang mit anderen Menschen. Weiter nennt Gardner eine räumliche sowie eine intrapersonale Intelligenz, welche sich auf den Umgang mit eigenen Emotionen bezieht. Neuerdings hat er noch eine naturkundliche und eine Lebensintelligenz ergänzt, wobei die letzte auf existenzielle Fragen des menschlichen Lebens zielt. Für den Umgang mit Klängen und Rhythmen macht Gardner eine eigene Form der Intelligenz, die musikalische Intelligenz geltend. Da diese für ihn eine „strukturelle Parallele" zur sprachlichen Intelligenz darstellt, wäre es seiner Ansicht nach „weder wissenschaftlich noch logisch gerechtfertigt, die eine (meist ist es die sprachliche) als Intelligenz zu bezeichnen, die andere hingegen (meist ist es die musikalische) als Talent" (vgl. Gardner 2002, S. 50f., 56).

Hierfür aber plädiert der Psychologe Detlef Rost, für den sich Gardners Konzept der multiplen Intelligenzen als empirisch nicht haltbar darstellt. Aufgrund der für ihn deutlich erkennbaren Zusammenhänge zwischen den unterschiedlichen Intelligenzdomänen vertritt Rost das Konzept eines *Generalfaktors der Intelligenz* (Rost 2009; vgl. Spearman 1904; Stern, Neubauer 2013, S. 55ff.). Auch wenn Verbindungen zu einer allgemein kognitiven Intelligenz bestehen (vgl. Spearman 1904; Gembris 1998a, S. 129ff.; Gordon 1998, S. 81), scheint aber eine hohe Musikalität keine zwingende Zutat einer hohen allgemeinen Intelligenz zu sein. Musikalität stellte sich vielmehr auch in der statistischen Analyse bereits früh als eigener Teilfaktor heraus. Folgt man dem Psychologen Charles Spearman, der in seinen Forschungen als erster auf den allgemeinen Intelligenzfaktor stieß (vgl. Spearman 1904), fließt in jede intellektuelle Leistung außer der allgemeinen Intelligenz noch ein weiterer für die jeweilige Domäne spezifischer Faktor ein (vgl. Rost 2009, S. 26f.; 76). Auf dem Gebiet der Musik könnte dieser hier vergleichsweise bedeutsame Faktor als Musikalität bezeichnet werden.

Im Bereich der Intelligenzforschung setzt sich also nach Ansicht von Rost ein hierarchisches Modell durch: In den Hauptfaktor der allgemeinen Intelligenz gehen einige Unterfaktoren ein, die sich wiederum jeweils aus verschiedenen Teilfaktoren speisen. Das etablierte „Berliner Intelligenzstrukturmodell" geht von den Inhaltsbereichen *sprachgebundenes Denken, zahlengebundenes Denken* und *anschauungsgebundenes Denken* aus und bezieht jeden dieser Bereiche auf die Operationsfacetten Verarbeitungskapazität, Einfallsreichtum, Gedächtnis und Bearbeitungsgeschwindigkeit (Jäger 1984, S. 25ff.; vgl. Rost 1997, S. 552ff.; Süß 2003, S. 219f.; Rost 2009, S. 65ff.).

Wenngleich für Musikalität keine empirisch-statistischen Ergebnisse vorliegen, aus denen sich vergleichbare Faktoren herauslesen ließen, lassen sich doch Überlegungen anstellen, die ihre Plausibilität aus der praktischen Erfahrung innerhalb der Musikpädagogik beziehen. Auch hinsichtlich der *musikalischen Begabung* sind verschiedene Facetten zu beobachten: So fällt manchen Menschen insbesondere das *hörende Strukturieren von Musik* leicht, ihre Domänen sind Musiktheorie und Gehörbildung, vielleicht auch das Blattspiel und das Partiturspiel, wo es ebenfalls auf das Erfassen von Strukturen ankommt. Bei anderen liegen die Stärken eher im *Singen und Gestalten von musikalischen Spannungsbögen und Klangfarben*; Phrasierungsfähigkeit und emotionale Durchdringung einerseits sowie Klangsinn andererseits könnten hier sogar Teilfaktoren einer Ausdrucksbegabung darstellen. Wieder anderen bereitet besonders das *Umsetzen von Musik in Spielmotorik* vergleichsweise wenige Schwierigkeiten. Schließlich gibt es Musikerinnen und Musiker, die *im Zusammenspiel besondere Qualitäten* zeigen, etwa ein Ensemble anführen oder andere sensibel begleiten können. Im Bereich des Jazz fallen außerdem präzises Timing und Improvisationsfähigkeit ins Gewicht. In solche Faktoren mögen allgemeine Merkmale wie kognitive Leistungsfähigkeit, Empathie und Kommunikationsvermögen sowie die motorische Lern- und Steuerungsfähigkeit mitsamt den entsprechenden neuronalen Dispositionen einfließen. Aufs Ganze gesehen lässt sich der Begriff der Musikalität also in einer gewissen Analogie zu dem der Intelligenz behandeln: Auch hier könnte es verschiedene Inhaltsbereiche und Unterfaktoren geben. Tatsächlich verwendeten bereits in den 30er-Jahren des 20. Jahrhunderts zwei Pioniere der Musikalitätsforschung, nämlich Herbert Wing und Carl Seashore, den Begriff der „Musical Intelligence" anstelle des Begriffs der „Musicality" (Wing 1970; Seashore 1967, S. 175ff.; vgl. Gembris 1998a, S. 68).

Die Bedeutung der Umwelt

Gerade der Begriff der musikalischen Intelligenz aber legt es nahe, wie bei der generellen Intelligenz neben den genetischen Einflüssen auf die Unterschiede in der Bevölkerung auch Umwelteinflüsse anzunehmen. Eine als musikalische Intelligenz verstandene Musikalität ließe sich also nicht ausschließlich als angeborene Gabe verstehen. Vielmehr muss man davon ausgehen, dass die genetische Ausstattung fast nie direkt zu bestimmten Eigenschaftsausprägungen führt, sondern auf vielfältige Weise im Wechselspiel mit der Umwelt steht. Selbst Merkmale wie Körpergröße und Haarfarbe hängen von Umwelteinflüssen ab, etwa von Ernährung und Klima. So kann der Hirnforscher Wolf Singer sagen: „Es gibt fast keine Eins-zu-eins-Beziehung zwischen genetischen Instruktionen und bestimmten Eigenschaften, schon gar nicht im Bereich von Begabungsspektren und Persönlichkeitsmerkmalen" (Singer 2002, S. 79). Gene repräsentieren ein spezifisches Potenzial zur Herstellung von Proteinen, Enzymen und anderen organischen Molekülen; welche dieser Möglichkeiten in die Tat umgesetzt, welche Sequenzen im komplexen Gefüge der Erbinformationen schließlich chemisch „umgeschrieben" werden, hängt dabei von Umwelteinflüssen ab (vgl. Wendt 1997, S. 23). So wie die Beschaffenheit des Bodens für Wuchs und Gestalt einer Pflanze mitverantwortlich ist, muss auch den angeborenen Potenzialen gewissermaßen der Boden bereitet werden. Da dies nie auf optimale Weise geschehen wird, geht der amerikanische Musikpsychologe Edwin E. Gordon davon aus, dass das musikalische Potenzial – er spricht von „Music Aptitude" – von Tag zu Tag kleiner wird. Durch eine förderliche Umwelt könne diesem Schrumpfungsprozess wenigstens teilweise entgegengewirkt werden. Eigene Untersuchungen über mehrere Jahre hinweg veranlassen ihn schließlich zu der Folgerung, dass die Abnahme der musikalischen Begabung im Alter von etwa neun Jahren zum Stillstand kommt und das Begabungsniveau fortan auf dem dann erreichten Stand verbleibt (Gordon 1981; 1998, S. 9f.).

Musikalität bezeichnet nach diesem Verständnis ein Potenzial, das durch die umweltbedingte Verwirklichung genetisch angelegter Möglichkeiten bestimmt wird. Neben dem quantitativen Grad der Umsetzung, also einem Mehr oder Weniger an verwirklichten Möglichkeiten, sollte auch an qualitative Aspekte gedacht werden, die wohl ebenfalls von Umwelteinflüssen abhängen. Wie sich eine Begabung letztlich äußert, auf welchem Gebiet sie sich entfaltet – etwa auf welchem Instrument und in welcher Musikrichtung – dürfte wiederum nicht in den Genen geschrieben stehen, sondern mit individuellen Erfahrungen zusammenhängen. Schließlich muss grundsätzlich gefragt werden, wie sich musikalische Begabung zeigt, an welchen inhaltlichen Kriterien sie letztlich festgemacht werden soll, wofür also ein musikalischer Mensch eigentlich begabt ist.

Historische Musikalitätskriterien

Diese Frage ist im Laufe der Geschichte der Musikalitätsdiskussion ganz unterschiedlich beantwortet worden (vgl. zum Folgenden: Gembris 1998a, S. 65ff.). Der Philosoph Christian Friedrich Michaelis (vgl. Naragon 2010), der im selben Jahr geboren wurde wie Ludwig van Beethoven, publizierte zu Beginn des 19. Jahrhunderts den Zeitungsbeitrag „Über die Prüfung der musikalischen Fähigkeiten" (Michaelis 1805a–c). Unter anderem zeigt sich musikalische Begabung für ihn an der *musikalischen Einbildungskraft* und insbesondere am *guten Geschmack*. Hier denkt Michaelis an eine Vorliebe für „gute Kompositionen" sowie an Vergnügen und Interesse daran (Michaelis 1805b, S. 224f.). Am Ende des Jahrhunderts werden die Akzente bereits anders gesetzt. Die nachgelassene Schrift „Wer ist musikalisch?" des Arztes Theodor Billroth (vgl. Enersen 2010) wurde von dessen Freund, dem Musikkritiker Eduard Hanslick, herausgegeben (Billroth 1985, S. 288ff.) und hebt zunächst auf eine angeborene Fähigkeit zum *Wahrnehmen von Klängen und Rhythmen* ab. Das eigentlich Musikalische beginnt jedoch für Billroth erst mit dem *Behalten von Melodien* – einer ersten Art musikalischen Verständnisses – und letztlich dem *Erkennen musikalischer Formen.*

Rezeptive Fähigkeiten und Gedächtnisleistungen, wie sie Billroth als Grundlagen musikalischer Begabung ansieht, werden tatsächlich in den einige Jahrzehnte später entwickelten Musikalitätstests erhoben. In den klassischen Tests von Carl Seashore, Arnold Bentley und Herbert Wing sollen die Testpersonen beispielsweise beurteilen, ob zwei eingespielte Töne, Rhythmen, Akkorde oder Tonfolgen gleich oder verschieden sind (Seashore 1966; Bentley 1968, S. 47ff.; Wing 1970; vgl. Gordon 1998, S. 21ff.; Gembris 1998a, S. 115ff.; Oerter, Lehmann 2008, S. 90ff.). Dagegen kann man in der Betonung eines formalen Musikverständnisses bei Billroth auch den Einfluss des Freundes und Herausgebers Hanslick erkennen, der ja als Gegner der „Neudeutschen" um Liszt und Wagner den Ausdruck von Inhalten durch Musik leugnete (vgl. Eggebrecht 1998, S. 666) und im Gegenentwurf „tönend bewegte Formen" als alleinigen Inhalt der Musik ansah (Hanslick 1973, S. 32). Das Erkennen jener Formen schien so die angemessene Art der Beschäftigung mit Musik und folglich auch das Maß von Musikalität zu sein. Ähnlich bedingt durch ihre Zeit erscheinen auch die Vorstellungen, die bei Michaelis zum Ausdruck kommen: Der gute oder feine Geschmack stand nicht zuletzt im Mittelpunkt der damaligen Instrumentalausbildung, wie ein Blick in die berühmten Schulwerke von Carl Philipp Emanuel Bach (Bach 1986, S. 3) und Leopold Mozart (Mozart 1983, S. X3) zeigt. Die Einbildungskraft wiederum stellt bei Immanuel Kant, welcher im Jahr vor der Veröffentlichung der Schrift von Michaelis gestorben war, zusammen mit dem Verstand einen Teil des menschlichen Erkenntnisvermögens dar (Kant 1996b, S. 298).

Aktuelle Musikalitätskriterien

Eine kulturübergreifende Musikalitätsbestimmung müsste auf die Musik verschiedenster Genres und Regionen anwendbar sein. Vor diesem Hintergrund sei nun ein Blick auf neuere Ansätze geworfen: Der Musikpsychologe John Sloboda formuliert: „Musical ability is the ability to ‚make sense' of music" (Sloboda 1993, S. 106). Dieses Erkennen von Sinn bezieht er im Einzelnen auf das *Erinnern von Musik,* das *Ergänzen musikalischer Bestandteile,* das *Beurteilen der Regelkonformität von Musik* und das *Erkennen ihres emotionalen Gehalts,* wobei sich alle diese Fähigkeiten auf die Musik des je eigenen Kulturkreises mit ihren jeweiligen Vorgaben und Konventionen richten (S. 107). Alle vier Varianten des Sinnerkennens lassen sich ohne Schwierigkeiten auf Musik jeder Art anwenden.

Einen ähnlichen Ansatz verfolgt der Musikwissenschaftler John Blacking. Er bezieht sich wiederum auf musikalische Intelligenz und sieht in ihr eine kognitive und affektive Ausstattung des Gehirns „with which people make musical sense of the world" (Blacking 1990, S. 72). Zu Recht bemerkt der Musikpädagoge und Musikwissenschaftler Heiner Gembris, dass in dieser Definition das eigenständige Erzeugen von Musik aus Umwelteindrücken anklingt. Ob etwas als Musik wahrgenommen wird, entscheidet sich demnach im einzelnen Menschen. Gembris zeigt schließlich eine weitere Korrespondenz auf, indem er auf eine Definition des Musikwissenschaftlers Gino Stefani hinweist, in der dieser musikalische Kompetenz als „ability to produce sense through music" bezeichnet (Stefani 1987, S. 7). Für Stefani fallen hierunter so verschiedene Bereiche wie
* das Wahrnehmen grundlegender musikalischer Strukturen,
* das Teilen sozialer Praktiken des Umgangs mit Musik,
* das Verwenden grundlegender Techniken der Musik,
* das Verständnis für Stile und
* der adäquate Umgang mit einzelnen Werken.

In allen diesen Fällen wird auf spezifische Weise Sinn produziert, was auf mehr oder weniger angemessene Weise geschehen kann (vgl. insgesamt auch: Gembris 1998a, S. 82ff.).

Das *Produzieren von Sinn,* das in den genannten neueren Ansätzen zur Musikalität als Kriterium herangezogen wird, korrespondiert nun auch mit einem Teil der Intelligenzdefinition Gardners. Für Gardner enthält Intelligenz ein schöpferisches Element. Wer innerhalb eines kulturellen Umfelds Informationen so verarbeiten kann, dass daraus geistige oder materielle Güter geschaffen werden, gilt demnach als intelligent. Sprachliche Intelligenz zeigt sich demnach auch im kreativen Umgang mit Wörtern bis hin zum Dichten. Musikalische Intelligenz beinhaltet das Schaffen neuer musikalischer Werke oder Interpretationen. Es ist klar ersichtlich, dass in solchen Fällen ein spezifischer Sinn erzeugt wird. Daneben nennt Gardner allerdings noch ein zweites Element von Intelligenz, das auch traditionelle Intelligenzdefinitionen kennzeichnet, das *Lösen von Problemen* (Gardner 2002, S. 45ff.). Auch hierfür müssen Informationen verarbeitet werden, schließlich werden diese neu organisiert und umstrukturiert (vgl. Joerger 1987, S. 134). So erscheint das Herausbilden von Strukturen als das verbindende Element des Schöpferischen und des Lösens von Problemen, also der beiden Bestandteile von Gardners Intelligenzdefinition.

Zur Begriffsbestimmung

Auf der Grundlage des bisher Erörterten soll nun eine eigene Definition musikalischer Begabung zur Diskussion gestellt werden:

Musikalität oder musikalische Begabung soll verstanden werden als das Potenzial zur Herausbildung neuer musikbezogener Muster.

Einige Begriffe dieser knapp gehaltenen Bestimmung bedürfen einer näheren Erläuterung. Der Begriff des „Musters" wird hier dem der Struktur (vgl. Karma 1994) vorgezogen. Er lässt sich auch auf die neuronalen Erregungsmuster beziehen, die stets zugrundeliegen. Die Definition ist bewusst so allgemein gehalten, dass sie:
- verschiedene Arten von Mustern und auch
- verschiedene Aktivitätstypen einschließt, in denen sich die Herausbildung von Mustern vollziehen kann.

Als *Arten von Mustern* sind zunächst kognitive, emotionale und körperliche Muster, dann aber auch Muster sozialen Verhaltens zu nennen. *Kognitive Muster* resultieren aus der mit Hilfe des Denkens erfolgten Verarbeitung von Wahrgenommenem, wenn aus dem Gehörten etwa Motive, Variationen, Wiederholungen oder andere Elemente der musikalischen Form und Faktur herausdestilliert werden. Dies beginnt mit der Unterscheidung von gleich und verschieden, mit dem Feststellen von Differenzen, wodurch sich Konturen aus dem ungeordneten Chaos herausschälen. Für den Psychologen Robert Mills Gagné stellt die Diskrimination, das unterscheidende Trennen von Eigenschaften die Basis aller intellektuellen Fähigkeiten dar (Gagné 1980, S. 106ff.). Erst durch das Unterscheiden entsteht schließlich Information, ohne sie liegt nur ein undifferenziertes Rauschen vor (vgl. Bateson 1984, S. 39f., 123).

Als *Sonderform der Emotion* soll die *Motivation* gelten. Auch wer bestimmte Motive in Bezug auf Musik entwickelt, etwa eine Musik gerne noch einmal hören oder ein Instrument ausprobieren möchte, bildet ein emotionales Muster aus.

Als *körperliche Muster* kommen Bewegungen und Spannungszustände in Betracht, die sich auf Musik beziehen, diese wiederum basieren auf dem Zusammenspiel von Bewegungssteuerung und Körperwahrnehmung, also auf sensomotorischen Fähigkeiten. Dies kommt etwa zum Tragen, wenn Musik in tänzerische Bewegungen einschließlich eines bestimmten Körpertonus umgesetzt wird oder wenn Spielbewegungen zum Hervorbringen bestimmter musikalischer Nuancen eingesetzt werden. In diesen Fällen liegt die Musik sozusagen im Körper; der Klang eines Instruments ist ja nur die Folge entsprechender Bewegungen. Das Einbeziehen körperlicher Muster in die Musikalitätsbestimmung lässt auch Begabungen für bestimmte Instrumente – etwa eine pianistische oder geigerische Begabung – und natürlich auch eine tänzerische Begabung zu. Diese Formen der Begabung stellen sozusagen Schnittflächen zwischen der musikalischen und der körperlich-kinästhetischen Intelligenz Gardners dar.

Beim gemeinsamen Musizieren finden sich schließlich auch *Muster sozialen Verhaltens* wie das Aufeinanderhören und das musikalische Führen.

Folgt man dem Psychiater Luc Ciompi, dann bilden integrierte Fühl-, Denk- und Verhaltensprogramme die „Bausteine der Psyche". Dabei sind Fühlen, Denken und Verhalten aufs Engste miteinander verbunden (vgl. Ciompi 1999, S. 46ff.), sodass kaum von rein kognitiven, emotionalen oder körperlichen Mustern auszugehen ist. Vielmehr kommt kognitiven Mustern stets auch ein emotionales Moment der persönlichen Wertung und Bedeutsamkeit sowie eine Verhaltenstendenz zu, wie umgekehrt auch emotionale Muster von Denken und Verhaltenstendenzen begleitet sind. Auch mit einer Spielbewegung wird man sich – emotional – mehr oder weniger wohlfühlen, gleichzeitig wird diese – kognitiv – in Vorstellungen über den Umgang mit dem Instrument eingeordnet. Schon deshalb liegt es nahe, alle diese Mustertypen als Kriterium für Musikalität zu berücksichtigen. Musikalität zeigt sich ebenso im denkenden Durchdringen von Musik wie im emotionalen Reagieren auf sie, im körperlichen Hervorbringen oder Umsetzen, und schließlich auch in der Fähigkeit, musikalisch auf Musizierpartner einzugehen und zu reagieren.

Bezüglich der *Aktivitätstypen* ist festzuhalten, dass das Herausbilden von Mustern nicht an eine bestimmte Aktivitätsform wie etwa das Hören gebunden ist. Vielmehr kann es beim praktischen Umgang mit Musik, also beim Singen, beim Spielen eines Instruments oder auch beim Tanzen, ebenso wirksam werden wie beim Wahrnehmen von Musik. Daneben kann Musik auch bloß gedacht werden, etwa bei der Erinnerung an die Musik, beim stummen Lesen von Noten oder beim Komponieren von Musik. Bei all diesen Aktivitäten können sich kognitive, emotionale und körperliche Muster herausbilden; selbst beim bloßen Vorstellen von Musik kann deren Spannungsverlauf körperlich mitvollzogen werden und können Teile des Körpers mitschwingen.

Weiter können sich Muster in stärker rezeptiven oder aber eher kreativen Zusammenhängen herausbilden. Auf der *rezeptiven* Seite wäre beispielsweise das Speichern und Erinnern musikalischer Strukturen, Ausdrucksgehalte und Spielbewegungen anzusiedeln. Das Rezeptive steht dem Improvisieren und Komponieren sowie dem Ausdruck von Emotionen gegenüber, womit zweifellos *kreative* Prozesse benannt sind. Das Speichern von Spiel- und Tanzbewegungen fände auf der kreativen Seite sein Pendant im Finden und Entwickeln von Bewegungen bis hin zum Choreografieren und zum improvisierten Tanz. Im Bereich des Zusammenspiels gilt es, Nuancen desselben, die im Probenverlauf etabliert wurden, auch im Ernstfall zu erinnern; als kreative Leistung kann das Aussenden von Signalen gelten, die dem Zusammenspiel dienen, wie es etwa für das Übernehmen der musikalischen Führung und das Dirigieren unerlässlich ist. Bezieht man das rezeptive Element – das heißt: die Speicherpräzision – und das kreative Element auf das „Berliner Intelligenzstrukturmodell" (→ S. 7), könnte man mutmaßen, dass sie dort der *Gedächtnisfacette* und der Facette des *Einfallsreichtums* entsprechen. Dabei könnten in die kreative Seite auch allgemeine Persönlichkeitsmerkmale wie geistige Offenheit einfließen (vgl. McCrae, Costa 1990, S. 44).

Der Bezug auf die *Neuigkeit* der Muster unterscheidet die Musikalität schließlich von der *musikalischen Leistungsfähigkeit*. Diese zeichnet sich durch die Anwendung bereits gelernter Muster aus. Ein Muster gilt genau dann als gelernt, wenn es als Möglichkeit für zukünftiges Agieren oder Reagieren zur Verfügung steht. Demgegenüber zeigt sich *musikalische Begabung* gerade im Erschließen neuer Muster. Da dieses Erschließen die Voraussetzung von Lernprozessen darstellt, könnte Musikalität auch als *musikbezogene Lernfähigkeit* verstanden werden, so wie sich auch Konzepte finden, welche Intelligenz als *allgemeine Lernfähigkeit* bestimmen (vgl. Spinath, Spinath, Borkenau 2008, S. 105). Dennoch liegen eine so bestimmte Musikalität und die musikalische Leistungsfähigkeit dichter beieinander, als man denken sollte, was sich besonders an Mustern zeigen lässt, die gelernten Mustern ähnlich sind. Sie enthalten damit Bekanntes ebenso gut wie Neues. Das Herausbilden ähnlicher Muster kann so als Anwachsen der musikalischen Leistungsfähigkeit und zugleich als Anzeichen für Musikalität gelten. Es schließt sich die Frage an, ob es überhaupt Muster geben kann, die ausschließlich Neues oder ausschließlich Bekanntes enthalten, ob nicht also das lernende Fortschreiten von Mustern zu ähnlichen Mustern den Normalfall bildet. Hieraus müsste man schließen, dass Musikalität und musikalische Leistungsfähigkeit die Pole eines Kontinuums bilden: Je mehr Neuigkeitswert einem gebildeten Muster zugeschrieben werden kann, desto mehr spricht dies für eine Zuschreibung von Musikalität; je weniger Neues in einem erworbenen Muster liegt, desto eher scheint es gerechtfertigt, von einer Leistungssteigerung zu sprechen, ohne den Musikalitätsbegriff zur Erklärung heranzuziehen.

Auch der Begriff des „Potenzials" soll im Hinblick auf die vorgeschlagene Bestimmung von Musikalität näher beleuchtet werden. Er steht hier für die jeweils bestehenden Möglichkeiten eines Menschen, die sich aus dem Zusammenspiel von Genen und biografischen Faktoren ergeben haben. Ein Potenzial kann schließlich höher oder niedriger sein; dementsprechend sagt die Feststellung, jemand sei musikalisch, eigentlich nichts Präzises aus, da der Grad der Musikalität dabei nicht ausdrücklich thematisiert wird. Ist mit einer solchen Aussage ein hohes Potenzial gemeint, was meist der Fall sein wird, so wird dies auch im Sinne eines Unterschieds zu anderen Menschen – eben als Merkmal einer Persönlichkeit – verstanden. Soll hingegen damit gesagt sein, jemand verfüge wenigstens über ein Minimum von Musikalität, so muss man tatsächlich jedem Menschen Musikalität zuschreiben. Ein Potenzial von Null ist kaum denkbar.

In jedem Fall soll hohe Musikalität – der Definition entsprechend – ein hohes Potenzial bezeichnen. Es muss jedoch noch näher ausgeführt werden, wodurch sich ein hohes Potenzial auszeichnet. Es liegt nahe, seine Höhe daran festzumachen, wie schnell und wie leicht musikbezogene Muster gebildet werden und welche Komplexität und Differenziertheit diese schließlich aufweisen. Wer eine Form sofort erkennt, wer unmittelbar emotional reagiert oder sich auszudrücken vermag, wer etwas bereits beim ersten Versuch körperlich realisieren, oder auf Musizierpartner spontan eingehen kann, würde im Sinne der schnellen Musterbildung Musikalität beweisen. Analog gilt dies für ein Erkennen, Mitvollziehen, Umsetzen und Eingehen mit einer gewissen Leichtigkeit, also ohne große Anstrengungen. Schnelligkeit und Leichtigkeit dürften miteinander einhergehen, da Anstrengungen in der Regel auch mit Zeitaufwand verbunden sind. Auch die Komplexität der gebildeten Muster, also der erkannten Formen, des emotionalen Ausdrucks, der Spiel- und Tanzbewegungen oder der musikalischen Kommunikation zeugt von einer gewissen Höhe der Begabung. Je komplexer die Muster ausfallen, umso differenzierter und nuancenreicher nehmen sie sich aus. Dabei gehen Komplexität und Differenziertheit ineinander auf; man spricht wohl eher von komplexen als von differenzierten Formen, aber umgekehrt eher von differenziertem als von komplexem Ausdruck. Wer schnell und leicht lernt, verfügt damit grundsätzlich über die Voraussetzungen, innerhalb einer bestimmten Zeitspanne auch zu größerer Komplexität und zu differenzierterem Spiel vorzudringen. Tatsächlich aber gibt es Musikerinnen und Musiker, denen die ersten Schritte beim Erlernen eines Stücks ausgesprochen leicht fallen, die dann aber nicht mehr zu einer wirklichen Tiefe vordringen, die also von langsamer Lernenden in einem späteren Stadium des Übens in punkto Qualität gewissermaßen überholt werden. Hier muss man genau hinschauen: Möglicherweise erlahmt bei den schnell Lernenden die Motivation und Ausdauer, oder aber das schnelle Lernen findet hauptsächlich im Motorischen statt, während die emotionale Begabungsfacette weniger ausgeprägt ist. Möglicherweise kommen hier aber auch unterschiedliche Begabungsfaktoren zum Tragen; wiederum liegen Analogien zum „Berliner Intelligenzstrukturmodell" nahe: Schnelles Lernen entspräche der *Bearbeitungsgeschwindigkeit,* differenziertes Durchdringen der *Verarbeitungskapazität.* Wollte man schließlich all dies in die Definition aufnehmen, so müsste man formulieren:

Der Grad der Musikalität oder der musikalischen Begabung soll verstanden werden als der im Zusammenwirken von Genen und biografischen Faktoren entstandene

potenzielle Grad an Speicherpräzision, Kreativität, Schnelligkeit und Differenziert-
heit, mit dem in der Musikpraxis, im Wahrnehmen oder im Denken von Musik neue
kognitive, emotionale, körperliche oder soziale Muster in Bezug auf die Musik heraus-
gebildet werden können.

Der Grad an Musikalität sagt dann etwas darüber aus, wie rasch musikalische Strukturen, Ausdrucksgehalte, Spielbewegungen und Facetten des Zusammenspiels erfasst und wie differenziert sie durchdrungen werden können, wie kreativ mit ihnen umgegangen werden kann und wie präzise die Erinnerung an sie ausfällt.

Musikalitätstypen

Insgesamt ergibt sich aus der differenzierten Betrachtung von Mustern und Musterbildungsprozessen die Möglichkeit, verschiedene Musikalitätstypen zu unterscheiden: Im Hinblick auf die verschiedenen Arten von Mustern wären zunächst musiktheoretische, ausdrucksbezogene, spielmotorische und kammermusikalische Begabungen denkbar. Diesen liegen jeweils spezielle kognitive, emotionale, körperliche beziehungsweise soziale Fähigkeiten zugrunde. Der *musiktheoretische* Typus findet sich trivialerweise bei Musiktheoretikerinnen und -theoretikern. Der *ausdrucksbezogene* Typus lässt sich stark von Musik berühren oder trägt sie selbst mit großem Ausdruckswillen vor, während der *spielmotorische* Typus sein Instrument souverän beherrscht. Die *kammermusikalische* Begabung zeigt sich besonders im Ensemblespiel, sie ist auch bei fortgeschrittenen Musikerinnen und Musikern keineswegs selbstverständlich. Im Sinne des „Berliner Intelligenzstrukturmodells" lägen damit vier Inhaltsfacetten vor.

Die Anlehnung an dieses Modell scheint naheliegend, erwähnt doch schon dessen Begründer, der Psychologe Adolf Otto Jäger, dass neben dem Bezug auf Sprache, Zahlen und Anschauungen inhaltliche Erweiterungen denkbar seien (Jäger 1984, S. 31). Inzwischen liegen Arbeiten zur „Praktischen Intelligenz" (vgl. Süß 2003, S. 220f.) und zur „Sozialen Intelligenz" (Weis, Süß 2007) vor. Überlegungen zu einer Ausweitung des Modells in Richtung musikalische Intelligenz sind daher nicht abwegig.

Auch die Operationsfacetten des Modells – Gedächtnis, Einfallsreichtum, Bearbeitungsgeschwindigkeit und Verarbeitungskapazität – erlauben eine sinnvolle Übertragung auf die Musik; so ließe sich zwischen rezeptiver Begabung, kreativer Begabung, Schnelligkeitsbegabung und Differenziertheitsbegabung unterscheiden: In der kreativen Kategorie wären insbesondere Komponistinnen und Komponisten sowie improvisierende Musikerinnen und Musiker, aber natürlich auch Interpretinnen und Interpreten gut aufgehoben. Dem rezeptiven Typus fiele es hingegen leicht, musikalische Muster aufzunehmen und wieder abzurufen. In die Kategorie der Schnelligkeitsbegabung fielen sicher die Blattspieltypen, die Unbekanntes vergleichsweise mühelos und rasch spielen können. Etwas anderes ist es, ein Stück bis zu äußerstem Nuancenreichtum auszuarbeiten; dies läge wiederum dem Differenziertheitstypus.

Wie im „Berliner Intelligenzstrukturmodell" kann man annehmen, dass im Umgang mit Musik stets alle Faktoren beteiligt sind, wobei sich deren Gewichtung je nach Aufgabe ändern dürfte (vgl. Süß 2003, S. 519). Außerdem dürften die einzelnen Begabungsfaktoren untereinander mehr oder weniger stark zusammenhängen. Analog zur Intelligenz könnte man eine allgemeine Musikalität als übergreifenden „Generalfaktor" vermuten, in den alle Einzelfaktoren eingehen. Klarheit bezüglich dieser Hypothesen müssten entsprechende empirische Untersuchungen bringen.

Aus der Kombination der Typen ergeben sich in einem Gedankenspiel 16 Einzelbegabungen:

	rezeptiv	kreativ	Schnelligkeit	Differenziertheit
musik-theoretische	Gedächtnis für musikalische Strukturen	Erfinden musikalischer Strukturen	Auffassungstempo für musikalische Strukturen	Differenziertheit im Durchdringen musikalischer Strukturen
ausdrucks-bezogene	Gedächtnis für musikalischen Ausdruck	individuelles Gestalten von musikalischem Ausdruck	Auffassungstempo für musikalischen Ausdruck	Differenziertheit im Umgang mit musikalischem Ausdruck
spielmotorische	Gedächtnis für Spiel- und Tanzbewegungen	Finden und Entwickeln von Spiel- und Tanzbewegungen	Auffassungstempo für Spiel- und Tanzbewegungen	Differenziertheit der eingesetzten Spiel- oder Tanzbewegungen
kammer-musikalische	Gedächtnis für die Facetten des Zusammenspiels	Übernehmen von Initiative im Zusammenspiel	Tempo des Einstellens auf Kammermusikpartnerinnen und -partner	Differenziertheit kammermusikalischen Agierens

Tabelle 1: Übersicht möglicher Einzelbegabungen

Zunächst könnte man einer Person für jede dieser 16 Dimensionen einen Wert zuweisen und erhielte so ein differenziertes Profil des musikalischen Potenzials. Weiter könnte man durch die Feststellung überdurchschnittlicher Begabungen verschiedene Typen musikalischer Begabungen herausdestillieren. Bezieht man Kombinationen der aufgeführten 16 Grundformen mit ein, wächst die Zahl möglicher Typen rasch an. So gäbe es neben den 16 Grundtypen bereits 120 Typen, die zwei der 16 oben angeführten Begabungsfacetten gleichzeitig in überdurchschnittlichem Maße aufwiesen, weiter 560 Dreierkombinationen, 1820 Viererkombinationen und so fort. Schließlich hätte man 65.535 verschiedene Begabungstypen, die auf den eingeführten Kategorien basierten. Wollte man ein Gesamtmaß für Musikalität erzielen, so könnte man sich eine Addition der jeweiligen Ausprägungen bei den 16 Grundtypen vorstellen. Sinnvoller erscheint es jedoch, jeweils genauer hinzuschauen und die Begabung im Einzelfall präziser beim Namen zu nennen. Auch die genannten Typen ließen sich noch weiter differenzieren: So könnte eine motorische Begabung sich eher auf instrumentale Spielbewegungen der Extremitäten oder eher auf Ganzkörperbewegungen beziehen, wie sie im Tanz benötigt werden. Weiter wären Begabungen für spezielle Instrumententypen – etwa Bläser oder Streicher – denkbar. In Bezug auf die Struktur der Musik wird häufig zwischen einer tonalen und einer rhythmischen Begabung unterschieden (Gordon 1981; 1998, S. 94ff.; Gembris 1998, S. 115ff.). Schließlich wäre es auch nicht selbstverständlich, dass ein bestimmter Begabungstyp für alle Genres und Stilbereiche der Musik gleichermaßen gilt; insbesondere im Bereich des Ausdrucks könnte es Spezialbegabungen – etwa für Jazz oder Barockmusik – geben. Nach den angestellten Überlegungen und Zahlenspielen sollte man auf jeweils sehr individuelle Begabungsausprägungen von Menschen gefasst sein.

Zur Entwicklung der Musikalität

Der Definitionsvorschlag lässt schließlich auch die Möglichkeit zu, den Prozess der Entwicklung des Potenzials näher zu kennzeichnen und zu bestimmen. Der Begriff der Musikalisierung wird zwar bereits häufig gebraucht, ist aber bisher nicht bestimmt worden. Hier sei nun vorgeschlagen, unter Musikalisierung den Prozess der Höherentwicklung der Musikalität im definierten Sinne zu verstehen, einer Entwicklung also, in deren Verlauf neue musikbezogene Muster schneller, differenzierter und kreativer herausgebildet sowie präziser gespeichert werden können. Analog zu Entwicklungsprozessen generell lässt sich Musikalisierung nicht von außen steuern, vielmehr vollzieht sie sich im Kind selbst. Gleichwohl kann sie angeregt und gefördert werden. An ihrem Beginn stünde eine „Grundmusikalisierung" – auch dieser Terminus begegnet einem in der Fachwelt nicht selten, ohne dass er näher gefasst würde. Er soll hier in einem ersten Zugriff als Ausgangspunkt weiterführender Musikalisierungsprozesse verstanden werden.

Für solche Prozesse der Grundmusikalisierung sind sicher eine musikalisch reiche Umwelt sowie erste Strukturierungshilfen förderlich. Es liegt nahe, davon auszugehen, dass grundlegende musikalische Erfahrungen, wie sie in der Elementaren Musikpraxis gesammelt werden können, musikbezogenen Musterbildungsprozessen zugutekommen und somit eine Grundmusikalisierung bewirken. Frühe Musterbildungen setzen den Musikalisierungsprozess in Gang. Lernprozesse sind immer dann zu verzeichnen, wenn gebildete Muster auch in der Zukunft als Möglichkeit des Agierens oder Reagierens zur Verfügung stehen. Erworbene Muster können schließlich auf ähnliche Muster übertragen oder variiert werden. Durch das Anknüpfen an bereits erworbene Muster werden neue Formen leichter gelernt. So kann das Potenzial der Musterbildung wachsen, und der Prozess der Musikalisierung schreitet voran.

Im Unterschied zur Konzeption Gordons *(→ S. 15)*, die gleichwohl in sich schlüssig erscheint, wird hier also von einem Anwachsen der musikalischen Begabung ausgegangen. Dies liegt an der speziellen Bestimmung von Musikalität, die hier eng an Definitionen der Intelligenz und der Lernfähigkeit angelehnt ist, ohne dass etwa alterstypische Normen als Vergleich herangezogen würden. Unter dieser Voraussetzung würde auch der Intelligenzquotient eines Kindes im Laufe des Aufwachsens ansteigen, da sich in der Entwicklung neue Möglichkeiten des Problemlösens und Strukturierens ergeben. Im Übrigen zeigen auch die Kinder in Gordons Längsschnittuntersuchung von 1978 bis 1980 Lernzuwächse beim „inneren Hören", der sogenannten „Audiation". Gordon versteht die entsprechende Fähigkeit dabei als Maß für die Begabung – die „Aptitude" –, welche somit nicht geschrumpft, sondern in Abhängigkeit vom Musikunterricht gewachsen sein müsste (Gordon 1981, S. 42, 50, 63).

Mit den vorangegangenen Überlegungen zu einem Anwachsen der Musikalität soll hier nicht zuletzt eine fachlich sinnvolle Verwendungsmöglichkeit des Begriffs der Musikalisierung aufgezeigt werden. Dennoch wäre zu diskutieren, ob dieser überhaupt im Sinne eines Fachbegriffs weiter gebraucht werden sollte. Es lässt sich nämlich nicht nur monieren, dass die Annahme einer Steigerung des musikalischen Potenzials im hier erläuterten Sinne mit empirischer Forschung gestützt werden müsste, sondern auch, dass verschiedene Vorstellungen vom Objekt der Musikalisierung existieren; so wird sowohl von einer Musikalisierung des Kindes (vgl. Hirler 2005, S. 9) als auch von einer Musikalisierung des Lebens gesprochen. Eine Musikalisierung des Lebens mahnt Georg Götsch, ein Vertreter der Jugendmusikbewegung, im Jahre 1953 an (Götsch 1953, S. 110); dabei handelt es sich um die erneute Veröffentlichung einer Rede zur „Ganzheit in der Musikerziehung" aus der Zeit des Nationalsozialismus. Zu dieser Zeit diente die Musik nicht zuletzt dazu, den einzelnen Menschen mittels ihrer Faszination für eine Volksgemeinschaft „zuzurichten" (vgl. Phleps 1995, S. 73). Vor diesem Hintergrund besehen, haftet dem Ansinnen einer Musikalisierung des Lebens etwas Aufdringliches, ja Totalitäres an, was Zweifel an einer unbefangenen Verwendung des Begriffs sicher rechtfertigt. Auch die Rede von der Musikalisierung des Kindes durch Musikpädagoginnen oder Musikpädagogen klingt nach einem Zugriff von außen auf das Kind. Es scheint unverfänglicher, Musikalisierung – wie hier vorgeschlagen – nicht als Aktivität eines Subjekts an einem Objekt, sondern als einen sich im Kind ereignenden Prozess zu verstehen.

Den hier angestellten inhaltlichen Erwägungen nehmen die terminologischen Bedenken schließlich nichts von ihrer Plausibilität: In Bezug auf die Lernfähigkeit ist davon auszugehen, dass gelernte Muster nicht nur neue Verhaltens-, sondern auch neue Lernmöglichkeiten erschließen, welche sich durch das Anknüpfen neuer Inhalte an das Gelernte ergeben. So wird auch die Lernfähigkeit im Laufe der Entwicklung zunehmen. In diesem Sinne soll im Folgenden auch von Prozessen der Musikalisierung ausgegangen werden. Nicht zuletzt ergibt sich dadurch eine vergleichsweise optimistische Sicht. Musikpädagoginnen und -pädagogen müssen nicht gegen den fortwährenden Verfall ankämpfen, sondern befördern Prozesse, die in zunehmende Möglichkeiten musikbezogenen Lernens münden.

1.2 Sozialisation

Die Einflüsse der Gene und der Umwelt auf die Persönlichkeitsentwicklung greifen generell eng ineinander. So mag die genetische Ausstattung eines Kindes mit dafür verantwortlich sein, welche Ausschnitte der Umwelt von ihm bevorzugt aufgesucht werden (vgl. Scarr, McCartney 1983; vgl. auch: Mietzel 2002, S. 70f.). Auch wenn Eltern Umwelten für ihr Kind gestalten, tun sie dies womöglich nicht zuletzt im Hinblick darauf, was dem Kind entsprechen wird, was also wiederum zu dessen genetischer Ausstattung passen könnte. Außerdem gleicht die genetische Ausstattung jedes Elternteils zu 50 Prozent der seines Kindes, sodass Tendenzen der elterlichen Lebensgestaltung zwar Umwelteinflüsse für das Kind darstellen, aber teilweise dennoch mit dessen Genen zusammenhängen werden (Plomin, DeFries, Loehlin 1977; vgl. Gembris 1998a, S. 187f.). Schließlich wird die genetische Ausstattung die Möglichkeiten der Wahrnehmung und Verarbeitung von Umwelteinflüssen insgesamt entscheidend prägen.

Auf der anderen Seite sind Umwelteinflüsse dafür verantwortlich, welche Abschnitte der Erbinformation jeweils überhaupt erst in organische Moleküle umgeschrieben werden (vgl. Wendt 1997, S. 23). Nicht alles, was von den Genen her möglich wäre, wird im Leben des Individuums tatsächlich realisiert. So hängen auch körperliche Merkmale eines Menschen wie etwa die Größe von äußeren Faktoren, in diesem Falle zum Beispiel der Ernährung, ab. Auch das Gehirn kommt keineswegs als fertiges Organ zur Welt. Vielmehr ist seine Entwicklung entscheidend von Erfahrungen abhängig, die das Individuum macht. Die Größe bestimmter Hirnareale wird etwa davon mitbestimmt, wie häufig diese Areale beansprucht werden. In vergleichsweise aktiven Regionen können Stoffwechsel und Durchblutung zunehmen. Die Ummantelung von viel genutzten Nervenleitungen kann anwachsen; nicht zuletzt können die einzelnen Nervenzellen neue Dornen zur Aufnahme elektrischer Impulse ausbilden. Das Gehirn wird in diesem Sinne als „plastisches" Organ bezeichnet (vgl. Pritzel, Brand, Markowitsch 2003, S. 39f.; Stern, Grabner, Schumacher 2005, S. 68f.). Die Erfahrungen des Lebens hinterlassen dort ihre Spuren und prägen es auf diese Weise. Gerade an Gehirnen von Musikern und Musikerinnen zeigten sich in verschiedenen Untersuchungen charakteristische Eigenschaften, die auf das intensive Training der Hände, des Hörens, des Notenlesens und der sensomotorischen Koordination zurückgeführt werden können (vgl. Schlaug, Jäncke, Huang, Steinmetz 1995; Jäncke 2001; Gaser, Schlaug 2003; Altenmüller 2006b, S. 63ff.; vgl. insgesamt: Dartsch 2010b, S. 83ff., 120ff.). Sie zeigen sich unausgesprochen im Leben der Bezugspersonen oder werden von ihnen bewusst thematisiert und weitergegeben. Dass die jungen Menschen sie übernehmen, wird verständlich, wenn man annimmt, dass sich Kinder und Jugendliche mit geliebten und geachteten Menschen identifizieren und dabei auch deren Werte verinnerlichen, oder wenn man davon ausgeht, dass sie sich gewisse Haltungen über die Anpassung an die Erwartungen ihres Umfelds allmählich angewöhnen.

So lässt sich denn das psychologische Konzept der Entwicklung, der Gegenstand der Entwicklungspsychologie, letztlich nicht vom soziologischen Konzept der Sozialisation, dem Hineinwachsen in ein gesellschaftliches Umfeld, trennen (vgl. Geulen 1994, S. 101f.).

Enkulturationsfelder

Insofern Umwelteinflüsse aller Art auch kulturell geprägt sind – dies gilt beispielsweise schon für die ersten Interaktionen von Betreuungsperson und Baby –, rückt auch der Begriff der „Enkulturation" in den Blick, mit dem das Hineinwachsen in kulturelle Zusammenhänge bezeichnet wird.

Kulturelle Einflüsse prägen etwa schon die Wahrnehmung von Sprachlauten im ersten Lebensjahr. Während Babys zunächst eine hohe Sensibilität für die Unterscheidung von Sprachlauten jeder Art besitzen, nimmt diese Fähigkeit in der zweiten Hälfte des ersten Lebensjahres ab, sodass die Einjährigen schließlich nur noch für die Sprachlaute ihrer Muttersprache sensibel sind (Werker, Gilbert, Humphrey, Tees 1981; Werker, Tees 1984; vgl. Jusczyk 2000, S. 73ff.). Bei japanischen Kindern etwa geht dabei die Fähigkeit zur Unterscheidung zwischen „l" und „r" verloren. Ähnlich sind Babys auch noch weniger auf die *musikalischen Strukturen* des sie umgebenden Kulturkreises festgelegt. Während Erwachsene verstimmte Töne innerhalb der vertrauten Dur-Tonleiter besser erkennen als bei einem künstlichen Tonleitergebilde, erkennen Säuglinge die verstimmten Töne auch in künstlichen Tonleitern, solange diese aus verschieden großen Schritten aufgebaut sind, wie dies kulturübergreifend der Fall ist. Die Säuglinge können sich mithin noch in die Musik verschiedenster Kulturkreise mit ihren je eigenen Skalen, Rhythmusmodellen und

Formprinzipien einhören (Trehub, Schellenberg, Kamenetsky 1999; vgl. Maier-Karius, Schwarzer 2007, S. 23f.). So werden also bereits grundlegende Wahrnehmungskategorien von der Kultur geprägt.

Unter anderem bewirkt dieser Prozess, dass schließlich gewisse Musik als vertraut, andere als fremd empfunden wird. Kulturabhängig sind auch die *Techniken* des Instrumentalspiels; so wird etwa die Violine in der indischen Musik, in der Musik der Sinti und Roma und in der sogenannten klassischen Musik zum Teil recht verschieden gehalten und gespielt. Natürlich hängt es ebenfalls von der kulturellen Umgebung ab, welche *Stilbereiche und Genres* ein Kind kennenlernt. Zwar sind hierzulande heute recht viele musikalische Idiome zugänglich, darunter auch traditionelle Musik anderer Erdteile, dennoch ist es etwa kaum denkbar, dass ein in Deutschland aufwachsendes Kind ohne speziellen Unterricht tiefgehende Einblicke in die traditionelle Musik Chinas oder Indonesiens erwirbt oder dass es umgekehrt keinerlei Erfahrungen mit aktueller populärer Musik sammelt. Auch die Kenntnis einzelner *Musikstücke* wird schließlich kulturabhängig sein. Während beispielsweise die Orchestersuite „Die Planeten" von Gustav Holst und die Operette „Der Mikado" von Arthur Sullivan in England zum Standardrepertoire gehören, sind sie in Deutschland eher wenig bekannt. Schließlich werden Kinder und Jugendliche mit den im gegebenen kulturellen Kontext etablierten *Umgangsformen mit Musik* konfrontiert und lernen etwa, wie man sich in Konzert- und Opernhäusern oder auch in Popkonzerten und Diskotheken verhält, wo Musikstücke medial zugänglich sind, wann man auf welche Weise Musik hören, tanzen und singen kann.

Die aufgeführten Enkulturationsfelder decken sich genau mit jenen musikalischen Kompetenzebenen, welche Stefani als Grundlage für einen Sinn erzeugenden Umgang mit Musik benennt (Stefani 1987; → *S. 17*). Auf all jenen Feldern – von den Wahrnehmungsschemata über die Stilkenntnis bis hin zu den Konventionen des Musiklebens – muss man Stefani zufolge über passende Codes verfügen, um beim Hören oder Musizieren Sinn produzieren zu können (vgl. Gembris 1998a, S. 84f.). Insofern diese Codes genauso wie andere Zeichensysteme Kulturprodukte sind, kann der gesamte Prozess der Erzeugung musikalischen Sinns als in einen kulturellen Rahmen eingebettet verstanden werden. Welchen Sinn Menschen auf welche Art mit Musik verbinden, hängt davon ab, in welcher kulturellen Umgebung sie den Umgang mit Musik erfahren und praktizieren. Es liegt auf der Hand, dass schließlich auch die musikalischen Vorlieben von den Angeboten abhängen, die die jeweilige Kultur bereithält.

Einflussgrößen und Personengruppen innerhalb der Sozialisation

Gleichwohl werden die musikalischen Erfahrungen von Menschen, die im gleichen Kulturkreis aufwachsen, teilweise beträchtlich differieren. Eine Reihe älterer Studien belegt den statistischen Zusammenhang von musikalischer Entwicklung und *sozioökonomischem Status* (Rainbow 1965; vgl. Sergeant, Thatcher 1974; Shuter-Dyson 1982, S. 148ff.; Gembris 1998a, S. 197f.); dies gilt insbesondere für musikalische Vorlieben (vgl. Schulten 1981; Jost 1982; Kloppenburg 1987, S. 211f.; Gembris 1998a, S. 198; Behne 2002, S. 347). Eltern mit vergleichsweise hohem Einkommen können ihren Kindern schon aus rein finanziellen Gründen eine entsprechende Fülle an musikalischen Erfahrungsfeldern – etwa Instrumentalunterricht, CDs oder Konzertbesuche – anbieten (vgl. Gaiser 2006, S. 98). So lässt sich auch erklären, dass musikalische Begabung in einschlägigen Untersuchungen ebenfalls mit dem sozioökonomischen Status zusammenhängt (vgl. Sloboda 2002, S. 569). Dies kann kaum verwundern, findet sich derselbe statistische Zusammenhang doch auch für den allgemeinen Intelligenzquotienten (Brooks-Gunn, Klebanov, Duncan 1996; vgl. Gardner 2002, S. 29). Dies alles verdeutlicht noch einmal die Bedeutung förderlicher Umweltbedingungen zur Entfaltung von Potenzialen. Der eigene Bildungshintergrund der Eltern wird außerdem mit dafür verantwortlich sein, ob diese die musikbezogenen Ausgaben als lohnend empfinden und diesbezügliche Prioritäten setzen. Geht man von einer Kosten-Nutzen-Kalkulation der Eltern aus, repräsentiert die Wertschätzung des Musizierens aufseiten der Eltern gewissermaßen die Nutzenseite. Zwar bieten Musikschulen Sozialermäßigungen an und senken so die Kostenseite; dennoch bleibt die Einschätzung des Nutzens ein entscheidender Faktor für eine Anmeldung des Kindes.

Die Wertschätzung des Umgangs mit Musik hängt jedoch nicht nur mit dem sozioökonomischen Status zusammen. Zudem sagt ein statistischer Zusammenhang nie etwas über den konkreten Fall aus; es verbietet sich daher selbstverständlich, Menschen mit geringem Einkommen ein Interesse an Musik von vornherein abzusprechen. Vielmehr werden Unterschiede heute vor allem auch am *Lebensstil* festgemacht (vgl. Richter 2005, S. 9ff.). Lebensstile zeichnen sich durch globale Orientierungen, Einstellungen und Konsumgewohnheiten aus. Der Soziologe Rudolf Richter unterscheidet im Anschluss an Analysen der „Gesellschaft für Konsumforschung" den *konservativen,* den *intellektuellen,* den *hedonistischen,* den *materialistischen,* den *konventionellen* und den *traditionellen* Lebensstil. Entsprechend werden entweder konservative Werte – zu denen auch kulturelle Werte gehören –, Bildung und wiederum Kultur, Komfort und Vergnügen, Erfolg und Konsum, Arbeit und Familie oder aber Tradition und Religion hochgehalten (S. 127ff.). Ähnliche Tendenzen finden sich in den Milieutypen des „Sinus-Instituts" (Sinus Sociovision 2010). Die Soziologin Annette Spellerberg fand heraus, dass eine Orientierung an der etablierten Kultur tendenziell mit einem Lebensstil einhergeht, der sich durch Kreativität und Engagement, durch allgemeines Qualitätsbewusstsein, durch Informiertheit und schließlich auch durch einen hohen Lebensstandard auszeichnet (Spellerberg 1996, S. 122, 145, 183f.).

Der Soziologe Pierre Bourdieu prägte den Begriff des *sozialen Habitus,* der gewissermaßen den Vorläuferbegriff zum Lebensstil darstellt. Er fasst damit klassenspezifische Schemata des Denkens und der Wahrnehmung sowie Muster des ästhetischen Urteils, die aus der Struktur der Gesellschaft resultieren und sich in einer ihnen entsprechenden Praxis niederschlagen. Bourdieu stellt die These auf, dass unterschiedliche soziale Klassen jeweils spezifische kulturelle Verhaltensweisen an den Tag legen. In diesem Zusammenhang weist er nach, dass musikalisches Wissen und musikalischer Geschmack zwischen den Klassen auf charakteristische Weise differieren. Dabei macht Bourdieu eine strenge Hierarchie kultureller Werthaltungen aus; damit schüfen die oberen Klassen nicht zuletzt eine selbstsichere Distanz gegenüber anderen Klassen. Neben dem Begriff der „Klasse" übernimmt Bourdieu von Karl Marx auch den Begriff des „Kapitals" (vgl. Marx 1962). Er spricht auch von „Bildungskapital" sowie übergreifend von „kulturellem Kapital", wobei sich ihm zufolge kulturelles in ökonomisches Kapital umwandeln lässt, so wie dieses umgekehrt in kulturelles Kapital transformiert werden kann (Bourdieu 1987; vgl. Bontinck 2002; Brake, Büchner 2003, S. 628ff.). Heute stellt Bildung als kulturelles Kapital eine wichtige Voraussetzung für eine berufliche Karriere und einen entsprechenden Lebensstandard dar, zu dem dann wiederum das Interesse an Kultur gehören mag. Dieses wird an die eigenen Kinder weitergegeben, die damit ihrerseits kulturelles Kapital für das eigene Leben erwerben.

Dass Zusammenhänge dieser Art auch im Bereich der Musik keineswegs überwunden sind, zeigen Ergebnisse einer Studie mit Kindern am Ende der Musikalischen Früherziehung an 18 öffentlichen Musikschulen in Deutschland (Dartsch 2008a; 2010b, S. 287ff.). Zunächst zeigt sich, dass die Kinder zu großen Teilen aus Familien mit gehobenem Bildungsniveau kommen. Während sich in 40 Prozent der Haushalte, aus denen die Früherziehungskinder kommen, ein Hochschul- und Fachhochschulabschluss als höchster Berufsabschluss findet, liegt der entsprechende Anteil unter den 20- bis 45-Jährigen in der deutschen Gesamtbevölkerung nur bei 13,5 Prozent. Dagegen findet sich in den Haushalten der Früherziehungskinder nur zu einem guten Sechstel der Abschluss eines Ausbildungsberufs als höchste Qualifikation; in der Gesamtbevölkerung hat gut die Hälfte der 20- bis 45-Jährigen eine Lehr- oder Anlernausbildung absolviert. Im Übrigen kommt nur bei jedem siebzehnten Früherziehungskind eine nichtdeutsche Muttersprache eines oder beider Elternteile vor, nur zu einem Prozent ist dies die türkische Sprache und nur etwa ein Prozent der Kinder gehört dem muslimischen Glauben an. Hingegen kann man für knapp jedes dritte Kind von fünf bis zehn Jahren von einem sogenannten Migrationshintergrund ausgehen (den Berechnungen liegt zugrunde: Statistisches Bundesamt 2005, S. 64, 44; vgl. auch: S. 31). Es wird klar ersichtlich, dass die Musikalische Früherziehung keineswegs einen repräsentativen Ausschnitt der Bevölkerung erreicht. Dazu passt auch, dass nur etwa eines von hundert Kindern in der Musikalischen Früherziehung eine Sozialermäßigung in Anspruch nimmt. Überdies findet sich bei drei

Vierteln aller gültigen Antworten von Eltern der Früherziehungskinder die Angabe, es gebe mindestens ein Musikinstrument im Haushalt (Dartsch 2010b, S. 297f.). Hier zeigt sich die Bedeutung des elterlichen Musikinteresses für die kindlichen Erfahrungsmöglichkeiten recht klar.

In dieselbe Richtung weisen auch statistische Zusammenhänge zwischen dem kindlichen Umgang mit Musik und Merkmalen des Elternhauses: Früherziehungskinder, die in Haushalten leben, in denen ein Musikinstrument vorhanden ist, äußern häufiger den Wunsch, selbst ein Instrument zu erlernen, als andere Kinder und beschäftigen sich überdies zuhause mehr mit Musik. Darüber hinaus erzielen sie auch insgesamt bessere Ergebnisse bei musikalischen Präzisionstests – diese beinhalten das Nachsingen von Melodien, das Nachspielen von Rhythmen, das Bewegen zu Musik, das Erkennen von musikalischen Parametern und Instrumenten beim Hören und das Zuordnen von Notation zu Hörbeispielen. Noch deutlicher zeigt sich der Einfluss des elterlichen Berufsabschlusses: Je höher dieser ausfällt, desto besser sind wiederum die Ergebnisse der Präzisionstests bei den Kindern. Dies betrifft hier nicht nur die Gesamtwerte über alle Tests; vielmehr singen und spielen Kinder aus Haushalten mit höheren Berufsabschlüssen kleine Motive tendenziell besser nach und hören auch präziser. Außerdem beschäftigen sie sich zuhause mehr mit Musik und gehen insgesamt kreativer mit Musik um (Dartsch 2010b, S. 307). Bemerkenswert erscheint, dass sich in der referierten Untersuchung diejenigen Vierjährigen, für die ihre Eltern eine Anmeldung zur Früherziehung erwogen, in Bezug auf ihre musikalischen Fähigkeiten und Interessen nicht signifikant von anderen Vierjährigen unterschieden. Da sich nach Durchlaufen der zweijährigen Musikalischen Früherziehung klare herkunftsbezogene Unterschiede zeigen, verwerten die Kinder aus Elternhäusern mit höheren Berufsabschlüssen womöglich die dort erhaltenen Anregungen vergleichsweise besser und profitieren mehr davon. Dies könnte man als Hinweis auf die insgesamt bessere Lerndisposition von Kindern höher qualifizierter Eltern und damit als Korrespondenz zu dem statistischen Zusammenhang zwischen Intelligenz und sozioökonomischem Status betrachten.

Ähnliche Zusammenhänge finden sich schließlich auch in Untersuchungen zum Instrumentalspiel (Bastian 1991; vgl. auch: Vogl 1993, S. 87f.). Der Musikpädagoge Hans Günther Bastian fand in seiner 1991 veröffentlichten Untersuchung mit Teilnehmerinnen und Teilnehmern des Wettbewerbs „Jugend musiziert" auf Landes- und Bundesebene, dass 92 Prozent der Befragten aus Ober- und Mittelschichten kamen. Zwei Drittel der Väter arbeiteten als leitende Angestellte, als Beamte im höheren oder gehobenen Dienst oder als selbstständige Akademiker. In der Reihenfolge der Häufigkeit fanden sich Lehrer, Ingenieure, Ärzte, Musiker, Professoren, Juristen, Pfarrer und Wissenschaftler. Dem stehen fünf Prozent Arbeiter, ungefähr zwei Prozent Handwerker und ein gutes Prozent Landwirte gegenüber. Weiter zeigten sich deutliche Tendenzen für Freizeitbeschäftigungen und Interessen, die Bastian als Indikatoren für Bildungskapital im Sinne Bourdieus interpretiert: Das Hören klassischer Musik, das Lesen sowie ein Interesse an Literatur, schließlich auch regelmäßige Konzertbesuche wurden jeweils von mehr als der Hälfte der Befragten als „sehr ausgeprägt" für die Herkunftsfamilie bezeichnet. Die *elterliche Erziehung* – ein weiterer bedeutsamer Einflussfaktor innerhalb der Sozialisation – wird von den Jugendlichen überwiegend als liebevoll, interessiert, verständnisvoll, großzügig, motivierend und vorbildlich eingeschätzt. Gleichzeitig bewerten etwa 40 Prozent ihre Erziehung als fordernd und fast ebenso viele als konservativ, was auf den entsprechenden Lebensstil verweist. Schließlich berichten die Befragten zu etwa drei Vierteln von der ideellen Unterstützung ihrer musikalischen Entwicklung durch die Eltern. Fast alle Väter haben finanzielle Unterstützung gewährt; die Mütter leisteten zu circa drei Vierteln organisatorische Unterstützung – hier schlagen sicher auch Autofahrten zu Buche –, daneben erhielten ungefähr 60 Prozent der Jugendlichen auch emotionale und motivationale Unterstützung durch die Mutter. Ideal ist sicher ein Rückhalt durch alle engen Bezugspersonen; so kann etwa die Motivation eines Jungen, der sich am Vater orientiert, durch dessen Desinteresse oder gar Skepsis beeinträchtigt werden, auch wenn die Mutter das Musizieren fördert. In 44 Prozent der Fälle spielte schließlich das Vorbild eines musizierenden Elternteils eine Rolle als Schlüsselerlebnis für die erfolgreich musizierenden Jugendlichen (S. 65ff.).

Der Musikpädagoge Helmut Sonderegger legte 1996 eine Untersuchung zum Abbruch instrumentalen Lernens an Musikschulen im Vorarlberg vor (Sonderegger 1996). Darin zeigten sich Tendenzen, die teilweise eher die vormalige Anmeldung zur Musikschule als den Abbruch erklären. Mit neun Prozent sogenannten Arbeitern unter den Vätern und 80 Prozent, die nach eigener Einschätzung zur Mittel- oder Oberschicht gehören, bestätigt sich im Wesentlichen die von Bastian gefundene Tendenz (S. 44). Gleichwohl tritt diese hier nicht ganz so deutlich zutage, was damit zusammenhängen mag, dass es sich hier um Eltern von Abbrechern einer österreichischen Musikschule handelt, während es bei Bastian um Eltern von erfolgreichen Teilnehmerinnen und Teilnehmern des deutschen Wettbewerbs „Jugend musiziert" ging. Nichtsdestoweniger erlebte auch nach Sondereggers Studie die Hälfte der betroffenen Kinder eine musikalische Aktivität mindestens eines Elternteils, zum Beispiel Chorgesang oder Instrumentalspiel. Für knapp die Hälfte war das Instrumentalspiel mindestens eines Elternteils erlebbar. Etwa die Hälfte der Eltern hörte gerne klassische Musik. Mit einer solchen Vorliebe ging tendenziell das Spiel eines Streich- oder Tasteninstruments aufseiten der Kinder einher. Bevorzugten die Eltern hingegen Blasmusik, spielten die Kinder vergleichsweise häufig ein Blechblasinstrument. Bei einer Vorliebe für die sogenannte Unterhaltungsmusik fand sich die Tendenz zu Blechblas- und Zupfinstrumenten. All dies deutet daraufhin, dass die Interessen der Eltern auch die Kinder prägen (S. 113ff.). Hatten die Eltern selbst ein Instrument erlernt oder betätigten sie sich musikalisch, so war die Wahrscheinlichkeit tendenziell größer, dass die Kinder auch nach der Abmeldung von der Musikschule ihr Instrument weiterhin spielten (S. 203).

Es kann nach alledem davon ausgegangen werden, dass sich der sozioökonomische Status der Eltern, ihre Interessen und ihr Engagement für die Bildung der Kinder auf die eine oder andere Weise in der Fülle und Reichhaltigkeit der musikalischen Anregungen niederschlagen, die dem Kind zuteilwerden (vgl. auch: Weishaupt, Baethge, Füssel et al. 2012a, S. 165). Daneben – aber sicher nicht davon unabhängig – dürften für das musikalische Lernen auch das konkrete Erziehungsverhalten und die *Wertschätzung der Eltern für Musik,* im Speziellen auch für die Fortschritte ihres Kindes, entscheidende Faktoren sein. Schließlich schlägt sicher auch das gemeinsame Singen und Musizieren in der Familie positiv zu Buche. Eine Reihe unterschiedlicher Untersuchungen zu diesem Themenkreis von den 60er- bis zu den 80er-Jahren listet die Psychologin Rosamund Shuter-Dyson auf (Shuter-Dyson 2002, S. 309f.). In einer Untersuchung des Musikpädagogen Manny Brand erwiesen sich die Einstellung der Eltern zu Musik und ihre Beteiligung an musikalischen Aktivitäten mit dem Kind als wichtige Faktoren für die musikalischen Leistungen der circa siebenjährigen Kinder. Demgegenüber stellten sich musikalische Aktivitäten der Eltern ohne das Kind – wie Konzertbesuche und Instrumentalspiel – oder auch die Ausstattung mit Plattenspieler und Tonträgern als weniger bedeutsam heraus (Brand 1986). In einer psychologischen Studie dokumentierten Linda Kelley und Brian Sutton-Smith wöchentlich die musikalische Entwicklung dreier Kinder während der ersten zwei Lebensjahre. Dabei waren die Eltern eines der Kinder professionelle Musiker. Bei dem zweiten Kind zeigte die Familie ein musikalisches Interesse. Zwar musizierten die Eltern nicht beruflich, doch wurde gemeinsam gesungen und es wurden Aufnahmen angehört und Konzerte besucht. Im dritten Fall wiesen die Eltern keine ausgeprägte musikalische Orientierung auf, obgleich sie in Kirchenchören mitsangen. Die musikalische Entwicklung der drei Kinder war deutlich von den genannten Voraussetzungen geprägt: Das erste Kind schritt in seiner musikalischen Entwicklung rascher voran als das zweite, dieses aber wiederum schneller als das dritte (Kelley, Sutton-Smith 1987).

Aus alldem geht die Bedeutung des Kontakts zu den Eltern für Instrumentallehrkräfte deutlich hervor (vgl. Mahlert 2011, S. 144ff.). Bei Eltern, die von sich aus hohe musikalische Leistungen ihrer Kinder anstreben – vielleicht aus eigenen musikalischen Neigungen heraus –, gilt es, sich über Ziele und Methoden abzustimmen, gegebenenfalls auch persönlich abzugrenzen, damit sich die Bemühungen der Eltern und diejenigen der Lehrperson fruchtbar ergänzen, der Unterricht durch die Einflüsse der Eltern nicht behindert oder gar hintertrieben wird und die Lehrkraft nicht unter Druck gerät. Eltern, die den Musikunterricht wertschätzen, denen es aber an Verständnis für die Erfordernisse des Instrumentalspiels mangelt, sollten von Beginn an informiert werden (vgl. Lessing 2011; Bertaux, Bertaux-Wiame 1991), etwa über die Bedeutung des regelmäßigen Übens oder des Einspielens vor Auftritten, über Teilschritte und Dauer von Lernprozessen sowie über kulturelle Veranstaltungen, Sendungen, Publikationen und weitere Möglichkeiten der Unterstützung. Die Bedenken von Eltern, welche dem Instrumentalspiel des Kindes – vor allem im Rahmen von Kooperationen von Musikschulen und allgemeinbildenden Schulen – skeptisch oder gar ablehnend gegenüberstehen, sind grundsätzlich ernstzunehmen. Möglicherweise äußern sie bedenkenswerte Kritik am Kooperationsprojekt. Dennoch kann man hier aus eigener Überzeugung heraus für die Sache zu werben versuchen. Ein günstiger Ansatzpunkt ist vielleicht die Schilderung von Beobachtungen, die sich auf die Resonanz des Kindes im Unterricht beziehen. Grundsätzlich ist zu bedenken, dass eine schlechte Stimmung zwischen der Lehrkraft und den Eltern mit einer gewissen Wahrscheinlichkeit auch die Beziehung zum Kind belasten wird. Es sollte unbedingt vermieden werden, das Kind in Loyalitätskonflikte zu bringen, indem man vor ihm schlecht über die Eltern spricht, es auf die eigene Seite zu ziehen versucht oder von ihm verlangt, für eine der Parteien Position zu beziehen.

Gleichwohl stellen die Eltern nicht die einzige Sozialisationsinstanz dar. Innerhalb der Familie ist auch an die *Geschwister* zu denken. Nicht selten eifern jüngere Kinder ihren älteren Geschwistern auch in punkto Instrumentalspiel nach. In der oben angeführten Studie Bastians (→ *S. 31f.*) gaben 28 Prozent der Teilnehmerinnen und Teilnehmer des Wettbewerbs „Jugend musiziert" zu Protokoll, dass ihre Geschwister, die bereits ein Instrument spielten, damit für musikalische Schlüsselerlebnisse sorgten; in solchen Fällen ist alsbald auch das Zusammenspielen mit Brüdern und Schwestern möglich (Bastian 1991, S. 86f.).

Außerhalb der Familie sind einerseits Freunde und Gleichaltrige und andererseits Pädagoginnen und Pädagogen, schließlich auch allgemeingesellschaftliche und mediale Einflüsse zu nennen (vgl. Kleinen 2008, S. 44f.). *Gleichaltrige und Freunde* spielen eine mit zunehmendem Alter immer bedeutsamere Rolle in der Sozialisation von Kindern (vgl. etwa: Mietzel 2002). In der pädagogischen Literatur wird vereinzelt sogar davon ausgegangen, dass ihr Einfluss den der elterlichen Erziehung übersteigt (Harris 2000, Wißkirchen 2002). Auch wenn man dies anzweifeln möchte, bildet die Akzeptanz bei Gleichaltrigen zweifellos einen wichtigen Baustein für die Entwicklung eines positiven Selbstkonzepts und überdies die Voraussetzung für gemeinsame Aktivitäten, welche den altersgemäßen Interessen folgen. Eine starke Bindung an das Elternhaus kann diese Aspekte zwar zeitweise kompensieren. Gleichwohl werden sie mit der allmählichen Ablösung von den Eltern, die gemeinhin im Jugendalter ansteht, an Dringlichkeit gewinnen. Gerade im Jugendalter wird die Musik auch ein Mittel, mit dem man die eigene Welt von der der Eltern und damit von der eigenen Kindheit abgrenzt. Musik wird so ein prägendes Kennzeichen der jeweils jungen Generation. In einer Lebensphase, in der die Suche nach Orientierung in den Vordergrund rückt, liefert sie ebenso wie Ideale und Leitbilder das Gefühl der Zugehörigkeit. Sie bietet den Jugendlichen gleichzeitig eine Erlebnistiefe, für die sie besonders empfänglich sind, und eröffnet Möglichkeiten, die eigene Vitalität und Emotionalität zu erfahren und auszuleben (vgl. Jerrentrup 1998, S. 86ff.). Im Allgemeinen ist die Musik auch hier mit einem spezifischen Lebensstil verbunden, etwa mit Kleidungsmoden und dem Besitz oder Genuss bestimmter Konsumartikel. Häufig grenzen sich einzelne Gruppen nicht zuletzt durch die Art der gehörten Musik auch relativ rigide voneinander ab, wodurch die Gruppenidentität geschärft und gestärkt wird. Man spricht in diesem Zusammenhang in Anlehnung an das englische Wort „Tribal" für „Stamm" von „Tribalisierung" (S. 86).

Jugendliche, die sich mit klassischer Musik beschäftigen, haben es vor diesem Hintergrund nicht selten schwer bei den Klassenkameraden. Daher erscheint es plausibel, dass sie häufig in Ensembles oder Jugendorchestern aufblühen, wo sie Gleichgesinnte finden. Das Musizieren in Bands fügt sich hingegen eher in die alterstypischen Entwicklungsverläufe und kann dem Ansehen bei den Gleichaltrigen durchaus dienlich sein. In jedem Fall wuchs in der Untersuchung Sondereggers (→ S. 32f.) die Chance, dass Kinder nach der Abmeldung von der Musikschule dennoch weiter auf ihrem Instrument musizierten, wenn auch im Freundeskreis ein Interesse für Musik vorlag (Sonderegger 1996, S. 203). Bemerkenswert scheint, dass erst nach dem Erlangen einer gewissen Selbstständigkeit im Alter zwischen 20 und 24 die dann bestehenden Vorlieben für bestimmte Musikrichtungen eine relative Stabilität gewinnen, die für die gesamte Lebensspanne von Bedeutung ist (Kleinen 2008, S. 45ff.).

Natürlich wird man auch *Pädagoginnen und Pädagogen* einen nicht geringen Einfluss darauf zuschreiben, wie die ihnen anvertrauten Kinder und Jugendlichen mit Musik umgehen. Hier ist an erster Stelle an Erzieherinnen und Erzieher in Tageseinrichtungen und sodann an Lehrkräfte allgemeinbildender Schulen zu denken. Nicht selten hat ein unbedachtes Wort oder die Aufforderung, beim Singen besser zu schweigen, das musikalische Selbstbewusstsein untergraben. Noch Erwachsene identifizieren sich mit diesen Urteilen. Andererseits haben engagierte Lehrkräfte besonders in schulischen Arbeitsgemeinschaften für besondere musikalische Erlebnisse gesorgt. Als Schulfach scheint Musik allerdings nicht immer sonderlich beliebt zu sein. Sowohl die in der Schule thematisierte Musik als auch der häufig eher theoretische Umgang mit ihr kommen den musikalischen Vorlieben der Jugendlichen häufig wenig entgegen (vgl. Jank 2007, S. 82ff.). Nach einer Untersuchung der Soziologen Michael M. Zwick und Ortwin Renn wird das Fach Musik eher unter den Frauen positiv bewertet (Zwick, Renn 2000, S. 37ff.).

Tatsächlich spielt auch das *Geschlecht* eine Rolle innerhalb der Sozialisation. Das eigentlich sozialisierende Moment bilden dabei die Rollenerwartungen, die vom jeweiligen Umfeld an Jungen und Mädchen gerichtet werden. So wird etwa von Zusammenhängen zwischen Geschlecht und Musikgeschmack berichtet (vgl. Jost 1982, S. 251), die allerdings nur mäßig stark ausgeprägt scheinen. Dabei wird Kunstmusik von Frauen im Allgemeinen positiver beurteilt, was mit einer Tendenz zu vergleichsweise angepasstem Verhalten in Zusammenhang gebracht werden könnte

(Behne 2002, S. 348). Indes werden Mädchen schon zur Musikalischen Früherziehung häufiger als Jungen angemeldet (Dartsch 2010b, S. 298, 313). Auch mögen sich sechsjährige Mädchen zuhause häufiger mit Musik beschäftigen als gleichaltrige Jungen. So zeigt sich bei ihnen ein größerer Drang nach Tänzen und nach Musikhören (S. 306). Schließlich finden sich auch bei der Wahl eines Instruments geschlechtsspezifische Tendenzen: In Bastians Untersuchung mit erfolgreich musizierenden Jugendlichen *(→ S. 31f.)* erwiesen sich die hohen Streichinstrumente, die Quer- und die Blockflöte sowie auch das Klavier als Domäne der Mädchen – dasselbe darf man von der Harfe erwarten, die in der Studie nicht vertreten war. Dagegen waren die Blechblasinstrumente, die Gitarre, der Kontrabass sowie Klarinette, Fagott und Orgel eher in der Hand der Jungen (Bastian 1991, S. 61f.). Bei einer Untersuchung unter Vorschul- und Grundschulkindern, die nach der nach der Konzeption des japanischen Violinpädagogen Shinichi Suzuki (vgl. Suzuki 1994) Violine erlernten, zeigte sich ein Verhältnis von rund drei zu eins zugunsten der Mädchen (Dartsch 2006c, S. 220).

Für den Bereich des Instrumentalspiels erscheint es nahezu trivial, dass auch die *Instrumentallehrkräfte* einen sozialisierenden Einfluss ausüben. In jedem Fall sollten sich ihre didaktischen Fähigkeiten auf die instrumentalen Leistungen der Schülerinnen und Schüler auswirken. In der Studie Sondereggers spielten die Schülerinnen und Schüler nach der Abmeldung einerseits eher weiter, wenn sie ihre Lehrkräfte als relativ streng und genau erlebten. Andererseits begünstigte auch eine Atmosphäre, in der persönliche Gespräche möglich waren und Musik als schönes Erlebnis empfunden werden konnte, das Weitermusizieren. Wurden die Lehrkräfte jedoch als eher wortkarg und gleichgültig erlebt, sank die Wahrscheinlichkeit des Weiterspielens (Sonderegger 1996, S. 213f.). Die Strenge und das persönliche Interesse an den Schülerinnen und Schülern korrespondieren hier auffallend mit den Kennzeichnungen der elterlichen Erziehung in der Studie Bastians. Die Kinder und Jugendlichen scheinen sich dabei gleichzeitig wohl und herausgefordert zu fühlen. Sie können sich auf die Musik einlassen und Engagement entwickeln.

Das Geheimnis erfolgreicher Lehrerinnen und Lehrer könnte außer in ihrem didaktischen Können und einer verbindlichen, inspirierenden und strengen Atmosphäre auch in einer Art Schneeballeffekt begründet sein: Kinder und Jugendliche mit herausragenden instrumentalen Fähigkeiten ziehen häufig weitere leistungsbereite und gute Schülerinnen und Schüler nach sich. Zum einen dienen sie als Vorbilder und helfen so, eine gewisse Strebsamkeit in der Klasse zu etablieren. Zum anderen mögen Eltern, denen die instrumentale Leistung ihrer Kinder wichtig ist, diese bevorzugt bei Lehrkräften mit niveauvollen Klassen anmelden, während andererseits Kinder und Jugendliche, die sich weniger stark mit hohen Leistungen auf ihrem Instrument identifizieren, die Klasse möglicherweise verlassen. So kann sich mit der Zeit eine Klasse herausbilden, die durch überdurchschnittliche Leistungen auffällt.

Die Lehrkräfte wachsen womöglich immer mehr in die Arbeit mit Fortgeschrittenen hinein und gelten bald als Experten auf diesem Gebiet.

Dass auch von den *Medien* ein nicht unbeträchtlicher Einfluss ausgeht, liegt nahe, wenn man ihre Verbreitung unter Kindern und Jugendlichen in Rechnung stellt. Ein nicht geringer Anteil der Kinder im Alter von sechs bis dreizehn Jahren besitzt bereits eigene CD-Spieler, Handys, Kassettenrekorder, Fernseher und MP3-Player sowie weitere portable Abspielgeräte. Zeitschriften befriedigen ihrerseits das Interesse an Stars und Bands (vgl. Medienpädagogischer Forschungsverbund Südwest 2011b, S. 8). Besonders bei Jugendlichen spielt das Internet zusätzlich eine wichtige Rolle: Hier informieren sie sich bevorzugt über Musik, laden Musikdateien herunter und hören Musik. Für das Letztere kommt darüber hinaus dem Radio und dem Handy eine herausragende Bedeutung zu (vgl. Medienpädagogischer Forschungsverbund Südwest 2011a, S. 6, 19, 30ff.; vgl. insgesamt auch: Münch 2012). Einerseits repräsentieren die Medieninhalte, die ja auf eine bestimmte Nachfrage treffen, damit auch gesellschaftliche Bedürfnisse und Werthaltungen. Dass die Medien andererseits nicht nur auf die Nachfrage reagieren, sondern allein durch das Angebotsspektrum sowie durch gezielte Werbung auch Bedürfnisse und Vorlieben mitprägen, liegt auf der Hand (vgl. Bourdieu 1987, S. 362ff.). Hier dürften die Anteile verschiedener Musikrichtungen am Gesamtangebot und die Präsenz von musikalischen Genres in der Gesellschaft ebenso entscheidend sein wie etwa Sendezeiten oder die generelle Zugänglichkeit bestimmter Musikrichtungen.

In den frühen Grundschuljahren werden zwar noch Kinderlieder und CDs für Kinder gehört, daneben jedoch auch Musikrichtungen, die die Kinder von den Eltern oder aus den Medien kennen. Ab der zweiten Klasse dominiert bereits die populäre Musik die Hörgewohnheiten der Kinder. Von der dritten Klasse an scheinen Kinderlieder keine Rolle mehr zu spielen, und der Anteil der Kinder, die bevorzugt die aktuelle Musik hören, steigt stark an (vgl. Jäger 2012, S. 114ff.).

Sozialisatorische Einflüsse sind auch im Erwachsenenalter noch wirksam (vgl. Kleinen 2008, S. 46ff.). Mit welcher Musik man sich auf welche Weise und in welcher Intensität beschäftigt, dürfte auch von den infrastrukturellen Möglichkeiten des Wohnorts, den Angeboten von Kultureinrichtungen, Gemeinden und Vereinen, den Vorlieben der Partnerin oder des Partners, den Interessen der eigenen Kinder sowie den Aktivitäten und Werthaltungen im Bekanntenkreis abhängen. Spezielle musikpädagogische Angebote für ältere Menschen können zu einem aktiven Umgang mit Musik in einer späten Lebensphase beitragen.

Resümee

Insgesamt erweisen sich drei übergreifende Faktoren als besonders bedeutend für die musikalische Sozialisation:

1. die Rahmenbedingungen,
2. die Werthaltungen in der Umgebung und
3. die direkte pädagogische Förderung.

Die *pädagogische Förderung* bedarf keiner weiteren Erläuterung; die *Rahmenbedingungen* umfassen den sozioökonomischen Status ebenso wie die Verfügbarkeit von geeigneten Lehrkräften, Institutionen, Räumlichkeiten und Instrumenten, reichen also über die Herkunftsfamilie hinaus und in das örtliche Umfeld hinein. *Werthaltungen* sind als Einstellungen zu verstehen; nach dem englischen Wort „Attitude" wird auch von Attitüden gesprochen. Attitüden wird eine kognitive, eine affektive und eine Verhaltenskomponente zugeschrieben. Sie bedingen also bestimmte Überzeugungen und Urteile, Emotionen und Bewertungen sowie Handlungsbereitschaften; dabei entwickeln sie sich auch in der Kommunikation mit anderen Menschen (Kloppenburg 1987, S. 188ff.). Wo Musik positiv beurteilt, mit positiven Emotionen verbunden wird und in gemeinsamen musikalischen Handlungen erlebt werden kann, wird dies nicht ohne Einfluss auf Kinder und Jugendliche bleiben.

1.3 Übeeinsatz

Begabung und Sozialisation markieren die Faktoren genetische Anlage und Umwelt. Es stellt sich die Frage, ob hiermit das komplette Feld möglicher Einflüsse auf das Lernen von Musik abgedeckt ist. Aus praktischer Sicht scheint der Fall klar zu sein: Es kann jemand noch so begabt sein und aus noch so begünstigendem Umfeld kommen, er muss auch selbst etwas dazutun, um sein Lernen voranzubringen. Für das Instrumentalspiel heißt das: Es muss auch geübt werden. Hiermit ist die Eigenarbeit des lernenden Menschen als Einflussfaktor ins Spiel gebracht.

Aus theoretischer Sicht könnte man jene Eigenarbeit allerdings wiederum als Frucht des Zusammenspiels von Genen und Umwelt zu erklären versuchen. Was jemand tut, für was er sich in welchem Maße und auf welche Weise einsetzt, wäre dann durch die genetische Ausstattung ebenso bestimmt wie durch Einflüsse der Umwelt. Der Eigenanteil wäre letztlich auf die anderen Faktoren zurückzuführen und verlöre seinen zusätzlichen Erklärungswert. Auf das Üben bezogen hieße das, dass sich das Übeverhalten wiederum aus den Genen und den Umfeldbedingungen herleiten ließe. Von einem Eigenanteil könnte eigentlich nicht mehr gesprochen werden.

In einer solchen Sicht zeigt sich ein deterministisches Verständnis der Welt und des Menschen, das letztlich keinen Raum für die Willensfreiheit lässt, welche Jahrhunderte lang zum Grundbestand der Philosophie gehörte (vgl. Kant 1996a, S. 92). Schon Sigmund Freud hatte sie für eine Illusion gehalten (vgl. Freud 1989a, S. 38; 1989b, S. 85); heute sind es vor allem die Neurowissenschaften, die davon ausgehen, dass allem Geistigen neuronale Prozesse zugrundeliegen, welche sich aus den jeweiligen Anfangsbedingungen und den darauf treffenden Umwelteinflüssen ergeben und sich gewissermaßen selbst organisieren (vgl. Singer 2004; Roth 2004; Prinz 2004; vgl. dazu auch: Geyer 2004). Nichtsdestoweniger basiert unser Selbstkonzept auf einer Instanz, die nicht mit dem Körper, auch nicht mit Empfindungen oder Persönlichkeitsmerkmalen identisch ist, sondern darüber hinausgeht. Deutlich wird dies in der Rede von „meinem Körper", „meinem Gehirn" oder „meinen Empfindungen", die sinnlos wäre, wenn mit dem Wort „mein" nicht etwas über den Körper Hinausreichendes bezeichnet wäre (vgl. Nagel 1997). Wenn der Philosoph Thomas Metzinger das Ich-Empfinden als eine Täuschung versteht (Metzinger 1998), so muss gefragt werden, wer es denn sei, der sich da täuscht. Die subjektive Perspektive der ersten Person Singular kann niemals vom Ich absehen. Auch wenn wir Naturwissenschaft betreiben, tun wir dies aber als Subjekte, das heißt auch: mit ganz bestimmten Erwartungen, Wünschen, Ängsten, Vorerfahrungen und blinden Flecken. Vor diesem Hintergrund ist eine absolute – vom Subjekt abgelöste – Objektivität ebenfalls als Illusion zu bezeichnen. So wie die subjektive Instanz aus einer am Objektiven orientierten Sicht als Täuschung erscheint, so fragwürdig wird das Objektive aus einer Perspektive, die vom subjektiven Erleben ausgeht. Das Subjektive und das Objektive stellen so einander gegenseitig in Frage und bilden unterschiedliche Ebenen des Erkennens und der Wirklichkeit ab. So rational eine deterministische Sichtweise auf den Menschen aus einer naturwissenschaftlichen Perspektive erscheint, als so vernünftig muss man gleichzeitig das Ausgehen von einer freien personalen Instanz anerkennen, das sich aus einer verstehenden Innensicht des Menschseins ergibt (vgl. insgesamt: Dartsch 2010b, S. 97ff.; vgl. auch: Cruse, Dean, Ritter 1998, S. 257f.; Falkenburg 2012).

Gerade auch die pädagogische Praxis, die wesentlich auf die Autonomie der ihr anvertrauten Menschen abzielt, wird diese Perspektive nicht leicht über Bord werfen können, bewegt sich doch pädagogisches Handeln ebenso wie das Handeln der Kinder und Jugendlichen insgesamt in einem Feld, das stets Willensentscheidungen eines Subjekts zwischen Alternativen voraussetzt und verlangt. Dass solche Entscheidungen von mancherlei unbewussten Motiven und Strebungen beeinflusst werden (vgl. Dijksterhuis 2010), dass weiter Drogen oder psychische Erkrankungen das Denken, Fühlen und Handeln massiv beeinträchtigen können, tut dem keinen Abbruch: Wir erleben uns nicht als von Ursachen bestimmt, sondern wägen Argumente ab, verfolgen Ziele und werten individuell. Die personale Instanz ist in ein vielschichtiges, komplexes Wechselspiel bewusster und unbewusster, körperlicher und psychischer Momente eingebunden, sie geht jedoch selbst nicht in diesen

Momenten auf, vielmehr schreiben wir ihr eine über all diese Momente hinausgreifende Existenz zu. Es erscheint nach alledem durchaus angemessen, dem Individuum einen Eigenanteil an seinen Lernprozessen zuzugestehen und diesen Eigenanteil auch in den pädagogischen Bemühungen nicht aus den Augen zu verlieren. Die Rede von Eigenanteilen impliziert dabei, dass diese auf Entscheidungen des Individuums basieren.

Untersuchungsergebnisse zur Bedeutung des Übeeinsatzes

Den Eigenanteil am Erlernen eines Instruments kann man quantitativ als aufsummierte Übezeit erfassen. Mehrere Untersuchungen decken statistische Zusammenhänge zwischen der Zeit, die Personen bisher im Leben mit Üben verbracht haben, und der musikalischen Leistung auf. Natürlich muss dazu die Gesamtübezeit abgeschätzt, und daneben die musikalische Leistung auf die eine oder andere Weise erhoben werden. Zusammenhänge dieser Art zeigen sich einerseits für verschiedene Altersstufen und andererseits sowohl bei professionell Musizierenden als auch bei Laien.

Eine Reihe renommierter Forscher veranlasst dies, bei der Erklärung von Leistungsunterschieden auf das Konzept eines angeborenen Talents zu verzichten. Die Psychologen Michael Howe und John Sloboda sowie die Musikwissenschaftlerin Jane Davidson etwa lassen zwar genetische Einflüsse auf bestimmte Fähigkeiten gelten, halten es aber für falsch, davon auszugehen, dass diese Einflüsse sich bereits vor dem Erwerb hoher Fähigkeiten an irgendwelchen Anzeichen erkennen lassen, dass sich hieraus hohe Leistungen voraussagen lassen und dass es spezifische Auswirkungen der genetischen Einflussfaktoren geben sollte; ein so verstandener Talentbegriff führe zur Diskriminierung (Howe, Davidson, Sloboda 1998; vgl. Lehmann, Ericsson 1995).

Auch im Bereich der Musik liegen Belege für diese Auffassung vor: Im sogenannten „Leverhulm-Projekt" wurden 257 Jugendliche mit klassischer Instrumentalausbildung in fünf Leistungsklassen eingeteilt, wobei die Jugendlichen der ersten Gruppe an einer Spezialschule Instrumentalunterricht bekamen, während die Schülerinnen und Schüler der fünften Gruppe ihr Instrument bereits aufgegeben hatten. Es zeigte sich, dass die spätere Leistung kaum mit frühen Anzeichen für Talent zusammenhing; lediglich die Kinder der ersten Gruppe konnten im Durchschnitt bereits im Alter von 18 Monaten eine erkennbare Melodie singen, die Kinder der anderen Gruppen konnten dies erst ein halbes Jahr später. Allerdings hörten die Eltern der Kinder aus der ersten Gruppe im Durchschnitt früher als die anderen Eltern Musik mit ihren Kindern, sodass das frühere Melodiesingen auch auf Sozialisationseinflüsse zurückgeführt werden kann. Dies muss jedoch nicht gegen die Annahme genetisch fundierter Potenziale sprechen, denn die Anregungen der Umgebung spielen auch für eine Begabung, die als Produkt eines Zusammenspiels von Genen und Umwelt verstanden wird, eine entscheidende Rolle; Umweltbedingungen bieten sozusagen einen Mutterboden für die Entfaltung der Potenziale. Frühe Leistungen werden sich demzufolge niemals ohne förderliche Bedingungen zeigen. Für den Erwerb einer hohen Leistungsfähigkeit werden wiederum geeignete Umweltfaktoren ganz entscheidend sein. Dass hierzu auch das Üben der Kinder und Jugendlichen zählt, lässt sich als wichtiges Resultat der „Leverhulm-Studie" festhalten: Die über die Jahre angesammelte Übezeit hing deutlich mit den Leistungsklassen zusammen, wenngleich sie innerhalb der Klassen nicht unbeträchtlich streute. Bei den Jugendlichen mit höherer täglicher Übezeit begleiteten wiederum die Eltern das Instrumentalspiel ihrer Kinder aktiver, darüber hinaus aber konnten sich die Kinder vergleichsweise besser selbst zum Üben motivieren, sodass ihr Eigenanteil auf der Hand liegt (Sloboda, Davidson, Moore, Howe 1994; Howe, Davidson, Moore, Sloboda 1995; Sloboda 2005, S. 277ff.; Lehmann, Sloboda, Woody 2007, S. 71ff.; vgl. auch: Gembris 1998a, S. 163f.).

In einer Untersuchung der Musikpädagogin Susan O'Neill wurden – gestützt auf Expertenurteile – 46 sechs- bis zehnjährige Kinder nach einem Jahr Instrumentalunterricht danach unterschieden, ob sie niedrige, mittlere oder hohe Leistungen zeigten. Den Maßstab bildeten die „Preparatory Examinations" des renommierten „Associated Board of the Royal Schools of Music" (vgl. ABRSM 2010). Dabei sammelten die Kinder mit hohen Leistungen innerhalb von 14 Tagen mit durchschnittlich knapp drei Stunden pro Woche tendenziell mehr Übezeit an als die anderen Kinder, während die Kinder mit niedrigen Leistungen im Durchschnitt nur halb so viel übten und damit weniger Übezeit kumuliert hatten als die anderen. Allerdings streuten die Übezeiten innerhalb der Leistungsgruppen – ähnlich wie bei der „Leverhulm-Studie" – recht stark: Während in der besten Gruppe Zeiten von 45 bis 630 Minuten pro Woche auftraten, waren es bei den Kindern mit den niedrigsten Leistungen 35 bis 186 Minuten. Außerdem wurde den Kindern, die niedrige Leistungen zeigten, wiederum weniger elterliche Anteilnahme zuteil als den Kindern der anderen Leistungsgruppen (O'Neill 1997, vgl. Gembris 1998a, S. 163ff.). Dennoch deuten sich bereits in diesem frühen Stadium Zusammenhänge zwischen Übezeit und Leistung an.

Bekannt geworden sind die Ergebnisse einer Untersuchung mit Geigerinnen und Geigern verschiedener Leistungsgruppen und Studiengänge der Psychologen Ralph Thomas Krampe, Clemens Tesch-Römer und K. Anders Ericsson. Nach dem Urteil von Professoren wurden die Studierenden in drei Gruppen von je zehn Personen eingeteilt: Für die „besten" sahen die Professoren Erfolgsmöglichkeiten bei internationalen Wettbewerben sowie Chancen auf eine Position in einem international renommierten Orchester; die „guten" hielten sie trotz positiver Einschätzung dennoch für nicht konkurrenzfähig bei internationalen Wettbewerben; die dritte Gruppe bildeten Lehramtsstudierende mit dem Hauptfach Violine. Zunächst zeigte sich, dass die besten und die guten Studierenden häufiger am Tag übten: Die besten übten im Durchschnitt drei- bis viermal am Tag, die guten zwei- bis dreimal, die

Lehramtsstudierenden schließlich ein- bis zweimal. Dabei unterschied sich die Länge einer durchschnittlichen Übeeinheit nicht, sie betrug bei allen Gruppen etwa ein-dreiviertel Stunden. Besonders deutlich fielen die Unterschiede der im bisherigen Leben angesammelten Übezeiten aus: Während die besten bis zum Alter von 18 bereits 7410 Stunden geübt hatten, waren es bei den guten 5300, bei den Lehramtsstudierenden 3420 (Krampe, Tesch-Römer, Ericsson 1991). Ähnlich zeigte sich auch beim Vergleich von professionellen Pianisten und Amateurpianisten ein starker Unterschied in der kumulierten Übezeit; bereits im Alter von 25 Jahren waren diese Differenzen klar erkennbar, im Alter von 60 Jahren hatte sich der Unterschied begreiflicherweise noch weiter vergrößert. Wiederum zeigte auch eine protokollierte Woche deutliche Unterschiede: Während die jungen Berufsmusikerinnen und -musiker im Alter von etwa 25 Jahren in der Woche ungefähr 27 Stunden übten, brachten es die Amateure auf knapp zwei Stunden; im Alter von etwa 60 Jahren übten die professionellen Pianistinnen und Pianisten immer noch knapp elf Stunden in der Woche, die Amateure hingegen nur eine gute Stunde (Ericsson, Tesch-Römer, Krampe 1993; Krampe 1994, S. 84ff.). In jüngerer Zeit konnte eine Untersuchung an Pianistinnen und Pianisten zeigen, dass die Unterschiede in der Entwicklung gleichmäßigen Skalenspiels über eine Dauer von durchschnittlich 27 Monaten fast zur Hälfte durch die Differenzen in der Übezeit erklärt werden konnten und dass darüber hinaus nur diejenigen Personen sich verbesserten, welche mindestens 3,75 Stunden täglich geübt hatten (Jabusch, Alpers, Kopiez, et al. 2009).

Phasen des Expertise-Erwerbs

Aus solchen Ergebnissen entwickelten verschiedene Forscher ein allgemeines Konzept zum Erreichen von Höchstleistungen in einer bestimmten Domäne, von sogenannter „Expertise". Es besagt, dass zum Erwerb von Expertise zunächst Erfahrung unabdingbar sei. Nachdem durch die Beschäftigung mit einer Domäne – sei es Schach, Sport, Wissenschaft oder eine der Künste – zuerst ein rascher Leistungsanstieg erfolge, lasse sich dieser durch pure Erfahrung nur noch schwer fortsetzen. Vielmehr sei von einem bestimmten Zeitpunkt an kontinuierliches, zielgerichtetes und bewusst kontrolliertes Üben erforderlich, die sogenannte „Deliberate Practice" (vgl. Gembris, Kraemer, Maas 1998; Lehmann, Oerter 2008, S. 121f.). „Deliberate Practice" unterscheidet sich einerseits vom spielerischen Lernen, andererseits aber auch von geistlosem Drill. Während letzterer tendenziell der Automatisierung bereits gelernter Fertigkeiten dient, kommt es beim zielgerichteten Üben stets darauf an, eine gewisse Flexibilität zu bewahren, um sich auf immer neue Schwierigkeiten einstellen zu können. Dabei benötigten die Schülerinnen und Schüler Lehrpersonen, die über einen „Schatz an strukturierter Erfahrung", über das in der entsprechenden Domäne angesammelte Wissen sowie die dort entwickelten Techniken verfügen, die zukünftige Leistungsanforderungen abzuschätzen vermögen und ein effektives Trainingsprogramm verfolgen, um Schülerinnen und Schüler mittels gezielter Rückmeldungen zur Vervollkommnung ihrer Fähigkeiten und Fertigkeiten zu verhelfen (Ericsson 1998, S. 91).

Der Weg von den Anfängen bis zum internationalen Niveau wird dabei als Prozess mit mehreren Phasen gesehen. Der Philosoph Alfred North Whitehead sprach von Rhythmen der Erziehung und unterschied bereits 1932 drei Stufen, die er
1. Stage of Romance,
2. Stage of Precision und
3. Stage of Generalization nannte.
Das Lernen im ersten Stadium wird geprägt von der Faszination des Neuen, das als aufregend empfunden wird; „romantische" Gefühle ersetzen ein systematisches Vorgehen. Im zweiten Stadium zielt das Lernen dann auf Präzision und wirkliches Durchdringen der Materie ab; im dritten kann das Gelernte verallgemeinert und in wechselnden Situationen angewandt werden (Whitehead 1966).

Unter Bezug auf Whitehead kommt auch der Psychologe Benjamin S. Bloom in seinen Studien mit Personen, die es in bestimmten Domänen zu außergewöhnlicher Meisterschaft gebracht hatten, zu drei Phasen der Talententwicklung (Bloom, Brandt 1985). Er spricht von
1. den frühen,
2. den mittleren und
3. den späten Jahren.
Das Lernen in den *frühen Jahren* kennzeichnet Bloom als „playful". Das Kind genieße das Lernen, weil es dasselbe in dieser Zeit als belohnend empfinde. Es sei noch wenig Anstrengung zum Erzielen von Fortschritten erforderlich, dafür gebe es immer wieder Neues zu erkunden und zu entdecken. Die Lehrkräfte setzten hier mehr auf Lob denn auf Kritik und erwarteten etwa eine Stunde tägliches Üben. Meist führten Kinder die erworbenen Fertigkeiten auch gerne anderen vor. Die *mittleren Jahre* zeichnen sich wie bei Whitehead durch ein Streben nach Genauigkeit und Perfektion aus. Häufig wird eine neue und exzellente Lehrkraft gesucht, das Üben wird auf ungefähr 25 Stunden pro Woche ausgedehnt. Die Schülerinnen und Schüler pflegen Freundschaften mit Jugendlichen, die sich in derselben Domäne betätigen. Auch die *späten Jahre* werden von einem Lehrerwechsel eingeleitet, wobei wiederum Lehrpersonen mit herausragendem Ruf gesucht werden. Unter ihrer Anleitung wird nun ein Spitzenniveau angestrebt und ein individueller Stil entwickelt. Von nicht geringer Bedeutung sind dabei die Auseinandersetzung mit den Leistungen der Mitstudierenden sowie Konzerte und Wettbewerbe als ernsthafte Bewährungsproben in der Öffentlichkeit (Bloom 1985).

K. Anders Ericsson übernimmt zunächst die Bloomsche Phaseneinteilung. Am Beginn der zweiten Phase steht für ihn das Etablieren einer „Deliberate Practice". In der dritten Phase wird die Beschäftigung mit der entsprechenden Domäne zur Vollzeitbeschäftigung. Schließlich fügt er aber noch eine vierte Phase hinzu, in der die Expertinnen und Experten Neuerungen auf ihrem Gebiet einführen und ihre Domäne so weiterentwickeln (Ericsson 1998, S. 93f.).

Der Charakter der ersten Phase wird auch durch eine Untersuchung der Musikpsychologin Maria Manturzewska erhellt: In professionellen Musikerbiografien zeigte sich vor dem Schulalter eine Zeit der sensorisch-emotionalen Sensibilisierung und des spontanen musikalischen Ausdrucks (Manturzewska 1990). Marianne Hasslers Forschungsergebnisse deuten darauf hin, dass Berufsmusikerinnen und -musiker als Kinder und Jugendliche auch improvisiert oder komponiert haben, also einen kreativen Zugang zur Musik hatten (Hassler 1998, S. 84, 89). Resümiert man Bloom, Manturzewska und Hassler, so scheint es wichtig zu sein, dass Kinder sich staunend den aus der Musik resultierenden Sinneseindrücken hingeben, klingende Materialien und Klänge erkunden und entdecken und diese in ihr spontanes und kreatives Spiel einbeziehen können; aus den Überlegungen zur Sozialisation ergibt sich außerdem die Bedeutung des gemeinsamen Hörens, Singens und Musizierens mit den frühen Bezugspersonen. Gleichwohl fällt bei Bloom die beachtliche tägliche Übezeit von einer Stunde auf, die in Übereinstimmung mit den oben referierten Ergebnissen O'Neills (O'Neill 1997; → *S. 41*) die Rolle des quantitativen Übeeinsatzes unterstreicht. In der Beschreibung Blooms fällt aber auch die wichtige Rolle des Einflusses von Lehrpersonen auf den Expertise-Erwerb in allen Phasen auf.

Für das Schachspiel waren die Psychologen Herbert Simon und William Chase von zehn Jahren ausgegangen, die benötigt würden, um ein Meisterniveau zu erreichen. Die wirklichen Meister hätten bis hierhin 10.000 bis 50.000 Stunden mit dem Schachspiel verbracht (Simon, Chase 1973, S. 402). Auch diese Zehn-Jahres-Regel wird von der Expertise-Forschung übernommen und auf Musik übertragen (vgl. Ericsson 1998, S. 89). Die Notwendigkeit des Übens lässt sich damit erklären, dass die komplexen Koordinationsleistungen, die mit dem Instrumentalspiel verbunden sind, entsprechende Bewegungsprogramme im Gehirn erfordern, welche zunächst kontrolliert aufgebaut, dann verfeinert und gefestigt und schließlich automatisiert werden müssen (vgl. Klöppel 2005, S. 60f.; Altenmüller 2006a, S. 54). Dabei bilden sich nicht zuletzt mentale Muster heraus; ihnen entsprechen neben den repräsentierten Bewegungsmustern zum einen bestimmte Klangvorstellungen und zum anderen eine analytische Vergegenwärtigung der eigenen, gerade gezeigten Leistung (vgl. Ericsson 1998, S. 101; Lehmann 1998, S. 138). Bewegungsmuster, Klangvorstellungen und die Analyse der eigenen Leistung sind von großer Bedeutung für die Verbesserung des Instrumentalspiels; die Analyse der eigenen Leistung stellt dabei die Grundlage dafür dar, Diskrepanzen zwischen Klangvorstellung und Klangergebnis mit Hilfe von geeigneten Bewegungsmustern aufzuheben. Der Komplexität der Tätigkeit Instrumentalspiel entsprechend wird für den Aufbau der notwendigen mentalen Muster eine Zeit von ungefähr zehn Jahren veranschlagt.

Kritik am Expertise-Ansatz

Nichtsdestoweniger gibt es immer wieder Kinder, die die nötigen Muster offensichtlich rascher ausbilden konnten und schon in jungen Jahren Hochleistungen auf einem Instrument erbringen. Ihre Leistungen ließen sich mit ihrer Begabung im Sinne eines Potenzials zum schnellen Lernen von Mustern schlüssig erklären, teilweise wohl auch durch besonders begünstigende Umgebungen und Motivationen (vgl. Lehmann, Oerter 2008, S. 125), nicht aber mit ihrem bisher geleisteten Übeeinsatz. Die Existenz von Wunderkindern wird der Expertise-Forschung denn auch ebenso kritisch vorgehalten wie die teilweise starke Streuung von Übezeiten innerhalb von Gruppen mit vergleichbarem Leistungsstand *(→ S. 41)*. Daneben lassen sich auch theoretische Kritikpunkte dagegen anführen, musikalische Leistungen unter Leugnung von Begabung ausschließlich auf den Übeeinsatz zurückzuführen: Möglicherweise könnte auch der Übeeinsatz selbst von der Begabung abhängen; motivationale Faktoren dürften durchaus zu den emotionalen Mustern zählen, die im Zusammenhang mit Musik herausgebildet werden. Das leichtere Lernen könnte außerdem zu mehr Erfolgserlebnissen führen und auch über diesen Weg die weitere Motivation förderlich beeinflussen. Hiermit verbunden sind über die Jahre hinweg auch Dropout-Effekte möglich: Ein bestimmter Anteil von Kindern, die weniger motiviert sind oder weniger Erfolge mit ihrem Instrument erleben, hört möglicherweise irgendwann mit dem Instrumentalspiel auf. Es steht zu vermuten, dass die Abbrecherquote unter diesen Kindern höher ist als unter den höher Begabten, denen das Instrumentalspiel mehr Befriedigung und Erfolg beschert. Nach zehn Jahren finden sich so verhältnismäßig hohe Leistungen bei den Jugendlichen, die dabeigeblieben sind; diese wären nun aber nicht nur auf den Übeeinsatz, sondern auch auf die Begabungsfaktoren zurückzuführen, die mit dafür verantwortlich gewesen sein könnten, dass das Instrumentalspiel immer noch betrieben wird.

Generell scheint die Expertise-Forschung sich auf die körperliche Ausführung des Instrumentalspiels zu konzentrieren, während die emotionale Seite musikalischer Leistungen – etwa die Ausdruckstiefe – ausgeblendet scheint; mit musikalischen Hochleistungen ist aber nicht zuletzt ein persönlicher und anrührender Ausdruck gemeint. Weiter werden Unterschiede zwischen verschiedenen Instrumenten im Allgemeinen vernachlässigt. Dabei scheint es nicht abwegig, sowohl im Hinblick auf das Einstiegsalter als auch hinsichtlich der Übezeit Differenzen zu vermuten. So zeigt eine Befragung von Studierenden einer norwegischen Musikhochschule nicht nur zwischen verschiedenen Studiengängen, sondern ebenso zwischen den einzelnen Instrumenten beträchtliche Unterschiede auf: Studierende verschiedener Studiengänge mit dem Hauptfach Klavier übten im Mittel 32 Stunden und 45 Minuten in der Woche; bei den Geigerinnen und Geigern waren es 31 Stunden und 40 Minuten (Jørgensen 1998, S. 159). Für beide Instrumente existiert ein großes Repertoire mit vielen virtuosen Werken; bei beiden ist ein sehr früher Beginn durchaus nicht ungewöhnlich, für beide gibt es aber auch eine Reihe bezeugter Wunderkinder, an denen die Rolle der Begabung deutlich wird. Mit vier- bis fünfstündigem Abstand folgten in der norwegischen Studie die übrigen Streichinstrumente in der Reihenfolge Kontrabass, Violoncello und Viola. Demgegenüber übten die Bläser im Mittel zwischen 18 und 19 Stunden in der Woche, hierbei führte die Oboe mit 25 Stunden und 45 Minuten die Liste an, für die Klarinette fand sich dagegen weniger als die Hälfte dieser Zeit. Die Sängerinnen und Sänger brachten es nur auf knapp elf Stunden Üben in der Woche (S. 158f., 155); überdies ist davon auszugehen, dass sie im Vergleich zu den Instrumentalistinnen und Instrumentalisten deutlich später begonnen hatten und damit nach der Logik des Expertise-Ansatzes generell vergleichsweise schlechte Leistungen zeigen müssten, was kaum plausibel scheint. Auch wenn die Verhältnisse an verschiedenen Hochschulen möglicherweise differieren mögen, deutet sich hier doch eine Abhängigkeit der Übedauern vom Instrument an. Allerdings führte eine Umfrage an deutschen Musikhochschulen zu abweichenden Ergebnissen: Zwar kamen auch hier die Sängerinnen und Sänger auf die geringste durchschnittliche Übezeit, wieder wurde auf der Oboe besonders viel geübt. Auffallend aber waren hier die vergleichsweise hohen Angaben bei Schlagzeug, Horn und Tuba. Man mag in diesem Zusammenhang an die solistisch exponierte Position der Blas- und Schlaginstrumente im Orchester sowie an die sportlichen Anforderungen denken, die hier mit dem Spiel schwieriger Stellen verbunden sind. Dagegen gaben die Streicher, insbesondere aber auch die Pianisten erheblich geringere Übezeiten an als die norwegischen Studierenden, sodass sie im Durchschnitt hinter den Bläsern lagen (vgl. Schonk 2007, S. 25f.). Bei beiden Studien wurden jeweils rund 140 Fragebögen ausgewertet; da man von etwa 20 Instrumenten ausgehen muss, fällt die Anzahl von Befragten pro Instrument recht gering aus, wobei sie außerdem von Instrument zu Instrument nicht unbeträchtlich schwankt. So erscheint es fraglich, ob die Ergebnisse zu verallgemeinern sind. Fast zehnmal so groß war hingegen die Stichprobe einer Ende der 1980er-Jahre durchgeführten Befragung von Jugendlichen zwischen 14 und 26 Jahren, die an Landeswettbewerben oder dem Bundeswettbewerb von „Jugend musiziert" teilgenommen hatten (→ S. 31f.). Die Ergebnisse bestätigen die von Schonk gefundenen hohen Übedauern der Bläser: Etwa drei Viertel der Blechbläser und zwei Drittel der Holzbläser gaben tägliche Übezeiten von mindestens drei Stunden an; Angaben von eineinhalb Stunden oder weniger fanden sich jeweils nur bei rund 30 Prozent. Demgegenüber brachten es bei den Streichern und Tasteninstrumentalisten fast 40 Prozent auf höchstens eineinhalb Stunden, während hier nur knapp 60 Prozent bei mindestens drei Stunden lagen. Unter den Zupfinstrumentalisten waren extrem hohe Übezeiten vergleichsweise selten; ein gutes Drittel berichtete, höchstens eine Stunde täglich zu üben. Aufs Ganze gesehen fällt auf, dass die Stichprobe der Jugendlichen in die Gruppen der wenig und der viel Übenden zerfiel, während mittlere Übezeiten eher selten waren, was die Aussagekraft von Mittelwerten in diesem Zusammenhang generell relativiert (→ S. 188; vgl. Bastian 1991, S. 55, 127ff.).

Allgemein mag die Aussagekraft der Untersuchungen zur Übezeit schließlich darunter leiden, dass die Übedauern ausschließlich auf Schätzungen beruhen, die auch durch Wunschvorstellungen und die Tendenz zu erwünschten Antworten verzerrt sein könnten (vgl. insgesamt: Gembris 1998a, S. 169ff.; 1998b; 2010, S. 54ff.). Trotz aller kritischen Einwände, die großenteils die Zurückweisung des Begabungsfaktors betreffen, lässt sich der Zusammenhang zwischen Übeeinsatz und musikalischer Leistung jedoch kaum bestreiten. Wer Zeit dafür aufbringt, gezielt an seinem Fortschritt zu arbeiten, wird in dieser Zeit auch tatsächlich neue Muster erlernen können, die anschließend für das weitere Musizieren zur Verfügung stehen.

Zur Qualität des Übens

In der Praxis zeigt sich dennoch häufig, dass Üben auch fruchtlos bleiben kann. Es kommt offensichtlich nicht nur darauf an, *wie viel* Übezeit aufgebracht wird, sondern es ist auch entscheidend, *wie* geübt wird. Damit kommt der qualitative Aspekt des Übeeinsatzes ins Spiel. Schon im Konzept der „Deliberate Practice" scheint dieser auf, wenn von Kontrolle und Zielgerichtetheit die Rede ist. „Deliberate Practice" könnte man vielleicht auch als gewissenhaftes Üben bezeichnen. Gewissenhaftigkeit jedoch – englisch „Conscientiousness" – wird innerhalb des sogenannten „Big Five-Ansatzes" als eines der fünf zentralen Persönlichkeitsmerkmale und damit als relativ stabil angesehen; sie umfasst Facetten wie Verantwortlichkeit, Zuverlässigkeit, Selbstkontrolle und Leistungswille (Seel 2003, S. 98; McCrae, Costa 1990; vgl. Lang, Lüdtke 2005, S. 32; Hurrelmann 2007, S. 60). Wie bei anderen Persönlichkeitsmerkmalen müsste man von einem genetischen und einem umweltbedingten Anteil an der Streuung von Gewissenhaftigkeit ausgehen. Das Gleiche gilt im Übrigen für die Kreativität, die als Facette des Persönlichkeitsmerkmals „intellektuelle Offenheit" betrachtet werden kann, wozu auch geistige Unabhängigkeit und Flexibilität gerechnet werden. Neben
1. der Gewissenhaftigkeit und
2. der intellektuellen Offenheit zählen
3. Sozialverträglichkeit,
4. Extraversion einschließlich Durchsetzungsfähigkeit sowie
5. emotionale Labilität einschließlich Ängstlichkeit
zu den „Big Five" (McCrae, Costa 1990; Becker 1999; Seel 2003, S. 98; Hurrelmann 2007, S. 60; vgl. Rost 2009, S. 16), die auch für die Persönlichkeit von Schimpansen nachgewiesen wurden (King, Figueredo 1997). Somit aber wäre der Eigenanteil der Schülerinnen und Schüler nicht ausschließlich von deren gutem Willen abhängig, sondern hätte tatsächlich auch eine genetische und eine biografische Basis. Vor diesem Hintergrund entfaltet sich gewissermaßen das Spektrum möglicher Verhaltenstendenzen des Individuums.

Die Qualität des Übens zeigt sich besonders darin, wie mit Hindernissen umgegangen wird, die unausweichlich auftreten. Der Musikpädagoge Christian Harnischmacher hat hierfür ein Modell ausgearbeitet, das eine Reihe weiterer Persönlichkeitsmerkmale beinhaltet. Er betrachtet dabei Störungen, Misserfolge und Monotonie als mögliche Formen von Hindernissen. Der Umgang hiermit hängt nicht zuletzt davon ab, ob das Individuum zur „Handlungsorientierung" oder zur „Lageorientierung" neigt und wie stark die jeweilige Tendenz ausfällt. Die Unterscheidung zwischen Handlungsorientierung und Lageorientierung geht auf den Psychologen Julius Kuhl zurück. Eher handlungsorientierte Personen behalten beim Ausführen von Handlungen unbeirrt die nötigen Handlungsschritte zum Erreichen ihrer Ziele im Blick; dagegen neigen eher lageorientierte Personen dazu, während der Ausführung von Handlungen mit ihrer Lage beschäftigt zu sein, also darüber nachzudenken, in welcher Situation sie sich befinden und wie es ihnen dabei geht. Für erfolgreiches Handeln im Sinne der Zielerreichung erweist sich eine Handlungsorientierung als günstiger, da die Lageorientierung Aufmerksamkeit und Kräfte bindet und von der Handlung abzieht (vgl. Kuhl 1994; 2006). Wird das Üben von äußeren Einflüssen gestört, wird der Grad der Lageorientierung dafür verantwortlich sein, wie stark das Individuum zögert und von der Störung abgelenkt wird oder sich ärgert. Ähnliches gilt für aufkommende Monotonie; dabei werden eher lageorientierte Menschen in ihrer Aufmerksamkeit nachlassen und mit den Gedanken abschweifen, anstatt sich von neuem auf die Handlungsschritte zu konzentrieren.

Für die Bewältigung von Misserfolgen ist schließlich eine Reihe persönlichkeitsrelevanter Faktoren mit entscheidend. Zunächst ist hier die sogenannte *Selbstwirksamkeit* zu nennen. Ist diese stark ausgeprägt, so ist sich das Individuum gewiss, über Übemethoden zu verfügen, mit denen es auf den Misserfolg reagieren kann. Weiter kommt das eigene *Fähigkeitskonzept* zum Tragen, von dem es abhängt, ob das Individuum grundsätzlich davon ausgeht, mit seinen Fähigkeiten und einer bestimmten Anstrengung den Misserfolg korrigieren zu können. Eine weitere Facette kommt mit der sogenannten *Kontrollüberzeugung* ins Spiel. Bei hoher Kontrollüberzeugung glaubt das Individuum, durch sein eigenes Verhalten das Ergebnis des Übens in irgendeiner Weise kontrollieren zu können, bei niedriger Ausprägung fühlt es sich dagegen machtlos und glaubt, es hätte das Übeergebnis im Grunde nicht in der Hand. Wie wichtig der Umgang mit Misserfolgen für das Üben ist, zeigt sich auch in der oben referierten Untersuchung von O'Neill mit Anfängerinnen und Anfängern *(→ S. 41)*: Diejenigen Kinder, deren Leistungen bei Problemlöseaufgaben sich trotz negativer Rückmeldungen nicht verschlechterten, die der vermeintliche Misserfolg also nicht entmutigte, erreichten im ersten Unterrichtsjahr tendenziell bessere Leistungen auf ihrem Instrument als die anderen Kinder (O'Neill 1997, S. 64ff.).

Natürlich ist auch von Bedeutung, wie wichtig dem Einzelnen das Übeergebnis letztlich ist, was sich im Grad der Zielorientierung niederschlägt. Außerdem wird beim Auftreten von Misserfolgen wieder die Handlungs- oder Lageorientierung entscheidend. Abhängig davon wird das Individuum sich entweder weiter aufmerksam auf das Üben konzentrieren können oder aber von Gedanken an den Misserfolg in Beschlag genommen sein und sich infolgedessen dem Problem nicht aktiv widmen. Tendieren alle Merkmale zu einer für den Übeprozess negativen Ausprägung, so wird sich wahrscheinlich ein belastetes Verhältnis zum Üben entwickeln, das von Hilflosigkeit gekennzeichnet ist. Im positiven Fall wird sich eine Leistungsorientierung herausbilden, die weitere Fortschritte auf dem Instrument sowie entsprechende Erfolgserlebnisse begünstigen und sich so gewissermaßen selbst verstärken kann (vgl. insgesamt: Harnischmacher 1998, S. 195ff.).

Für die Ausprägungen der genannten Persönlichkeitsmerkmale darf man wiederum auch von sozialisatorischen Einflüssen ausgehen, diese können daher trotz ihrer relativen Stabilität auch Angriffspunkte für die Pädagogik sein (vgl. Harnischmacher 1998, S. 203). Das Erlernen und bewusste Vergegenwärtigen von Übemethoden im Unterricht kann die Selbstwirksamkeit befördern. Mit geeigneten Rückmeldungen darf die Lehrkraft hoffen, das Fähigkeitskonzept ihrer Schülerinnen und Schüler zum Positiven zu beeinflussen. Wo es möglich ist, kann die Lehrkraft die positiven Folgen des Übens aufzeigen und damit die Kontrollüberzeugung stärken.

Ergebnisse einschlägiger Untersuchungen deuten darauf hin, dass gerade durch Musikunterricht sogenannte „Exekutivfunktionen" wie Aufmerksamkeit, Ausdauer und Lernverhalten gestärkt werden können: In einer Studie der Musikpädagogin Laurie Scott mit Vorschulkindern zeigten Kinder, die bereits Unterricht nach der Konzeption des japanischen Violinpädagogen Shinichi Suzuki (vgl. Suzuki 1994) erhalten hatten, eine größere Aufmerksamkeit und Ausdauer beim Bewältigen von Aufgaben als Kinder, die in Kreativem Tanz oder mit einem allgemeinen Vorschulprogramm unterrichtet worden waren (Scott 1992). Siebtklässler, die aktiv musizierten, wiesen in einer Untersuchung der Psychologinnen Sina Wehrum, Franziska Degé, Gudrun Schwarzer und des Psychologen Rudolf Stark eine geringere Tendenz zum Verbergen von Fehlern sowie zum Vermeiden von Arbeit auf als die Kinder einer Kontrollgruppe (Wehrum, Degé, Schwarzer, Stark 2009, S. 152f.). Dass Musikunterricht allgemein fördernde Wirkungen auf die Steuerung von Handlungen haben kann, wird durch Ergebnisse aus der Neurowissenschaft zusätzlich gestützt: Im für die Handlungssteuerung bedeutsamen Broca-Areal des Gehirns (vgl. Koechlin, Jubault 2006) fand sich bei professionellen männlichen Musikern ein geringerer altersbedingter Rückgang in der Dichte der grauen Substanz als bei anderen Männern (Sluming, Barrick, Howard, et al. 2002). So vermutet der Philosoph Ralph Schumacher, der diesem Thema im Auftrag des Bundesministeriums für Bildung und Forschung nachgegangen ist, dass durch regelmäßiges und längerfristiges Musizieren die Selbstdisziplin und die Fähigkeit zum Aufschub von Belohnungen ebenso befördert werden können wie das Strukturieren von Lernprozessen, die Konzentration und die Kontrolle der eigenen Lernfortschritte (Schumacher 2009, S. 47). Möglicherweise sind die leicht intelligenzsteigernden Effekte der Beschäftigung mit Musik

(Schellenberg 2004; 2006) in Wahrheit auf jene Begünstigung der Exekutivfunktionen zurückzuführen (vgl. Schellenberg, Peretz, 2008, S. 46; Hannon, Trainor 2007, S. 470; Schellenberg 2009, S. 124).

Hinsichtlich der Handlungs- beziehungsweise Lageorientierung ist es für Pädagoginnen und Pädagogen sicher schwierig, Gedanken der Schülerinnen und Schüler zur eigenen Lage – etwa auch das Denken an gerade unterlaufene Fehler oder Scham und Angst – von außen einzudämmen. Dagegen können über gemeinsames Üben im Unterricht möglicherweise Erfahrungen mit einem handlungsorientierten Vorgehen gesammelt werden. Differenzierte Überlegungen erfordert der von Harnischmacher ins Spiel gebrachte Bereich der Zielorientierung, der im Motivationsgefüge der Schülerinnen und Schüler wurzelt.

Das Zusammenspiel von Übeeinsatz und Motivation verdeutlichen die Ergebnisse einer jüngeren Untersuchung an 30 Klavier spielenden Schülerinnen und Schülern. Dabei konnten die Unterschiede des Übeerfolgs – gemessen an der Gleichmäßigkeit einer beidhändigen C-Dur-Tonleiter – mittels statistischer Methoden zu 30 Prozent durch die Dauer der Klavierausbildung bis zum Messzeitpunkt erklärt werden, zu zehn Prozent aber auch durch die Freude am Üben, zu neun Prozent wiederum durch die Häufigkeit technischer Übungen, schließlich auch zu sieben Prozent durch die Freude am Schulfach Bildende Kunst sowieso zu jeweils sechs Prozent dadurch, wie häufig die Eltern nach dem Üben schauten, und durch die allgemeine Freude an Musik (Jabusch, Yong, Altenmüller 2007).

1.4 Motivation

Der Terminus „Motivation" stellt gewissermaßen einen Platzhalter für Ursachen und Beweggründe menschlichen Verhaltens dar. Mit dem Konzept der Motivation soll also erklärt werden, warum Menschen sich auf eine bestimmte Weise verhalten (vgl. Rudolph 2003, S. 1). Dabei bezeichnet man überdauernde Bedürfnisse und Anliegen als „Motive" (vgl. Joerger 1987, S. 144). Da sich Menschen hinsichtlich ihres Verhaltens unterscheiden, ist es plausibel, auch im Hinblick auf Motivation von Differenzen auszugehen. Die Frage, wie Motivationen entstehen, worauf sie ihrerseits zurückgeführt werden können, lässt sich wiederum aus einer *biologisch-genetischen,* aus einer *sozialisatorisch-biografischen* und aus einer *den Willen des Einzelnen fokussierenden* Perspektive angehen, so wie dies auch für das musikalische Potenzial aufgezeigt worden ist *(→ S. 11ff., 26ff., 38ff.).* Vom biologisch-genetischen Standpunkt aus wäre es angezeigt, nach angeborenen Bedürfnissen zu suchen und diese damit zu erklären, dass sie sich im Evolutionsprozess als vorteilhaft erwiesen haben. Nähert man sich dem Thema mit einem sozialisatorisch-biografischen Ansatz, wird man die Beweggründe des Verhaltens als Folge von Erfahrungen und Lernprozessen in einer bestimmten Umweltkonstellation betrachten. Konzentriert man sich schließlich auf das Individuum selbst, so rücken dessen Abwägungen, Planungen und Willensentscheidungen in den Mittelpunkt (vgl. hierzu die theoretischen Ansätze in: Rudolph 2003).

Aus einer biologischen Perspektive lässt sich außerdem das menschliche „Belohnungssystem" als Grundlage der Motivation anführen. Die Erfüllung von Bedürfnissen wird – vermittelt durch Einflüsse der chemischen Übertragungssubstanz Dopamin und die damit verbundene Aktivierung bestimmter Hirnregionen – von angenehmen Gefühlen begleitet. Sogenannte „primäre Verstärker" bewirken das Feuern der Neuronen und die entsprechenden Emotionen unmittelbar, das heißt ohne vorausgehende Lernprozesse. Dies gilt nachweislich für Nahrungsmittel wie Schokolade, Fruchtsaft, Tomatensaft oder Schokoladenmilch. Andere Reize, die sich als Folgen bestimmter Verhaltensweisen einstellen und mit positiven Emotionen verbunden sind, können über Konditionierungsprozesse zu „sekundären Verstärkern" werden. Die positiven Gefühle werden dann in vergleichbaren Situationen in der Zukunft bereits innerlich vorweggenommen und motivieren so Verhaltensweisen, welche denen gleichen, die beim ersten Mal zu den entsprechenden Belohnungen geführt haben. So spielen auch Erfahrungen in das biologisch fundierte Motivationsgeschehen hinein. Die Motivation basiert schließlich auf der Erwartung einer Belohnung. Als sekundäre Verstärker und als Motivationsquellen in diesem Sinne haben sich etwa Geld, Sportwagen, witzige Cartoons, soziale Kooperation in Computerspielen und – für Männer – attraktive Frauengesichter erwiesen. Auch Musik ist als sekundärer Verstärker belegt. Die Gehirnregionen des Belohnungssystems weisen bei Erwartung einer Belohnung sowie beim Erhalt einer unerwarteten Belohnung eine vermehrte Aktivität auf, während die Enttäuschung einer Erwartung von verminderter Aktivität begleitet wird. Der Belohnungswert eines Reizes zeigt sich besonders in der Aktivierung einer Hirnregion hinter der Augenpartie, die als „orbifrontaler Cortex" bezeichnet wird; die Intensität der Belohnung drückt sich im Feuern von Nervenzellen in den Amygdalae im Zentrum des Gehirns aus; werden Erwartungen enttäuscht, zeigen sich Aktivitäten im nahegelegenen ventralen Striatum (Abler, Erk, Walter 2005; vgl. zu den Hirnregionen: Pritzel, Brand, Markowitsch 2003, S. 22ff.). Das Belohnungssystem spielt nicht zuletzt für Suchterkrankungen eine große Rolle.

Während Biologie und Erfahrung – wie das „Erlernen" sekundärer Verstärker – in diesen Darstellungen zusammenwirken, bleiben Willensentscheidungen des Subjekts, wie es einer Tendenz der Neurowissenschaften entspricht, als Motivationsquellen ausgespart; man kann sich die neuronal fundierten emotionalen Prozesse gewissermaßen als Grundlage für das Nachdenken, Bewerten und Entscheiden denken, das nichtsdestoweniger eine neue Dimension im Motivationsgeschehen darstellen sollte.

Bedürfnisse des Menschen

Im Folgenden soll der Fokus weniger auf die Entstehung von Motivationen als auf die unterschiedlichen Bedürfnisse selbst gelegt werden. In der Freizeitforschung ist immer wieder nach Beweggründen für bestimmte Beschäftigungen gefragt worden. Dabei kristallieren sich einige übergreifende Faktoren heraus, die Freizeithandeln zum Teil erklären können. Die Freizeitforscher Liselott Diem, Joachim Winkler, Gerd Bollermann, Siegfried Müller sowie Bärbel und Karl-Otto Schöttler stellen vier Dimensionen heraus, die man verkürzt als

1. Ruhefaktor,
2. Kommunikationsfaktor,
3. Vergnügungsfaktor und
4. Bildungsfaktor

bezeichnen könnte (Diem, Winkler, Bollermann, et al. 1976; vgl. Dartsch 2001, S. 103, 116). Demnach gehen Menschen in ihrer Freizeit letztlich den Bedürfnissen nach Ruhe, Kommunikation, Vergnügung oder Bildung nach. Hieran anschließend lassen sich einige Differenzierungen vornehmen: Neben dem Bedürfnis nach Ruhe gibt es auch den Wunsch nach Stimulation und Vitalität. In der Kommunikation mit anderen Menschen kann man einerseits spüren, dass man akzeptiert wird, andererseits kann man sich als selbstlose Person verhalten und verstehen. Vergnügen kann in eher oberflächlicher Zerstreuung, das heißt in Unterhaltung, Spaß und Vergnügen im engeren Sinne, oder aber in tiefem Genuss bestehen. Der Bildungsfaktor findet seinen Ausdruck ebenso in einem ernsten Interesse an einer Materie wie in einem gewissen Anspruch an die eigene Leistung. Ergänzen könnte man noch die Verarbeitung von Erlebtem, die sich zunächst keinem der vier Faktoren zuordnen lässt, wenngleich sie manchmal im Ruhebedürfnis enthalten sein mag.

Auf diese Weise erhält man neun Bedürfnisse, die bereits an anderer Stelle in der folgenden Reihenfolge aufgelistet worden sind:

1. den Wunsch, einem Anspruch zu genügen,
2. den Wunsch, etwas für andere zu tun,
3. den Wunsch, von anderen akzeptiert zu werden,
4. den Wunsch nach Stimulation, Frische und Vitalität,
5. den Wunsch nach Ruhe,
6. den Wunsch nach Verarbeitung von Erlebtem,
7. den Wunsch nach Zerstreuung, Unterhaltung, Spaß und Vergnügen,
8. den Wunsch, sich tiefer mit einem Interessengebiet zu befassen,
9. den Wunsch nach Genuss (vgl. Dartsch 2001, S. 116f.; 2010b, S. 281f.).

Der Blick auf diese Motivationstypen zeigt, dass sie in drei Gruppen zu je drei Bedürfnissen zusammengefasst werden können. Die ersten drei Bedürfnisse korrespondieren mit den Überlegungen des Psychologen Claude M. Steeles zur *Selbstintegrität;* danach möchten sich Menschen im Allgemeinen kompetent, moralisch einwandfrei und liebenswert fühlen (Steele 1988; vgl. auch: Steele 1975; Fischer, Wiswede 1997, S. 348ff.). Den folgenden drei Wunschtypen ist ein ausgleichender Charakter bezüglich des allgemeinen Erregungsgrads eigen; sie dienen so einer Art innerer Balance. Die abschließend genannten Motivationsformen zielen auf den Wert der Aktivitäten selbst; man könnte sie in diesem Sinne als „intrinsisch" bezeichnen und so von extrinsischen Motivationen abgrenzen, bei denen Gewinne erhofft werden, die über die angestrebte Tätigkeit hinausweisen – etwa Belohnungen (vgl. Rheinberg 2006). Intrinsisch motivierte Tätigkeiten werden dagegen um ihrer selbst willen angestrebt; sie tragen unmittelbar zum Wohlbefinden bei und werden häufig in der Freizeit aufgenommen.

Man kann vermuten, dass die ersten sechs Motivationstypen eine biologische Basis besitzen. Die ersten drei könnte man mit dem Erfordernis in Verbindung bringen, das Überleben in der Gruppe zu sichern und die anstehenden Aufgaben zum Erhalt des Lebens zu meistern. Darüber hinaus sind die entsprechenden Motivationen sicher auch biografisch überformt und jeweils individuell ausgeprägt. Die in der Liste folgenden drei Wünsche mögen der Selbstregulation dienen, die angesichts der Anforderungen des Lebens für einen optimalen Umgang mit den Energiereserven wichtig ist; auch auf die Verarbeitung passt dies, da unverarbeitete Erlebnisse möglicherweise Energien binden. In die letzten drei Bedürfnisformen fließen zweifellos sozialisatorische Einflüsse ein, hier wird man aber auch den Willen des einzelnen Menschen in Rechnung stellen, sich bestimmten Genüssen, Interessen oder Zerstreuungen zuzuwenden. Die genannten Bedürfnisklassen können nun jeweils auch auf den Umgang mit Musik bezogen werden.

Der Wunsch, einem *Anspruch* zu genügen, wird im Allgemeinen mit dem Begriff der „Leistungsmotivation" erfasst. Bei „Leistungsmenschen" kreisen die Gedanken dem Psychologen David C. McClelland zufolge darum, besser zu werden. Sie schätzen Situationen, in denen sie Verantwortung übernehmen können, sind bereit, „berechnete Risiken" einzugehen, und wollen konkret bestätigt wissen, wie gut sie arbeiten (McClelland 1967, S. 36f., 45ff.) In der Theorie der Leistungsmotivation des Psychologen John Atkinson wird von stabilen Motivationskonstellationen innerhalb der Persönlichkeit, von sogenannten „Motiven" ausgegangen (vgl. Rudolph 2003, S. 131; Kuhl 2006, S. 306ff.). Die Tendenz, eine bestimmte Tätigkeit in dem Bestreben nach Erfolg aufzunehmen, hängt dabei von drei Faktoren ab:
1. dem Motiv, Erfolg zu erzielen,
2. der Stärke der Erwartung, dass ein Erfolg erzielt werden kann – also einer Art subjektiver Wahrscheinlichkeit des Erfolgs –, und
3. der Attraktivität des Erfolgs bei der betreffenden Tätigkeit.
Atkinson geht von einer Multiplikation der drei Faktoren aus, sodass die Tendenz zur Aufnahme der Handlung wächst, sobald einer der Faktoren größer wird, das heißt, sowohl bei einem starken Motiv als auch bei einer hohen Erfolgserwartung oder bei einer hohen Attraktivität des entsprechenden Erfolgs (Atkinson 1978, S. 12):

Aufnahmetendenz =
Erfolgsmotiv × subjektive Erfolgswahrscheinlichkeit × Erfolgsattraktivität

Unabhängig vom Leistungsmotiv existiert für Atkinson ein Motiv, Misserfolg zu vermeiden, das mit der Neigung einhergeht, bei Misserfolgen Scham zu empfinden. Dabei geht in die Tendenz, eine leistungsbetonte Tätigkeit zu vermeiden, zunächst dieses Motiv ein, daneben aber auch die subjektive Einschätzung der Wahrscheinlichkeit eines Misserfolgs sowie die negative Attraktivität des Misserfolgs im konkreten Fall, also die subjektive Bedeutung des Misserfolgs und die damit verbundenen negativen Empfindungen:

Vermeidungstendenz =
Misserfolgsvermeidungsmotiv × subjektive Misserfolgswahrscheinlichkeit
× subjektive Misserfolgsbedeutung

Die resultierende Tendenz lässt sich schließlich als Subtraktion der Vermeidungstendenz von der Aufnahmetendenz fassen (Atkinson 1974, S. 15; vgl. auch: 1966):

resultierende Tendenz =
Aufnahmetendenz - Vermeidungstendenz

Das von McClelland ins Spiel gebrachte „berechnete Risiko" beschreibt eine mittlere Erfolgswahrscheinlichkeit und lässt sich wie folgt begründen: Manchmal wird ein Erfolg umso attraktiver, je schwerer er zu erzielen ist, je unwahrscheinlicher er also erscheint. Nach diesem Muster könnte man einen entsprechenden Anteil der Attraktivität mit der Formel „eins minus Wahrscheinlichkeit" fassen. Bei einer hohen Erfolgswahrscheinlichkeit von 90 Prozent und einer daraus folgenden Attraktivität von zehn Prozent wäre das Produkt, das in die Verhaltenstendenz eingeht, gleich 0,09. Eine etwas kleinere Erfolgswahrscheinlichkeit von 70 Prozent hätte eine Attraktivität von 0,3 und damit einen Faktor von 0,21 für die Handlungstendenz zur Folge. Eine mittlere Erfolgswahrscheinlichkeit von 50 Prozent würde die Attraktivität auf 0,5 und das Produkt für die Verhaltenstendenz auf 0,25 heben. Sinkt die Erfolgswahrscheinlichkeit auf 30 oder 10 Prozent ab, so wächst die Attraktivität auf 0,7 beziehungsweise 0,9, was wieder kleinere Verhaltenstendenzen bewirken würde (vgl. Atkinson 1966; 1974, S. 12; Feather 1966a–b). Gäbe es also nur die hier behandelte Form von Attraktivität, würde die Tendenz, Erfolg anzustreben, tatsächlich bei mittleren Erfolgswahrscheinlichkeiten am größten sein. Allerdings muss man davon ausgehen, dass Tätigkeiten auch eine ihnen selbst innewohnende, intrinsische Attraktivität zukommt, die sich ebenfalls auf die Verhaltenstendenzen auswirken wird.

Die subjektive Erfolgswahrscheinlichkeit wird wesentlich davon beeinflusst, welchen Ursachen die erzielten Erfolge oder Misserfolge zugeschrieben werden. In der

Motivationspsychologie werden solche Zuschreibungen als „Attributionen" bezeichnet. Leistungsorientierte Menschen führen ihre Ergebnisse tendenziell auf internale, kontrollierbare und variable Ursachen zurück, glauben also, dass die Ursachen in ihnen selbst liegen, dass sie Einfluss darauf haben und die Ursachen nach Wunsch verändern können. All dies trifft insbesondere auf die Anstrengung als mögliche Erfolgsursache zu. Wer Erfolge und Misserfolge auf den eigenen Einsatz zurückführt, wird davon ausgehen, Aufgaben grundsätzlich bewältigen zu können, und sich entsprechend anstrengen (vgl. Weiner 1986; 1994, S. 217ff., 265ff.). Zuschreibungsmuster sind – wie schon die Leistungsorientierung insgesamt (vgl. McClelland 1967) – auch kulturabhängig; so werden Leistungen in Japan überwiegend auf Anstrengung und Geduld zurückgeführt, was als ideale Voraussetzung für ausdauernden Einsatz gelten muss (Mietzel 2002, S. 275f.).

All diese Überlegungen können auch auf die Beschäftigung mit Musik übertragen werden. Auch hier spielt die Leistungsmotivation eine große Rolle. Gewisse Kinder können es kaum erwarten, eine neue Schwierigkeit auf ihrem Instrument zu meistern und damit ihr Können unter Beweis zu stellen, während andere Kinder solchen Anforderungen gerne entkommen würden. Hier schlagen zweifellos Unterschiede der Persönlichkeit zu Buche. Günstigenfalls überwiegt das Erfolgsmotiv das Motiv, einen Misserfolg zu vermeiden, da in diesem Fall die Neigung resultiert, eine leistungsbetonte Tätigkeit wie das Üben aufzunehmen. Profitieren dürfte das Leistungsmotiv gemäß der Theorie auch von der Attraktivität des Musikstücks sowie etwa von einem mittleren Schwierigkeitsgrad desselben. Wünschenswert ist das Zurückführen von Erfolg oder Misserfolg auf die gezeigte Anstrengung, denn damit steht gleichzeitig ein Hebel zur Verfügung, an dem in der Folge angesetzt werden kann: Wer Ergebnisse mit dem Übeeinsatz in Verbindung bringt, kann mit vermehrtem Einsatz auf bessere Ergebnisse hoffen. Dieses Zurückführen von Ergebnissen auf Anstrengung kann von der Lehrkraft durchaus unterstützt werden. Andere Erklärungen für Misserfolge – etwa durch mangelndes Talent, durch ungünstige Umstände oder durch den Schwierigkeitsgrad des entsprechenden Stücks – können unter Umständen korrigiert werden, es sei denn, bestimmte Umstände oder der Schwierigkeitsgrad stellen auch für die Lehrkraft entscheidende Faktoren eines Misserfolgs oder Erfolgs dar und müssen im Sine einer realistischen Gesamteinschätzung ins Kalkül gezogen werden.

Die Leistungsmotivation eines Kindes dürfte eine entscheidende Bedingung für ein zielstrebiges und kontinuierliches Üben sein, wie es die Expertise-Forschung als Voraussetzung für instrumentale Fortschritte und Hochleistungen ansieht, und verdient daher sicher die Aufmerksamkeit der Lehrkraft. Das Wissen darum, dass Motive in der Persönlichkeit begründet liegen, kann dafür sensibilisieren, Schüler und Schülerinnen beim Stellen von Anforderungen im Unterricht gewissermaßen „mitzunehmen", ihnen also die Zeit zur Entwicklung und Veränderung von Motiven zu geben und den Unterricht zuvorderst an den vorliegenden Motiven auszurichten. Andernfalls ginge er an den Schülern und Schülerinnen vorbei und riskierte Misserfolge, die einen Teufelskreis in Gang setzen könnten, in dem Misserfolge zu verstärkten Ängsten und Ängste zu neuen Misserfolgen führen.

Leistungsanforderungen werden zwar von leistungsorientierten Menschen als herausfordernd und belohnend empfunden, häufig aber konkurrieren sie für Schülerinnen und Schüler mit dem Wunsch, Tätigkeiten nachzugehen, die dem eigenen Wohlbefinden dienen, die also mit Zerstreuung, Genuss oder Interesse verbunden sind. Für das Instrumentalspiel kann das umso fataler sein, als bereits die Schule Leistungsanstrengungen abverlangt und die Freizeit durch Hausaufgaben und Prüfungsvorbereitungen zusätzlich beschnitten wird. Dies kann dazu führen, dass das Üben im Alltag immer wieder hinausgeschoben wird und schließlich zu kurz kommt. Im Konflikt zwischen Leistung und Wohlbefinden empfiehlt der Psychologe Manfred Hofer das Schaffen von Strukturen. Konkret könne es helfen, Ziele zu formulieren und ein Lerntagebuch zu führen (Hofer 2004). Im Bereich des Instrumentalspiels wären als Ziele etwa das Spielen bestimmter Stücke, die Mitwirkung in Ensembles, die Teilnahme beim Wettbewerb „Jugend musiziert" oder Konzertauftritte anzustreben. Als schriftliche Lernhilfen lassen sich Übepläne anfertigen und ein Übetagebuch anlegen. Bei jüngeren Kindern werden die Eltern eine entscheidende Rolle für das Schaffen von Strukturen und das Etablieren entsprechender Gewohnheiten einnehmen. Regelmäßigkeit und Systematik des Übens können Erfolgserlebnisse und Freude an der Musik befördern und so zum Wohlbefinden beitragen. Auch kann das regelmäßige Einbeziehen alter, schon früher gelernter Stücke in das häusliche Pensum für Genuss und Wohlbefinden beim Üben sorgen. Wo das Üben und das Musizieren selbst zu keinerlei Gewinn für das Wohlbefinden führen, bleibt alles Strukturieren sicherlich gefährdet und auch fragwürdig.

Das Bedürfnis danach, von anderen *akzeptiert* zu werden, das in der unbedingten Notwendigkeit sozialer Zugehörigkeit zu einer Gruppe wurzeln mag, zeigt sich bei Kindern zum einen in der Bindung an erwachsene Bezugspersonen, zum anderen aber auch an den Beziehungen zu anderen Kindern ähnlichen Alters im sozialen Umfeld – etwa in der Nachbarschaft, der Kindertageseinrichtung und der Schule. Schon der Säugling verfügt über Möglichkeiten, die Bindung an Bezugspersonen zu festigen: Er schreit, lächelt, klammert, saugt und folgt der Mutter mit den Augen (Bowlby 1958). Die Bezugsperson sorgt ihrerseits für die Erfüllung der lebenswichtigen Bedürfnisse des Kindes. Der Schutz, den die Bindung an eine Bezugsperson dem Kind bietet, erweist sich außerdem als notwendige Voraussetzung für die Erkundung der Umwelt (Bowlby 1997, S. 209, 237ff., 336ff.; vgl. Rauh 2002, S. 197ff.).

Auch später noch wird sich ein Kind nur dann angstfrei einer neuen Sache zuwenden können, wenn es sich in der Beziehung zu der Lehrperson grundsätzlich sicher und geborgen fühlt. Nicht selten wird die Instrumentallehrkraft neben den Eltern zu einer wichtigen Bezugsperson. Besonders die intime Situation des Einzelunterrichts wird von der Beziehung zwischen Kind und Lehrkraft geprägt und profitiert davon, wenn sie von beiden Seiten als positiv empfunden wird. Grundsätzlich gilt dies sicher auch noch im späteren Alter.

Die Zugehörigkeit zu einer Gruppe von Menschen ähnlichen oder gemischten Alters spielt als Motivation für den Instrumentalunterricht immer dann eine Rolle, wenn der Schüler oder die Schülerin die Mitwirkung in einem Instrumentalensemble erstrebt, das als attraktive soziale Gruppe erscheint. Ein solcher Wunsch kann – auch bei Erwachsenen – maßgeblich für die Aufnahme des Instrumentalunterrichts sein, er kann sich aber auch im Laufe des Unterrichts ergeben und dann einen erheblichen Motivationsschub bewirken. Das Gemeinschaftsgefühl, das sich häufig in einer Gruppe miteinander musizierender Menschen einstellt, kann auch dann noch die Motivation befördern, wenn die Teilnahme am Ensemble bereits verwirklicht ist. Bei Schülern und Schülerinnen, die bislang nur für sich alleine spielen, bietet es sich für die Lehrkraft an, die Ensembleteilnahme oder ein Kammermusikprojekt zu initiieren. Gerade beim Klavier wird damit unter Umständen einer gewissen Isolation vorgebeugt und das gegenseitige Unterstützen und Anregen unter Kindern oder Jugendlichen ermöglicht, die in ihrer Freizeit der gleichen Tätigkeit nachgehen.

Etwas *für andere* Menschen zu tun, erlaubt es, ein positives Selbstkonzept zu etablieren und moralische Werte zu festigen. Kinder verschenken beispielsweise gerne selbst gemalte Bilder an Bezugspersonen wie etwa auch Instrumentallehrkräfte. Den Eltern bei einer wichtigen Tätigkeit zu helfen, ist meist mit dem guten Gefühl verbunden, etwas Bedeutendes zum gemeinsamen Leben beizutragen.

Im Gruppen- oder Ensembleunterricht kann das gegenseitige Helfen ebenfalls ein Betätigungsfeld finden, wenn die Lehrkraft den Raum dafür gibt und dies möglicherweise auch initiiert. Dem verschenkten Bild entsprechend können im Unterricht Gelegenheiten vorbereitet werden, bei denen das Kind mit seiner Musik anderen Menschen eine Freude bereiten kann. Als Adressaten kommen Familienmitglieder – etwa zu Geburtstagen – ebenso in Frage wie die Schulklasse oder ältere Menschen in einer Senioreneinrichtung. Anlässe dieser Art bieten die Chance, Musik nicht nur als Leistungsthema oder als eigenes Vergnügen zu erfahren, sondern auch die kommunikative Seite der Musik zu erleben: Von einem oder mehreren Menschen ausgesandt, erreicht sie andere Menschen, um dort emotionale Reaktionen hervorzurufen. Schon in einem frühen Stadium lässt sich so auch erfassen, dass und warum die Gesellschaft von Musikerinnen und Musikern profitiert und diese braucht.

Im Allgemeinen fühlt sich der Mensch weder bei Überstimulation noch bei Unterstimulation wohl; weder Reizüberflutung noch die Abwesenheit von Reizen tut auf Dauer gut. Sowohl bei zu vielen einströmenden Reizen als auch bei zu wenigen werden Menschen unruhig und empfinden Stress. Eine mittlere Komplexität der Stimulation weist nach der sogenannten Aktivationstheorie, die der Pychologe Daniel Berlyne im Anschluss an seinen Fachkollegen Donald Olding Hebb entwickelt hat, die höchste Attraktivität auf und führt zur niedrigsten Aktivation, einer idealen Bedingung, wenn es um Leistungsverhalten geht (Berlyne 1974, S. 243ff.; Hebb 1955; vgl. Rudolph 2003, S. 57ff.). Die Bedürfnisse nach Stimulation und Ruhe tragen daher einen homöostatischen Charakter: Sie zielen auf ein Gleichgewicht im Fluss der Zeit.

Das Bedürfnis nach *Stimulation und Vitalität* zeigt sich bei Kindern zum einen in einem starken Bewegungsdrang, zum anderen in der Neugier, mit der sie neuen Gegenständen und Situationen begegnen. Der Unterricht kann diesem Bedürfnis mit Tempo und Abwechslung entgegenkommen. Gerade jüngeren Kindern fällt es oft schwer, etwa dreißig Minuten vor dem Notenständer zu stehen und Anweisungen zu befolgen. Hier tut es Not, zwischen verschiedenen Lernbereichen ebenso abzuwechseln wie zwischen eher lehrergesteuerten Phasen und Phasen des eigenen Ausprobierens (vgl. Petrat 2007, S. 29ff.). Neben dem Spiel von Noten kann auch etwas auswendig gespielt werden; das Singen von Liedern und die Arbeit an Rhythmen – beispielsweise über Körperperkussion –, das gemeinsame Betrachten der Partitur, das Hören auf das Spiel der Lehrkraft, das Mitspielen mit einer CD, das Gespräch sowie gelegentlich das Malen oder Tanzen sorgen für immer neue Stimulation und halten die Neugier und die Aufnahmebereitschaft wach. Dabei kann auch die Position im Raum wechseln, Phasen der Bewegung können Phasen im Sitzen oder Stehen ergänzen. Weiter gilt es zu bedenken, dass die Faszination eines bestimmten Musikstücks mit der Zeit nachlassen wird, sodass es immer weniger stimuliert. Dabei hängt die Stimulation aber auch vom Charakter des Stücks selbst ab. Bestimmte Musik vermag das Bedürfnis nach Stimulation und Vitalität ideal zu befriedigen; tänzerische und schwungvolle Musik kann Körper und Psyche anregen und dazu einladen, sich im Hören, Singen, Spielen oder Tanzen als lebendig zu erleben. Schülerinnen und Schüler sollten dies auch im Unterricht erfahren können.

Umgekehrt kann getragene Musik zur Entspannung und *Ruhe* verhelfen. Mit Musik steht dem Menschen generell ein Medium zur Verfügung, das er auf bestimmte Erregungsniveaus abstimmen kann. Auch Unterrichtsstunden benötigen nicht nur Schwung und Abwechslung, sondern auch ruhige Phasen. Ihre Dramaturgie lebt von organischen Spannungsbögen, die die Lehrkraft mit Gespür für den Erregungsgrad der Schülerinnen und Schüler, aber auch für die eigene Befindlichkeit spontan gestalten kann. Gerade auch ruhige und konzentrierte Momente sind dabei wertvoll; im Kontrast zur Hektik des Alltags können sie Kindern und Jugendlichen wie auch Erwachsenen helfen, ein Stück weit zu sich selbst zu kommen. Schon das Einstimmen eines Instruments zu Beginn der Stunde kann nach der Begrüßung und nach einer Gelegenheit für kurze Erlebnisberichte zu einer Konzentration führen, von der auch die weitere Arbeit profitieren dürfte.

Nicht zuletzt bietet Musik die Chance, psychische Impulse einzubringen und damit Erlebnisse und Emotionen gewissermaßen zu verarbeiten. Die *Verarbeitung* besteht dabei in einem bewussten oder unbewussten Umgang mit Empfindungen und Erinnerungen. In der psychoanalytischen Theorie nach Sigmund Freud führt „der Drang, etwas Eindrucksvolles psychisch zu verarbeiten" schließlich zur Bewältigung, indem der Mensch von der passiv erleidenden Rolle in die aktiv gestaltende wechselt, wie dies etwa das Kind im Spiel tut (Freud 1947, S. 14). Schon bei der Verarbeitung alltäglicher Erfahrungen im Verlauf kindlicher Bildungsprozesse kann man sich ein stetiges Ordnen und Konstruieren von Mustern vorstellen, die schließlich von neuem mit Erfahrungen konfrontiert werden (vgl. Schäfer 1995, S. 108). Die Reaktionen auf die vielfältigen Wahrnehmungen beinhalten dabei gleichzeitig gedankliches Strukturieren wie auch physiolgische Erregungszustände, die mit je spezifischen Emotionen verbunden sind. Gerade für die Verarbeitung der Letzteren bietet sich auch die Musik an. Als Kunstsparte stellt sie dem Philosophen Ernst Cassirer zufolge neben Sprache, Religion und Wissenschaft eine der symbolischen Ausdrucksformen des Menschen dar, mit denen dieser seine Welt zu ordnen trachtet (Cassirer 2001; 2002a–b). Das Bedürfnis, ein Medium der Verarbeitung zu finden, kann sich im Instrumentalunterricht in dem Wunsch nach bestimmten Musikstücken oder Charakteren ausdrücken. Ob die Verarbeitung tatsächlich gelingt, hängt also nicht zuletzt davon ab, inwieweit das Stück zur aktuellen psychischen Befindlichkeit der Schülerinnen und Schüler passt. Auch die Interpretation eines Stücks kann mehr oder weniger „passen". Neben der Musik wird schließlich auch das Gespräch mit der Lehrkraft zur Verarbeitung beitragen können. Nicht selten lassen Schülerinnen und Schüler ihre Lehrerin oder ihren Lehrer auch an persönlichen Erfahrungen und Gedanken teilhaben. Besonders bei der Verarbeitung von Erlebnissen mit Musik – etwa von Krisen mit dem Instrument, von misslungenen Auftritten oder von Kritik, die man anderswo erhalten hat – wird das Gespräch mit der Lehrerin oder dem Lehrer eine wichtige Hilfe sein.

Auch in die *Zerstreuung* kann das Bedürfnis nach Entspannung oder Stimulation einfließen. Darüber hinaus aber wird mit dieser Kategorie das Vergnügen an der Aktivität selbst fokussiert. Nur durch die ihr eigenen Qualitäten ist eine Aktivität geeignet, ein Refugium gegenüber der Anspannung des Alltags zu bilden (vgl. dazu: Adorno 1969, S. 63). Namentlich die rein sinnlichen Komponenten einer Aktivität oder eines Gegenstands werden in der Zerstreuung als vergnüglich erlebt (vgl. Welsch 1998, S. 60), ohne dass freilich ein tieferes Eindringen angestrebt oder erreicht wird. Nichtsdestoweniger steht der Vollzug der Aktivität selbst im Zentrum und muss nicht weiter legitimiert werden. Über den Spaß, die Unterhaltung hinaus wird nichts erwartet. Auch im Instrumentalunterricht sollten die Lehrkraft und die Schülerinnen und Schüler Spaß miteinander erleben. Humor und Schwung vonseiten der Lehrkraft können verhindern, dass der Ernst der Beschäftigung mit dem Instrument zur drückenden Last oder die Aufmerksamkeit überdehnt wird. Daneben kann auch dem Humor der Schülerinnen und Schüler Raum gegeben werden. Lehrkräfte können sich weiterhin immer wieder davon leiten lassen, was den Schülerinnen und Schülern Spaß macht. Nicht zuletzt sollte auch die Lehrkraft in Bezug auf Vergnügen auf ihre Kosten kommen, um einen Unterrichtsnachmittag ohne übermäßige Ermüdung bestehen zu können. Gerade auch Musik wird von Menschen zum Zweck der

Zerstreuung oder Unterhaltung gehört. Dies drückt sich unter anderem in der Spartenbezeichnung „Unterhaltungsmusik" aus. Zu dieser Sparte wären sicher auch ungezählte Werke der sogenannten „Ernsten Musik" zu rechnen, die damals wie heute um des Vergnügens an ihren Reizen und einer heiteren Stimmung willen auch nebenbei gehört wurden und werden. Das Bedürfnis, Musik zu spielen, die ihre Reize sofort offenbart, ohne dass ein mühevolles Eindringen Not tut, ist – wo Schülerinnen und Schüler es äußern oder erkennen lassen – nicht vorschnell zu verurteilen. Auch Kinder und Jugendliche sind im Schulalltag einer nicht geringen Anspannung ausgesetzt, von der sie in ihrer Freizeit Abstand gewinnen möchten. Wenn Musik dazu verhelfen kann, wird sie schon allein dadurch zu einem persönlich bedeutsamen Lebensbereich. So wie Menschen einmal locker plaudern und ein andermal tiefe Gespräche führen, deckt auch der Umgang mit Musik eine breite Palette von Möglichkeiten an Tiefe und Anstrengung ab.

Wo nun Musikstücke eine tiefere Befriedigung erahnen lassen, die sich durch eine intensivere Beschäftigung gewinnen lässt, kann ein besonderes *Interesse* an ihnen erwachen. Über die positive Erregung der Neugier hinaus zielt das Interesse wiederum auf die Aktivität oder den Gegenstand selbst. Wer Interesse für etwas hegt, misst der Sache um ihrer selbst willen einen Wert zu und hat Freude an ihr (Schiefele 1996, S. 77ff.). Schließlich treibt das Interesse dazu, immer tiefer in die Sache einzudringen, immer mehr Informationen über sie zu sammeln und immer mehr Erfahrungen mit ihr zu machen. So reicht das Interesse deutlich über eine momentane Motivation hinaus. An der Lehrkraft ist es, das Interesse an Musik und am Instrument zu wecken und zu nähren. Sie kann den Schülerinnen und Schülern dazu die von ihnen noch nicht bemerkten Feinheiten zeigen und sie an der eigenen Begeisterung darüber teilhaben lassen. Sie kann weiter den gesamten Hintergrund in den Unterricht einfließen lassen, der von der Musikgeschichte über Musiktheorie, Instrumentenbau bis hin zu Interpretinnen und Interpreten und ihren Aufnahmen reichen kann. Dabei lässt sich Interesse sicher nicht erzwingen; es benötigt Zeit, sich ausgehend von einer ersten Faszination – die im Idealfall bereits in den Instrumentalunterricht mitgebracht wird – zu einem stabilen und handlungsleitenden Motiv zu entwickeln.

Der Wunsch nach *Genuss* zielt besonders offensichtlich auf eine Aktivität oder einen Gegenstand. Wer genießt, verfolgt keine weiteren Zwecke und erlebt die Befriedigung im selben Augenblick in der Sache selbst. Dabei geht es weniger um eine Bewertung des genossenen Objekts als darum, sich ihm gewissermaßen hinzugeben. Im Genuss nimmt der Mensch ein Objekt in sich auf, wird davon erfüllt und auf angenehme Weise erregt. Auch der erlebten Erregung kann man sich im Genuss schließlich wieder hingeben; man genießt sich dabei auch selbst in seiner entsprechenden Befindlichkeit – man genießt etwa, ergriffen zu sein –, sodass Hans Robert Jauß vom „Selbstgenuss im Fremdgenuss" spricht (Jauß 1984, S. 84; Geiger 1913, S. 584ff.; 1976, S. 426ff.). Damit reicht der Genuss weit über den bloßen Konsum hinaus und unterscheidet sich von der Zerstreuung durch die Tiefe der Wahrnehmung und des Erlebens eines Objekts. Im Genuss erschließen sich somit Dimensionen des Objekts, die anders nicht erfahren oder erkannt werden können. Schon dies unterstreicht die Bedeutung des Genießens von Musik im pädagogischen Zusammenhang. Erst wenn andere Aspekte – wie etwa auch die Perfektion – einmal zurücktreten und die Einstellung des Genießens eingenommen wird, offenbart sich die Musik auf eine tiefere Weise. Schülerinnen und Schülern sollte dieses Erlebnis möglichst häufig und regelmäßig im Unterricht ermöglicht werden; es erschließt die Musik in ihren ästhetischen Aspekten und entspricht darüber hinaus dem Bedürfnis, sich an Klängen zu erfreuen, das häufig zu den grundlegenden Motiven für die Aufnahme von Instrumental- oder Vokalunterricht zählt. Besondere Genussmomente können durch das gemeinsame Musizieren mit der Lehrkraft oder das Spielen von Lieblingsstücken entstehen (vgl. Doerne 2005; 2010b, S. 169ff.; Sigmund 2005; Röbke 2005; Haas 2005; Beutler, Rosin 2005; Dartsch 2005). Für die Musikpädagogen Peter Schwarzenbach und Brigitte Bryner-Kronjäger stellen das Spielen und Geschehenlassen – neben dem Wahrnehmen und Spüren, dem Festlegen von Spielweisen und Einrichten von Stücken sowie dem exemplarischem Üben – einen unverzichtbaren Programmpunkt jeder Unterrichtsstunde dar (Schwarzenbach, Bryner-Kronjäger 2005, S. 35ff.). Von der ersten Stunde an ist dies zu verwirklichen; das Kind wird seine in der Freude am Klang liegenden Motive kaum solange zurückstellen wollen oder können, bis etwa gewisse technische Grundlagen erarbeitet wären. Auch die Lehrkraft sollte somit eine entsprechende, „genießerische" Einstellung einnehmen und den Drang nach fortwährender Kritik zurückhalten können. Können Schülerinnen und Schüler damit rechnen, dass solche Erlebnisse sie im Unterricht erwarten, wird in dieser Erwartung eine starke Motivation liegen, den Unterricht zu besuchen. Das Spielen und Genießen von Musik hat schließlich auch in der häuslichen Beschäftigung mit dem Instrument seinen legitimen Platz. Besonders für Studierende und professionelle Musikerinnen und Musiker kann dies unter einer verabsolutierten Haltung der Selbstkritik ins Hintertreffen geraten und von hieraus möglicherweise auch Schülerinnen und Schülern verwehrt werden. Anders aber dürfte eine lebendige emotionale Verbindung zur Musik und zum Instrument kaum aufrechterhalten werden können.

Zur Rolle der Lehrkraft

Im Zusammenhang mit Unterricht ist häufig davon die Rede, dass Lehrkräfte ihre Schülerinnen und Schüler zu motivieren hätten. Motivation wird hier nicht als eine im Menschen liegende Bereitschaft, sondern als eine pädagogische Tätigkeit verstanden. Der Psychologe Konrad Joerger meint hierzu: „Gefährlich ist diese Formulierung deswegen, weil dabei stillschweigend mitgedacht wird, man könne den Schüler durch irgendwelche Manipulation derart verändern, daß er für etwas motiviert sei, wofür er es zuvor nicht gewesen war" (Joerger 1987, S. 145). Die Vorstellung, man könne Motivation herstellen oder erzwingen, ist von Grund auf irrig. Das heißt natürlich nicht, dass das Verhalten der Lehrperson bedeutungslos wäre. Die Rede vom Motivieren lässt sich insbesondere auf drei Themenbereiche beziehen: auf das *Lob,* auf *Belohnungen* und auf eine *interessante Unterrichtsgestaltung.* An Lob und Belohnung wird dabei gemeinhin gedacht, wenn von extrinsischer Motivation die Rede ist *(→ S. 53).* Lobende Worte können tatsächlich die Bereitschaft für eine Aktivität erhöhen, indem sie an die Wünsche anknüpfen, sich kompetent zu fühlen und anerkannt zu werden *(→ S. 52f.).* Hingegen ist es – wie zahlreiche Untersuchungen nahe legen – nicht zu empfehlen, Kindern eine konkrete Belohnung dafür in Aussicht zu stellen, dass sie üben oder bestimmte Stücke spielen. Winkt später keine Belohnung, so wird die Freude am Spielen geringer ausfallen, als sie ursprünglich war. Unerwartete Belohnungen richten dagegen keinen Schaden an; sie vermögen die vorhandene Freude allerdings auch nicht zu steigern (vgl. Lepper, Greene, Nisbett 1973; Deci, Koestner, Ryan 1999; 2001; Cameron, Banko, Pierce 2001; Cameron 2001; Deci, Ryan, Koestner 2001). Was schließlich den interessanten Unterricht betrifft, so zielt dieser eher auf die intrinsische Motivation. Allerdings lässt sich ein echtes Interesse kaum von außen hervorrufen *(→ S. 60);* ein unterhaltsamer Unterricht aber spricht das Zerstreuungsbedürfnis an und hat seine Berechtigung wie seine Grenzen *(→ S. 59f.).* Die Phänomene, an die man denkt, wenn man vom Motivieren spricht, lassen sich mithin alle auch unter der Perspektive von Motiven betrachten, die bei den Schülerinnen und Schülern in unterschiedlichen Ausprägungen vorhanden sind, und an die es im Unterricht anzuknüpfen gilt. Selbstverständlich kann sich das Motivationsgefüge eines Menschen im Laufe der Zeit auch weiterentwickeln; bestimmte Motive treten in den Hintergrund, andere werden stärker, Interessen verlagern sich. Hierzu kann die Lehrkraft durch entsprechende Anregungen beitragen. Nichtsdestoweniger erscheint die Perspektive des Anknüpfens an Bedürfnisse geeignet, um gemeinsam mit den Schülerinnen und Schülern zu einer befriedigenden Unterrichtsgestaltung zu finden.

Das Bemühen der Lehrkräfte um ein Anknüpfen an Motivationspotenziale ist dabei auch auf eine Bereitschaft der Schülerinnen und Schüler angewiesen, im Unterricht zu kooperieren. Lehrkräfte können um diese Bereitschaft zwar werben, sie aber wiederum nicht erzwingen. Die Lehrkraft und die Schülerinnen und Schüler müssen sich gegenseitig immer wieder – meist wohl untergründig – signalisieren, dass das gemeinsam gestaltete Geschehen dem Lernen dient. Hieraus erhält der Unterricht seine Legitimation. Beide Parteien nehmen dazu eine entsprechende Haltung ein. Aufseiten der Schülerinnen und Schüler ist dies die Haltung des Lernens. Konkret bedeutet dies, dass die Schülerinnen und Schüler sich im Unterricht dem Lernen und Erfahren öffnen. Die stillschweigende oder auch einmal ausgesprochene Vereinbarung: „Wir lernen etwas zusammen" stellt gewissermaßen die Basis des Unterrichts dar, ohne die er letztlich zum Scheitern verurteilt ist. Bereits in der Elementaren Musikpraxis mit Kindern ist sie in der Form von: „Wir erleben etwas zusammen" von Bedeutung (vgl. Scholz 2010, S. 64ff.).

Allgemein gilt es, an die Motive anzuknüpfen, die die Schülerinnen und Schüler in den Unterricht mitbringen. Daneben aber sind auch weitere Motive anzuregen, damit möglichst viele Facetten des Umgangs mit Musik eingebracht und verwirklicht werden können: Es kann eine schöne Erfahrung für Kinder, Jugendliche, aber auch Erwachsene sein, wenn sie auf ihrem Instrument bestimmte Schwierigkeiten meistern und Erfolge erzielen. Ebenso schön kann es sein, anderen Menschen mit Musik eine Freude zu bereiten, Teil einer musizierenden Gruppe zu sein, von Musik die eigene Lebendigkeit anregen zu lassen, mittels Musik Ruhe und Entspannung zu finden, in der Musik ein Medium zum Verarbeiten von psychischen Impulsen zu finden, sich von Musik unterhalten zu lassen, ein tieferes Interesse für sie auszubilden oder mit ihr erfüllte Zeit im Genuss zu erleben.

Weiterführende Literatur zu Einflussfaktoren auf das Musiklernen

Zum Thema *Begabung* (1.1):
Gembris, Heiner: *Grundlagen musikalischer Begabung und Entwicklung.* (= Forum Musikpädagogik 20), Augsburg: Wißner 1998

Zum Thema *Sozialisation* (1.2):
Bruhn, Herbert (Hrsg.); Kopiez, Reinhard(Hrsg.); Lehmann, Andreas C. (Hrsg.): *Musikpsychologie. Das neue Handbuch.* Reinbek: Rowohlt 2008

Zum Thema *Übeeinsatz* (1.3):
Gembris, Heiner (Hrsg.); Kraemer, Rudolf-Dieter (Hrsg.); Maas, Georg (Hrsg.): *Üben in musikalischer Praxis und Forschung. Musikpädagogische Forschungsberichte 1997.* (= Forum Musikpädagogik 20), Augsburg: Wißner 1998

Zum Thema *Motivation* (1.4):
Petrat, Nicolai: *Motivieren zur Musik. Grundlagen und Praxistipps für den erfolgreichen Instrumentalunterricht.* Kassel: Bosse 2007

2 Bedeutung

2.1 Anthropologische Bedeutung

Unternimmt man Anstrengungen, andere Menschen darin zu unterstützen und dazu anzuleiten, etwas Bestimmtes zu lernen, so sollte man davon ausgehen, dass der Lernstoff auf die eine oder andere Weise für sie von Nutzen sein könnte. In diesem Sinne erscheint es nicht nur legitim, sondern auch durchaus geboten, nach dem Nutzen des Musiklernens zu fragen.

An dieser Stelle sollen unterschiedliche Funktionen von Musik von einem übergreifenden Gedanken aus entfaltet werden: Musik befördert allgemein die *Entwicklung eines Verhältnisses zu sich selbst und zur Welt*. Wenn sich dies zeigen lässt, erweist sich zugleich Bildung als die grundlegende Dimension des Umgangs mit Musik, denn gerade auf jenes Verhältnis zu Selbst und Welt zielt traditionell der Begriff der Bildung (Langewand 1994, S. 69; Liegle 2003, S. 17; vgl. Gudjons 1995, S. 198ff.).

Die Koppelung von Bildung und Musik mag erstaunen, wenn man das Entstehen von Musik aus einer *evolutionären Perspektive* heraus erklären möchte. In diesem Fall wird im Allgemeinen darauf verwiesen, dass die Musik ein Mittel gewesen sein könne, mit dem sich potenzielle Partnerinnen beeindrucken ließen. Damit wäre Musik grundsätzlich mit dem Balzverhalten im Tierreich vergleichbar – eine Ansicht, die auf Charles Darwin zurückgeht (Darwin 1871, S. 330ff.; vgl. Sluming, Manning 2000). Daneben findet sich auch der Gedanke, mit der Musik habe der Mensch außer der Sprache ein zweites Kommunikationssystem entwickelt, um mit anderen Menschen auch über die Verstärkung oder Besänftigung von Emotionen in Verbindung zu treten (vgl. Jourdain 2001, S. 370ff.). Für solche Annahmen gibt es sicher gute Argumente. Die Vermutung einer grundlegenden Bildungsdimension von Musik muss hierzu jedoch keinen Widerspruch bilden. Dieser Aspekt kann immer mehr zum Tragen gekommen sein, als Musik sich zur Kunstform entwickelte. Womöglich geschah dies vor etwa 30.000 bis 40.000 Jahren. Die zunehmende Größe des Gehirns und damit auch des Schädels im Laufe der Jahrtausende bedingte eine vergleichsweise frühe Geburt, damit das Baby den Geburtskanal noch passieren konnte. Damit aber wuchs der Betreuungsaufwand für die Neugeborenen. Kinder verlangten länger eine besondere Aufmerksamkeit und Behandlung. Ältere konnten in die Betreuung eingebunden werden. Möglicherweise war dies ein Motor für die wachsende Vielfalt sozialer Rollen innerhalb der Gemeinschaften (vgl. Allman 1999, S. 260ff.). Differenziertere Rollenzuschreibungen brachten die Notwendigkeit mit sich, sich als Individuum gewissermaßen zu definieren und als jemand auszuweisen. Dies geschah beispielsweise über Schmuck und Kleidung.

Letztere war zunächst ein Erfordernis zum Überleben, wurde aber nun ein Element der entstehenden Kultur. Ebenso wie das einzelne Gruppenmitglied konnte sich die gesamte Gruppe über kulturelle Verhaltensweisen und Produkte als spezifische Gemeinschaft gegenüber anderen Gruppen bestimmen und kenntlich machen.

Wenn Lebensnotwendigkeiten wie Kleidung und Essen allmählich zum Kulturgut wurden, scheint auch für Musik denkbar, dass sie ausgehend von urzeitlichen Vorformen, die als Mittel der Kommunikation oder der Partnerwerbung gedient hatten, immer stärker an kultureller Bedeutung gewann. Heute wird man nicht zögern, die Musik als Kulturgut zu verstehen. Damit aber rückt auch der Bildungsaspekt wieder in den Vordergrund. Für den Philosophen Theodor W. Adorno nämlich stellte Bildung die subjektive Seite der Kultur dar, Kultur kann man dementsprechend als objektive Seite der Bildung ansehen (Adorno 1972; vgl. Fuchs 2001, S. 277). Kulturelle Errungenschaften prägen sowohl den einzelnen Menschen als auch die Gesellschaft; sie stellen wertvolle Lebens- und Denkmuster zur Verfügung, sodass sie – je nach Lage mehr oder weniger übereinstimmend – als Werte erlebt werden. Dies schlägt sich nicht zuletzt im institutionalisierten Erziehungs- und Bildungssystem nieder, auch hier wird Bildung als Auseinandersetzung mit Kultur konzipiert. Der Prozess der Aneignung von Musik ist daher Teil der Bildungsgeschichte eines Menschen.

Folgt man Cassirer, so lässt sich die Musik als ein eigenes Symbolsystem verstehen, das der Mensch auf besondere Weise zur Ordnung von Welteindrücken einsetzt – vergleichbar mit Sprache, Religion und Wissenschaft (vgl. Cassirer 2001; 2002a–b) –; genau damit aber wird Musik unabdingbar zum Bildungsgut. Dies gilt gleichermaßen für alle Kunstformen; dabei zeichnen sich alle Künste durch spezielle Charakteristika aus, sodass jede von ihnen Unersetzbares bietet. Musik stellt zum einen eine Kunst in der Zeit dar; dies unterscheidet sie von der Bildenden Kunst, verbindet sie aber mit Theater und Tanz. Man könnte sagen, dass sie damit gewissermaßen auch ein Abbild der Vergänglichkeit darstellt: Eine schöne Stelle in einem Musikstück ist nach ihrem Erklingen ebenso unwiederbringlich vorbei wie ein schöner Tag im menschlichen Leben. Im Unterschied zum Schauspiel baut Musik nicht primär auf Sprache auf und erscheint damit grundsätzlich mehrdeutig und vielschichtig. Wo sie Sprache vertont, fügt sie dieser eben jenes Element der Mehrdeutigkeit und Vielschichtigkeit hinzu. Im Gegensatz zum Tanz verzichtet sie auch auf Körpersprache und richtet sich in der Hauptsache an den Hörsinn. Damit knüpft sie gewissermaßen an emotionale Erfahrungen wie die Geborgenheit verheißende Mutterstimme, die frühen stimulierenden Kontakte mit Bezugspersonen oder den alarmierenden Warnruf an. Im Umgang mit Musik verschränken sich innere Realitäten wie Erinnerungen und Empfindungen mit den Wahrnehmungen von Klängen. Dies geschieht nicht im luftleeren Raum, sondern vor dem Hintergrund einschlägiger kultureller Muster. Mit den Mustern, die für den Umgang mit Musik charakteristisch sind, korrespondieren schließlich Muster des Selbst- und Weltverständnisses (vgl. Schäfer 2005, S. 84, 103ff.).

Die Entwicklung eines Verhältnisses zu Selbst und Welt umfasst zwei Aspekte: zum einen den der *Orientierung* und zum anderen den der *Gestaltung,* wobei beide Aspekte gleichwohl miteinander verbunden sind. Orientierung resultiert aus Erfahrungen, Gestaltung aus der aktiven Rolle des Menschen, der Erfahrungen mit der Welt sammelt. Generell blickt der Mensch mit der Distanz der Reflexion auf die erfahrene Wirklichkeit, er verhält sich auf die eine oder andere Weise zum Erlebten. Grundsätzlich muss er sich eigenen Zielen gemäß verhalten, sein Leben führen und bestimmen (vgl. Schmid 1999, S. 113ff.).

Auch Musik bietet durch das Eröffnen spezifischer Erfahrungen eine Möglichkeit der Orientierung. Im aktiven Umgang mit Musik können aber zugleich bereits Veränderungen eintreten; mittels Musik werden auch Produkte und Realitäten geschaffen. Orientierung und Gestaltung berühren schließlich eine Reihe von Themen, nach denen sich die vielfältigen Funktionen von Musik auffächern lassen:

1. Der Bereich der *Selbsterfahrung* betrifft die Fragen „Wie geht es mir? Was steckt in mir?" Indem sie Emotionen und Stimmungen Raum gibt, die im Alltag häufig unterdrückt oder übersehen werden, kann Musik dazu beitragen, eine Sensibilität für das eigene Befinden zu entwickeln. Dabei können auch Potenziale zum Vorschein kommen, die im Alltag kaum sichtbar werden. Beispielsweise können Menschen, die im alltäglichen Leben als eher schüchtern gelten, mit dominanter, stolzer oder zupackender Musik möglicherweise verborgene Empfindungen zur Geltung bringen. Andersherum können extrovertierte und aktive Menschen mittels ruhiger Musik neue Qualitäten in sich entdecken und in entsprechendes Verhalten umsetzen.

   Musik kann also Orientierung bezüglich des eigenen Befindens und der eigenen Persönlichkeit eröffnen. Gleichzeitig bietet sie Möglichkeiten, die eigene Verfassung zu gestalten. Im Sinne einer „Selbstmodulation" setzt man Musik ein, wenn man die eigene Gefühlslage auf die eine oder andere Weise zu beeinflussen sucht. Häufig wählen Menschen Musik, die eine aktuelle Emotion verstärkt und so zu einem gesteigerten Erleben führt. Manchmal aber soll die Musik auch dazu verhelfen, in eine gewünschte Stimmung zu gelangen (vgl. Schramm, Vorderer 2002). Beispielsweise könnte man bestimmte Musikstücke zur Beruhigung und Entspannung oder zur Aufmunterung – etwa morgens im Badezimmer – hören. Romantische Musik beim Abendessen oder feierliche Klänge zu ausgewählten Anlässen sollen entsprechende Stimmungen befördern.

2. Eng verbunden mit dem Thema der Selbsterfahrung ist der Bereich der *Selbstbestimmung* mit den dazugehörigen Fragen „Was erstrebe ich? Wer möchte ich sein?" Ging es bei der Selbsterfahrung primär um das eigene Befinden, so rückt bei der Selbstbestimmung die gesamte Persönlichkeit in den Blick. Musik bietet dem Menschen jeweils eigene Rollen an, die in ihr gewissermaßen enthalten sind. Diese Rollen werden bestimmt von der Zeit der Entstehung, der beabsichtigten Funktion, dem Komponisten und dem Ausdrucksgehalt. Spielt man Musik aus der Romantik, so wird man gleichsam selbst zum Menschen der Romantik; ver-

gleichbar dem Schauspieler empfindet man etwa das schwärmerische Naturerleben nach und stellt es gleichzeitig dar. Singt man ein Sakralwerk, so nimmt man etwa die Rolle eines betenden oder gottergebenen Menschen an. Interpretiert man eines der vielen Werke, in denen Joseph Haydn sein Publikum mit dem ihm eigenen Humor überrascht, so schlüpft man dabei gewissermaßen in die Rolle des Komponisten und neckt an seiner Stelle die Zuhörenden. Im Grunde beinhaltet jede Ausdrucksnuance bereits eine Rollenübernahme: Wer sie darstellen möchte, wird sie als aus dem eigenen Inneren kommend präsentieren, wer sie zugewandt hört, wird sich ebenfalls damit identifizieren. Ähnlich wie beim Verkleiden bietet die Musik so die Gelegenheit, auf einer symbolischen Ebene Rollen anzuprobieren, die besonders reizen, sich damit geheime Bedürfnisse zu erfüllen und ein Stück weit neu zu bestimmen.

Selbstbestimmung setzt Freiheit voraus. Im Falle der Musik basiert der Prozess des Erprobens und Findens von Rollen auf der der Freiheit des ästhetischen Urteils. Nur das Individuum selbst bestimmt für sich, was ihm zusagt und was nicht. Das Hören von Musik und das Registrieren ihrer Rollenangebote beinhaltet so auch die Erfahrung von Autonomie.

Dem Erziehungswissenschaftler Wolfgang Klafki zufolge lassen sich Bildungsprozesse durch das Prinzip „der doppelseitigen Erschließung" kennzeichnen (Klafki 1963, S. 43; 1964, S. 297f.). Für den Umgang mit Musik bedeutet dies, dass sich einem Menschen, der sich eine bestimmte Musik erschließt, gleichzeitig durch diese Musik auch neue Facetten seiner selbst erschließen. Das Erschließen sollte dabei über das passive Wahrnehmen hinausgehen, denn die neu gewonnenen Ausdrucksgehalte werden von nun an verfügbar und gewissermaßen in die eigene Persönlichkeit integriert. Wiederum hat man einerseits die Möglichkeit, sich in bestimmten Rollen zu erfahren, andererseits aber auch die Chance, Rollen aktiv zu gestalten. Der musizierende Mensch verwandelt sich schon im Akt des Musizierens gleichsam der Musik an, so wie diese sich umgekehrt auch ihm anverwandelt (vgl. Mahlert 2003, S. 16). Musizieren wäre so auch Selbstbestimmung im Sinne einer Arbeit an sich selbst (vgl. Mahlert 2006, S. 27ff.).

3. Ein weiterer Fragenkomplex lautet: „Zu welchen Menschen oder Gruppen gehöre ich? Wie stehe ich zu bestimmten Menschen oder Gruppen? Was bringe ich in die Gemeinschaft ein?" Man könnte hier von *Selbstverortung* oder *Sozialverhältnis* sprechen. Dieses Thema berührt gewissermaßen die Schnittfläche von Selbst und Welt. Andere Menschen, denen man jeweils ebenfalls ein Selbst zuschreibt, stellen für das eigene Selbst bereits ein Stück Welt dar. Wer sich in Beziehung zu anderen Menschen setzt, geht ein Verhältnis mit der sozialen Welt ein und findet dabei einen individuellen Platz. Die Zugehörigkeit und der Kontakt zu anderen Menschen ergeben sich beim Baby auch über die melodisch und rhythmisch geprägten stimmlichen Kontakte mit frühen Bezugspersonen (vgl. Papoušek, Papoušek 2003). Schon der aus der Schwangerschaft vertraute Klang der mütterlichen Stimme (vgl. Fassbender 2002) vermag das Gefühl der Sicherheit und

Geborgenheit hervorzurufen. Hier wird eine biologische Grundlage des Musizierens greifbar. Später werden Lieder, Musikstücke und Tänze, denen das Kind begegnet, immer auch die kulturelle Umgebung repräsentieren, der das Kind zugehört.

In der Kommunikation mit den Eltern nimmt das Kind von Anfang an auch die aktiv gestaltende Rolle ein. Im gemeinsamen Tanzen und Musizieren wird man ebenfalls einen aktiven Beitrag jedes einzelnen ausmachen können. Dabei verlangt gemeinsames Musizieren ein intensives Einschwingen und Einstellen aufeinander, das sowohl die Intonation als auch den Puls, schließlich auch den Ausdrucksgehalt betrifft. Über eine solche Synchronisation kann unter Kammermusikpartnerinnen und -partnern die Erfahrung einer sozialen Verbundenheit entstehen, diese Verbundenheit wird gleichzeitig vom Bemühen um Synchronisation, um eine musikalische Verbindung getragen, also wiederum aktiv gestaltet. Im Konzert wird vonseiten der Musikerinnen und Musiker schließlich auch die Beziehung zum Publikum erfahren und gestaltet. Nicht zuletzt können die Ausführenden hier ihren Beitrag für die Gemeinschaft an der Reaktion der Zuhörenden ermessen und in ihr Selbstverständnis als Musizierende integrieren.

4. Selbst und Welt sind gleichermaßen im *Gegenwartsbezug* aufgehoben, der etwa durch die Frage „Was macht das Jetzt aus?" repräsentiert werden kann. Wieder durchdringen sich die Erfahrung des gegenwärtigen Augenblicks und seine Gestaltung. Im Augenblick fallen ein Moment des individuellen Lebens und ein Zeitpunkt im Strom der Weltereignisse zusammen. Wer sich etwa an einem Wintertag über den Schnee freut, erlebt die eigene Freude ebenso als gegenwärtige Realität wie den Zeitpunkt des Schneefalls an einem bestimmten Tag im Jahreslauf. Ständig treffen Selbst und Welt in ganz bestimmten Konstellationen aufeinander.

Häufig werden im individuellen Erleben größere zeitliche Perspektiven eingenommen, es werden etwa Ziele angestrebt und vergangene Episoden erinnert. Damit einhergehend wird der Lauf der Welt in Form größerer Entwicklungslinien wahrgenommen. Auch in der Musik finden sich Entwicklungen über die Zeit. Dennoch bietet die Musik besondere Möglichkeiten für das Leben in der Gegenwart. Sie teilt diese Möglichkeiten mit dem Spiel, ja sie stellt womöglich eine Sonderform des Spiels dar, wie schon der Sprachgebrauch „ein Musikstück spielen" oder „ein Instrument spielen" nahe legt. Das Spiel entführt den Menschen in eine von der Alltagsrealität abgehobene Wirklichkeit. Spielforscher sprechen hier von einer „zeitweilige[n] Aufhebung der ‚gewöhnlichen Welt'" (Huizinga 1997, S. 21), einer „Quasi-Realität" (Heckhausen 1964, S. 238f.), einer „zweiten" (Caillois 1960, S. 16) oder „anderen Wirklichkeit" (Popitz 2000, S. 75ff.; vgl. Pohlmann 2000, S. 142f.) sowie von der „Scheinhaftigkeit" des Spiels, mit der dieses über oder außerhalb der Realität schwebe (Scheuerl 1954, S. 79ff.). Mit der Alltagswirklichkeit werden auch die dort maßgeblichen Handlungsziele aufgegeben. Man spielt nicht um eines anderen Zweckes willen, sondern um des Spiels selbst willen. Das Gleiche lässt sich für die Musik sagen: Auch sie stellt ein Refugium fern der Alltagsrealität dar und wird um ihres reinen Vollzugs willen angestrebt. Der Fokus auf den Vollzug selbst bringt schließlich eine Konzentration auf die Gegenwart mit sich, wie sie Hans Scheuerl für das Spiel feststellt (Scheuerl 1954, S. 98ff.), wie sie aber auch für die Musik in Anspruch genommen werden kann. Das Musizieren stellt eine Möglichkeit dar, wie der gegenwärtige Augenblick verbracht und gelebt werden kann. Indem sich die Musik von Vergangenheit, Gegenwart und Zukunft des Alltags löst, entlässt sie die Musizierenden in die Freiheit des Moments und lässt sie in der Begegnung mit den Klängen zu sich selbst kommen. So öffnet sich im Augenblick des Spiels und der Musik durch die Entlastung von linearen Zweckbestimmungen auch ein Feld für die Kreativität des Individuums (vgl. Popitz 2000).

5. Auf das *Weltverhältnis* zielen insbesondere die Fragen „Wie mutet mich die Welt an? Wie stehe ich zur Welt?" Hier geht es darum, die Eindrücke aus dem Kontakt mit der Welt zu ordnen, Erlebtes zu verarbeiten, indem es in eine möglichst stimmige Form gebracht wird. Immer wird die wahrgenommene Realität auch mit Bedürfnissen kollidieren und so zu Konflikten führen, die bewältigt werden müssen. Ähnlich wie sich im Rahmen einer Psychotherapie schon durch das Gespräch über Erlebtes und Empfundenes innerlich vieles klären kann, wird man dies auch für das Ausdrücken in Musik annehmen dürfen. Die symbolische Ordnung der Klänge kann dabei auf die psychische Ausgeglichenheit ausstrahlen. Indem beispielsweise eine traurig anmutende Musik eine stimmige Form für die Trauer darstellt und anbietet, kann sie zwar das Erleben von Trauer hervorrufen, vermag aber gleichzeitig, bei Hörenden oder Musizierenden den diffusen Anteilen von Trauer in der Psyche etwas von ihrer Bedrohlichkeit zu nehmen und – vermittelt über das akustische Symbolsystem – das Gefühl der Bewältigung zu erzeugen. Auf ähnliche Weise kann Musik zur Reduktion von Angst beitragen – etwa wenn im dunklen Wald oder Keller gesungen wird.

Im Hinblick auf die Bewältigung von Erlebnissen und die Verarbeitung von Eindrücken gleicht die Musik auch dem Kinderspiel. Hier wird die aktiv gestaltende Rolle besonders deutlich. An die Stelle des Ausgeliefertseins an die Welt und die Ereignisse tritt im Spiel die aktive Produktion von Ereignissen und damit gleichsam einer eigenen Welt. Dabei fließt das Erlebte auf mannigfaltige Weise in das Spiel ein und drückt ihm seinen Stempel auf. Das kindliche Verhältnis zur Welt wird nicht nur still und unbemerkt im Gehirn entwickelt, sondern im Spiel, im körperlichen und emotional bedeutsamen Agieren konkret ausgeformt. Sowohl im Spiel als auch in Kunst und Musik werden Bedeutungen und Bedeutsamkeiten (→ S. 84) geschaffen, die ihrerseits das Verhältnis zu bestimmten Ausschnitten der Welt bestimmen. Was welche Bedeutung für einen Menschen gewinnt, hängt wesentlich davon ab, womit er sich auf welche Weise bislang beschäftigt hat. Im

Letzten aber liegt dies in der Verfügung des Individuums, wodurch wiederum dessen Autonomie zur Geltung kommt.

Gleichzeitig begegnet dem Menschen in der Musik ein Stück Welt, das unter verschiedenen Blickwinkeln betrachtet werden kann. Physikalische Phänomene stehen neben mathematischen Proportionen, geschichtliche Entwicklungen neben gesellschaftlichen Einflüssen. Die Auseinandersetzung mit Musik kann alle diese Aspekte beinhalten; im Rahmen individueller Bildungsprozesse können diese jeweils ordnend verarbeitet werden (vgl. Doerne 2010a, S. 19ff.).

6. Einen Sonderfall des Weltverhältnisses stellt der Themenkomplex der *Weltdeutung* mit dem speziellen Aspekt der *Transzendenz* dar, dem die Fragen zugrundeliegen: „Welchen Reim mache ich mir auf die Welt? Wie hängt alles zusammen?" Stellt man die Unmöglichkeit eines objektiven Weltbezugs in Rechnung, kommt jeder Form der Weltbegegnung und -verarbeitung der Charakter des Deutens zu. Hier soll von übergreifenden Deutungsversuchen die Rede sein, in denen größere Zusammenhänge hergestellt werden.

Musik läuft in der Zeit ab und konfrontiert den Menschen so mit der Vergänglichkeit des Lebens. Dies kann man etwa spüren, wenn ein berührendes Motiv das letzte Mal innerhalb einer Komposition erklingt. Gleichzeitig bietet Musik gewissermaßen eine Welt jenseits des Alltags an, indem sie ganz eigene und tiefe Erfahrungen ermöglicht. So hebt sie den Menschen gleichsam über die zeitlichen und räumlichen Umstände seiner Existenz hinaus und vermag zu Entgrenzung und innerer Erschütterung führen. Sie kann weiter mit Zuständen von Konzentration und innerer Versenkung einhergehen, wie sie für die östliche Meditationspraxis kennzeichnend sind (vgl. Doerne 2010b, S. 45ff.). Der Musik kann somit das Potenzial zugesprochen werden, Zugänge zu spirituellen Erfahrungen zu eröffnen.

Der Musikwissenschaftler Wolfgang Suppan macht dieses Potenzial zur Grundlage seiner Anthropologie der Musik und führt dazu eine Vielzahl musikethnologischer Beobachtungen an, die sich auf den Musikgebrauch von Naturvölkern beziehen. Schamanen versetzen sich hier typischerweise mit Musik in Trancezustände, in denen sie Kontakte mit Ahnen und Geistern erleben oder Stammesangehörige heilen (vgl. Suppan 1984). In der Musikgeschichte des Abendlandes spielt der liturgische Gesang eine ähnlich bedeutende Rolle, von ihm nimmt das theoriegeleitete Komponieren von Musik seinen Ausgang (vgl. Eggebrecht 1998). Mit der Verwendung von Musik im kultischen Zusammenhang gestaltet der Mensch also sein Verhältnis zur Transzendenz wiederum auf aktive Weise.

Die verschiedenen Zusammenhänge, in denen Musik von Menschen genutzt wird, die angeklungenen psychologischen Funktionen – gesteigertes Erleben, Wunscherfüllung, symbolisches Erproben von Rollen, Identifikation, Sicherheit, Geborgenheit, Entlastung, symbolische Bewältigung von Konflikten, Angstreduktion und Sinnstiftung – können hinreichend verdeutlichen, wie unverzichtbar Musik für den Menschen ist. Alle genannten Aspekte berühren im weitesten Sinne das Verhältnis zum

Selbst und zur Welt und stellen damit bildungsrelevante Themen dar. Der Umgang mit Musik umgreift menschliche Bildungsprozesse in ihrer ganzen Tiefe. Musikalische Bildung ist per se umfassende menschliche Bildung.

Indem Musik auf diese Weise Bildungsprozesse befördert, wird sie für den Menschen werthaltig. Dies wird augenfällig, wenn man auf die Wertkategorien des Psychologen Viktor Frankl zurückgreift: Dieser unterscheidet sinngemäß Werte

- des Schaffens,
- des Erlebens,
- des Ertragens und
- der Transzendenz (Frankl 2001, S. 158, 240ff.).

Musik geht *erstens* stets auf Urheber zurück, die sie geschaffen haben, und stellt so eine Form des Selbstausdrucks sowie eines kulturellen Ausdrucks dar. Das Individuum oder die Gruppe finden sich selbst in der von ihnen geschaffenen Musik wieder, möglicherweise identifizieren sie sich mit ihr und betrachten sie als einen Wert, den es zu erhalten gilt. Musik führt *zweitens* zu Erlebnissen besonderer Qualität und wird auch in diesem Zusammenhang als bereichernd und wertvoll empfunden. Musik kann *drittens* zur Verarbeitung und Ordnung von Erfahrungen und Emotionen beitragen, sie wird dann zu einer Art Lebenshilfe und als solche wiederum wertvoll. *Viertens* wird Musik von alters her als Zugang zu einer Ebene der Transzendenz eingesetzt, der Wert jener transzendenten Ebene färbt dabei auch auf das Medium Musik ab. Es liegt auf der Hand, dass Musik für den Menschen einen Wert im Sinne Frankls darstellen kann, was allerdings die entsprechenden Erfahrungen mit dem Schaffen und Rezipieren von Musik voraussetzt. Sicher lag hier immer eine Quelle der Legitimation von musikalischer Unterweisung für die nachwachsende Generation.

Da sich Musikpädagogik nichtsdestoweniger immer wieder nach außen zu legitimieren hat, da sich Musikpädagoginnen und -pädagogen außerdem nicht selten unwohl damit fühlen, das Musizieren in erster Linie über außermusikalische Transfereffekte der Musik gerechtfertigt zu sehen, soll der Umgang mit Musik noch einmal konkreter unter dem Aspekt des Nutzwerts in den Blick genommen werden. Dabei kann an Überlegungen angeknüpft werden, die an anderer Stelle angestellt worden sind (vgl. zum Folgenden: Dartsch 2007c, S. 8f.; 2010b, S. 185ff.; 2010c, S. 16):

1. Was zum Thema Selbsterfahrung über die Beeinflussung des eigenen Befindens gesagt worden ist, lässt sich auch unter den Stichwörtern *Selbst-* und *Fremdmodulation* fassen: Musik kann als Mittel eingesetzt werden, die eigene Verfassung und die Verfassung anderer Menschen in eine bestimmte Richtung zu lenken. Für sich selbst ist man damit den eigenen Emotionen nicht mehr hilflos ausgeliefert, sondern weiß ihnen zu begegnen und auf sie einzuwirken. Wer Musik in diesem Sinne einsetzen kann, handelt „emotional intelligent", denn unter Emotionaler Intelligenz wird unter anderem auch die Handhabung der eigenen Gefühle verstanden, die sich im Allgemeinen in Erfolg und Lebensglück niederschlagen sollte und so unmittelbar nutzbringend erscheint (Goleman 2001, S. 55ff.).

2. Der Aspekt der Selbstbestimmung wurde an anderer Stelle unter der Überschrift *Selbstdefinition* behandelt (Dartsch 2007c, S. 8f.; 2010b, S. 187ff.): Über die vielfältigen Identifikationsangebote sollte Musik zur Ausbildung der eigenen Identität beitragen. Dies erscheint offensichtlich, wenn man etwa an Musik der Jugendszene denkt, über die sich Jugendliche in ihrem ganzen Lebensgefühl definieren. Ähnliches gilt aber auch für die Volksmusik bestimmter Regionen, die Heimatverbundenheit und Gruppenzugehörigkeit bestärkt. Generell wird das Selbstverständnis einer Gruppe auch über die von ihr geteilten kulturellen Werte vermittelt; sie wird sich daher bemühen, auch die nachwachsende Generation mit geschätzten Kulturgütern vertraut zu machen und diese als kulturelles Erbe weiterzugeben. Neben Definitionsangeboten für Gruppen hält Musik auch für das Individuum Identitätsfacetten bereit, die mit dem Lebensgefühl einer vergangenen Zeit – etwa der Romantik oder des Sturm und Drang – ebenso korrespondieren können wie mit dem eines Genres wie des Blues oder des Hip-Hop. Schließlich sind auch Identitätsangebote denkbar, die an einzelnen Komponisten oder gar an bestimmten Musikstücken festgemacht werden können – etwa einer Bach-Kantate, einem Schubert-Lied, einem Strauss-Walzer, einer Wagner-Oper, einem Schlager oder auch dem Videoclip einer Band. Wer sich mit den verschiedenen Angeboten mehr oder weniger stark identifiziert und sie sich zu eigen macht, macht sich damit wiederum die Musik auf spezifische Weise zunutze.

3. Das Sozialverhältnis betreffen die Stichwörter *Kommunikation* und *Synchronisation:* Musik schafft Verbindungen zu anderen Menschen, mit ihr können Menschen interagieren und in Gleichklang kommen. Intensive Verbindungen zu anderen Menschen werden ohne weiteren Legitimationsbedarf als wertvoll und wichtig empfunden. Gemeinsame Musikerlebnisse nutzen dem Menschen, indem sie soziale Kontakte befördern, die aber auch über den Augenblick des Musizierens hinaus von Bedeutung sein können. Sie implizieren Sympathie, gegenseitige Anregungen, Zusammenarbeit und Hilfe und stellen ein wichtiges Element der Lebenskunst dar (vgl. Schmid 1999, S. 258ff.).

4. Der Gegenwartsbezug, den Musik bietet, wurde mit dem des *Spiels* verglichen: Musik gewährt das Abtauchen in eine andere, von der alltäglichen Wirklichkeit sich unterscheidende Welt. Das Hören, das Produzieren von Musik und auch das Tanzen verlangen dabei stets ein Mindestmaß an Kreativität. Ohne diese kann das Spiel der Musik nicht aufrechterhalten werden. Mit ihr bringt der Mensch sich selbst in das Geschehen ein, sodass es für ihn eine persönliche Bedeutung erlangen kann. Ein Nutzen im Sinne einer Verwertbarkeit im Alltag wird zunächst nicht sichtbar. Er liegt zuallererst im Reichtum des Erlebens, in der erfüllten Zeit, im Verstummen der Notwendigkeiten des Alltags. Dass hierdurch neue Kräfte entstehen können, dass der Mensch sich dabei erholen und sammeln kann, muss als Nebeneffekt angesehen und kann doch als weiterer Nutzwert veranschlagt werden.

5. Musik ermöglicht selbstbestimmtes Beurteilen und Strukturieren von Erfahrungen und trägt so zum Weltverhältnis bei, was an anderer Stelle pauschal unter der Überschrift *Bildung* gefasst wurde. Zum einen manifestiert sich hier die Autonomie des Individuums, das der Welt begegnet. Zum anderen kann Musik als Weltausschnitt besonderer Art zu einem eigenen Interessengebiet werden, das das Leben des Einzelnen prägen kann. Mit dem Pädagogen Hartmut von Hentig (vgl. Hentig 2003) könnte man sagen: Indem die „Sachen" der Musik geklärt werden, wird der Mensch – in seiner autonomen Lebensgestaltung – gestärkt.
6. Klärung und Stärkung umfassen auch Prozesse der *Sinnfindung,* wie sie hier unter den Stichwörtern Weltdeutung und Transzendenz bedacht worden sind, und werden kaum als nutzlos einzustufen sein.

In jüngerer Zeit hat der Musikpädagoge Ulrich Mahlert das Glückspotenzial von Musik und Musizieren entfaltet (Mahlert 2011, S. 255ff.). Alle oben genannten Nutzwerte beinhalten die Möglichkeit von Glückserfahrungen: Musik wird von vielen Menschen im Sinne einer *Selbstmodulation* genutzt, um sich in eine glücklichere Stimmung zu versetzen. In einer Befragung des Religionspädagogen Anton A. Bucher bekannte sich hierzu über ein Drittel der Befragten; die Musik rangierte hinter Freunden, Gesprächen und Sport an vierter Stelle der Glücksstrategien (Bucher 2009, S. 174). In einer vergleichbaren Telefonumfrage in Amerika stand das Hören von Musik sogar an zweiter Stelle und wurde in mehr als der Hälfte der Fälle genannt (Regan 2004; vgl. Bucher 2009, S. 172f.). Die Musik kann dabei wie ein Freund das Gefühl des Verstandenseins vermitteln (vgl. Dartsch 2010b, S. 187; Mahlert 2011, S. 262). Daneben kann aber auch die Erfahrung, andere Menschen im Sinne einer *Fremdmodulation* mit Musik zu berühren, zum Glück beitragen. Mit der *Selbstdefinition* hängen Selbstkonzept und Selbstwertgefühl zusammen, die wesentliche Faktoren für den Grad des Glücklichseins darstellen (Lyubomirsky, Tkach, Dimatteo 2006; vgl. Bucher 2009, S. 82). *Kommunikation* und *Synchronisation* beinhalten die Überwindung von Isolation und schaffen Verbindung bis hin zur Verschmelzung in einer gemeinsamen gestalteten und empfundenen Tätigkeit; menschliche Kontakte aber stellen einen der bedeutendsten Glücksfaktoren dar (vgl. Bucher 2009, S. 92ff., 174; Regan 2004; Lyubomirsky, Tkach, Dimatteo 2005, S. 368; vgl. auch: Mahlert 2011, S. 264f.). Das *Spiel* ermöglicht das Abtauchen in eine vom Alltag entlastete Welt und lässt im Idealfall erfüllte Zeit erleben (vgl. Dartsch 2010b, S. 193; 2010c, S. 16; Mahlert 2011, S. 276f.). *Autonomie* stellt eine von sechs Dimensionen einer Skala des psychologischen Wohlbefindens dar, die von der Psychologin Carol D. Ryff vorgelegt wurde und auf ein „eudämonistisches" Glück zielt. Dieses zeichnet sich durch die Entfaltung von Potenzialen aus und steht damit dem reinen Luststreben des „Hedonismus" entgegen (Ryff 1989; vgl. Bucher 2009, S. 30ff., 102; Schmidt 1982, S. 172f.). Auch von der *Sinnfindung* darf man positive Auswirkungen erwarten, vielfach ist dies für Spiritualiät belegt (vgl. Bucher 2009, S. 120ff.).

In einem letzten Schritt soll die Konkretion des Nutzens von Musik am Beispiel einzelner Schülerinnen und Schüler – selbstverständlich ohne Anspruch auf Vollständigkeit oder Repräsentativität – weitergetrieben werden:

- „[Zeynep][1] ist neun Jahre alt und spielt [Bağlama]. Wenn sie von der Schule nach Hause kommt, wirft sie zunächst die Tasche in die Ecke und [schnappt] sich erst einmal [die Bağlama]. Sie spielt dann Stücke, die sie schon gut kann, und kommt dabei ein wenig zu sich selbst. Sie weiß, dass das [Bağlamaspielen] sie beruhigen und erfrischen kann, und setzt es auch so ein.
- Sarah ist siebzehn Jahre alt und spielt [Violine]. Sie bereitet sich gerne auf Wettbewerbe und Konzerte vor, auf denen sie ihr fortgeschrittenes Spiel unter Beweis stellen kann. Das [Violinspiel] gehört einfach zu ihrem Selbstverständnis. In der Schule ist sie viel mit anderen Jugendlichen zusammen, die ebenfalls klassische Musik betreiben. Sie sieht sich als eine leistungsfähige und erfolgreiche Musikerin, und ohne [die Violine] würde ihr ein wichtiger Teil ihres Lebens fehlen. Das hat sie nicht zuletzt deutlich gespürt, als sie wegen eines Armbruchs einige Wochen pausieren musste.
- Bernd ist fünfzehn Jahre alt und spielt [Schlagzeug]. Er ist Mitglied einer Jazz-Combo. Dabei genießt er es, ein Teil des Gruppensounds zu sein. Er erlebt es als Herausforderung, sich im Timing genau mit Bass, [Klavier] und Gitarre abzustimmen, und weiß, dass auch der Saxophonist und die Sängerin davon abhängen. Wenn es gut läuft, spürt er, wie die Impulse hin- und hergehen.
- Frau Schmitt ist fünfundfünfzig Jahre alt und spielt [Blockflöte]. Sie hat das [Flötespielen] nach ihrer Jugendzeit eine Weile ruhen lassen, betreibt es nun seit einigen Jahren aber wieder mit viel Freude. Für sie ist es ein wichtiger Ausgleich zum Beruf. Sie taucht dabei in eine ganz andere Welt ein, vergisst alles um sich herum und tankt auf.
- Kaspar ist fünf Jahre alt und spielt Klavier. Er hat erst seit kurzer Zeit Unterricht. Schon vorher hat er sich liebend gerne an das Instrument gesetzt und darauf nach Herzenslust ‚fantasiert'. Er hat ausprobiert, wie sich die Lautstärke und der Klang ändern, wenn er viel oder wenig Kraft einsetzt. Er hat erkundet, wie nahe beieinander- und weiter auseinanderliegende Töne klingen, wenn man sie zusammen anschlägt. Er entwickelt langsam ein Bild des Instruments und der Töne in seinem Kopf. Gleichzeitig erlebt er sich als Urheber der Klänge. Er spielt seine ganz eigene Musik und spürt sich dabei als Individuum, als unverwechselbarer Musik-Erfinder" (Dartsch 2009, S. 15).
- Herr Klein ist neunundsechzig Jahre alt und singt. Nach dem Ausscheiden aus einem erfolgreichen Berufsleben hat er zuerst ein großes Vakuum empfunden.

---

1 Es handelt sich um ein längeres Zitat. Die eckigen Klammern zeigen jeweils an, dass an den betreffenden Stellen der Text gegenüber dem Original verändert wurde.

Seit drei Jahren singt er nun im städtischen Oratorienchor. Das Mitsingen der großen kirchenmusikalischen Werke empfindet er inzwischen als zutiefst bereichernd und erfüllend. Die Stimmbildungsübungen zu Beginn der Proben haben in ihm den Wunsch geweckt, auch Einzelunterricht zu nehmen. So geht er nun in regelmäßigen Abständen zu einer Gesangspädagogin und versucht in den Proben, aber auch zu Hause, ihre Anregungen umzusetzen.

„Sieht man [Zeynep], Sarah, Bernd, Frau Schmitt und Kaspar [sowie Herrn Klein] im Lichte der vorangehenden Ausführungen, so wird der Nutzen des Instrumentalspiels zum Greifen deutlich. Sie alle erfüllen sich mit dem [Instrumentalspiel beziehungsweise dem Singen] zentrale Bedürfnisse. Für sie alle ist das [Musizieren] ein bedeutender Teil ihrer Lebensbewältigung und ihrer Persönlichkeitsentwicklung" (Dartsch 2009, S. 15).

2.2 Übergreifende Ziele

Begreift man musikalische Bildung allgemein als übergeordnetes Ziel – man könnte sagen als „Leitziel" – der Musikpädagogik, so stellt sich nichtsdestoweniger die Frage nach konkreteren Zielbestimmungen für den Unterricht. Im Folgenden soll nun nach übergreifenden Zielkategorien gefragt werden, die auf beliebige Einzelfälle bezogen und je nach Lage mit bestimmten Grob- und Feinzielen gefüllt werden können (vgl. Ernst 1991, S. 28; Möller 1973, S. 75f.). Die Ziele sollen dabei aus der Perspektive der Schülerinnen und Schüler formuliert werden, sind also im weitesten Sinne als Lernziele zu verstehen. Gefragt wird, was Schülerinnen und Schüler aus dem Unterricht mitnehmen sollten. Ähnlich wie die Kompetenzorientierung in der allgemeinbildenden Schule (vgl. Klieme 2004; Deutsches PISA-Konsortium 2001, S. 19ff.) kann dies gegenüber der Orientierung an Stoffgebieten einen Blickwechsel bedeuten. Aus der Perspektive der Lehrenden könnte man Ziele wie Haltung, Fingersatz, eine bestimmte Sonatine oder eine Verzierung benennen. Im Grunde handelt es sich hierbei jedoch weniger um Ziele als um Inhalte des Unterrichts. Ohne dass diese Inhalte an Bedeutung verlieren müssen, wäre im Blick auf musikalische Bildung zu fragen, was Schülerinnen und Schüler von der Arbeit an solchen Inhalten für sich mitnehmen sollen. Auch wenn dies manchmal auf der Hand zu liegen scheint, kann der Perspektivwechsel lohnend sein. Lehrende können so ein wenig Distanz zum konkreten Unterrichtsgeschehen gewinnen und die Grundrichtung gegebenenfalls neu austarieren. Nachfolgend sollen in diesem Sinne vier Zielbereiche vorgestellt werden, die für Bildungsprozesse unabdingbar scheinen. Sie korrespondieren mit den Zielkategorien, die an anderer Stelle für die Elementare Musik-praxis zur Diskussion gestellt worden sind (Dartsch 2010b, S. 200ff.).

Grundsätzlich gilt es im Musikunterricht, den einzelnen Menschen und die Musik in eine Beziehung zueinander zu bringen. Wer beim Musikunterricht einzig allgemeine Erziehungsziele wie Konzentration oder Sprachförderung im Hinterkopf trägt, wird damit der Musik als einem ästhetischen Phänomen nicht gerecht. Die Musik als solche wird dabei beliebig. Situationen, in denen man sich im Grunde nur um den Menschen kümmert – der dann etwa versteckte Aggressionen über die Musik abführen oder mit Musik Kontakt zu anderen aufnehmen soll –, kann man sich eher im musiktherapeutischen Zusammenhang vorstellen. Stellt man den Menschen dagegen ganz hintan und richtet sich nur an musikalisch-ästhetischen Forderungen aus, so liegt prinzipiell eine professionelle Einstellung vor, wie sie etwa bei Rund-funkaufnahmen oder Opernaufführungen anzutreffen ist, bei denen persönliche Bedürfnisse im Allgemeinen zurückgestellt werden. Im Musikunterricht aber sollten weder die Musik noch der Mensch vernachlässigt werden, vielmehr geht es gerade hier um das Verhältnis des Menschen zum Kulturgut Musik. Die Lehrkraft wird zum einen darauf achten, wie die Musik auf den Menschen wirkt – sie kann ihn etwa mehr oder weniger berühren, mehr oder weniger herausfordern –; zum anderen wird es darum gehen, was der Mensch mit der Musik macht – er kann mehr oder weniger sensibel mit ihr umgehen, ihren Anforderungen mehr oder weniger gerecht werden. Musikstücke bedürfen des Menschen, der sie zum Leben erweckt und beseelt; der Mensch wiederum bedarf des kulturell und individuell geprägten Aus-drucksmediums Musik. Die Begegnung von Mensch und Musik im Unterricht lässt sich wie folgt konkretisieren:

1. Zunächst kommt die Musik zum Menschen und der Mensch zur Musik, wenn der Mensch die Musik *spürt*.
2. Sodann erschließt und erarbeitet sich der Mensch die Musik, indem er sie *meistert*, um sie aktiv auszuüben.
3. Im Idealfall lernt der Mensch die Musik im Laufe der Zeit in größerer Vielfalt und Tiefe *kennen,* womit sie ihm ebenfalls näherrückt.
4. Auch wenn es sich um vorgegebene Musik handelt, *erschafft* der musizierende Mensch sich schließlich gewissermaßen seine eigene Musik, die nun ganz eng mit ihm verbunden ist.

Allen diesen Aspekten der Entwicklung eines Verhältnisses zwischen Mensch und Musik soll hier noch einmal nachgegangen werden:

Zu 1. Musik spüren

Die Schülerinnen und Schüler sollen im Instrumentalunterricht zunächst einmal tief-gehende Erfahrungen mit Musik sammeln können. Man kann kaum davon ausgehen, dass alle, die zum Unterricht angemeldet werden oder sich anmelden, bereits in nennenswertem Umfang über solche Erfahrungen verfügen. Handelt es sich um Kinder, die zuvor einen Kurs der Elementaren Musikpraxis besucht haben, so darf man auf grundlegende Erfahrungen mit Musik im Allgemeinen hoffen. In diesem Fall ist immer noch anzustreben, dass nun auch Erfahrungen dazu kommen, die mit dem gewählten Instrument in Zusammenhang stehen. Letztlich dürfte ein überdauerndes Motiv zum Spielen eines bestimmten Instruments von solchen Erfahrungen abhängen. Entscheidend ist dabei, dass das im Unterricht Erlebte auf innere Resonanz stößt, dass es berührt, fasziniert, Neugierde weckt.

Um nach innen gelangen zu können, müssen Erfahrungen zunächst die Sinneskanäle passieren. Schon hier hängt die Wahrnehmung mit der Sensibilität und den Voreinstellungen zusammen, die in den Unterricht mitgebracht werden. Zunächst ist daher das sinnliche Erspüren in jeder Hinsicht zu fördern. Im Zentrum stehen das Hören, die Körperwahrnehmung sowie das Tasten und Greifen. Die Musikpädagogin Juliane Ribke bezeichnet den auditiven, den kinästhetischen und den cutanen Sinn als „musikalische Kernsinne" (Ribke 1995, S. 71) und sieht in ihrer Verfeinerung „ein unschätzbares Kapital für den Instrumentalunterricht" (S. 32). Das Staunen über Klänge und Harmonien sollte genügend Raum erhalten, immer wieder kann zum Lauschen eingeladen und angestiftet werden. Schließlich stellt eine sensible Wahrnehmung im Unterricht auch die Voraussetzung für ein häusliches Üben dar, das sich an Klangvorstellungen orientiert. Das Gleiche gilt für die Körperwahrnehmung und das Tastgefühl. Nur wer im Unterricht wirklich gespürt hat, wie sich eine bestimmte Bewegung anfühlt, kann dieses Gefühl auch zuhause erinnern und anstreben. In diesem Sinne plädieren auch Schwarzenbach und Bryner-Kronjäger für das Wahrnehmen und das Gewinnen von Vorstellungen als einen Teilzielbereich des Instrumentalunterrichts (Schwarzenbach, Bryner-Kronjäger 2005, S. 35ff.; → *S. 61*).

Auf die sinnliche Wahrnehmung kann die emotionale Reaktion erfolgen. Nicht immer wird die emotionale Resonanz bewusst. Oft ist sie auch nach außen kaum zu sehen. Gerade bei Kindern aber drückt sie sich häufig unmittelbar durch die Mimik aus. Emotionen enthalten eine Bewertung und sind daher zunächst in annehmende und ablehnende Reaktionen einzuteilen (vgl. Mees 1997, S. 334ff.). Freude, Begeisterung, Faszination und Ergriffenheit stehen beispielsweise Abscheu und Enttäuschung gegenüber. Wo Lehrpersonen ihre eigene Begeisterung für Musik spürbar zeigen und auf besondere Nuancen der Musik hinweisen, ist eine gute Basis für positive Resonanz aufseiten der Schülerinnen und Schüler vorhanden. Selbstverständlich können bestimmte Gefühle nicht erzwungen werden. Was den Lehrer tief bewegt, kann die Schülerin kalt lassen. Auch der Lehrer kann sich nicht zu Begeisterung für ein Stück zwingen, das ihn langweilt oder gar abstößt. Indes sollen Lehrkräfte ihren Schülerinnen und Schülern grundsätzlich Raum für emotionale Reaktionen geben. Dementsprechend sollte es im Unterricht nicht nur um richtig oder falsch, sondern immer auch um emotionale Stimmigkeit, um mehr oder weniger schönes oder ergreifendes Spiel gehen.

Das Erspüren von Musik kann schließlich auch die denkerische Verarbeitung und Durchdringung von Musik berühren. Erstrebenswert wäre eine Faszination, die auch auf Einsichten über die Musik beruht. Die Faktur der Musik kann im denkerischen Erfassen bestaunt werden und Neugier auf weitere Erkenntnisse befördern. Auch dies soll hier unter „Musik spüren" gefasst werden. Dabei wird nicht an ein kühles Analysieren gedacht, sondern an ein echtes Interesse, an eine Begeisterung, die auch auf die Kunstfertigkeiten bezogen ist, welche sich in der Komposition oder im Arrangement niederschlägt.

Die Unabdingbarkeit des Spürens von Musik rührt daher, dass Bildungsprozesse nicht an Wissensbeständen zu messen sind, die möglicherweise äußerlich bleiben, sondern dass sie die Persönlichkeit betreffen. Soll eine Erfahrung wirklich bildend wirken, so muss sie bis zum Kern der Person vordringen und für diese bedeutsam werden. Das Erspürte bildet die Grundlage für die Prozesse der Musterbildung und Sinnfindung, wie sie der Erziehungswissenschaftler Gerd E. Schäfer als charakteristisch für Bildung ansieht (Schäfer 1995, S. 19). In diesem Sinne wird man sicher nicht davon ausgehen können, dass alle Unterrichtsinhalte in der allgemeinbildenden Schule bildungsrelevant sind. Sie werden es umso mehr, je stärker die Schülerinnen und Schüler von diesen Inhalten persönlich betroffen sind. Der Instrumentalunterricht hat die Chance, diese Betroffenheit durch stärkeres Eingehen auf den einzelnen Menschen zu erreichen. Die Betroffenheit der Lehrperson kann durch das unter Umständen intensivere persönliche Verhältnis zu den Schülerinnen und Schülern möglicherweise einen direkteren Einfluss auf deren Motive nehmen.

Zu 2. Musik meistern

Musik lebt von innerer Resonanz, aber selbstverständlich auch vom Können. Dieser Aspekt soll hier im Zielbereich „Musik meistern" gefasst werden. Wer ein bestimmtes Musikstück auf einem Instrument spielen möchte, benötigt dazu bestimmte Fertigkeiten. Dies korrespondiert für Kinder im Grundschulalter mit den Erfahrungen, die sie mit dem Erwerb von Kulturfertigkeiten wie Lesen, Schreiben und Rechnen sammeln. Hier wie dort gibt es eine erfahrene Person, die sie in die entsprechenden Fertigkeiten einführt. Das schließt ein autodidaktisches Aneignen von instrumentalen Fertigkeiten nicht aus, wie es etwa im Bereich der populären Musik nicht selten ist.

Nun ist aber des Lernens auch im Bereich des Instrumentalspiels kein Ende. Manches Kind ist überrascht zu hören, dass auch die Lehrperson noch übt und nach Verbesserung strebt. Geht es in der Anfangsphase des Instrumentalspiels häufig zunächst um Grundfertigkeiten wie die generelle Handhabung des Instruments und die Erzeugung der Töne, tritt mit der Zeit immer mehr eine Differenzierung der bereits erworbenen Fertigkeiten in den Vordergrund. Das Spiel wird dann etwa immer intonationssicherer, die Koordination wird reibungsloser, schnellere Tempi werden möglich und die Palette der Ausdrucksnuancen erweitert sich zusehends. Auch das Verständnis für Musik erweitert sich.

Die Differenzierungsbestrebungen sollten dabei immer beim bereits Erreichten und an den verschiedenen Parametern der Musik ansetzen. Ob Klangfarbe, Tonschönheit, Flexibilität in der Tongestaltung, die Spannweite der Dynamik, verschiedene Möglichkeiten der Artikulation, die Ausweitung des Tonvorrats, die Verfeinerung der Intonation oder die Steigerung der Tempi: In jedem Fall basiert der musikalische Gewinn auf technischem Zuwachs. Dieser kann seinerseits mit einer Zunahme des emotionalen und rationalen Durchdringens der Musik einhergehen. So können die Anregungen zur Ausdifferenzierung von Spielfertigkeiten auch das Herausbilden neuer emotionaler und kognitiver Muster im Zusammenhang mit Musik und somit insgesamt auch eine allgemeine Musikalisierung *(→ S. 24ff.)* befördern.

Meist fehlen Schülerinnen und Schülern zunächst die Sensibilität und die Frustrationstoleranz, die nötig sind, das eigene Spiel zu kritisieren. Noch erwachsene Amateure genießen ihr eigenes Spiel häufig, ohne sich von den eigenen Unzulänglichkeiten stören zu lassen. Unabhängig vom Alter ist der Wille, sich auf dem Instrument zu verbessern, nicht selten verhältnismäßig schwach ausgeprägt. Demgegenüber orientieren sich Lehrerinnen und Lehrer häufig überwiegend am instrumentalen Fortschritt. Tatsächlich bedarf Musik unabdingbar der Meisterung. Bildungsprozesse implizieren generell eine Weiterentwicklung. Entscheidend scheint die Auswahl der Aufgaben und Musikstücke zu sein. Diese wird sich sowohl am aktuellen Spielniveau als auch an der Leistungsmotivation orientieren. Es ist durchaus denkbar, das technische Voranschreiten einmal hintanzustellen und stattdessen eine Erweiterung des Repertoires und die Erarbeitung neuer Stilbereiche ins Zentrum des Unterrichts zu rücken. Im Zusammenspiel mit anderen können etwa auch kammermusikalische Fähigkeiten ausgebaut werden. Ein absoluter Stillstand ist hingegen kaum denkbar. Geht man von längeren Zeiträumen aus, können sich auch dann, wenn von außen kein Fortschritt zu sehen ist, Fertigkeiten festigen oder so ausdifferenzieren, dass sie flexibler einsetzbar werden. Die persönliche Weiterentwicklung im Lebenslauf bedingt allein schon eine fortwährende Anpassung des Spiels an neue Vorlieben, Interessen und Neigungen, das Einbringen neuer Lebenserfahrungen in die Musik oder die Berücksichtigung neuer Rahmenbedingungen für das Üben.

Zu 3. Musik kennen

An dritter Stelle soll der Zielbereich „Musik kennen" thematisiert werden. Bildung bedingt die Auseinandersetzung mit Kultur. Wer sich bildet, wird sich mit Gegenständen auseinandersetzen, die in der Umgebung vorhanden sind und gewissermaßen den Lebensweg kreuzen. Diese aber sind zwangsläufig kulturell geprägt (vgl. Schäfer 1995, S. 20). Beispiele für die frühe Kindheit sind etwa die ersten Wiegenlieder, die Körpersprache der Bezugspersonen, später die Sprache, die Essgewohnheiten, die Wohnumgebung, Spielsachen und vieles mehr. Die Aneignung von Kultur kann im Übernehmen tradierter Formen, aber auch im Anverwandeln an individuelle oder gesellschaftliche Gegebenheiten bestehen. Kultur ist nicht als starrer Bestand anzusehen, vielmehr ist sie in lebendiger Entwicklung begriffen.

Auch Musik lebt in kulturell überlieferten Formen. Die Vielfalt dieser Formen gilt es im Unterricht kennenzulernen. Nur in Musikerhaushalten oder in Familien mit besonderem Musikinteresse wird dies bereits zuhause in nennenswertem Umfang geschehen. Kinder- und Volkslieder können aus der Kindertageseinrichtung bekannt sein, die jeweiligen Voraussetzungen dürften allerdings beträchtlich differieren. Im Allgemeinen werden sich Kinder den Reichtum musikalischer Formen erst mit ihrem Instrument erschließen.

Wie bereits in den unter 1. und 2. behandelten Themenbereichen ist auch hier die Auswahl der Spielstücke vonseiten der Lehrperson von zentraler Bedeutung. Da es nicht darum gehen kann, alle relevanten Stücke kennenzulernen – hierfür reicht selbst ein jahrelanger Unterricht nicht aus –, kann die Lehrkraft sich daran orientieren, im Wechsel unterschiedliche Typen von Musik vorzustellen. Das einzelne Stück repräsentiert dann neben seinem Eigenwert auch verschiedene musikalische Kategorien. Zunächst bieten sich unterschiedliche Stilbereiche an, dazu gehören auch verschiedene Entstehungszeiten. Auf ein generalbassbegleitetes oder polyphones Stück aus dem Barock kann eines aus jüngster Zeit folgen, das beispielsweise auch der populären Musik entstammen kann. Anschließend könnte ein romantisches Werk erarbeitet werden, dem ein Tango von Astor Piazzolla oder ein Ragtime folgen könnte, bevor vielleicht ein Stück aus der Wiener Klassik auf dem Programm steht. Ähnlich lässt sich auch mit musikalischen Gattungen verfahren. Auf ein Solokonzert kann eine Sonate folgen. Einzelstimmen aus Orchesterwerken oder Kammermusikstücken haben ebenso ihren Platz, ein Duo für zwei gleiche Instrumente kann im Unterricht mit der Lehrkraft zusammen gespielt werden. An Einzelsätzen können etwa virtuose Capricen, Impromptus oder auch Etüden neben Romanzen, Balladen oder Fantasien auf dem Programm stehen. Auf diese Weise erzielt man auch einen Wechsel im Charakter und Tempo der Stücke. Im Gesang können sowohl Lieder als auch Arien und Rezitative aus Oper und Oratorium sowie Szenen aus Musicals berücksichtigt werden. Demgegenüber wäre es sicher eintöniger und weniger repräsentativ für den Reichtum der Musikkultur, über einen längeren Zeitraum hinweg ausschließlich Vivaldi-Konzerte, Schülerkonzerte, Etüden, Inventionen oder etwa frühklassische Sonatinen in Serie zu erarbeiten. Derselbe Vorbehalt gilt für Schulwerke, die ausschließlich Lieder der Autorin oder des Autors enthalten.

Natürlich gilt es auch, die einzelnen Stücke mit ihren Nuancen und Hintergründen genauer kennenzulernen. Auch die Strukturprinzipien, die der Musik zugrundeliegen, zählen zur überlieferten Kultur. Hier ist an Tonleitern und typische Harmoniefolgen ebenso zu denken wie an formale Muster – etwa Rondo, Kanon, Liedform, Sonatenhauptsatz und Variationsform sowie das Improvisieren nach verschiedenen

Vorgaben. Zwar werden Inhalte dieser Art häufig auch in der allgemeinbildenden Schule vermittelt, dennoch bietet der Instrumentalunterricht die besondere Gelegenheit, sich all dies nochmals aktiv spielend zu erarbeiten und es entsprechend zu verinnerlichen. Schließlich kann der Unterricht Anlass geben, sich Interpretationsbeispiele anzuhören, diese zu vergleichen und auch hier einen Einblick zu gewinnen. Entscheidend wird hier nicht zuletzt das Beispiel der Lehrperson sein, die als Vorbild auch selbst ein Stück Kultur repräsentieren sollte.

Der Zielbereich des Kennens von Musik beinhaltet auf längere Sicht eine Erweiterung des musikalischen Horizonts, wie man sie mit musikalischer Bildung sicher verbinden wird. Selbstverständlich kann hier keine Vollständigkeit angestrebt werden. Vielmehr sollte man hoffen, dass die Schülerinnen und Schüler sich nach jahrelangem Unterricht auf ihrem Instrument in der Vielfalt musikalischer Formen orientieren und zurechtfinden können, dass sie beispielsweise eine begründete Auswahl treffen können, wenn sie später nach Stücken zum Musizieren oder Hören suchen, dass sie Anhaltspunkte dafür gewonnen haben, wie sie an Musik eines bestimmten Typs herangehen können und worauf es dabei ankommt. Der entsprechende Überblick sollte sich im Verlauf des Unterrichts allmählich herausbilden, sodass die Schülerinnen und Schüler sich Stücken und Aufgaben immer eigenständiger nähern können. Hierin gleicht der Instrumentalunterricht der Erziehung im Allgemeinen: In jedem Fall bemisst sich die Qualität auch daran, ob und inwieweit sich die Erziehungs- und Lehrperson durch ihre Arbeit letztlich überflüssig gemacht hat.

Zu 4. Musik erschaffen

In diesen Überlegungen klingt bereits der vierte Zielbereich an, der unter die Überschrift „Musik erschaffen" gestellt werden soll. Tatsächlich lebt Musik nur als geschaffene oder nachgeschaffene, sie setzt also das Erschaffen voraus. Wer Musik zum Leben erwecken will – sei es in sich selbst oder auch für andere –, der muss sie erschaffen oder nachschaffen. Der Umgang mit Musik verlangt nach Kreativität, denn durch diese erhält die Musik den persönlichen Stempel des musizierenden Menschen.

Der Soziologe Heinrich Popitz beschreibt drei „Wege der Kreativität" (Popitz 2000):
1. das Erkunden,
2. das Gestalten und
3. das Sinnstiften.
Auf allen drei Wegen kann die Persönlichkeit des Individuums sich Bahn brechen und Neues erschaffen. So sollen die drei Wege im Folgenden der Reihe nach im Hinblick auf Musik beleuchtet werden:

Zu 1. Erkunden

Zunächst werden sich Instrumentallehrkräfte wünschen, dass ihre Schülerinnen und Schüler die Stücke im Unterricht und beim Üben *erkunden*. Schon dies sollte auf persönliche Weise geschehen; nicht jeder Mensch wird auf die gleichen Schwierigkeiten treffen und Schönheiten entdecken. So wird sich auch das Üben selbst unterschiedlich gestalten. Dabei ist durchaus Fantasie – die Wurzel der Kreativität – gefordert. Mit ihrer Hilfe kann man sich etwa vorstellen, wie eine bestimmte Stelle klingen, wie eine Bewegung sich anfühlen, wie ein Problem gelöst werden könnte. Das fantasievoll Erdachte kann übend ausprobiert und verworfen oder weiterentwickelt werden. In diesem Sinne wird schon beim erkundenden Üben Musik erschaffen. Nur durch den persönlichen Zuschnitt des Übens wird das Stück im Laufe der Zeit gedeihen und zum inneren Eigentum des Menschen werden, der es spielt. Je mehr den Schülerinnen und Schülern bereits in den Stunden eingeräumt wird, den Unterricht mitzugestalten, desto eher werden sie schon dort persönliche Zugänge finden und verwirklichen können. Dabei berührt das Erkunden bereits das Gestalten und das Sinnstiften, denn alle drei bilden ständige Bezugspunkte für das Üben.

Zu 2. Gestalten

Unter *Gestalten* versteht Popitz das Herstellen eines Werkes. Man könnte auf die Musik bezogen das Komponieren, das Improvisieren, aber auch das Spielen beziehungsweise das Singen als Herstellungsakte betrachten. Erst im Spiel oder Gesang wird eine Musik Wirklichkeit. Im alltäglichen Sprachgebrauch würde das Gestalten eines Musikstücks bereits das Interpretieren beinhalten; tatsächlich berühren sich beide Aspekte in der Realität, sodass jede Gestaltung mit einer spezifischen Sinnstiftung verbunden ist. Dennoch soll das Augenmerk hier zunächst noch weniger auf den Sinn als auf das Produzieren und seine Bedingungen gerichtet werden. Das Erzeugen eines Werkes könnte man grundsätzlich in einem Übergangsbereich zwischen äußerer und innerer Realität ansiedeln. Der Psychoanalytiker Donald Winnicott spricht vom intermediären Bereich – englisch: intermediate area – und verdeutlicht dessen Rolle in der frühkindlichen Entwicklung (Winnicott 1953). Langfristig muss das Kind lernen, die äußere Realität und die innere Welt der Wünsche und Gedanken voneinander zu trennen. Der intermediäre Bereich jedoch ermöglicht ihm gewissermaßen eine Verschmelzung jener Welten. So stellt das Stofftier als frühes „Übergangsobjekt" zwar ein Objekt der äußeren Welt, gleichzeitig aber auch eine Projektionsfläche für Wünsche und Bedürfnisse der inneren Welt dar (Winnicott 2010, S. 10ff.). Es zeigt sich im Unterschied zur äußeren Realität nicht widerständig, sondern lässt sich im Sinne der inneren Welt gebrauchen. Als Vorstufe zum Gebrauch von Übergangsobjekten kann es gelten, wenn Kinder unbelebte Dinge personifizieren (vgl. Stern 1998, S. 176ff.). Später besetzt das Spiel den intermediären Bereich. Das Kind spielt mit Themen und Gegenständen der äußeren Welt, verwendet und inszeniert sie aber im Sinne der inneren Welt, sodass sich häufig Wünsche und Ängste des Kindes sowie erlebte Episoden an seinem Spiel ablesen lassen (vgl. Schäfer 1989; 1995, S. 51f.). Dabei werden auch Gegenstände auf persönliche Weise umgedeutet und zweckentfremdet eingesetzt, bis sich später die kulturell vorgesehene Verwendung durchsetzt. Auf ähnliche Weise lassen sich auch Übergangsphänomene im Zuge der Sprachentwicklung deuten. Ein von einem Kleinkind geäußertes Wort repräsentiert als kulturelle Gegebenheit ein Stück äußere Realität, während gleichzeitig innere Vorstellungen, Wünsche und Absichten einfließen und das Wort noch in ganz persönlicher Manier eingesetzt wird (Dore 1975; Dore, Franklin, Miller, Ramer 1976). Dabei erlaubt es nicht zuletzt das Selbstgespräch, inneren Tendenzen zu folgen (vgl. Stern 1998, S. 244ff.). Schließlich dürfte auch Musik im intermediären Bereich angesiedelt sein. Die Vorgaben, die für ein Musikstück in den Noten gegeben sind, aber auch das Instrument, mit dem es gespielt wird, stellen Aspekte der äußeren Welt dar. Dennoch werden diese so gebraucht, dass die innere Welt einfließt. Genau darauf kommt es an, wenn Musik zu persönlichem Ausdruck werden soll. Musik kann sich nur entfalten, wenn innere Realitäten ins Spiel kommen. Wenn Popitz als wesentliche Motive des Spiels das Mehr-Sein-Wollen, das Anders-Sein-Wollen und den Dialog benennt (Popitz 2000, S. 67ff.), so ergeben sich weitere Parallelen zur Musik: Mit dem Instrument kann man sich den Wunsch erfüllen, mehr zu sein, indem man etwa gegenüber der eigenen Stimme einen größeren Tonumfang, lautere und vollere Klänge, schnellere Tempi oder bestimmte klangliche Nuancen entwickelt. Auch der Kunstgesang erschließt diese Qualitäten gegenüber dem Sprechen oder Singen im Alltag. Ebenso lässt sich die Musik im Sinne des Anders-Seins verwenden, ermöglicht sie doch das Eintauchen in Welten und Rollen, die vom alltäglichen Verhalten weit entfernt sein können. Der Dialog schließlich spielt sich zwischen dem Spielzeug oder Spielpartner und dem spielenden Menschen ab. Ein Musikstück erfordert wie ein Spielzeug ein Einstellen auf seine Eigenheiten; wenn man es spielt, beantwortet man gewissermaßen sein Angebot, folgt seinen inneren Regeln. Mehr-Sein, Anders-Sein und Dialog verlangen wiederum Fantasie und Kreativität. Instrumentallehrkräfte sollten anstreben, dass ihre Schülerinnen und Schüler in den Übergangsbereich zwischen Innen und Außen eintreten, dass sie ihre inneren Welten, ihre Vorstellungen und Emotionen in die Musik fantasievoll einfließen lassen und sich dabei an den Angeboten des jeweiligen Stücks selbst als einer äußeren Realität orientieren.

Zu 3. Sinnstiften

Das *Stiften von Sinn* findet im Bereich der Musik seine Entsprechung in der Interpretation von Musikstücken. Dabei geht es darum, Stücke zu deuten, wodurch sie schließlich etwas „be-deuten". Hilfreich kann hier die Unterscheidung von Sinn und Bedeutung sein, wie sie etwa der Philosoph Gottlob Frege vornimmt (Frege 1892).

Während der Begriff des Sinns die innere „Art des Gegebenseins" (S. 26) bezeichnet, weist die Bedeutung auf eine außersprachliche Referenz. So kommt den Ausdrücken „Abendstern" und „Morgenstern" ein unterschiedlicher Sinn zu – Stern des Abends versus Stern des Morgens –, während beide auf die Venus verweisen und damit eine identische Bedeutung haben (S. 27). Ein grammatikalisch richtig gebildeter Satz hat somit stets einen Sinn, ohne dass allerdings immer eine Bedeutung im Sinne Freges vorliegen muss (vgl. S. 28). Ähnlich konzipiert der Musikwissenschaftler Hans Heinrich Eggebrecht die Begriffe „Sinn" und „Gehalt". Wiederum entspricht dem Begriff des Sinns die innere Organisation der Musik. Als Gehalt hingegen bezeichnet Eggebrecht das von der Musik Ausgedrückte (Eggebrecht 1977; 1998, S. 677ff.). Die Interpretation muss nun zunächst den Sinn der Musik erfassen, um ihn angemessen zum Ausdruck bringen zu können. Dem Philosophen Martin Seel zufolge „kann [man] auch sagen, die Interpretation spreche aus, was am betreffenden Werk vor allem erscheine" (Seel 1997, S. 277). Zwar bezieht Seel sich hier auf das Interpretieren im Sinne eines sprachlichen Charakterisierens, doch kennzeichnet er das Interpretieren auch als „wertend zuschreibende[...] Erkundung verlockender Gegenstände" und spricht von einer „testenden Erschließungsfunktion" (S. 273). Die Interpretation erkundet und erschließt also das Erscheinende. Daneben aber wird sie nach einem Gehalt des Erscheinenden, einer Bedeutung im Fregeschen Sinne suchen. Diese Bedeutung wird einerseits an der Musik selbst, an ihrem Sinn festgemacht werden müssen (Eggebrecht 1998, S. 678). Andererseits aber entsteht die Bedeutung durch das Verbinden der Musik mit eigenen psychischen Impulsen, mit Emotionen und Erfahrungen. In der Psychoanalyse wird in diesem Zusammenhang häufig der Freudsche Terminus der „Besetzung" ins Spiel gebracht (Freud 1989c, S. 265, 269). Die Musik wird mit eigenen Gefühlen besetzt und gewinnt dadurch an Bedeutung für das Individuum (vgl. Winnicott 2010, S. 103; Stern 1998, S. 336); möglicherweise kann bereits das Instrument als solches eine symbolische Bedeutung – etwa als Liebesobjekt oder Machtsymbol – für die spielende Person innehaben (vgl. Klausmeier 1978, S. 133ff.). Durch das Zuschreiben einer symbolischen Bedeutung wird die Musik auf direkte Weise mit der interpretierenden Person verbunden und gewinnt für sie an Bedeutsamkeit, also an persönlicher Wichtigkeit; so kommen in diesem Falle die Bedeutung – im Sinne einer Symbolfunktion – und die Bedeutsamkeit – im Sinne der Wichtigkeit – zusammen (vgl. auch: Dartsch 2010b, S. 232, S. 249; Krause 2008). Auf diese Weise eignet sich der musizierende Mensch die Musik nicht einfach an, vielmehr handelt es sich um einen Akt der „Anverwandlung", in dem die kulturelle Vorgabe und die individuellen Impulse eine einzigartige Verbindung eingehen. Auch dies wird ein Ziel der Instrumentallehrkraft sein. Sie wird im Hinblick auf die Interpretation eine persönliche Auseinandersetzung mit Musikstücken und einen kreativen Zugang zu ihnen befördern und sich freuen, wenn die Stücke schließlich mit authentischem, lebendigem und individuellem Ausdruck gespielt werden, also für ihre Schülerinnen und Schüler bedeutsam geworden sind.

Die Zielbereiche des Spürens, Meisterns, Kennens und Erschaffens von Musik hängen eng miteinander zusammen: Erfahrungen des Spürens von Musik hinterlassen Spuren im Gehirn; durch Umweltimpulse – etwa durch Anregungen einer Lehrperson – werden aus diesen Spuren immer feinere Muster herausdifferenziert, die zur Meisterung der Musik führen. In der Lernpsychologie gelten Erfahrungen als definitionsgemäße Voraussetzungen für das Lernen (vgl. Joerger 1987, S. 16f.), Erfahrungen gehen also in Lernprozesse ein und über. Dabei sind sowohl die Erfahrungen als auch die Impulse zur Ausdifferenzierung notwendigerweise kulturell geprägt. Spüren und Differenzieren bedingen also eine Auseinandersetzung mit kulturellen Materialien und Vorbildern. In diese Auseinandersetzung muss des Weiteren auch Eigenes einfließen; der Begriff der Auseinandersetzung beinhaltet, dass sich Musik und Person begegnen, dass also die innere Welt des mit Musik umgehenden Menschen sich mit der äußeren Realität der Musik berührt. Dabei kommt Kreativität zum Tragen und Musik wird als persönliches Ausdrucksmedium erschaffen.

Schließlich stellen die vier Zielbereiche die musikbezogene Variante von vier Grundpfeilern allgemeiner Bildung dar: Im Spüren und Erfahren gerät der Mensch in Kontakt mit der Welt; dies verändert ihn, sodass sich Fühl-, Denk- und Verhaltensmuster (vgl. Ciompi 1999) ausdifferenzieren und neue Möglichkeiten für das Leben entstehen. Als Kulturwesen muss sich der Mensch immer mit einer kulturell geprägten Umwelt auseinandersetzen und übernimmt kulturelle Güter; ebenso aber ist ihm aufgegeben, in seiner persönlichen Lebensführung seine Individualität zu verwirklichen.

Orientiert man sich an den genannten vier Zielbereichen, so kommt es im Unterricht darauf an,
1. Erfahrungen in Zusammenhang mit Musik zu ermöglichen:
   - *sinnliches Erspüren zu fördern,*
   - *emotionales Berührtsein zu fördern, zum Beispiel auch Freude und Spaß,*
   - *Nachdenklichkeit, Einsichten, Bewusstmachung zu fördern;*
2. Ausdifferenzierung zu ermöglichen:
   - *Fortschritte anzubahnen durch Ausdifferenzierung aller Parameter;*
3. Kulturaneignung zu ermöglichen:
   - *die Qualität und die Vielseitigkeit der Stücke und Materialien zu gewährleisten,*
   - *die Qualität des eigenen Umgangs mit Musik im Sinne eines Vorbilds zu gewährleisten;*
4. Eigenanteile der Schülerinnen und Schüler zu ermöglichen:
   - *im Interaktionsgeschehen des Unterrichts Raum zu geben – zur Mitgestaltung des Unterrichts zu ermutigen,*
   - *im Interaktionsgeschehen des Unterrichts Raum zu geben – zur persönlichen Gestaltung von Musik zu ermutigen.*

Aus den Zielbereichen lassen sich schließlich auch für den konkreten Fall einer Unterrichtsstunde oder einer Unterrichtssequenz geeignete Leitfragen entwickeln:

- Was sollen die Schülerinnen und Schüler in der Stunde oder der Sequenz mit den Sinnen spüren, als Erfahrung verarbeiten und verstandesmäßig erkennen?
- Was sollen die Schülerinnen und Schüler in der Stunde oder der Sequenz ausdifferenzieren und meistern?
- Was sollen die Schülerinnen und Schüler in der Stunde oder der Sequenz kennenlernen?
- Welche Räume zur persönlichen Annäherung, zum kreativen Erschaffen und Interpretieren sollen den Schülerinnen und Schülern in der Stunde oder der Sequenz eröffnet und erschlossen werden?

Möchte man sich nach einzelnen Stunden oder längeren Sequenzen Rechenschaft über den Unterricht geben, so kann ausgehend von den Zielbereichen gefragt werden:

- Haben die Schülerinnen und Schüler in der Stunde oder der Sequenz Entscheidendes wirklich mit den Sinnen und emotional erspürt und erfahren? Haben sich entscheidende Einsichten eingestellt? Werden sie auf dieser Basis alleine weiterüben können?
- Haben die Schülerinnen und Schüler in der Stunde oder der Sequenz Anregungen erhalten, ihr Spiel weiter auszudifferenzieren und etwas Bestimmtes besser zu meistern? Sind sie auf diesem Weg ein Stück vorangeschritten?
- Haben die Schülerinnen und Schüler in der Stunde oder der Sequenz den Reichtum der Musikkultur ein wenig besser kennengelernt, haben sie ihren Horizont erweitern können? Haben sie in der Lehrperson ein vorbildliches Beispiel für Interpretation erlebt?
- Welche Räume zur Mitgestaltung der Stunde standen den Schülerinnen und Schülern in der Stunde oder der Sequenz offen? Welche Räume zur persönlichen Annäherung, zum Erschaffen und Interpretieren standen ihnen offen; wie haben sie diese genutzt, wo sind sie kreativ geworden?

Weiterführende Literatur zur Bedeutung des Musiklernens

Zum Thema *anthropologische Bedeutung* (2.1):
Dartsch, Michael: *Mensch, Musik und Bildung. Grundlagen einer Didaktik der Musikalischen Früherziehung*. Wiesbaden: Breitkopf & Härtel 2010

Zum Thema *übergreifende Ziele* (2.2):
Doerne, Andreas: *Umfassend musizieren. Grundlagen einer integralen Instrumentalpädagogik*. Wiesbaden: Breitkopf & Härtel 2010

3 Inhalte

3.1 Elementare Musikpraxis

Der Inhalt von Musikunterricht kann zunächst Elementare Musikpraxis sein. Hierunter ist ein noch nicht spezialisierter Umgang mit Musik zu verstehen. Ein Unterricht im Bereich der Elementaren Musikpraxis kann als grundlegender Musikunterricht angesehen werden. Er besitzt einerseits einen Eigenwert für die Bildung der Schülerinnen und Schüler. Andererseits lassen sich auf der Grundlage eines solchen Unterrichts verschiedene spezialisierende Wege anschließen. Eine solche Spezialisierung stellt der Instrumentalunterricht dar. Da in der Elementaren Musikpraxis noch keine Spezialisierung vorweggenommen werden soll, muss der Unterricht eine gewisse Breite aufweisen. Als Unterrichtsfach ist die Elementare Musikpraxis nicht auf eine bestimmte Altersgruppe beschränkt, obgleich sie besonders für Kinder vor der Einschulung nachgefragt wird. Grundsätzlich lässt sich mit Babys und ihren Eltern ebenso Elementare Musikpraxis verwirklichen wie mit Kleinkindern, Vorschulkindern, Schulkindern, Jugendlichen und Erwachsenen bis hin zu Seniorinnen und Senioren (vgl. Seeliger 2002, 2003; Küspert 2002; Dartsch 2008b; Rebhahn, Beidinger 2010; Greiner 2002; Metzger, Greiner, Stiller, Schäfer 2010; Stiller, Greiner, Lips, Schäfer 2010; Hartmann-Hilter 2002; Zarius 2010; Friedhofen 2002; Fröhlich 2002; 2009; Beidinger 2009; Lee 2002; Metzger 2009; 2011; Metz 2011; vgl. insgesamt auch: Rebhahn 2008, S. 15ff.). Der fachlichen Durchdringung der Elementaren Musikpraxis und des entsprechenden Unterrichts widmet sich die Elementare Musikpädagogik (vgl. Dartsch 2010a, S. 25f.; 2010d). Zur näheren Beschreibung der Elementaren Musikpraxis sollen zunächst charakteristische Aktionsweisen, danach die verschiedenen Inhaltsbereiche sowie schließlich Zielkategorien und methodische Prinzipien benannt werden, bevor abschließend auf die Bedeutung der Elementaren Musikpraxis für den Instrumentalunterricht eingegangen werden soll.

Aktionsweisen

Sensibilisierung

Zunächst kann es hilfreich sein, charakteristische Aktionsweisen zu betrachten. In der Elementaren Musikpraxis wird es zunächst häufig darum gehen, sich Sinneswahrnehmungen hinzugeben und zu staunen. Im weitesten Sinne könnte man hier auch von Kontemplation sprechen (vgl. Seel 1991, S. 38ff.; 1996, S. 130ff.; 2000, S. 148ff.). Immer wieder lauschen Kinder bereits einzelnen Klängen mit offenem Mund, sie befühlen und begreifen Materialien und lassen sich von sinnlichen Eindrücken faszinieren, die Erwachsenen nicht selten entgehen oder selbstverständlich erscheinen. Indem die Lehrkraft bemüht ist, den Horizont der Kinder zu erweitern, bringt sie diese mit Phänomenen in Berührung, die ihnen etwas Neues erschließen. Die Faszination des ersten Mals kann innere Resonanz bewirken und das Herausbilden neuer Wahrnehmungskategorien befördern. In der Elementaren Musikpädagogik wird in diesem Zusammenhang häufig von „Sensibilisierung" gesprochen.

Exploration – Ausprobieren und Erkunden

Erlebnisse dieser Art können außerdem den Wunsch erzeugen, sich dem Phänomen erkundend zu nähern. Das Ausprobieren und Erkunden kann als weitere Aktionsweise festgehalten werden. Insbesondere fordern Materialien und Instrumente im weitesten Sinne, also Klangerzeuger jeder Art, gewissermaßen dazu auf, spielend erforscht zu werden. Gerade für Kinder – aber auch noch für Erwachsene – gehen Appelle von Dingen aus. Gegenstände verkörpern gleichsam die sozial für sie vorgesehene Funktion. Gleichzeitig kommen ihnen spezifische Anmutungsqualitäten zu, sie erzeugen Emotionen und Motivationsspannungen, die beim Kind noch nicht durch die Gewöhnung an die Konventionen in Zaum gehalten werden, sondern sich unmittelbar Bahn brechen und äußern können (vgl. Stieve 2010a). Indem die Schülerinnen und Schüler Instrumente erforschen, erschließen sie deren Möglichkeiten für das Musizieren. Erkunden lassen sich aber auch die Potenziale der eigenen Stimme und Bewegungsmöglichkeiten. In der Elementaren Musikpädagogik spielt das Ausprobieren unter dem Stichwort der „Exploration" eine wichtige Rolle. Bereits hierbei kommt die persönliche Kreativität des Einzelnen zum Tragen (vgl. Popitz 2000, S. 103ff.; → *S. 81f.*).

Improvisation

Das Erproben eines Instruments kann bereits in das Improvisieren übergehen, das in der Elementaren Musikpädagogik ebenfalls von großer Bedeutung ist. Im Improvisieren wird mit den Möglichkeiten des Instruments, der Stimme und des Körpers gewissermaßen gespielt. Während das Erkunden eher auf einer sachbezogenen Ebene verbleibt, speist sich das Spiel bereits aus eigenen Antrieben. Es folgt diesen Impulsen in jedem Moment und ist daher ganz auf die Gegenwart gerichtet, ohne die Wiederholbarkeit von Abläufen anzustreben. Gleichwohl ist es bereits Ausdruck gestalterischer und in diesem Sinne künstlerischer Absichten. Da man sagen könnte, dass das Spiel nach Noten bereits in die Richtung einer musikalischen Spezialisierung weist, kommt dem Improvisieren naturgemäß eine fundamentale Bedeutung für einen grundlegenden Musikunterricht zu.

Gestaltung

Gleichwohl haben auch feste Musizierformen ihren Platz im Rahmen eines nicht spezialisierten Umgangs mit Musik. Es wird sich hierbei jedoch primär um Musizierformen der volkstümlichen und populären Musik handeln, da das Spielen und Singen artifizieller Musik häufig bereits eine Spezialisierung voraussetzt. Im Unterschied zur Werkinterpretation im Instrumentalunterricht richtet sich die Aufmerksamkeit in der Elementaren Musikpraxis weniger auf Gesichtspunkte der Werktreue oder der Perfektion als vielmehr auf den musikantischen und expressiven Aspekt, auf Freude und unmittelbaren Selbstausdruck. Die Erarbeitung erfolgt häufig über das Vor- und Nachmachen einzelner Phrasen, wobei im Idealfall von Anfang an ein musikalisches Pulsieren gegeben ist. Zunächst können Kinderlieder und Volkslieder dazu dienen, das Bedürfnis nach festen Musizierformen zu befriedigen, ohne dass eine Spezialausbildung vorausgesetzt würde. Lieder stehen grundsätzlich allen Menschen offen. Das Gleiche gilt für populäre Tanzformen und Rhythmusmodelle, wie sie in vielen Kulturen gepflegt werden. Dabei muss es sich durchaus nicht um überlieferte, alte Materialien handeln. Auch neuere populäre Musik bietet häufig die Möglichkeit einer voraussetzungslosen Aneignung. Auf dieser Basis ist es schließlich möglich, ein persönliches Repertoire an Musizierformen aufzubauen, die für die Bedürfnisse des individuellen Lebens zur Verfügung stehen. Daneben können Improvisationen so ausgearbeitet werden, dass Wiederholbarkeit möglich wird. Aus der Sicht der Improvisierenden besonders Gelungenes kann durch Absprachen für eine gewisse Zeit festgehalten werden. In der Elementaren Musikpädagogik wird für wiederholbare Musizierformen häufig der Begriff der „Gestaltung" verwendet, der auch die künstlerischen Anliegen eines sensiblen, authentischen und ausdrucksvollen Musizierens beinhaltet (vgl. Dartsch 2010b, S. 284ff.).

Wie unschwer zu erkennen ist, beschreiben die Aktionsweisen eher Arten des Herangehens als Inhalte. Unabhängig vom jeweiligen Inhalt kann das Entscheidende auch adjektivisch ausgedrückt werden, sodass man für die Elementare Musikpraxis *kontemplative, explorative, improvisatorische* und *musikantisch-expressive* Zugänge als charakteristisch bezeichnen kann.

Die verschiedenen Aktionsweisen können im Zeitablauf auch auseinander hervorgehen und so eine Folge bilden: Eine bewusste Wahrnehmung kann zum Ausprobieren verlocken, hieraus kann sich ein improvisierendes Spiel ergeben, das schließlich in den Wunsch mündet, es in eine wiederholbare Form zu überführen. Aktivierungsketten dieser Art werden in der einschlägigen Literatur immer wieder als für die Elementare Musikpraxis prägend angesehen (vgl. Ribke 1995, S. 223ff.; Witoszynskyj 1997, S. 151f.; Beidinger 2002, S. 288ff.; Priesner, Hamann 2002a, S. 251ff.; 2002b, S. 3; Hamann, Forster 2007; Friedhofen 2008; vgl. auch: Dartsch 2010b, S. 253ff.). Ihnen entspricht eine charakteristische Entwicklung der Motivation von der Faszination über die Neugier zum Bedürfnis nach Spiel und schließlich nach Wiederholbarkeit. Auch kann man die Aktivierungsketten mit dem kindlichen Lernzyklus in Verbindung bringen, wie er im sogenannten „entwicklungsgemäßen Erziehungsansatz" konzipiert wird: Dort folgt auf das „Gewahrwerden" (awareness) zunächst die „Exploration" (exploration), dann die „Befragung" (inquiry) und schließlich die „Nutzung" (utilization) (National Association for the Education of Young Children, National Association of Early Childhood Specialists in State Departments of Education 1993, S. 16). Gleichwohl wird man die Begriffe und Aktionsweisen letztlich kaum präzise voneinander trennen können: Auch beim Explorieren kann die Sinneswahrnehmung noch im Zentrum stehen, ebenso kann das Ausprobieren bereits mit persönlichen Impulsen aufgeladen werden und den Charakter der Improvisation annehmen. Improvisieren kann schließlich bereits als Gestaltung betrachtet werden, zumal Improvisationen stets auch Elemente des bewussten Konstruierens und feste Musizierformen immer auch Freiheitsgrade enthalten (Dartsch 2010b, S. 256).

Der Fokus der Beschäftigungen verschiebt sich mit dem Wechsel von einer Aktionsform zur anderen, wenngleich es stets auch verbindende Elemente gibt: In der Kontemplation geht es um Körperempfindungen und Klänge. In der Exploration von Instrumenten und anderen Objekten können sowohl Materialeigenschaften wie Klänge als auch musikalische Parameter, Motive und Formprinzipien – wie Wiederholung, Sequenzierung und Variation – erprobt werden. Auch die Improvisation arbeitet mit – gelegentlich vorgegebenen – musikalischen Parametern, Motiven und Formprinzipien, daneben aber auch mit außermusikalischen Themen – etwa wenn eine Herbstmusik improvisiert wird. Solche außermusikalischen Themen prägen in Form von Texten oder Bezügen zu bestimmten Anlässen auch feste Musizierformen; die entsprechenden Sujets können als Spielthemen ganze Unterrichtseinheiten prägen und im Sinne einer organischen Stundendramaturgie einen Zusammenhang zwischen verschiedenen Aktionen und Aktionsweisen liefern. So lässt sich bei der Gestaltung von Unterrichtseinheiten auch von ihnen oder den entsprechenden Musizierformen ausgehen. Feste Musizierformen leben außerdem von musikalischen Vorgaben, an denen sich die Ausführung orientiert – etwa von vorgegebenen Tonhöhenverläufen, Rhythmen, Tanzschritten oder Gesten.

Während in kontemplativen Aktionen das Erleben im Vordergrund steht, setzt das Explorieren bereits kreatives Handeln voraus. Beim Improvisieren kommen bereits gestalterische Impulse zum Tragen, die bei festen Musizierformen schließlich den Kern der Aktionen ausmachen. Weiter befinden sich die Aktionsweisen gewissermaßen auf einem Kontinuum zwischen individueller Beschäftigung und Gruppenaktivität. Während der Mensch beim Versenken in Sinneseindrücke ganz bei sich selbst bleibt, kann schon das Erkunden stärker von Anregungen anderer profitieren, wenngleich auch die Exploration typischerweise eine Aktivität des Individuums darstellt. Auch das Improvisieren ist alleine möglich, lebt aber häufig vom Zusammenspiel mehrerer Menschen. Erst recht sind feste Musizierformen aus dem volkstümlichen und populären Bereich meist im sozialen Zusammenhang beheimatet und spielen sich in Gruppen ab. In der Elementaren Musikpraxis können sich

Aktivitäten der gesamten Gruppe mit solchen in Kleingruppen und individuellen Tätigkeiten abwechseln.

Die zuletzt dargestellten Zusammenhänge lassen sich tabellarisch wie folgt verdeutlichen:

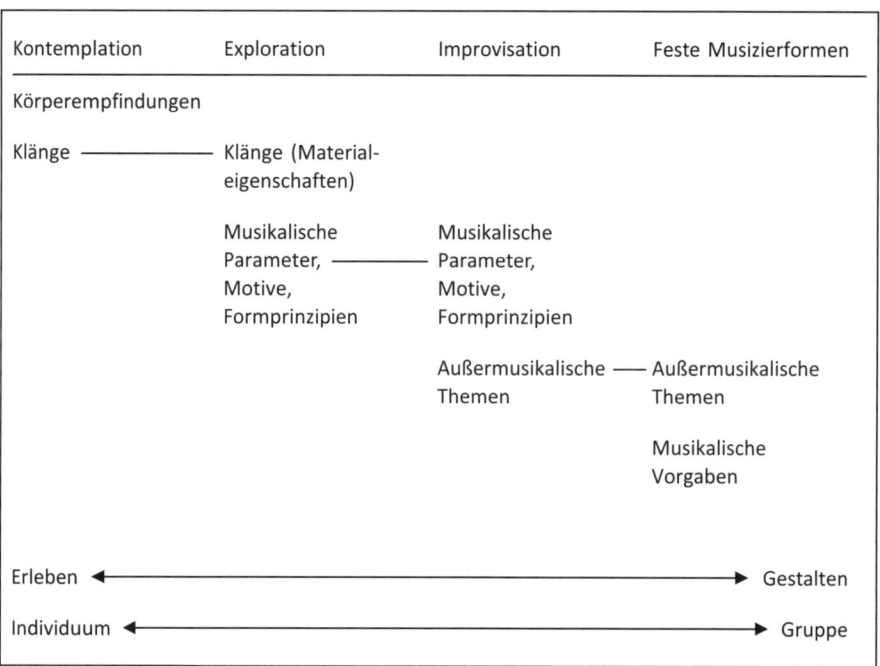

Tabelle 2: Aktionsweisen der Elementaren Musikpraxis und ihre Fokusse

Inhaltsbereiche

Singen

Die genannten Aktionsweisen können sich nun auf eine Palette verschiedener *Inhaltsbereiche* erstrecken. Einen noch nicht spezialisierten Umgang mit Musik zeichnet aus, dass alle grundsätzlichen Möglichkeiten präsent sind. So wird man erwarten können, dass in einem grundlegenden Musikunterricht auch das Singen seinen Platz hat. Neben alten und neuen Liedern verschiedenster Art (vgl. Beidinger 2010), aus denen sich ein Singrepertoire für die Gruppe und die einzelnen Teilnehmerinnen und Teilnehmer ergeben kann, sind Improvisationen sowie Singformen mit „Call and Response" beziehungsweise Solo und Tutti möglich. Ebenso ist an Spiele zu denken, die es ermöglichen, die Potenziale der eigenen Stimme zu erfahren und auszuschöpfen.

Instrumentalspiel

Auch das Instrumentalspiel spielt innerhalb der Elementaren Musikpraxis eine bedeutende Rolle. Hierfür ist ein vielfältiges Instrumentarium zu empfehlen. Carl Orff hat nach Kontakten zu dem Instrumentenkundler Curt Sachs und auf der Basis von Schlaginstrumenten, die er durch ihn kennenlernte, gemeinsam mit dem Instrumentenbauer Karl Maendler das sogenannte „Orff-Instrumentarium" zusammengestellt und entwickelt. Neben Holz- und Metallklingern sowie Rasselinstrumenten und Trommeln zählen hierzu auch Stabspiele. Zusätzlich empfahl Orff den Einsatz von Blockflöten und Gamben (vgl. Orff, Keetman 1950, Vorwort, S. 165ff.; 1952, S. 3; Keller 1954, S. 7ff.; vgl. auch: Gschwendtner 1989, S. 8ff.). Inzwischen haben auch Perkussionsinstrumente und Trommeln aus Afrika und Lateinamerika weite Verbreitung gefunden; aus dem asiatischen Instrumentarium lassen sich Gongs und Darabukkas ohne Weiteres in die Elementare Musikpraxis einbeziehen. Daneben aber sind auch Streich-, Tasten- sowie viele Blasinstrumente auf eine Weise spielbar, die noch keine Spezialisierung verlangt. In erster Linie werden rhythmisch geprägte Spielstücke und Liedbegleitungen musiziert, außerdem lässt sich zu Klangbeispielen von Tonträgern mitspielen. Gerade Instrumente reizen darüber hinaus zum freien, improvisatorischen Spiel; häufig wird dieses von bestimmten Qualitäten der jeweiligen Spielbewegungen inspiriert sein – etwa vom Wischen, vom Tupfen, oder vom ungezügelten Schlagen und von dem entsprechenden Klangcharakter. Auch außermusikalische Assoziationen können zum Improvisieren anregen. Weiterhin sind Echospiele oder auch andere Modelle möglich, deren Regeln die Reihenfolge der Aktionen der Kinder steuern (vgl. Ribke 1999). Im Laufe der Zeit werden die klanglichen Ergebnisse immer besser abgeschätzt, vorausgehört und geplant werden können.

Bewegung

Einen wichtigen Inhaltsbereich stellt die Bewegung dar. Volks- und Kindertänze aus Vergangenheit und Gegenwart lassen sich den Vorgaben gemäß umsetzen und nach eigenen Bedürfnissen abwandeln. Freies Bewegen zu Musik erlaubt einen improvisatorischen Zugang und erschließt den Bewegungsgestus, der der Musik eigen ist, indem etwa das Hüpfende, Schreitende, Stampfende oder Eilende der Musik in entsprechenden ganzkörperlichen Bewegungen seinen Ausdruck findet. Als Sonderform können klangerzeugende Bewegungen wie das Klatschen, Patschen, Stampfen und Schnipsen angesehen werden, die dem Bereich der Körperperkussion zugehören und sich etwa auch zum Begleiten von Liedern eignen. Eine besondere Bedeutung kommt der Bewegung in der Rhythmik zu, die sich als eine Praxis kennzeichnen lässt, in deren Zentrum die Wechselbeziehungen zwischen Musik, Bewegung, Stimme und verschiedensten Materialien sowie die damit verbundenen ästhetischen Prozesse und Erfahrungen stehen. Die Rhythmik geht auf den Musikpädagogen Émile Jaques-Dalcroze (1865–1950) zurück, der um die Wende zum 20. Jahrhundert eine Schulung von Körper, Atem und rhythmischem Empfinden ebenso anstrebte wie eine neue, gestisch-pantomimisch geprägte Bewegungskunst. Impulse aus der Rhythmik haben die Entwicklung der Elementaren Musikpädagogik wesentlich befruchtet. Heute findet sich die Rhythmik als musikpädagogisches Fach an Musikschulen, allgemeinbildenden Schulen, sozial- und sonderpädagogischen Einrichtungen sowie an Hochschulen (vgl. Jaques-Dalcroze 1906; 1977; Krimm-von Fischer 1992; Schaefer 1992; Kugler 2000; Danuser-Zogg 2002; Steffen-Wittek 2002; Rhythmik-Netzwerk 2011; Weise 2013a–b).

Wahrnehmen und Erleben

Als eigener Inhaltsbereich kann das Wahrnehmen und Erleben gelten. Zwar wird man auch beim Singen, beim Instrumentalspiel und bei der Bewegung immer etwas wahrnehmen, doch ist es durchaus auch denkbar, sich in erster Linie auf das Wahrnehmen und Erleben zu konzentrieren. Dabei kann der Begriff der Wahrnehmung eher für die Konzentration auf einzelne Sinnesreize stehen, während sich das Erleben auf komplexere Ereignisse – etwa Musikstücke, Instrumente oder Aufführungen – beziehen mag. Einem nicht spezialisierten Umgang mit Musik entsprechend, sollte hier eine große Vielfalt an Materialien angestrebt werden, die mit stilistischer Offenheit einhergeht.

Denken und Symbolisieren

Auch das Denken und Symbolisieren von Musik stellt einen Inhaltsbereich eigener Art dar, wenngleich auch bereits das praktische Tun von Denkvorgängen begleitet ist. Gedacht ist hier zunächst an Gespräche über Musik und musikbezogene Erlebnisse; gerade das Verbalisieren ist immer mit Verarbeitungs- und Strukturierungsprozessen verbunden. Besonders wirksame Strukturierungshilfen stellen das Singen auf Singesilben – je nachdem mit oder ohne begleitende Handzeichen – sowie die verschiedenen Rhythmussprachen dar (vgl. Chevé 1854; Curwen 1901; Eitz 1903; Ward 1950; Münnich 1959; Kodály 1967a–m; Gordon 2007; vgl. auch: Ruhnke 1998; Heygster, Grunenberg 1998; Phleps 2001; Mahlert 2011, S. 178, Losert 2011; Heygster 2012; → *S. 116ff., 124ff.*). Das denkende Vergegenwärtigen und Erfassen von Musik, welche dazu aktuell gar nicht erklingen muss, spielt unter dem Stichwort der „Audiation" eine zentrale Rolle in der musikpädagogischen Konzeption Edwin E. Gordons. Die entscheidende denkerische Leistung besteht hier darin, Melodietöne auf einen Grundton und rhythmische Ereignisse auf einen Grundpuls zu beziehen (vgl. Gordon 1990, S. 28; 1991, S. 10ff.; 2007, S. 3ff.; Gallus 1997, S. 1ff.; Gembris 1998a, S. 268ff.; Tappert-Süberkrüb 1999, S. 76ff.). Auch das Erfinden von Musik muss als denkerische Aktivität betrachtet werden. Daneben kann Musik auch über visuelle

Zeichen symbolisiert werden. Dies trifft bereits für grafische Notationsformen, aber auch für die traditionelle Notation zu, deren grundlegende Prinzipien – wie die Entsprechung von Klangereignissen und Noten oder von Auf- und Abwärtsbewegungen und ebensolchen Zeichenverläufen – auch in einem nicht spezialisierten Umgang mit Musik zur Fixierung von Gestaltungsgedanken eine Rolle spielen können.

Verbinden von Musik mit anderen Gestaltungsformen

Abschließend ist als Inhaltsbereich auch das Verbinden von Musik mit anderen Gestaltungsformen zu nennen. Im rhythmischen oder expressiven Sprechen finden sich sowohl das Sprechen als auch die Musik (vgl. Rüdiger 2003). Im Musiktheater geht das Szenische Spiel eine Verbindung mit Musik ein. Im Bereich der Elementaren Musikpraxis werden hierbei improvisatorische Anteile von maßgeblicher Bedeutung sein. Auch zwischen Bildender Kunst und Musik tun sich vielerlei Bezüge auf. In der Elementaren Musikpraxis kann etwa nach Musik gemalt oder nach Gemälden musiziert werden. Auch können Erlebnisse mit Musik im Nachhinein malend verarbeitet werden. Schließlich können aus bastelnden, werkenden Tätigkeiten Instrumente hervorgehen, an denen Prinzipien der Klangerzeugung deutlich werden können, mit denen sich aber auch musizieren lässt.

Zusammengenommen stellen die genannten Inhaltsbereiche den Grundbestand des menschlichen Umgangs mit Musik dar. Sie erscheinen deshalb unverzichtbar für einen nicht spezialisierten und grundlegenden Musikunterricht, in dem es um die ganze Breite der Möglichkeiten gehen sollte. Des Weiteren lassen sich jeweils spezifische Aspekte benennen, die die einzelnen Inhaltsbereiche in besonderer Weise prägen, die aber für das Musizieren insgesamt von Bedeutung sind:
- Das *Singen* zielt über die Intimität der eigenen Stimme gewissermaßen auf Authentizität und allgemein auf Gesanglichkeit.
- In das *Instrumentalspiel,* speziell in das freie Spiel mit Klangerzeugern aller Art, fließen insbesondere Kreativität und Spielverhalten ein.
- Die Beschäftigung mit *Bewegung* befördert die Durchlässigkeit des Körpers für die Musik und begünstigt hierüber ökonomische und ausdrucksvolle Musizierbewegungen.
- Im *Wahrnehmen und Erleben* geht es vor allem um Sensibilität und emotionale Ansprechbarkeit.
- Das *Denken und Symbolisieren* führt im Idealfall zu einem verständigen Umgang mit Musik.
- Ergänzende Aspekte, die den Ausdruck der Musik betreffen, enthält das *Verbinden von Musik mit anderen Gestaltungsformen:* Über das Sprechen kann der deklamatorische Charakter von Musik erschlossen werden, über das Szenische Spiel gewinnt möglicherweise das einfühlende Darstellen der musikalischen Rol-

lenangebote. Das Malen kann den emotionalen Zugang vertiefen, der Instrumentenbau mag einen neugierigen und interessierten Zugang zur Klangerzeugung befördern (vgl. insgesamt: Dartsch 2010b, S. 211ff., 248).

Alle diese Aspekte können für jeglichen Umgang mit Musik als bereichernd und wünschenswert angesehen werden. In der folgenden tabellarischen Aufstellung sind sie noch einmal zusammengefasst:

Inhaltsbereich	Aspekte der Bedeutung für das Musizieren insgesamt
Singen	Authentizität, Gesanglichkeit
Instrumentalspiel	Kreativität, Spielverhalten
Bewegung	Durchlässigkeit des Körpers, ökonomische und ausdrucksvolle Musizierbewegungen
Wahrnehmen und Erleben	Sensibilität, emotionale Ansprechbarkeit
Denken und Symbolisieren	verständiger Umgang mit Musik
Verbinden von Musik mit anderen Gestaltungsformen	Aspekte des Ausdrucks: Erschließung des deklamatorischen Charakters, einfühlende Darstellung der musikalischen Rollenangebote, Vertiefung des emotionalen Zugangs, neugieriger und interessierter Zugang zur Klangerzeugung

Tabelle 3: Inhaltsbereiche der Elementaren Musikpraxis und Aspekte ihrer Bedeutung für das Musizieren insgesamt

Die Inhaltsbereiche lassen sich nun auch zu den Aktionsweisen in Bezug setzen: Singen, Instrumentalspiel und Bewegen kommen besonders in der Improvisation sowie in festen Musizierformen zum Tragen. Auch beim musikalisch gestalteten Sprechen, beim Szenischen Spiel und beim bildnerischen Gestalten können improvisatorische und feste Formen unterschieden werden. Daneben kann man jedoch auch auf kontemplative und explorative Weise singen, Instrumente spielen, sich bewegen, sprechen, Theater spielen und bildnerisch gestalten. Das Wahrnehmen und Erleben korrespondiert mit dem kontemplativen Zugang. Dem Nachdenken, Strukturieren und Symbolisieren wird man insbesondere einen explorativen Charakter zuschreiben können. In improvisatorischen und musikantisch-expressiv ausgeführten Aktionen sind gleichwohl auch charakteristische Weisen des Wahrnehmens und Erlebens sowie des Denkens aufzufinden, in denen es um das Herstellen von Bezügen im Wechselspiel zwischen gedanklicher Planung und sinnlich-emotionaler Rückmeldung geht.

Zielkategorien der Elementaren Musikpraxis

Die Zielkategorien der Elementaren Musikpraxis entsprechen grundsätzlich denen des Instrumentalunterrichts: Zunächst zielt der Unterricht darauf ab, den Teilnehmerinnen und Teilnehmern *Grunderfahrungen* mit Musik zu ermöglichen. Dabei geht es darum, zu erfahren, wie es ist und sich anfühlt zu singen, Instrumente zu spielen, sich zu Musik zu bewegen, Musik wahrzunehmen, über Musik nachzudenken und Musik mit anderen Gestaltungsformen zu verbinden. Aus den Erfahrungen sollten erste Muster entstehen, die das Herausbilden weiterer Muster erleichtern können. So dürfte gerade durch musikbezogene Grunderfahrungen der Prozess der Grundmusikalisierung im hier erwogenen Sinne *(→ S. 24f.)* in Gang kommen.

Erste auf diese Weise sich bildende Muster – seien sie kognitiver, emotionaler oder motorischer Art – können im weiteren Verlauf durch geeignete Anregungen eine *Ausdifferenzierung* erfahren. Dies geschieht in der *Auseinandersetzung mit vielfältigen kulturell geprägten Materialien,* bei denen auf hohe Qualität zu achten ist. Um Bildung im Sinne von Anverwandlung und autonomer Lebensgestaltung zu ermöglichen, müssen Lehrende schließlich gerade auch in der Elementaren Musikpraxis Raum für das *Einbringen von Eigenem* eröffnen (vgl. insgesamt: Dartsch 2010b, S. 200ff.).

Methodische Prinzipien der Elementaren Musikpraxis

Methodische Prinzipien der Elementaren Musikpraxis lassen sich an den Aktionsweisen, Inhaltsbereichen und Zielkategorien sowie an Überlegungen zur Bildung und zur Musik festmachen, ohne dass sie allerdings verabsolutiert werden dürften. So gehen Lehrkräfte der Elementaren Musikpraxis häufig *spielorientiert* vor. Im Unterschied zum Begriff „spielerisch" kommt in der Rede von der Spielorientierung noch deutlicher zum Ausdruck, dass sich Aktivitäten in der Elementaren Musikpraxis nicht als echtes Spiel bezeichnen lassen, da sie in ihrer thematischen Fokussierung nicht völlig frei gewählt und gestaltet werden, und auch ihre zeitliche Ausdehnung nicht allein den Impulsen der Gruppenmitglieder folgen wird. Dennoch kann in der Wahl des Themas und der Aktivitätsform an Spielmotivationen angeknüpft werden, auch typische Formen des Kinderspiels – wie Geschicklichkeitsspiele, Rollenspiele, Regelspiele, Rätsel – können aufgegriffen werden (vgl. Mahlert 2003, S. 14). Da sowohl das Spiel als auch die Musik in Fantasiewelten entführen, können beide fruchtbar miteinander verwoben werden (vgl. Dartsch 1999), insbesondere in der Aktionsweise des Improvisierens und dem Inhaltsbereich des Musiktheaters wird dies augenfällig. Die Aktionsweise der Exploration legt eine *experimentelle* Ausrichtung des Unterrichts nahe, in dem nicht alles vorgegeben, sondern vieles eigenständig erkundet werden kann. Sowohl die Exploration als auch die Improvisation und das Musizieren in festen Formen verlangen ein *kreatives* Moment, wie es auch für den Zielbereich des Einbringens von Eigenem unabdingbar ist. Die Erkenntnis, dass bei festen Musizierformen in der Elementaren Musikpraxis das Musikantisch-Expressive über der perfekten Wiedergabe stehen sollte, dass sich zudem das Individuum seine eigenen Wege suchen und in einer nicht spezialisierten Beschäftigung mit Musik nicht an Vorgaben scheitern können sollte, schlägt sich in einer Herangehensweise nieder, die man als *prozessorientiert* bezeichnen könnte. Die Vielfalt der Inhaltsbereiche sowie die Wechselbezüge, die im Verbinden von Musik mit anderen Gestaltungsformen, aber auch in der Gleichzeitigkeit mehrerer Inhaltsbereiche ihren Ausdruck finden können, bedingen eine *intermediale* Gestaltung der Elementaren Musikpraxis. Ein *körperorientiertes* Vorgehen ergibt sich aus der Konzentration auf Körperempfindungen in der Aktionsweise der Kontemplation, aber auch aus den Wechselbeziehungen zwischen Musik und Bewegung.

Die Verwurzelung des Musizierens im Sozialen, die insbesondere in festen Musizierformen zum Tragen kommt, bringt es mit sich, dass die Beziehungen zwischen den Gruppenmitgliedern Thema des Unterrichts sind, sodass sich dieser auch als *beziehungsorientiert* kennzeichnen ließe. Als nicht spezialisiertes Angebot muss die Elementare Musikpraxis schließlich *offen* gestaltet werden: Über die Vielfalt der Materialien, Inhaltsbereiche und Aktionsweisen gewährleistet sie, dass keine Zurichtung auf eine spezielle Umgangsweise mit Musik oder eine bestimmte Musikrichtung erfolgt (vgl. insgesamt: Dartsch 2002; 2008b, S. 98f.; 2010a, S. 17ff.; 2010b, S. 250ff.; 2010c, S. 22).

Elementare Musikpraxis im Instrumentalunterricht

Im Instrumentalunterricht wird es neben dem spezialisierten Lernen am Instrument immer wieder auch um Elementare Musikpraxis gehen. Denn auch hier wird Grundlegendes thematisiert, das nicht allein auf das Instrument bezogen ist. Den Inhaltsbereichen der Elementaren Musikpraxis kommt außerdem eine übergreifende Bedeutung für jegliche Beschäftigung mit Musik, also auch für den Instrumentalunterricht, zu. Denn in ihnen stehen die verschiedenen Parameter der Musik mehr oder weniger stark im Zentrum:

Tonhöhe und Phrasierung finden sich besonders beim Singen, rhythmische Verläufe werden beim perkussiven Instrumentalspiel im Vordergrund stehen. Tempo, Dynamik und Artikulation werden in der Bewegung aufgenommen, das Wahrnehmen fokussiert unter anderem die Klangfarben, das Denken erfasst die Form. Hierauf bezogene Grunderfahrungen und Ausdifferenzierungen sind auch für das Instrumentalspiel unerlässlich. Geht es also um die Phrasierung, um eine Sensibilisierung für die Intonation oder auch darum, eine innere Vorstellung von Stücken zu gewinnen – was im Anfangsunterricht fast immer der Fall sein wird –, so empfiehlt sich auch im Instrumentalunterricht das Singen. Rhythmische Aspekte lassen sich mittels Körperperkussion, mit Instrumenten des kleinen Schlagwerks, die etwa den

Puls markieren können, zuallererst aber über das rhythmische Sprechen bearbeiten (vgl. Gembris, 1998, S. 285; Lehmann 2007, S. 215f.). Der Bewegungsgestus von Musikstücken wird besonders gut erfahrbar, wenn man sich tatsächlich zu ihnen bewegt. Nuancen der Tonhöhe, der Klangfarbe und des Körperempfindens können über die Konzentration auf die Sinneswahrnehmung, über das Lauschen und Spüren erfahren werden. Mit allen Sinnen wird das faszinierende Vorbild der musizierenden Lehrperson erlebt. In bestimmten Situationen des Unterrichts verlangen formale Aspekte ein Bewusstmachen im Gespräch (vgl. insgesamt: Dartsch 2006d).

Auch die Aktionsweisen der Elementaren Musikpraxis haben ihre Berechtigung im Instrumentalunterricht. Die Konzentration auf einzelne Klänge oder Körperempfindungen korrespondiert mit dem Inhaltsbereich des Wahrnehmens und Erlebens und kann die Voraussetzungen für ein nuanciertes Instrumentalspiel schaffen. Ein erkundender Zugang wird von Neugier gespeist und verspricht das Erfolgserlebnis, selbst etwas Entscheidendes herausgefunden zu haben. Man darf hoffen, dass die entsprechenden Eindrücke besonders gut verankert und erinnert werden. Außerdem kann die persönlich bequemste Variante einer Bewegung oder Haltung von der Lehrkraft kaum mit der gleichen Präzision gefunden werden, die der lernende Mensch selbst auf der Suche nach Wohlgefühl und persönlicher Stimmigkeit erreichen sollte. Die Improvisation erlaubt den unmittelbaren Ausdruck mit dem gewählten Instrument und erschließt Zusammenhänge von Ausdrucksgehalten und musikalischer Faktur. Natürlich sind feste Musizierformen im Unterricht präsent; steht dabei immer wieder auch der musikantisch-expressive Aspekt im Vordergrund, so üben die Schülerinnen und Schüler nicht nur für eine ferne Zukunft, sondern können Musik bereits in der Gegenwart in ihr Leben integrieren und sich damit Bedürfnisse erfüllen.

3.2 Musik erfinden

Jede erklingende Musik ist erfundene Musik. Entweder ist sie bereits eine gewisse Zeit vor der Aufführung erfunden und in schriftlicher oder mündlicher Form weitergegeben worden, oder aber sie entsteht im Augenblick der Aufführung als improvisierte Musik. Das lateinische Wort „improvisus" steht mit seinen drei Bestandteilen „im", „pro" und „visus" für „Un-vorher-gesehenes" (vgl. Menge 1979, S. 264). Auch Improvisationen können im Nachhinein in schriftlicher Form festgehalten werden. Außerdem können Tonträger eine Improvisation im Moment des Erklingens für die Zukunft konservieren. Meist liegen einer Improvisation spezielle Vorgaben zugrunde. Wenn mehrmals nach derselben Vorgabe improvisiert wird, werden sich die

Ergebnisse in bestimmter Hinsicht ähnlich sein und dennoch in ihrer konkreten Ausgestaltung voneinander abweichen.

Dies gilt jedoch auch für komponierte Musik, bei der keine Aufführung der anderen aufs Haar gleichen wird. Pointiert ausgedrückt, könnte man auch die Noten eines komponierten Musikstücks als Improvisationsvorgabe auffassen; dementsprechend verlangt auch seine Wiedergabe stets Erfindung. Zur Abgrenzung könnte man zum einen auf die Parameter verweisen, die genau festgelegt sind oder aber frei bleiben. Es wäre nicht abwegig, darauf abzuheben, dass der Parameter Tonhöhe und die Tonlängenverhältnisse – also die Melodik und der Rhythmus – bei komponierter Musik festgelegt werden, bei improvisierter jedoch frei zu erfinden sind, während Parameter wie Tempo, Artikulation und Klangfarbe auch bei komponierten Stücken häufig offener gehalten werden. Sie können zwar im Übeprozess zu einem gewissen Grade festgelegt werden, nicht selten aber lassen Musikerinnen und Musiker auch im Moment der Aufführung spontane Impulse einfließen (vgl. Christée 2011, S. 158, 181f., 184). Natürlich lassen sich Ausnahmen denken. Zum anderen könnte man sich die Begriffe Komposition und Improvisation auch einfach auf einem Kontinuum vorstellen, an dessen einem Ende die absolute Kontrolle der Komponistinnen und Komponisten, an dessen anderem Ende die absolute Freiheit der Interpretinnen und Interpreten läge (vgl. Lehmann 2008, S. 340ff.).

In einer kunstspartenübergreifenden Untersuchung hat der Erziehungswissenschaftler Matthias Duderstadt konstitutive Merkmale der Improvisation herausgearbeitet: Ihren Wesenskern bilden danach Spiel und Spontaneität. Beide kennzeichnet eine gewisse Freiheit, die Freiheit des Spiels jedoch entfaltet sich vor dem Hintergrund von Regeln, während in der Spontaneität die Unberechenbarkeit dominiert. Die Regeln der Improvisation beinhalten Aufgaben und Probleme, die es zu lösen gilt. Damit hierbei Spontaneität zum Tragen kommen kann, bedarf es der Entspannung und der Konzentration ebenso wie der Authentizität des improvisierenden Individuums. Die Improvisation speist sich schließlich aus Gedächtnisinhalten verschiedener Art – also körperlichen, sinnlichen, emotionalen und kognitiven Erinnerungen –, aus dem Unbewussten, aus dem fantasiegeleiteten Umgang mit jenen Quellen, aber auch aus dem Zufall (Duderstadt 2003, S. 230ff.).

In der Musikgeschichte hat es vom Mittelalter bis heute immer wieder Formen der Improvisation gegeben, so das Fantasieren über einem Harmonieschema, das Verzieren einer barocken Melodiestimme, das Ausführen eines Generalbasses auf der Grundlage von Basslinien und von Akkordvorgaben durch Ziffern, das Stegreifspiel von Orgelpräludien, das Gestalten von Kadenzen im Solokonzert, szenische „Extempore"-Elemente in der Oper, das akkord- und skalenbezogene Improvisieren im Jazz und die jeweiligen Freiheiten in der Ausführung Neuer Musik. Jede dieser musikalischen Praxisbereiche impliziert Spielräume und Anforderungen eigener Art. Dabei entsteht Musik niemals voraussetzungslos; vielmehr stehen sowohl für das Komponieren als auch für das Improvisieren jeweils Konventionen zur Verfügung, die in der jeweiligen historisch-gesellschaftlichen Situation wurzeln (vgl. Ferrand

1956; Roscher 1978, S. 124ff.; Jost 1979; Motte 1979; Eckhardt, 1995, S. 212f.; Hiley 1996; Welker 1996; Miehling 1996; Seedorf 1996; Frisius 1996a–d; Maute 2005; Dartsch, Stiller, im Druck).

Grundsätzlich kann mit improvisierenden Herangehensweisen, die auch Eingang in Schauspiel, Tanz und Bildende Kunst gefunden haben, auch ein pädagogischer und sozialer Impuls verbunden sein. Für Duderstadt kommt der Improvisation ein wichtiger Platz in einer zeitgemäßen Pädagogik zu, die die „Tugenden" der Unterwerfung und der Verbissenheit – welche sicher auch ein bedeutendes Thema der Musikpädagogik darstellen – durch Selbstbewusstsein und Offenheit zu ersetzen hätte (Duderstadt 2003, S. 153, 185ff., 213f.). Für den Musikpädagogen Reinhard Gagel stellt die Improvisation eine soziale Kunst dar, welche für alle zugänglich sein könnte und unsere aus seiner Sicht erstarrte Musikkultur zu ergänzen vermöchte (Gagel 2010).

Nach Duderstadt kommen improvisatorische Verfahren besonders den Wahrnehmungsfähigkeiten des Menschen zugute, welche er als zentrales Ziel ästhetischer Bildung ansieht. Die Wahrnehmung richtet sich dabei ebenso auf Aspekte der erklingenden Musik wie auf innerpsychische Vorgänge und beinhaltet – im Falle der Gruppenimprovisation – auch das Einfühlen in die Mitspielenden (Duderstadt 2003, S. 227). Werden ästhetische Kriterien ganz außer Acht gelassen, bleiben persönlichkeitsbezogene und sozialkommunikative Maßstäbe für das Gelingen einer Improvisation, wie sie im pädagogischen und therapeutischen Zusammenhang auch tatsächlich angesetzt werden (vgl. Schwan 1996). Dabei geht es etwa um freies Spielen, um authentischen Ausdruck, um das Ausleben und Integrieren unterdrückter Impulse und um Aspekte des Kommunizierens mit anderen Menschen. Selbst beim Improvisieren innerhalb musikalischer Bezugssysteme können subjektive Wertigkeiten wie das persönliche Gestalten und das eigenschöpferische Element in das Zentrum rücken. Das Orff-Schulwerk etwa, dessen notierte Spielsätze als Improvisationsmodelle zu verstehen sind, zielt sowohl auf musikalisch-propädeutische Aspekte – wobei der Weg hier von der Pentatonik über das Bordunspiel bis zur Funktionsharmonik in Dur und Moll führt – als auch auf die eigenen Ausdrucksmöglichkeiten der Kinder (Orff, Keetman 1950, Vorwort; 1952; 1953; 1954a–b). Ob das Improvisieren kreatives Verhalten auch außerhalb des Musizierens fördert, ist indes keineswegs ausgemacht. Der Musikpädagoge Peter W. Schatt meint hierzu, dass Kreativität „im musikpädagogischen Kontext insoweit als Mythos zu gelten [hat], wie der Glaube zur Geltung gebracht wird, durch kreative Arbeit im musikalischen Material könnten Probleme außerhalb des Mediums des Musikalischen gelöst werden" (Schatt 2008, S. 123).

Allgemein wird die Improvisation in der Musikpädagogik auch eingesetzt, um eine handelnde Annäherung an bestimmte Stile und Musikstücke zu ermöglichen und die Auseinandersetzung mit diesen vorzubereiten. In diesem Sinne wurde von den 1970er-Jahren an verstärkt versucht, mittels freier Improvisation an Neue Musik heranzuführen (vgl. Schwan 1996). Schließlich kann es um das Erlernen des

Improvisierens als solches gehen (vgl. insgesamt auch: Eckhardt 1995, S. 214ff.). Dem Musikpädagogen Wolfgang Roscher zufolge entstand eine „kompensatorische Improvisationspädagogik" aus einem „gebildeten Bewusstsein" heraus genau dann, als sowohl der professionell-künstlerische als auch der dorfmusikantisch-folkloristische Brauch des Improvisierens verblasste (Roscher 1978, S. 125). Einen gewissermaßen objektiven Wert wird man Improvisationen zuschreiben, wenn dabei innerhalb eines musikalischen Regelsystems Bedeutendes und Originelles geschaffen oder gar das Regelsystem selbst erweitert beziehungsweise ein neuer Referenzrahmen entwickelt wird (vgl. Andreas 1996, Sp. 595).

Im Hinblick auf die Absicht und die Zielvorstellung unterscheidet Duderstadt zwischen

- Übung,
- Übungsergebnis und
- elaboriertem Ergebnis.

Improvisation als pure *Übung* hätte ihren einzigen Zweck in der Erweiterung von Fähigkeiten. Wenn für das *Ergebnis einer improvisatorischen Übung* bereits in Anspruch genommen wird, dass es ein aufführungswürdiges Produkt darstellt, liegt der zweite Fall vor. Schließlich kann immer weiter gefeilt und modelliert werden, sodass eine mehrmalige Aufführung anhand einiger Fixpunkte und Grundrichtungen möglich wird; hier prägt die Improvisation das *Ergebnis* also in der Hauptsache im Entstehungsprozess (Duderstadt 2003, S. 139f.).

Grundsätzlich stellen die jeweiligen Freiräume einer Musikpraxis das Einfallstor für individuelle Gestaltungsimpulse dar. Ohne sie käme das Musizieren einer maschinellen Tätigkeit nahe, bei der einzig Präzision zählt. Für eine solche Musik könnte folglich eine Maschine die beste Interpretation gewährleisten. Demgegenüber ist Musik mit den je spezifischen Spielräumen stets mehr oder weniger auf die Improvisationsfähigkeit des Menschen angewiesen. Tatsächlich ließe sich mit einem gewissen Recht sagen, dass das Menschenkind bereits im Spiel und beim Sprechen improvisiert. In beiden Fällen geschieht dies auf der Grundlage eigener psychischer Impulse. Beim Spiel begrenzen das Spielzeug, die Spielregeln und das Spielfeld die Möglichkeiten. Beim Sprechen begegnen dem Kind sowohl grammatikalische und syntaktische Vorgaben als auch ein Vorrat an Wörtern, aus denen es Sätze erfindet, die seinen Bedürfnissen Ausdruck verleihen. Für das Kleinkindalter sind Spontangesänge charakteristisch, in die es Text- und Melodieausschnitte aus Liedern ebenso einfließen lässt wie eigene Versatzstücke (vgl. Stadler Elmer 2000, S. 88f.); hier liegt bereits eine musikalische Improvisation vor.

Kinder nähern sich Instrumenten häufig in einer Mischung aus Erkundung und Improvisation. Nachdem sie auf Möglichkeiten der Klangerzeugung gestoßen sind, entsteht bald die Absicht, bestimmte Klangwirkungen oder Motive hervorzubringen. Oft werden die Klangergebnisse auf sehr direkte Weise von der den Klang erzeugenden Bewegung geprägt sein und diese sozusagen widerspiegeln. Das Spielen einer solchen gewissermaßen „gestischen" Musik wird vom Spiel der Bewegungen geleitet, wobei die Bewegungen mit der Zeit gleichwohl auch vom Ausdruckswillen gespeist und bestimmt werden. Gleichzeitig kann das Ohr immer mehr die Führung übernehmen, sodass die Klänge zunehmend stärker vorausgehört und bewusst geplant werden können. Auch bei Erwachsenen findet man „das selbstvergessene Fantasieren, das ‚Herumprobieren' und das Suchen nach Wendungen, die einem gefallen, sowie das Ausleben eigener Impulse – etwa durch Trommeln unter freiem Himmel" (Dartsch 2010b, S. 231). Improvisatorischem Tanzen kommt beispielsweise in der Diskothek und auf Partys ein nicht geringer Stellenwert zu.

Es liegt nahe, Schülerinnen und Schüler dabei zu unterstützen, auch auf dem von ihnen gewählten Instrument Spielweisen zu finden, die es ihnen gestatten, eigene Impulse unmittelbar einzubringen. Trotz der im Alltag immer wieder begegnenden Neigung zum Improvisieren können sich im Unterricht Hemmungen zeigen, wenn dazu aufgefordert wird, auf dem Instrument frei und ohne Notation zu spielen. Hier bedarf es einer angstfreien Atmosphäre, in der es weniger um das Vermeiden von Fehlern, als vielmehr um ein neugieriges Erkunden von Möglichkeiten und um ein selbstgesteuertes musikalisches Agieren geht (vgl. Eibach 2008, S. 53f.). Dabei gilt es, die vorhandene Improvisationsfähigkeit und die Handhabung des Instruments, welche durch die ihr eigene Sperrigkeit zunächst im Wege stehen kann, zusammenzubringen. Auf diesem Weg können die Schülerinnen und Schüler verschiedene Arten von Vorgaben kennenlernen und erproben. Diese Vorgaben ermöglichen nicht zuletzt das gemeinsame Improvisieren mit Partnerinnen und Partnern, stellen aber auch für sich genommen Lernangebote dafür dar, die eigenen Impulse zu kanalisieren und zu formen. Der Reihe nach sollen im Folgenden verschiedene Typen von Vorgaben im Hinblick auf ihren Einsatz im Unterricht betrachtet werden.

Freies Fantasieren

Begonnen sei mit einem Fantasieren, das von keinerlei äußeren Vorgaben geleitet wird, auch wenn selbstverständlich und unweigerlich musikalische Vorerfahrungen einfließen werden. Während Griffe und Spielweisen erprobt werden, entstehen melodische und rhythmische Verläufe, die das weitere Probieren leiten können. Klänge und Motive, die gefallen, bilden Anreize zur Wiederholung. Was dabei gefällt, was angestrebt wird, hängt sicher von der musikalischen Sozialisation ab (→ S. 26ff.). Ähnlich wie beim kindlichen Spontangesang können Melodiefragmente aus bekannten Stücken in das Fantasieren Eingang finden. Möglicherweise werden auch Vorbilder in ihrem Habitus nachgeahmt, etwa wenn der Jugendliche auf seiner E-Gitarre fantasiert. Auf diese Weise entwickeln sich vielleicht Motive, die später festgehalten und zu Stücken verarbeitet werden, welche dann etwa die Band ins Repertoire nimmt.

Gerade weil das freie Fantasieren ganz von inneren Impulsen getragen wird, kann das Bild des Träumens als Vorstellungshilfe eingesetzt werden. Die Lehrkraft kann dazu auffordern, auf dem Instrument einfach einmal zu träumen. Jüngere Kinder können sich Trauminhalte vorstellen, die die Mitschülerinnen und Mitschüler oder die Lehrperson zu erraten versuchen. In diesem Fall liegt bereits ein *assoziatives Improvisieren* vor, wenngleich dessen Thema hier während des Prozesses frei gewählt wird. Das Fantasieren kann nicht zuletzt durch Melodieanfänge angeregt werden, die es fortzuführen gilt. Dabei können verschieden gestaltete Anfänge zum Fantasieren in unterschiedlichen Charakteren einladen (vgl. etwa: Dartsch 2006a, S. 89f.).

Assoziatives Spiel

Gewissermaßen auf der Grenze zwischen freiem und assoziativem Spiel liegt ein Improvisieren, mit dem die eigene momentane Stimmung ausgedrückt werden soll. Die Musikpädagogen Albert Kaul und Jürgen Terhag schlagen vor, den Instrumentalunterricht direkt nach der Begrüßung mit einer Improvisation zu beginnen, die dem Warmwerden mit dem Instrument dienen kann, und dazu etwa zu fragen: „Wie geht es Dir gerade?", „Wie ist das Wetter heute?" oder „Hattest Du heute ein besonderes Erlebnis?" (Kaul, Terhag 2013, S. 23). Die letzten beiden Fragen zielen jeweils klar auf eine außermusikalische Inspiration.

In der Musikgeschichte haben außermusikalische Themen immer wieder dazu inspiriert, Musik zu erfinden. Dies trifft zum einen auf Musik zu, die Texte vertont, zum anderen auf die Programmmusik. Manchmal ist ein Thema am Titel eines Stücks zu erkennen, ohne dass dessen Ablauf einem bestimmten Programm folgt. Hier wird eher ein Charakter oder eine Stimmung in Musik übersetzt. Auch zum Improvisieren oder Komponieren mit Schülerinnen und Schülern lassen sich vorgegebene Titel verwenden, so wie andersherum auch Stücken passende Titel gegeben werden können. Die Titel repräsentieren ein Vorstellungsbild, das die Improvisation leiten kann. Improvisationen über bestimmte Titel können der Arbeit an Stücken vorausgehen, welche denselben Titel tragen oder vom selben Sujet inspiriert sind. So kann im direkten Vergleich gewürdigt werden, wie die Komponistin oder der Komponist das Thema in Musik umgesetzt hat (vgl. etwa: Dartsch 2007d, S. 21). Auch Werke aus dem Bereich der Bildenden Kunst können wie ein Vorstellungsbild zur Vorlage für Improvisationen oder Kompositionen werden (vgl. Offermans 1997). In der Arbeit mit Kindern lassen sich etwa auch Stofftiere, Hand- oder Fingerpupen einsetzen, um zu Improvisationen über die entsprechenden Charaktere anzuregen (vgl. Kaul, Terhag 2013, S. 16).

Werden mehrere Vorstellungen aneinandergereiht, so entstehen mehr oder weniger lange musikalische Abläufe, die schließlich auch als improvisatorische Form wiederholbar sind, auch wenn sie bei jeder Aufführung ein wenig anders klingen werden. Abläufe dieser Art können anhand eines verbindenden Themas mit Kindern entwickelt werden. Zu einem Thema wie Herbst oder Urwald können im Gespräch verschiedene Einzelbilder gesucht werden – hier also etwa Nüsse, Wind und Blätterrascheln beziehungsweise Vogelstimmen, Affenschreie und das Knacken von Ästen. Diese Einzelbilder sind anschließend mit den Kindern in eine dramaturgisch sinnvolle Reihenfolge zu bringen. Schließlich können die an diesen Bildern entlang entstandenen Stücke geprobt, verfeinert und aufgeführt werden. Ähnlich lassen sich auch aus Bildern mehrere Details herausgreifen, zu einem Ablauf ordnen und vertonen (vgl. etwa: Wüstehube, Nykrin 2002, S. 33; Dartsch 2006a, S. 88). Die Musikpädagogen Bianka Wüstehube und Rudolf Nykrin bieten den Kindern Kurzgedichte in der Art der japanischen Haikus als Ausgangspunkt für Improvisationen an. Zwei dieser Gedichte lauten:

> *Ein kleines Mädchen*
> *lehrt seine Katze tanzen*
> *im Frühlingsregen*
>
> *Ein Mensch*
> *und eine Fliege*
> *im Raum*
>
> (Wüstehube, Nykrin 2002, S. 32)

Auch hier können verschiedene Elemente herausgegriffen und vertont werden, allerdings kann die Reihenfolge offenbleiben; außerdem können die verschiedenen Charakterbilder – hier etwa Regen und Katze oder Mensch und Fliege – in einer Gruppenimprovisation auch gleichzeitig erklingen. Es dürfte für die Schülerinnen und Schüler reizvoll sein, entsprechende Kurzgedichte selbst zu schreiben.

Geschichten beinhalten als solche bereits einen Ablauf. Im Allgemeinen muss dieser für eine Vertonung in einzelne Phasen unterteilt werden. Diese können mit Techniken der Filmmusik gestaltet werden. Dazu gehören Leitmotive – etwa für die handelnden Personen –, lautmalerische Passagen für bestimmte Ereignisse – beispielsweise ein Akzent für einen Sturz – sowie das Aufnehmen von Stimmungen, von Spannungssteigerungen oder Beruhigung. Natürlich können nach einem solchen Muster auch Kurzfilme oder Filmausschnitte mit Musik untermalt werden (vgl. Dartsch 2006b, S. 68f.).

Das folgende Beispiel aus einem Materialband für Violine kann das Improvisieren nach einer Geschichte illustrieren:

> „Kennst du die Geschichte von den Bremer Stadtmusikanten? Erfinde doch einmal eine Musik für den Esel auf der Geige! Wie könnte es klingen, wenn der Esel mit klappernden Hufen läuft oder „I-A" schreit?

Und wie soll nun der Hund klingen?

Jetzt kommt die Katze. Vielleicht kannst du schleichende Töne auf der Geige spielen, oder du spielst „Miau" mit einem Finger, der auf dem Griffbrett hin- und herrutscht – oder du spielst etwas ganz anderes für die Katze?

Und wie klingt dein Hahn?

Wenn du alle Tiere gespielt hast, kannst du eine Musik für den dunklen, geheimnisvollen Wald erfinden!

Danach kann es richtig laut und wild werden: Da entdecken die Tiere die Räuber, die in ihrem Haus feiern!

Erst haben die Tiere Angst – wie könnte man das spielen?

Dann haben sie eine Idee: Sie steigen aufeinander und schreien vor dem Fenster mit ihren verschiedenen Stimmen alle durcheinander. Das kann man doch gut auf der Geige spielen!

Schließlich laufen die Räuber voller Angst davon. Dafür fällt dir vielleicht auch Musik ein.

Und zum Schluss sind die Tiere fröhlich und vergnügt. Mit einer lustigen Geigenmusik hört unser Märchenkonzert auf ..." (Dartsch 2006a, S. 87; vgl. auch: Heintz 2000, S. 32ff.).

Nicht zuletzt kann assoziatives Improvisieren mit notierter Musik zu Gestaltungen verbunden werden. Es lassen sich etwa Vor-, Zwischen- und Nachspiele erarbeiten, die Elemente aus einer textgebundenen Musik vorwegnehmen oder aufgreifen. Auch hierfür sei ein Beispiel aufgeführt, dieses bezieht sich auf die eigene Vertonung eines Textes nach James Krüss für zwei Geigen. Die zweite Geige spielt lediglich leere Saiten, die erste spielt außer leeren Saiten auch mit dem 1. und 2. Finger:

Stellt euch vor, ein Kind schläft. Draußen pfeift der Wind und es dringen unheimliche Geräusche ins Zimmer. Erfindet eine Musik dafür und spielt sie!

Dann spielt ihr nur noch Windgeräusche – probiert dazu einmal aus, dicht am Steg zu streichen. Flüstert dazu: *Hundertzwei Gespensterchen / saßen irgendwo / hinter meinem Fensterchen, / da erschrak ich so!*[2]

Nun spielt die erste Strophe des Liedes so:

---

2   Aus: James Krüss: *Der wohltemperierte Leierkasten*
     © 1989 cbj Verlag, München, in der Verlagsgruppe Random House GmbH

T.: James Krüss (1926–1997)
M.: M. D.

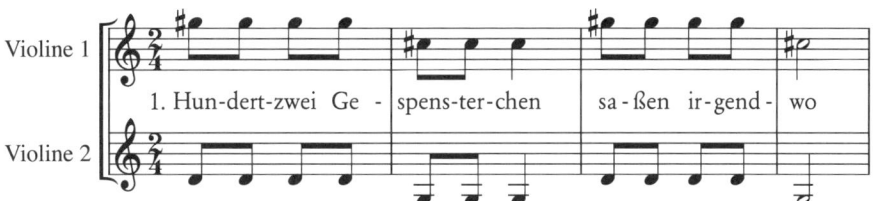

Nach dem letzten Ton gibt die erste Geige ein Zeichen und ihr spielt beide gleichzeitig einen lauten Ton – vielleicht über mehrere Saiten! Der passt zum Erschrecken!

Nun spielt ihr wieder Windgeräusche und flüstert dazu: *Hundertzwei Gespensterchen / waren sehr vertrackt, / hinter meinem Fensterchen / klopften sie im Takt.*

Jetzt klopft die zweite Geige im Takt, zum Beispiel mit dem Bogen auf die Saiten oder mit einem Fingerknöchel an das Holz der Geige. Dazu spielt die erste Geige die zweite Strophe so:

Nun spielt ihr wieder Windgeräusche und flüstert dazu: *Hundertzwei Gespensterchen / waren plötzlich fort. / Schlich mich schnell zum Fensterchen, fand sie nicht mehr dort.*

Dann spielt ihr die dritte Strophe. Die zweite Geige spielt die Melodie, die erste Geige schleicht vorsichtig:

3. Hun-dert-zwei Ge - spens-ter-chen   wa - ren plötz-lich fort.

Schlich mich schnell zum Fens-ter-chen,   fand sie nicht mehr dort.

Nun spielt ihr wieder Windgeräusche und flüstert dazu: *Hundertzwei Gespensterchen, / denkt euch, wie famos, / waren an dem Fensterchen / Regentropfen bloß!*

Jetzt spielt ihr die vierte Strophe so:

4. Hun-dert-zwei Ge - spens-ter-chen,   denkt euch, wie fa - mos,

wa - ren   an   dem Fens - ter - chen Re - gen - trop - fen bloß!

Nun kann das Kind wieder ruhig schlafen! Spielt eine Musik, die zu leisen Regentropfen und zu dem ruhig schlafenden Kind passt. Werdet dabei immer leiser, bis man nichts mehr hört. Dann ist die Musik zu Ende.

Musizierformen dieser Art verlangen zunächst Probierphasen zur Sammlung von Spielideen, schließlich gemeinsame Absprachen sowie abschließend mehrmaliges Üben im Sinne einer ständigen Verfeinerung und eines reibungslosen Miteinanders. Den Abschluss der Arbeit kann eine Präsentation bei einem Konzert bilden.

Musikalische Kommunikationsregeln

Bei mehreren Musizierenden kann auch eine Spielreihenfolge als Improvisationsvorgabe dienen. Das einfachste Beispiel, etwa für ein improvisierendes Duo, ist ein Frage-Antwort-Schema, das seinen Reiz auch daraus beziehen kann, die Antworten motivisch auf die Fragen abzustimmen. Für eine größere Gruppe bietet sich die Aufeinanderfolge von Tutti- und Solo-Teilen an, die an die Form des barocken Ritornells erinnert. Sie gewährt allen Mitspielenden die Gelegenheit zur freien Entfaltung und verlangt ihnen zudem das Eingliedern in eine Gruppe und das Begleiten eines Soloinstruments ab. Zunächst kann für eine Gruppe aber auch die einfache Kettenform lohnend sein: Dabei spielt jede Person nur einen Klang, an den sich ohne Pause der Klang der Nachbarin oder des Nachbarn anschließt. Es gilt, weder zu spät noch zu früh zu spielen. Zusätzlich kann auch das Aufnehmen der Dynamik oder der Klangfarbe zur Aufgabe erklärt werden. Die Klänge sollen wie die Steine einer Schmuckkette funkeln und leuchten; hierdurch und durch das Orientieren aneinander kann zugleich an Klangqualitäten gearbeitet werden (vgl. Ribke 1999, S. 16f.). Im weitesten Sinne könnte man auch das Improvisieren nach Dirigat oder Handzeichen als eine Kommunikationsregel auffassen (vgl. Dartsch 2006b, S. 48; Wuppertaler Improvisations Orchester 2011; Meyer, Sheridan, im Druck).

Eine Brücke zum assoziativen Spiel ergibt sich, wenn man sich in der Improvisation an Gesprächskonstellationen anlehnt. Denkbar wären etwa ein musikalisches Streitgespräch und Interaktionen wie Trösten, Überreden, Beschimpfen, Flehen, Verspotten und Locken. Adjektive können die Grundstimmung der Gesprächspartner vorgeben: „fröhlich, albern, ärgerlich, nervös, müde, ängstlich, verträumt, traurig, wütend, …" (Dartsch 2006a, S. 87; vgl. Mahlert 2011, S. 225f.). Treffen zwei Gesprächspartner mit unterschiedlichen Grundstimmungen aufeinander, so kann sich die emotionale Tönung durch den Einfluss des anderen jeweils verändern; möglicherweise wird eine der Stimmungen die Oberhand gewinnen oder aber beide bewegen sich aufeinander zu.

Singendes Improvisieren

Beim Improvisieren auf einem Instrument besteht häufig die Gefahr, dass Töne produziert werden, die keiner inneren Vorstellung entspringen, sodass man sich schwertut, hier von erfundener Musik zu sprechen. Das Gleiche gilt für den Fall, dass ein Kind, welches gerade Notationssymbole erlernt hat, ein Blatt mit Noten beschreibt und dies als von ihm erfundene Musik präsentiert. Will man echte melodische Erfindungen anregen, so liegt es nahe, singend improvisieren zu lassen (vgl. auch: Heintz 2000, S. 34).

Dabei ist in Rechnung zu stellen, dass das Singen als persönlicher Ausdruck häufig mit Scham verbunden ist. Insbesondere werden sich viele Jugendliche oder Erwachsene scheuen, singend zu improvisieren. Hier kommt es auf Feingefühl an: Spürt man, dass lediglich das Eis gebrochen werden muss, sollte man versuchen, mit Frage-Antwort-Aufgaben behutsam zu beginnen. Es empfiehlt sich, deutlich zu machen, dass es dabei nicht auf eine besonders wohlkingende Stimme ankommt. Kindern kann es die Hemmungen nehmen und Lust auf das Ausprobieren machen, wenn man sie auffordert, in eine Pappröhre, einen Schlauch, eine Dose oder einen Eimer zu singen und dabei möglicherweise in eine passende Rolle zu schlüpfen; denkbar wären etwa musikalische Gespräche unter Rüsseltieren oder Geistern (vgl. Schwabe 1992, S. 65f.). Einen mit Pergament bespannten Kamm vor den Mund zu halten, kann den gleichen Zweck erfüllen.

Generell ist es sicherlich hilfreich, bereits in frühem Alter mit Kindern zu singen. Besonders Kinder, die gewohnt sind, der Lehrkraft kurze musikalische Motive – man spricht häufig von „Patterns" – nachzusingen, werden mit der Zeit in der Lage sein, in einem Rollentausch auch eigene Motive zu erfinden und sie gewissermaßen in der Rolle der Lehrkraft den Mitschülerinnen und -schülern sowie der Lehrperson vorzusingen, damit diese sie anschließend imitieren. Dabei ist auch die Verwendung von Singsilben denkbar, wie sie etwa in der „Relativen Solmisation" eingesetzt werden (vgl. Heygster, Grunenberg 1998; Heygster 2012; → *S. 116ff.*). Da die Silben in diesem System für bestimmte Stufen der Tonleiter stehen, fördert ein Improvisieren mit ihnen eine bewusste Verwendung der Töne und Intervalle. Eine Art singendes Fantasieren kann sich schließlich ergeben, wenn Erlebnisse singend berichtet werden (vgl. Haselbach, Nykrin, Regner 1985, S. 23ff.) oder kleine Verse mit der Stimme vertont werden sollen. Wird eine improvisierte Melodie mit Hilfe der Lehrkraft in Noten festgehalten, kann sie schließlich immer wieder als vom Kind erfundenes Lied musiziert werden.

Improvisieren mit musikalischen Materialvorgaben

Auch musikalische Materialvorgaben können einen Rahmen für Improvisationen abgeben. Zunächst kann ein bestimmter Tonvorrat vorgegeben werden. Soll die rhythmische Gestaltung im Vordergrund stehen, kann dies auch einmal ein einzelner Ton sein. Auf diese Weise lassen sich mit einem einzigen Ton auch die jazztypischen synkopierten Rhythmen und Akzente erproben. Welcher Ton sich für das rhythmische Improvisieren über einer Akkordfolge eignet, wird von den Harmonien abhängen. Dabei kann die Aufmerksamkeit zusätzlich auf die jeweilige Funktion des Tons über den Akkorden gerichtet werden. Allmählich kann der Tonvorrat erweitert werden (vgl. Dartsch 2007b, S. 118). Ein gängiges harmonisches Modell stellt das zwölftaktige Bluesschema dar – in der Reinform vier Takte Tonika, zwei Takte Subdominante, zwei Takte Tonika, ein Takt Dominante, ein Takt Subdominante, zwei Takte Tonika (vgl. etwa: Maute 2005, S. 92ff.).

Mit wenigen Tönen – etwa den Tönen, die bisher auf dem Instrument erlernt worden sind –, lassen sich wiederum weitere kleine Melodien erfinden und Verse vertonen. Besonders im Jazz wird mit den Tönen bestimmter Skalen improvisiert; häufig handelt es sich dabei um Kirchentonarten (vgl. etwa: Villmow 2007). Der Tonvorrat der Pentatonik, der sich durch Ganztonschritte und einen Eineinhalbtonschritt zwischen insgesamt fünf verschiedenen Tonstufen auszeichnet, ermöglicht das freie Spielen ohne Bindung an Harmonien und Grundtonbezüge. Auf dem Klavier lässt sich besonders gut auf den schwarzen Tasten pentatonisch improvisieren. Durch das Entfernen der entsprechenden Platten werden auch Stabspiele leicht zu pentatonischen Instrumenten.

Als Vorgabe für eine Improvisation kann auch ein Rhythmusmodell dienen, zusätzlich kann der Tonvorrat eingeschränkt werden, sodass sich etwa eine pentatonische Improvisation mit einem durchgehenden rhythmischen Motiv ergibt. Natürlich können auch melodisch-rhythmische Motive zum Ausgangspunkt einer Improvisation werden. Hierfür bieten sich die Techniken der *Verzierung* und der *Variation* an. Beide Vorgehensweisen haben auch in der Musikgeschichte einen bedeutenden Platz und lassen sich bereits an einfachen Liedern üben. Dies gilt auch für das Improvisieren über Harmoniefolgen und das Improvisieren von Begleitungen; letzteres kann im Unterricht schon früh anhand einfacher Lieder auf Harmonieinstrumenten thematisiert werden (vgl. etwa: Wohlwender 2002). Umgekehrt können über einer Begleitung – etwa einem Bordun oder einem Ostinato bis hin zur barocken Chaconne – Oberstimmen improvisiert werden (vgl. etwa: Kaul, Terhag 2013, S. 17; Dartsch 2007b, S. 14f.; Maute 2005, S. 17ff., 65ff.). Formale und stilistische Vorgaben sind insbesondere beim Orgelspiel üblich, wo auf einem fortgeschrittenen Niveau beispielsweise Fugen im Stile Johann Sebastian Bachs improvisiert werden und sich auch freie Improvisationen häufig an der Klangsprache bedeutender Orgelkomponisten orientieren.

Das Improvisieren mit musikalischen Materialvorgaben ist ähnlich wie die Werkinterpretation auf differenzierte musikalische und instrumentale Fähigkeiten angewiesen. Unter Umständen passt die Musik nicht sofort in den angestrebten stilistischen Rahmen. Auch ist es nicht selbstverständlich, dass bei korrekter Befolgung der Regeln auch ein überzeugender musikalischer Ausdruck entsteht. Die Aufmerksamkeit auf die Regel darf das Musizieren nicht behindern. Um dies zu gewährleisten, kann vom Einfachen ausgegangen und der Schwierigkeitsgrad dann allmählich gesteigert werden. Dafür sollte eine solche Arbeit regelmäßig ihren Platz im Unterricht erhalten. Das materialgebundene Improvisieren wird davon sicher profitieren.

3.3 Musik verstehen

Das Wort „Verstehen" bezeichnet strenggenommen keinen Inhalt, sondern eine Zielvorstellung; es soll hier dennoch stellvertretend für Aktivitäten stehen, die dem Verstehen dienen und sich schwer unter einer griffigen Vokabel fassen lassen, etwa für das Strukturieren, Bedenken, Verarbeiten und Einordnen. Etwas zu verstehen bedeutet, innere und äußere Bezüge herzustellen. Mittels innerer Bezüge wird ein Gegenstand strukturiert und in seinem Aufbau erfasst. Dies geschieht etwa, wenn man einen mathematischen Sachverhalt wie das Kommutativgesetz der Multiplikation begreift (vgl. Gerster 1972, S. 45). Man könnte sich hierzu eine Tabelle mit drei Zeilen und vier Spalten vorstellen, die so aufgebaut ist, dass drei waagerechte Reihen mit je vier Feldern vor dem inneren Auge stehen, welche die mathematische Verknüpfung 3 × 4 repräsentieren:

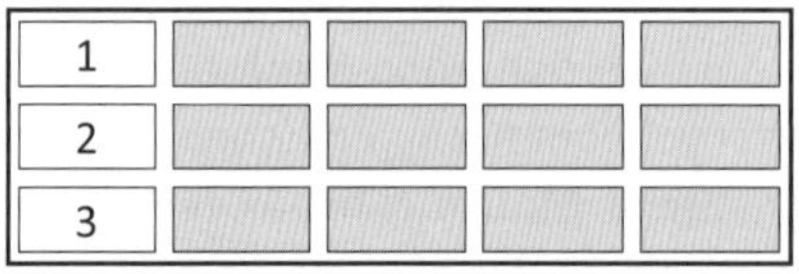

Abbildung 1: Strukturierung 3 × 4

Durch eine innere Umstrukturierung könnte man dann dazu übergehen, vier senkrechte Säulen à drei Felder wahrzunehmen, was dem Ausdruck 4 × 3 entspräche:

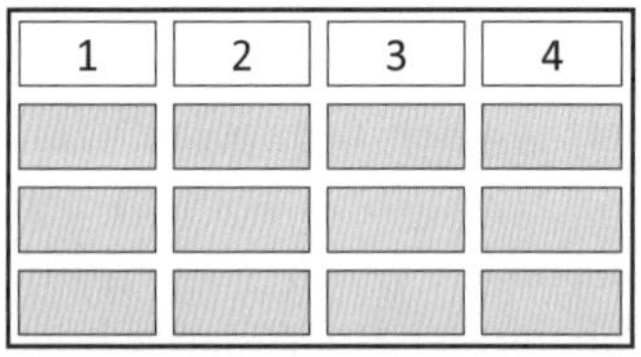

Abbildung 2: Strukturierung 4 × 3

Dabei wird augenfällig, dass beide Ausdrücke dieselbe Tabelle in jeweils anderer Form beschreiben (vgl. Zentner 2006, S. 32). Der Akt des Verstehens der Gleichheit – und damit des Gesetzes – liegt dabei in der Strukturierungsleistung.

Beim Verstehen eines Satzes in einer bestimmten Sprache stehen demgegenüber äußere Bezüge im Vordergrund. Zwar wird auch hier der Satz zunächst strukturiert und in einzelne Wörter mit verschiedenen Funktionen zerlegt; die eigentliche Verstehensleistung liegt jedoch in der Verbindung dieser Wörter mit den durch sie bezeichneten Sachverhalten, Gegenständen und Handlungen. Auch das Einordnen in größere Zusammenhänge kann man als Herstellung von äußeren Bezügen deuten. Wenn man etwa ein bestimmtes Ereignis im Laufe der Geschichte dadurch zu verstehen sucht, dass man den gesamten historischen Zusammenhang betrachtet, so liegt die Erhellung in der Verortung des Geschehens innerhalb eines Feldes verschiedener Einflussfaktoren.

Musik zu verstehen kann demnach einerseits bedeuten, sie zu strukturieren und Aspekte ihrer Faktur zu erfassen. Andererseits kann ein Verständnis von Musik auch auf der Einordnung in historische und kulturelle Zusammenhänge beruhen. So unterscheidet Hans Heinrich Eggebrecht das analytische Verstehen von einem auf das geschichtliche Umfeld bezogenen Verstehen und fasst beide unter den Begriff des „erkennenden Verstehens" (Eggebrecht 1998, S. 721f.). Dieses grenzt er vom „ästhetischen Verstehen" ab, wobei er sich hier auf das ursprüngliche griechische Verb „aisthánomai" bezieht. Ästhetisches Verstehen wird für ihn durch das Wahrnehmen selbst gestiftet, ohne dass Begriffe und Erklärungen hinzugezogen würden. Es ist das „sich seiner selbst unbewusste Mitspielen der Sinne", das durch Erfahrungen im Laufe der Sozialisation befördert wird (S. 718f.).

Genau genommen darf man jedoch auch diese Form des unbewussten Verstehens als Strukturierungsleistung ansehen. Wahrnehmung beinhaltet stets Mustererkennung und Einordnung (vgl. Wessells 1990, S. 60ff., 73ff.), ohne dass dies bewusst werden müsste. Unbewusstes Strukturieren der Umwelt – bezeichnet als „latentes" (Franks, Hooper, Dornhaus et al. 2007), „perzeptuelles" (Gibson, Gibson 1955) oder „implizites" (Reber 1967) Lernen – stellt eine Grundform des Lernens dar und scheint sich evolutionär bewährt zu haben. Ohne dass es mit einem besonderen Lustgewinn verbunden sein müsste, filtert das Gehirn fortwährend Muster und Regeln aus den Sinneseindrücken heraus, die es empfängt (vgl. Dartsch 2010b, S. 119f.).

Solcherart erfasste Muster dürften die Grundlage für das unbewusste Mitvollziehen der Musik sein, das Eggebrecht als ästhetisches Verstehen bezeichnet. Wenn nun die Umwelt komplexe Reizkonstellationen bietet, wenn also etwa ein kleines Kind in der Familie romantische Sinfonien hört, wird das Kind, wie der Hirnforscher Manfred Spitzer meint, von seinem Gehirn gewissermaßen wie von einem Lehrer vom Einfachen zum Schweren geleitet (Spitzer 2002, S. 232). Zunächst werden dabei nur einfache Muster aufgenommen; parallel mit der im Zuge des Aufwachsens zunehmenden Ummantelung der neuronalen Faserverbindungen und der damit einhergehenden Beschleunigung der Reizweiterleitung vergrößert sich allmählich die Aufnahmekapazität für komplexere Strukturen. Die Reichhaltigkeit der Umwelteindrücke fördert ihrerseits die Ausreifung derjenigen Regionen in der Stirnhirnrinde, die das Verarbeiten komplexerer Strukturen erlauben (vgl. Dartsch 2006c, S. 212). Auf diese Weise kann es auch ohne formelle Unterweisung zu einem immer feineren inneren Mitvollziehen auch komplexerer Musikstücke kommen. Von Lerneffekten dieser Art können Kinder selbstverständlich nur dann profitieren, wenn sie in einer Umwelt aufwachsen, in der Musik häufig präsent ist.

Natürlich kann das hörende Erkennen musikalischer Strukturen auch über pädagogisch gestaltete Lernsituationen angebahnt werden, denn ein solches analytisches Verstehen zielt Eggebrecht zufolge unter anderem auf das Hören und bereichert dieses. Außerdem sollte seiner Ansicht nach auch das Spielen und Singen von

Musik durch das Erkennen der Faktur gewinnen (Eggebrecht 1998, S. 722). Wer etwa den Dux im Verlauf einer Fuge jeweils wiedererkennt, der kann diesen an den entsprechenden Stellen bewusst herausheben und zum Beispiel mit immer gleicher Artikulation spielen. Wer in einer umspielenden Variation noch die Melodietöne des Themas erkennt, kann diese durch leichte Dehnung akzentuieren. Das Erkennen der Formteile eines Sonatenhauptsatzes ermöglicht es wiederum, die kontrastierenden Charaktere deutlich herauszuarbeiten. Wem harmonische Spannungen im jeweiligen musikalischen Zusammenhang bewusst sind, der kann diese gezielt durch Agogik unterstützen. Da der Spannungsgrad von Akkorden zu verschiedenen Zeiten unterschiedlich empfunden wurde, berührt das harmonisch-analytische Hören bereits ein geschichtliches Verstehen, das das Außergewöhnliche eines bestimmten Akkords im jeweiligen historischen Kontext zu würdigen und entsprechend zu gestalten weiß. Das Gleiche gilt etwa für mehr oder weniger gebräuchliche Intervallsprünge im Gesang. Das bewusste Verfügen über Intervallvorstellungen ermöglicht darüber hinaus, Unbekanntes vom Blatt singen zu können.

Anders als Worte können einzelne Klangereignisse nicht im Sinne einer Bedeutung verstanden werden. Vielmehr müssen sie in einen übergreifenden Zusammenhang gestellt werden. Für den Einzelton einer Melodie heißt das, dass man ihn auf einen Grundton bezieht. Es ist ja ganz offensichtlich ein Unterschied für den Spannungsgehalt, ob es sich vom Grundton aus gedacht um die dritte, fünfte oder siebente Stufe einer Tonleiter handelt. Die ersten vier Töne des Liedes „Der Mond ist aufgegangen"

erhalten zum Beispiel einen anderen Sinn, wenn sie in einem Lied verwendet werden, dessen Grundton nicht dem ersten, sondern dem vierten Ton entspricht:

Im ersten Fall mag man empfinden, dass der vierte Ton als vierte Stufe nach unten zur dritten Stufe strebt, was ja auch geschieht. Im zweiten Fall kann man sich hingegen auf dem vierten Ton geradezu „angekommen" fühlen. Unterstützt wird dieses Empfinden noch dadurch, dass dieser Ton im zweiten Fall auf den Taktschwerpunkt fällt, den es ebenfalls zu verstehen gilt. Zum Verstehen einer Melodie gehört demnach auch, jeden Ton einer Zeit im Taktgefüge zuzuordnen und ihn dementsprechend als schwerer oder leichter zu empfinden.

Für den einzelnen Schlag eines Rhythmus käme es darauf an, ihn auf einen Grundpuls zu beziehen. Hört man nur wenige, zeitlich weit voneinander entfernte Schläge, die sich möglicherweise außerdem zwischen den Pulsschlägen befinden, wie dies bei dem folgenden Rhythmus der Fall ist, so hat man tatsächlich den Eindruck, den Rhythmus nicht zu verstehen, da die Schläge nicht in ein Raster eingeordnet werden können und die inneren Bezüge unklar bleiben. Das folgende Beispiel mag dies illustrieren:

Wird hingegen der Puls leise dazu geklopft, so ist das Nachvollziehen des Rhythmus grundsätzlich möglich. Dabei liegt einer korrekten körperlichen Ausführung eines Rhythmus nicht unbedingt ein kognitives Durchschauen der entsprechenden Notenwerte zugrunde. Vielmehr können die Pulsbezüge wiederum auf unbewussten zeitlichen Strukturierungen basieren, welche auf den körperlichen Erfahrungen gleichmäßiger Bewegungen aufbauen. Dies zeigt etwa das folgende Motiv, welches häufig von Fußballfans zu hören ist, ohne dass davon ausgegangen werden könnte, diese wären nun auch mehrheitlich in der Lage, das Motiv zu notieren:

So können auch Kinder im Instrumentalunterricht schwierigere Rhythmen der Lehrkraft meist schon nachspielen, bevor sie sie mit dem Verstand begreifen. Ebenso können sie in der Lage sein, bei einem Lied den von der Lehrkraft weggelassenen letzten Ton singend zu ergänzen, wenn es sich dabei um den Grundton handelt. Dasselbe Verstehen in tonaler und rhythmischer Hinsicht beinhaltet der Begriff der „Audiation", den der amerikanische Musikpsychologe und -pädagoge Edwin E. Gordon geprägt und zur Grundlage seiner „Music Learning Theory" gemacht hat (vgl. etwa: Gordon 1990, S. 28; 1991, S. 10ff.; 2007, S. 3ff.; Gallus 1997, S. 1ff.; Gembris 1998a, S. 268ff.; Tappert-Süberkrüb 1999, S. 76ff.). Gordon sieht dabei analog zum Spracherwerb eine Zeit des handelnden Umgangs mit Musik als Voraussetzung für eine spätere analytische Herangehensweise an ihre Strukturen und Regeln an (Gordon 2007, S. 253ff.; vgl. Gruhn 2005, S. 105ff.). Nichtsdestoweniger kann das begriffliche Durchdringen, also das Erlernen von Notenwerten, Intervallnamen und Tonleiterformen, das musikalische Verstehen befruchten, da es Kategorien an die Hand gibt, auf die nun planmäßig zurückgegriffen werden kann. Der Gehörbildungsunterricht an Hochschulen zielt häufig genau auf die hier in Rede stehende Art musikalischen Verstehens.

Die Solmisation

Um ein melodisches Verständniss im dargestellten Sinne zu erreichen, wird von alters her die Solmisation eingesetzt, in der die verwendeten Silben jeweils bestimmten Tonhöhen oder Tonstufen entsprechen. Hinter dem Namen Solmisation verbergen sich die fünfte und die dritte Tonstufe: *sol* und *mi*. Bemerkenswerterweise erschien die Solmisation genau dann auf der Bildfläche, als sich eine rational organisierte abendländische Kunstmusik zu entwickeln begann. Auf Musik anderer Kulturkreise lässt sie sich je nach Tonsystem nicht ohne Weiteres übertragen; im Übrigen kommt sie auch dort an ihre Grenzen, wo ein tonales Zentrum fehlt, mithin also vor allem bei zeitgenössischer Musik. Ohne dass auf alle Details eingegangen wird, soll hier ein knapper Überblick die Vielfalt der Ansätze dokumentieren.

Das sicher bekannteste System bilden die auf den Benediktinermönch Guido von Arezzo (um 992–1050) und damit auf den Beginn des 11. Jahrhunderts zurückgehenden Tonnamen, die zunächst den jeweils ersten Silben der Zeilen eines Johannes-Hymnus entsprachen. In einem Brief Guidos heißt es:
„Um also einen unbekannten Gesang zu finden geliebtester Bruder, ist es die erste und bisher gewöhnlich befolgte Regel, daß du auf dem Monochorde die Buchstaben, welche über jede Neume gestellt sind, ertönen lässest und so nachhörend von ihm (dem Monochorde) wie aus dem Munde eines wirklichen Lehrmeisters die Melodie erlernen kannst. Allein diese Regel paßt mehr für kleine Knaben und ist gut für Anfänger, aber sehr unpassend für solche, welche anhaltend sich damit beschäftigen. [...] Wenn du nun irgend einen Ton oder eine Tonverbindung dem Gedächtnisse so einprägen willst, daß du denselben, wo du immer willst, in welchem bekannten wie unbekannten Gesange er dir begegnen mag, sofort und mit aller Sicherheit angeben kannst, so mußt du diesen selbigen Ton oder diese Tonverbindung am Anfange irgend einer dir vollständig bekannten und geläufigen Melodie bemerken, und darum für jeden einzelnen Ton, der im Gedächtnisse fest haften soll, eine solche Melodie zur Hand haben, welche mit eben diesem Tone beginnt, wie z. B. folgende Melodie, deren ich mich be[i]m Unterrichte der Knaben hauptsächlich und wohl auch ausschließlich bediene" (Arezzo 1884).

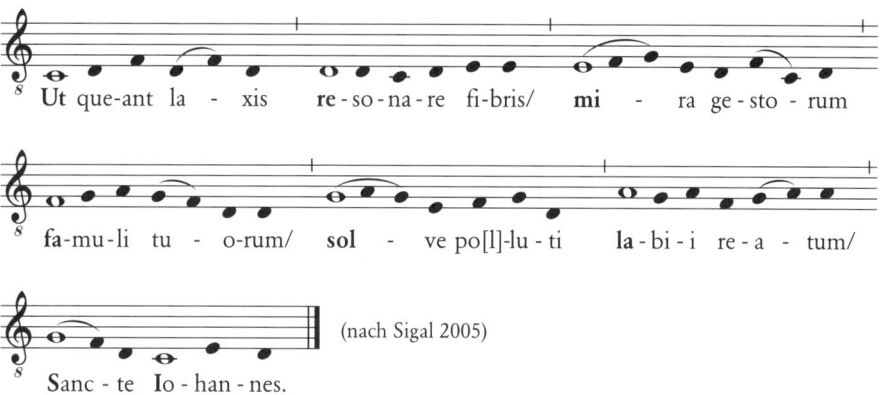

Ut que-ant la - xis **re** -so -na -re fi-bris/ **mi** - ra ge-sto - rum

fa-mu-li tu - o-rum/ **sol** - ve po[l]-lu - ti la - bi - i re - a - tum/

(nach Sigal 2005)

Sanc - te Io - han - nes.

Mit der Verwendung der Silben *ut, re, mi, fa, sol* und *la* ging es Guido tatsächlich um musiktheoretisches Verständnis, genauer um die jeweilige Stellung und Eigentümlichkeit – lateinisch „proprietas" – der einzelnen Tonstufen innerhalb des Hexachords, also einer Aufeinanderfolge aus sechs Tönen. Später unterschied man im Hinblick auf die absoluten Tonhöhen zwischen dem „hexachordum naturale" von C bis A, dem „hexachordum durum" von G nach E und dem „hexachordum molle" von F nach D, das anstelle des H ein B enthielt. Bei Überschreiten des Umfangs eines Hexachords wechselte man in einen anderen und konnte so alle diatonischen Melodien der damaligen Zeit singen, ohne sich Gedanken um die Stellung der Halbtonschritte machen zu müssen. Diese waren durch die Wahl der geeigneten Silben bereits vorgegeben.

Durch die Zuordnung absoluter Tonhöhen zu den Fingergliedern der Hand erschloss Guido außerdem eine Möglichkeit, einzelne Töne visuell so anzuzeigen, dass sie unmittelbar umgesetzt werden konnten, wovon in späteren Zeiten reichlich Gebrauch gemacht wurde. Mit dem Hilfsmittel der Hand ließen sich Töne durch fast drei Oktaven symbolisieren:

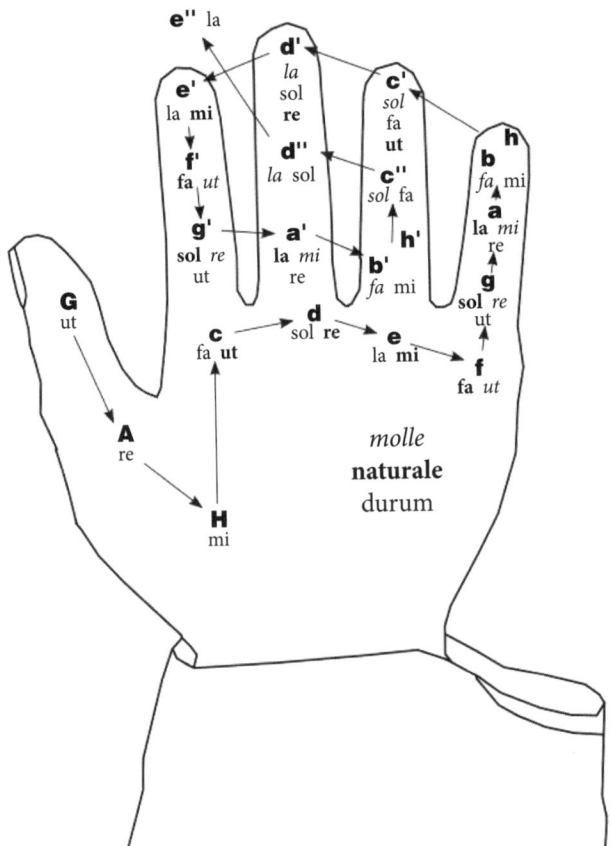

Abbildung 3: Guidonische Hand (nach Pascher 2010)

Im 15. und im 16. Jahrhundert gab es mehrfach Bestrebungen, eine siebenstufige Silbenreihe zu etablieren. So schlug der spanische Musiktheoretiker Ramos de Pareia (ca. 1440–1522) 1482 für Dur-Melodien die achtstufige Reihe *psal, li, tur, per, vo, ces, is, tas* vor, die den Silben des lateinischen Satzes „Es wird mit solchen Stimmen gesungen" entspricht. Auf den flämischen Komponisten Hugo Waelrant (1517–1595) sollen sowohl die Silbe *si* für die siebente Stufe als auch die „Bocedisation" mit den Silben *bo, ce, di, ga, lo, ma* und *ni* zurückgehen, welche auf C und auf F beginnen konnte und bei der alle Vokale an denselben Stellen sitzen wie in der Solmisation. Der französische Theoretiker Jean Le Maire (1473–1515) wiederum favorisierte eine Reihe von Silben, die sich nur durch die Konsonanten unterschieden: *va, ra, ma, fa, sa, la, za,* wobei die Konsonanten der zweiten bis sechsten Stufe denen der Solmisation entsprechen.

Im 17. Jahrhundert legte der Geistliche Daniel Hitzler (1576–1635) noch einmal eine siebenstufige Reihe vor, die außer bei den aus der Solmisation übernommen

Silben *mi* und *la* die Konsonanten der absoluten Tonnamen berücksichtigte: *ce, de, mi, fe, ge, la, bi*. Die erste, zweite, vierte und fünfte Stufe ließen sich durch den Vokal i erhöhen: *Ci, di, fi* und *gi* entsprachen bis auf das Fehlen des abschließenden s den absoluten Namen. Für Es und B standen die Silben *me* und *be*. Auf diese Weise erschloss Hitzler mit seiner „Bebisation" auch alterierte Tonstufen. Der Kantor Otto Gibelius (1612– 1682) übertrug Hitzlers Gedanken auf die Solmisation und ersetzte die wenig sangbare Silbe *ut* durch das bereits gebräuchliche *do* und das *sol* durch *so*. Die erhöhten Töne behielten wie bei Hitzler den Konsonanten des Stammtons und endeten auf „i". Das Es nannte er *ma*, das As *lo;* als siebente Stufe nahm er *ni*. B und Es erhielten den Vokal „a" und hießen dementsprechend *na* und *ma*, sodass sich nun eine chromatische Reihe wie folgt ausdrücken ließ: *do, di, re, ri, mi, fa, fi, so, si, la, na, ni, do*. Kurz zuvor hatte jedoch der Organist Ambrosius Profe (1589–1661) das Singen auf absoluten Tonbuchstaben, das sogenannte „Clavisieren" oder „Abecedieren", propagiert.

Im 18. Jahrhundert erdachte der Komponist Carl Heinrich Graun (1704–1759) als weitere Neuerung die Reihe *da, me, ni, po, tu, la, be*. Hier stimmen die sechste Stufe und die Vokale der zweiten und der dritten Stufe mit der Solmisation überein. Auch in diesem – nach den ersten drei Silben benannten – System der „Damenisation" wurde Hitzlers Alterationsprinzip verwandt; dabei wurde zum Erhöhen die Endung „es", zum Erniedrigen die Endung „as" an die entsprechenden Konsonanten angehängt (vgl. insgesamt: Ruhnke 1998, Losert 2011, S. 51ff.).

In der „Encyclopédie méthodique", die während der Revolutionsjahre in Frankreich entstand, schlug der Schriftsteller und Komponist Nicolas-Étienne Framery (1745–1810) im Rahmen eines Artikels zur Bocedisation eine Silbenreihe vor, die allein den Vokal a enthielt und hinsichtlich der Stammtöne bis auf die erste und die siebente Stufe der Reihe Le Maires entsprach; als erster Ton wurde *ta,* als siebenter *ja* vorgeschlagen. Für eine Erhöhung der Stufen wurde das a durch den Vokal e, für eine Erniedrigung durch o ersetzt (Framery 1791, S. 173; vgl. Galin 1818, S. 40). Es ergeben sich die folgenden Reihen:

Ta ra ma fa sa la ja............ pour les sons bécarres.
Te re me fe se le je............ pour les sons dièses.
To ro mo fo so lo jo.......... pour les sons bémols.

Abbildung 4: Tonsilben für die Stammtonreihe sowie die erhöhten und die erniedrigten Stufen

Der Vorschlag Framerys fand schließlich Eingang in die einflussreiche französische „Méthode Galin-Paris-Chevé". Als Stammtonreihe wurden hier die Silben Guidos und das *si* für die siebente Stufe beibehalten, während sich für die Alterationen die Reihen Framerys mit ersetzten Vokalen – è für den Vokal e und eu für o – fanden; dabei wurden allerdings die Konsonanten s und j für die fünfte und die siebente

Stufe miteinander vertauscht. Die hochalterierten Stufen lauteten hier also *tè, rè, mè, fè, jè, lè, sè* und die tiefalterierten *teu, reu, meu, feu, jeu, leu, seu* (vgl. Chevé, Chevé 1854, S. 67ff.; vgl. auch: Losert 2011, S. 62ff.). Ausgehend von einem Vorschlag des Philosophen Jean-Jacques Rousseau (1712–1778; Rousseau 1743, S. 23) wurde außerdem eine Ziffernnotation eingesetzt, bei der die Zahlen 1 bis 7 die Silben *ut* bis *si* repräsentierten (Chevé, Chevé 1854, S. 15f.; 34); wer nach diesen Ziffern sang, dachte implizit auch die jeweiligen Tonstufen mit. Auch wenn die Silben grundsätzlich auf bestimmte Tonhöhen bezogen waren, wurde schon die Möglichkeit angesprochen, die Silbe *ut* auch als willkürliche Bezeichnung für den Grundton jeder anderen Tonleiter zu verwenden; in dieser „Langue d'*ut*" (S. 279f.) wird bereits eine Art der Solmisation sichtbar, die sich als „relativ" kennzeichnen lässt (vgl. Galin 1818, S. 38ff.; Chevé, Chevé 1854, S. 279f.). Da die Tonsilben jedoch in Frankreich allgemein zur Bezeichnung der Tonhöhen benutzt wurden, konnte es durch eine relative Verwendung derselben zu Verwirrungen kommen, worauf etwa Framery in seinem Encyclopédie-Artikel hingewiesen hatte (Framery 1791, S. 172f.). So setzte sich in Frankreich ein Solfège mit den absoluten Tonnamen durch.

Im England des 19. Jahrhunderts knüpfte die Musikpädagogin Sarah Ann Glover (1785–1867) mit dem von ihr begründeten „Norwich Sol-fa System" an die Solmisationstradition an. Sie verfolgte dabei weniger musiktheoretische als vielmehr religiös fundierte musikpädagogische Ambitionen für das Singen mit Kindern. Glover verwendete die ins Englische übertragenen Silbenschreibweisen *Doh, Ra, Me, Fah, Sole, Lah* und *Te,* wobei jede absolute Tonhöhe, wenn sie als Grundton fungierte, mit *Doh* – im Falle einer Dur-Tonleiter – oder *Lah* – im Falle einer Moll-Tonleiter – bezeichnet werden sollte. Hiermit wurde der entscheidende Schritt zu einer „Relativen" Solmisation vollzogen. Für die erniedrigte sechste und die erniedrigte siebente Stufe erfand Glover die Silben *Bah* und *Ne.* Die ersten Buchstaben der Silben setzte sie als Notation ein (vgl. Glover 1982, S. 39ff.; Doe 2008; Waterhouse 2009).

Der Prediger John Curwen (1816–1880) propagierte ihr System mit wenigen eigenen Modifikationen – etwa den Namen *Ray* und *Soh* für die zweite und die fünfte Stufe – unter dem Namen „Tonic Sol-fa Method". Die Tonstufen verband er mit bestimmten mentalen Effekten und setzte dazu passende, von dem Musikpädagogen John Evans erfundene Handzeichen (Mollowitz 1933, S. 62, 64f.; Losert 2011, S. 78) ein. Die Faust für das *Doh* repräsentiert dessen Stärke. Die schräg nach oben zeigende flache Hand des *Ray* steht für den stimulierenden, hoffnungsvollen Charakter dieser Stufe. Die waagerechte flache Hand für das *Me* veranschaulicht Festigkeit und Ruhe. Der nach unten weisende Zeigefinger des *Fah* illustriert dessen trostlose und Furcht einflößende Wirkung. Die wie zum Handschlag ausgestreckte Hand beim *Soh* demonstriert Größe und Helle. Die herabhängende Hand des *Lah* steht für Traurigkeit und Weinen, während der nach oben weisende Zeigefinger des *Te* das Durchdringende und Empfindliche dieser Stufe symbolisiert (Curwen 1901, S. iv):

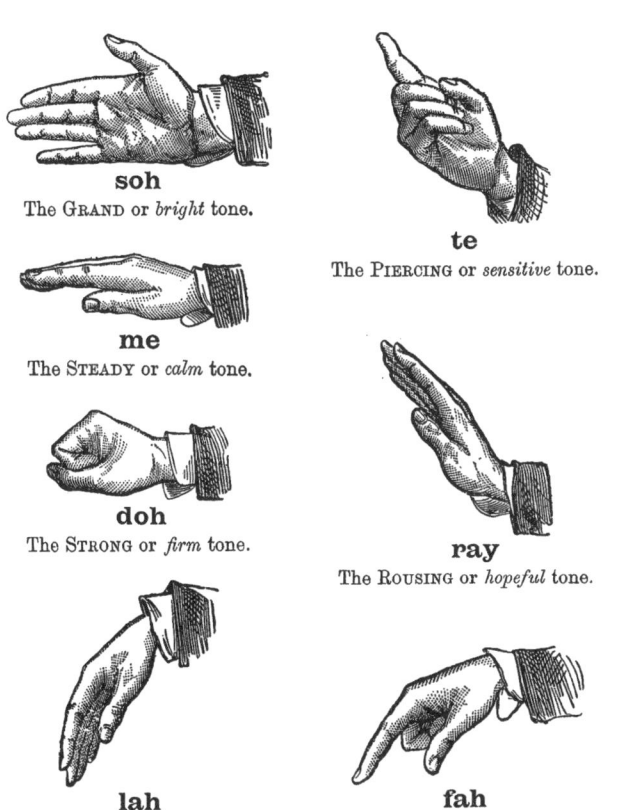

soh
The GRAND or *bright* tone.

te
The PIERCING or *sensitive* tone.

me
The STEADY or *calm* tone.

doh
The STRONG or *firm* tone.

ray
The ROUSING or *hopeful* tone.

lah
The SAD or *weeping* tone.

fah
The DESOLATE or *awe-inspiring* tone.

Abbildung 5: Handzeichen von Evans nach Curwen

Die Handzeichen sind mit leichten Abwandlungen (vgl. Heygster, Grunenberg 1998, S. 15) noch heute in Gebrauch. Alternativ dazu drückt die amerikanische Musikpädagogin Justine Ward (1879–1975) die Tonstufen durch die Anzahl ausgestreckter Finger aus: Beginnend mit dem kleinen Finger der rechten Hand für das *do* wird für jede weitere Stufe jeweils ein Finger mehr ausgestreckt; ab *la* kommt angefangen mit dem Daumen die linke Hand hinzu (Ward 1950, S. 6):

Abbildung 6: Handzeichen nach Ward

Ende des 19. Jahrhunderts griff die Musikpädagogin Agnes Hundoegger (1858–1927) in Deutschland die Methode Curwens als „Tonika-Do-Methode" auf (Hundoegger 1938; vgl. hierzu auch: Losert 2011). Für die ungarische Musikpädagogik konzipierte der Komponist und Musikpädagoge Zoltán Kodály (1882–1967) einen Lehrgang, der sich zentral auf die Relative Solmisation bezieht (Kodály 1967a–m). Ein alternatives System aus der Zeit um die Jahrhundertwende stammt von dem Akustiker und Musikpädagogen Carl Eitz (1848–1924), der für die diatonische C-Dur-Tonleiter mit den Silben *bi, to, gu, su, la, fe* und *ni* arbeitete. Alterationen erhielten bei ihm den Vokal des Bezugstons, aber einen neuen Konsonanten: Zwischen *bi* und *to* stehen beispielsweise *ri* für Cis und *ro* für Des. Die chromatische Reihe der Konsonanten lautet: *b, r, t, m, g, s, p, l, d, f, k, n* (vgl. Eitz 1903). Schließlich schuf der Musikpädagoge Richard Münnich (1877–1970) 1930 das „Jale-System", dem die Reihe *ja, le, mi, ni, ro, su, wa* zugrunde liegt. Das System ist relativ, sodass jeder Ton, wenn er als Grundton fungiert, *ja* heißt. Erhöhungen erhalten den Konsonanten des Bezugstons und den Vokal des darüberliegenden Tons, während Erniedrigungen wiederum mit dem Konsonanten des Bezugstons, aber dem Vokal des darunterliegenden Tons gebildet werden. So heißt die erhöhte erste Stufe *je,* die erniedrigte zweite *la.* Münnich verwendet eigene Handzeichen, die im Verlauf der Tonleiter fließend ineinander übergehen können, jedoch denen Curwens nicht unähnlich sind (Münnich 1959, S. 18ff.; vgl. insgesamt auch: Phleps 2001). In der folgenden Abbildung weist der Strich über der Silbe *ja* im letzten Bild den Ton als hohes *ja* gegenüber dem tiefen aus:

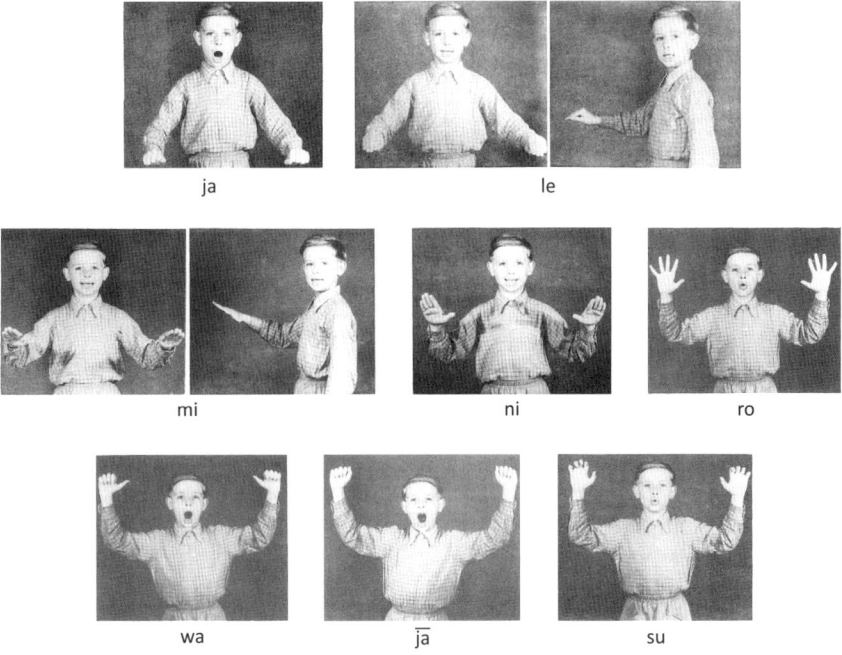

Abbildung 7: Handzeichen nach Münnich

Die Jale-Methode war seinerzeit in der DDR weit verbreitet; Münnich berichtet, dass etwa ein Drittel der Schulmusiker dort sie verwendeten (Münnich 1959, S. 4). Während etwa in den romanischen Ländern das absolute Solmisieren dominiert, bei dem die Silben festen Tonhöhen zugeordnet sind, erfährt heute in Deutschland die Relative Solmisation große Aufmerksamkeit (vgl. Heygster, Grunenberg 1998; Heygster 2012). Dies findet seinen Niederschlag unter anderem in Lehrkonzepten der Elementaren Musikpädagogik (Ritter, Schäfer 1999; Haselbach, Nykrin, Regner 1990, S. 105ff.) und des instrumentalen Klassenunterrichts (Boch, Boch, Gretschel, et al. 2001, S. 29). Ebenso lässt sie sich als festes Element in den Instrumentalunterricht einbauen (vgl. Heygster 2012, S. 130ff.).

Die Rhythmussprachen

Das Singen auf Singesilben wird zur Förderung des rhythmischen Verständnisses häufig durch den Einsatz von Rhythmussprachen ergänzt, die ebenfalls mit verschiedenen Silben arbeiten. Im 19. Jahrhundert erdachte Aimé Paris (1798–1866), Rechtsanwalt und Schöpfer einer Stenographie-Methode, ein System, welches seine Tochter Nanine zusammen mit ihrem Gatten, dem Musiktheoretiker und -pädagogen Émile Chevé (1804–1864), im Rahmen einer „Elementarmethode der Vokalmusik" veröffentlichte. Dabei werden die Silben bestimmten Positionen innerhalb einer Zählzeit zugeordnet; der Musikpädagoge Martin Losert spricht hier von einer „relativen Rhythmussprache" (Losert 2011, S. 161). So heißt jede volle Zählzeit *ta*. Jeder genau zwischen zwei Zählzeiten beginnende Schlag wird als *te* gesprochen, sodass bei Vierteln als Zählzeit eine Folge von vier Achteln als *tate tate* erklingt. Die Position des zweiten Sechzehntels innerhalb einer Zählzeit heißt *fa*, die des vierten Sechzehntels *fe*. Einer Sechzehntelfolge entspricht somit die Silbenreihe *tafatefe* (Chevé, Chevé 1854, S. 21, 99ff., 260ff.):

Abbildung 8: Rhythmussprache nach Chevé, Chevé (S. 101)

Curwen *(→ S. 120f.)* hat dieses System für seine Methode übernommen, bei ihm können sich aber die Positionen auch auf ganze Takte beziehen, sodass die Reihe *tafatefe* vier Vierteln eines Taktes entspricht (Curwen 1901, S. vi).

Das in Ungarn im Rahmen der Kodály-Konzeption eingesetzte System wiederum ordnet Silben zunächst bestimmten Tondauern zu: Die Viertel heißt *ta*, die Halbe *tao*, die Achtel *ti*. Eine Gruppe von vier Sechzehnteln wird jedoch als *tiritiri* gesprochen (vgl. Haselbach, Nykrin, Regner 1986, S. 64; 1990, S. 93), in einer Variante als *tigitigi* (Heygster, Grunenberg 1998, S. 30) beziehungsweise *tiggi tiggi* (Heygster 2012, S. 225). Hier schleicht sich jedoch das Prinzip der Positionsbenennung ein, da das erste und das dritte Sechzehntel anders gesprochen werden als das zweite und das vierte. Der Musikpädagoge Anselm Ernst hat daher eine konsequent auf dem Tondauernprinzip beruhende Version – im Sinne Loserts eine „absolute Rhythmussprache" (Losert 2011, S. 160) – vorgeschlagen, in der Viertel als *ta*, Achtel als *te* und Sechzehntel als *ti* gesprochen werden (Ernst 1999, S. 6). Ähnlich wie das in Ungarn verwendete System beruht auch die Rhythmussprache der Yamaha-Musikschulen auf einer Verschränkung von Silben für Tondauern und Silben für Positionen innerhalb von Achteln: Die Ganze heißt hier *ta-ha-ha-han*, die Halbe *ta-han*, die Viertel *tan*, die Achtel *ta*; vier Sechzehntel werden jedoch als *ta-ka-ta-ka* gesprochen (vgl. Mönig 2005, S. 113; Losert 2011, S. 163). In der Ward-Methode, wie sie Gisbert Brandt betreibt, wird die absolute Benennung von Notenwerten bei den Achteln durchbrochen: Während die Halben mit der Silbe *lang* und die Viertel mit der Silbe *la* gesungen werden, steht die Silbenfolge *li-ra* für zwei Achtel (vgl. Brandt 2005).

Auf der Position innerhalb der Zählzeit gründet auch die von Edwin Gordon und den Musikpädagogen James Froseth und Albert Blaser entwickelte Rhythmussprache (Mitchell 2007, S. 12f.; Gruhn 2005, S. 144f.). Die Pulsschläge erhalten die Silbe *Du,* ihre Unterteilungen die Silbe *De;* eine Achtelfolge erklingt mithin als *Du De.* Für eine feinere Unterteilung steht die Silbe *Ta,* sodass eine Sechzehntelfolge als *Du Ta De Ta* skandiert wird. In drei Teile geteilte Pulsschläge erklingen als *Du Da Di* (Gordon 2007, S. 92f.).

In jüngerer Zeit hat die Musikpädagogin Elisabeth Amandi mit der Rhythmussprache „Talking Rhythm" ein System von Silben für Positionen innerhalb von Vierteln vorgelegt: Bei ihr heißen die Viertel *Ta,* zwei Achtel werden *Taki,* vier Sechzehntel *Tarakiri* gesprochen. Für die Ganze und die Halbe wird die Silbe *Ta* verlängert, sodass man *Ta.a.a.a* beziehungsweise *Ta.a* spricht. Die Vierteltriole wird als *Ta Ke Ko,* die Achteltriole als *Takoke* gesprochen (vgl. Amandi 2009), was zunächst überraschen mag, aber konsequent erscheint, wenn man beide Triolen wie folgt übereinanderlegt:

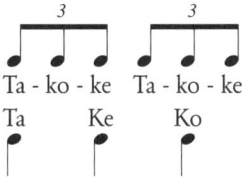

Münnichs im Rahmen der Jale-Methode geschaffenes System basiert auf dem Prinzip der Stellungen im Takt, was sich auch an den Dirigierbewegungen festmachen lässt. Der nach unten gehende erste Schlag eines Taktes heißt *kai;* die Aufwärtsbewegung vor der Eins, aber auch die nach innen führende Bewegung für die zweite Zählzeit eines Vierertaktes werden als *toi* gesprochen. Die Auswärtsbewegung für die zweite Zählzeit in Dreier- und die dritte in Vierertakten erhält die Silbe *pau.* So erklingt ein Zweiertakt als *kai toi,* ein Dreier als *kai pau toi* und ein Vierer als *kai toi pau toi.* Für Schläge zwischen den Zählzeiten werden je nach deren Stellung im Takt die Silben *kä, pü* und *tö* verwendet. Durchgehende Achtel innerhalb eines Dreiers werden so als *kai kä pau pü toi tö* gesprochen. Feinere Unterteilungen erhalten ein halbstummes „e", sodass ein Dreivierteltakt mit durchgehenden Sechzehnteln als *kai ke kä ke pau pe pü pe toi te tö te* ausgeführt wird (Münnich 1959, S. 23ff.).

Die Silben *TA-KI, GA-MA-LA* und *TA-KE-TI-NA* für Zweier-, Dreier- und Vierermetren stellen keine Rhythmussprache im eigentlichen Sinne dar, sondern werden von Reinhard Flatischler innerhalb einer auf Selbsterfahrung zielenden, körperbetonten

Rhythmusarbeit eingesetzt, die nach den entsprechenden Silben unter dem Namen „TA KE TI NA" bekannt ist (vgl. Flatischler 1990).

Neben dem Gebrauch solch ausgefeilter Systeme wird vielfach auch einfach den Zählzeiten entsprechend gezählt, wobei einfache Unterteilungen als „und" und feinere Unterteilung als „te" gesprochen werden. Als visuelle Hilfe bei rhythmisch schwierigen Passagen können Striche an denjenigen Stellen in die Noten eingezeichnet werden, an denen Zählzeiten beginnen. Kürzere Striche kennzeichnen Unterteilungen. Generell sollen die Striche dazu anregen, sich den Puls zu vergegenwärtigen. Wie in den ersten beiden Takten des folgenden Beispiels gezeigt (Boulanger/Bachmann: *Die lustige Puppe.* Nach Bachmann 2006, Violine 7), können sie helfen, die Triole und die Sechzehntel rhythmisch präzise zu spielen; im fünften Takt kann der dritte Strich dazu dienen, sich die dritte Zählzeit als „Absprung" für die drei Auftakt-Achtel vorzustellen:

Im folgenden Beispiel (Trad./Bachmann: *Mein Hut, der hat drei Ecken.* Nach Bachmann 2006, Violoncello 6) finden sich an einigen Stellen auch kleinere Striche als Unterteilungen. Diese dienen wiederum der rhythmischen Präzision, im siebenten Takt geht es dabei um den „Absprung" für die Sechzentel-Triolen:

Rhythmen können aber auch mit Hilfe ausgestreckter Finger als Handzeichen angezeigt werden. Der Musikpädagoge Malte Heygster schlägt den einzeln abgestreckten Zeigefeinger für das *ta* vor; für eine Folge von zwei Achteln – also für *titi* – kommt der Mittelfinger hinzu, sodass die beiden Finger gewissermaßen ein v bilden. Für längere Rhythmen aus Vierteln und Achtelpaaren bewegt sich nun der Arm im Metrum und zeigt auf jedem Grundschlag *ta* oder *titi* (Heygster 2012, S. 47).

Bei Curwens *(→ S. 120f., 124)* Rhythmus-Handzeichen entspricht jeder Finger einer Zählzeit; berühren sich mehrere Finger, so können sie dabei für Noten stehen, die sich über so viele Zählzeiten erstrecken, wie sich Finger berühren. Ohne den Daumen können die vier Finger einer Hand so jeden aus Viertelnoten gebildeten Rhythmus darstellen (vgl. Curwen 1901, S. v). In der folgenden Abbildung wird das *te* in der englischen Schreibweise *tai* wiedergegeben, außerdem sind die Hände aus der Sicht der Lehrkraft gezeigt, die Schülerinnen und Schüler würden hingegen jeweils den Handrücken sehen; die mit s beginnenden Silben repräsentieren Pausen:

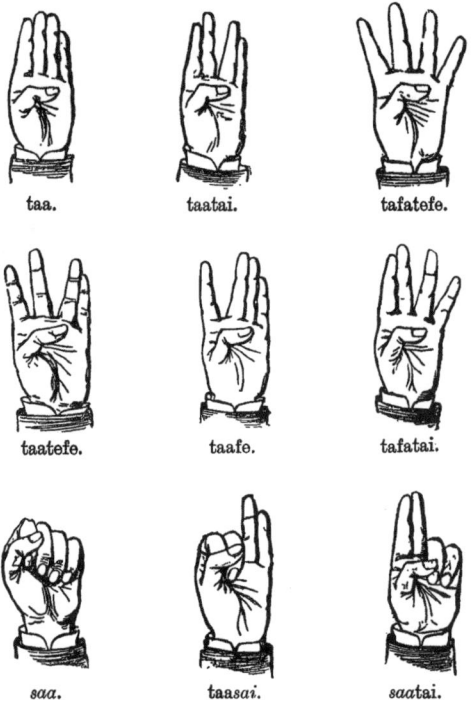

taa. taatai. tafatefe.

taatefe. taafe. tafatai.

saa. taasai. saatai.

Abbildung 9: Rhythmus-Handzeichen nach Curwen

Allgemein trägt die Arbeit mit Rhythmussprachen der Tatsache Rechnung, dass das Sprechen von Rhythmen Kindern tendenziell leichter fällt als das Umsetzen derselben mittels Körperperkussion oder gar mit dem Instrument (Gembris 1998a, S. 285; Lehmann, S. 2007, S. 215). So eignet sich das Sprechen von Rhythmen im Unterricht als Vorbereitung für die instrumentale Umsetzung. Schon in den allerersten Stunden des Instrumentalunterrichts können rhythmisch gesprochene Wörter – etwa Tier- oder Pflanzennamen – auf das Instrument übertragen werden (vgl. Dartsch 2006a, S. 8f., 91ff.). Solche Wörter, bei denen es auch auf eine schwerpunktgerechte Betonung ankommt, lassen sich unter anderem zum Ausgangspunkt von rhythmischen Echo- und Ratespielen machen.

Verstehen bei der Arbeit an Musikstücken

Instrumentallehrkräfte können das Verstehen von Musik auch bei der Arbeit an Musikstücken wirkungsvoll fördern, wenn sie sich allgemein bemühen, Gelegenheiten, die sich dort bieten, nicht ungenutzt zu lassen. Schon das Begreifen von Notation kann als Aspekt des Musikverstehens angesehen werden. Notation gliedert und veranschaulicht die Musik auf ihre Weise. Wenn sich in der Anfangszeit des Unterrichts auch durchaus auf Noten verzichten lässt, können diese doch bald auf dem Ständer stehen, während das Kind weiterhin auswendig spielt. Auf diesem Wege können bereits Bezüge zwischen den visuellen Symbolen und der Musik hergestellt werden. Bald schon kann die Lehrkraft die Noten mitzeigen, die das Kind spielt. Umgekehrt kann auch das Kind die von der Lehrkraft gespielten Noten, dem Rhythmus der Musik folgend, mitzeigen. Später mag es Freude bereiten, wenn die Lehrkraft ein Stück spielt und an einer bestimmten Stelle aufhört, die das Kind in den Noten finden muss. Auch kann dem Kind die Aufgabe gestellt werden, einen einzelnen gespielten Takt aus einem Stück in den Noten wiederzufinden (vgl. Dartsch 2006a, S. 10).

Häufig bietet es sich an, den Aufbau der gespielten Stücke zu thematisieren. Das Kind kann dabei erkennen, wo sich Teile wiederholen, wo Teile abgewandelt werden, wo sequenziert wird, wo charakteristische Harmoniefolgen oder Dreiklänge vorliegen. Auch das Verhältnis zwischen erster und zweiter Stimme kann zum Thema werden. Spielt die zweite Stimme dasselbe wie die erste, setzt aber später ein – wie bei kanonischen Formen? Spielt sie fast dasselbe, nur tiefer oder höher – wie bei homophoner Faktur? Spielt sie etwas ganz anderes, möglicherweise Gleichförmiges – wie es für typische Begleitfloskeln zutrifft? All dies können die Kinder hörend und beim Blick in die Noten erkennen. Das Identifizieren von Steigerungen, Höhepunkten und Entspannungen erfordert bereits ein Mitempfinden, stellt aber ebenfalls einen Aspekt des Verstehens von Musik dar, der unmittelbar in das Spiel einfließen wird.

Das Einordnen der Musik in einen Zusammenhang kann auf verschiedenen Ebenen erfolgen. Zunächst bietet es sich schon bei einfachen Liedern an, Kinder nach dem Charakter der Musik zu fragen, wodurch bereits außermusikalische Bezüge hergestellt werden: Handelt es sich eher um ein Schlaflied, ein Tanzlied, ein fröhliches, ein trauriges, ein feierliches oder ein zärtliches Stück? Wo Informationen zur Entstehung und Wirkung eines Stücks verfügbar sind, können diese den Zugang vertiefen. Natürlich liegt es nahe, den Schülerinnen und Schülern gegebenenfalls auch den Komponisten, sein Leben und sein Schaffen nahezubringen. Auf einer höheren Ebene kann schließlich die Entstehungszeit der Musik thematisiert werden. Möglicherweise lassen sich erhellende Entwicklungen in anderen Künsten benennen, die zum Verständnis des Stücks beitragen (vgl. Röbke 2000, S. 88ff.). Schließlich erweitert der Vergleich von Aufnahmen verschiedener Interpretinnen und Interpreten den Horizont. Aufs Ganze gesehen, wird man die Beschäftigung mit Aspekten des Verstehens von Musik als ein wesentliches Element des Instrumentalunterrichts bezeichnen können, das ihn von Beginn an durchzieht und kaum ein Ende finden dürfte.

3.4 Interpretieren

Dem lateinischen Wort „interpretor" entsprechen Bedeutungen wie „den Mittler abgeben, zu Hilfe kommen" oder auch „entscheiden", klassischerweise aber „erklären, auslegen, deuten", „übersetzen" sowie „verstehen, beurteilen, betrachten"; der „interpres" ist der Vermittler oder Unterhändler, der Ausleger, Erklärer oder Wahrsager, der Dolmetscher oder der Übersetzer (Menge 1979, S. 290). Hiermit sind denn auch wesentliche Aspekte musikalischer Interpretation benannt: Interpretinnen und Interpreten vermitteln gewissermaßen zwischen dem kompositorischen Vermächtnis und dem Publikum, sie legen die ihnen vorliegenden Noten aus und übersetzen sie in Töne, sie urteilen und entscheiden in allen Aufführungsfragen und gelangen dabei zu einem bestimmten Verständnis des jeweiligen Musikstücks. Ja sogar das Herauslesen einer höheren Wahrheit aus vorgegebenen Zeichen, wie es das Geschäft des Wahrsagens beinhaltet, ließe sich – einer romantischen Vorstellung folgend (vgl. Michels 1985, S. 437; Eggebrecht 1998, S. 592ff.; Safranski 2007, S. 109ff.) – mit der musikalischen Interpretation in Zusammenhang bringen.

Der Begriff des Interpreten wurde denn auch erst in der Romantik im Zusammenhang mit Musik gebraucht – zuerst wohl vom jungen Franz Liszt in einem der „Reisebriefe eines Baccalaureus der Tonkunst" an George Sand (Liszt 1910), die spätere Geliebte Frédéric Chopins. Interpretieren wird in der europäischen Musikkultur als eigenständige künstlerische Leistung, nämlich als Sinngebung im Hinblick auf einen Notentext verstanden. Man könnte von einer Interpretenkultur sprechen, die ein Repertoire schriftlich fixierter Kompositionen ebenso voraussetzt wie eine Sichtweise, die Musik als individuellen Emotionsausdruck versteht. Dementsprechend sind Interpretationstraditionen Teil der Musikgeschichte (vgl. Kopiez 2008, S. 316f.).

Allgemein kommen beim Interpretieren objektbezogene und subjektbezogene Faktoren zum Tragen. Erstere liegen im Objekt, also in der Musik mit ihrem jeweiligen inneren Sinnzusammenhang beschlossen, während letztere mit der interpretierenden Person zusammenhängen. Salopp gesprochen, muss eine Interpretation sowohl zur Musik als auch zur ausführenden Person passen. Somit lassen sich objekt- und subjektbezogene Kriterien für eine gute Interpretation unterscheiden. Dabei ergibt sich aus dem Bezug zum Objekt dennoch keine Objektivität im strengen Sinne einer Unabhängigkeit von der interpretierenden Person. Ebenso wenig folgt aus dem Subjektbezug eine Subjektivität im Sinne von Unangreifbarkeit. Dies liegt nicht nur daran, dass sich Objektbezug und Subjektbezug ergänzen und somit keine der beiden Perspektiven die Interpretation dominiert. Vielmehr wird schon dem Objektbezug, dem „Passen zur Musik", kaum je eine zweifelsfreie Eindeutigkeit zukommen. Der Subjektbezug, das „Passen zur Person", kann mehr oder weniger glücken, hat also keine schrankenlose Beliebigkeit zur Folge.

Das Bestreben, dem Objekt, der Musik so weit wie möglich gerecht zu werden, kommt im Begriff der „Werktreue" zum Ausdruck. Im Allgemeinen wird man hierunter eine Interpretationshaltung verstehen, die sich daran ausrichtet, die Musik so erklingen zu lassen, wie sie „gemeint" ist. Als Spielart dieser Herangehensweise lässt sich insbesondere die „Historisch informierte Aufführungspraxis" verstehen. Ein wichtiges Elemente stellt hier die Orientierung an den ästhetischen Leitgedanken der Entstehungszeit dar, die der Musikwissenschaftler Tibor Kneif „ästhetische Ideen" nennt (Kneif 1988, S. 158ff.). Tatsächlich hat sich die Vorstellung von „guter" Musik im Laufe der Zeit immer wieder gewandelt (vgl. hierzu auch: Kaden 2004), ähnlich den Wandlungen des Verständnisses von Schönheit. Im Folgenden sollen einige Entwicklungslinien nachgezeichnet werden:

Antike

Die Kunst der Antike wurde im Klassizismus des späten 18. und des frühen 19. Jahrhunderts unter dem Blickwinkel idealer Schönheit gesehen (vgl. Winckelmann 1969). Tatsächlich existierten im Altertum Vorstellungen über harmonische Proportionen, die für Kunst und Architektur von Bedeutung waren (vgl. Eco 2006b). In diesem Zusammenhang lässt sich auf Platons „Timaios" (Platon 1940b, S. 110f.) sowie insbesondere auch auf die Abhandlungen über die Architektur des römichen Architekten Vitruv verweisen (vgl. Vitruvius Pollio 1999, 2000; vgl. Filtzinger 2007). In der Musik spielten Proportionen in Form der Schwingungsverhältnisse eine Rolle, die den Intervallen zugrundeliegen. Der Überlieferung nach gehen die Analyse der Intervallverhältnisse und das Beziehen derselben auf eine kosmische Harmonie der „Himmelsschalen", der sogenannten „Sphären", auf Pythagoras und seine Schüler zurück (vgl. Platon 1984, S. 237f.; Aristoteles 2010; Porphyrios 1920; Vetter 1962; Michels 1978, S. 21, 175; 1985, S. 303; Hesse 1996, Sp. 1072ff.; Cahn 2005; Stroh 2009). Ungefähr achthundert Jahre später kritisiert der Neuplatoniker Plotin die Ansicht, das Schöne resultiere stets aus den Maßverhältnissen mehrerer Bestandteile, etwa der Symmetrie. Mit Blick auf die Musik konstatiert er, schön könne nicht nur eine Melodie, sondern bereits ein einzelner Ton sein. Schönheit wird als Attribut des Göttlichen bestimmt. Danach wird als schön wahrgenommen, was den Glanz des Göttlichen in sich trägt – wie die Vernunft, die Seele und das Lebendige (Plotin 1878, S. 42ff.). Die Verbindung von Schönheit und Glanz begegnet ebenfalls bereits bei Platon (Platon 1940a, S. 441) und wurde im 13. Jahrhundert von Thomas von Aquin aufgegriffen (Aquin 1920, Teil 2.2, Frage 145, Artikel 2). Allerdings wies Aristoteles der Kunst in der klassischen Antike nicht in erster Linie die Aufgabe zu, Schönheit darzustellen, sondern typische Charaktere und Handlungen nachzuahmen, um hierdurch reinigende Gefühlsregungen hervorzurufen; ausdrücklich bezieht er sich dabei auch auf die Musik (Aristoteles 1994; vgl. insgesamt: Liessmann

2009, S. 13ff.). So werden bereits in der Antike drei Grundmotive sichtbar, die in der einen oder anderen Weise auch für spätere Zeiten von Bedeutung waren:

1. die Zusammensetzung nach harmonischen Proportionen,
2. der seelenvolle Glanz und
3. die Nachahmung von Charakteren.

Alle drei Motive spielen grundsätzlich auch für die Interpretation eine Rolle; man denke etwa an die Anforderungen stimmiger Temporelationen, einer schönen und beseelten Tongestaltung und passender musikalischer Charaktere.

Mittelalter

Im Mittelalter wurden die Künste eher als Handwerk verstanden. Sie standen häufig im Dienste theologischer Programme und orientierten sich an damals geläufigen Proportionsregeln. Dabei hatte Boëthius, der sich mit den antiken Texten beschäftigt hatte (vgl. Kaden 2004, S. 105; Fend 2006, S. 56), im Rückgriff auf Pythagoras den Gedanken der „Welten-Harmonie" lebendig gehalten (vgl. Caldwell 2000; Kaden 2004, S. 127f.; Boëthius 2009). Auf der Grundlage von Proportionen schuf er mit seinen mystisch-spirituellen Gesängen eine Ausgangsbasis für die Gregorianik (Institut für Gregorianik-Forschung 2011). Auf seinem musiktheoretischen Ansatz fußt letztlich die mittelalterliche Wissenschaft der „Musica" (vgl. Michels 1978, S. 179), die sich neben Arithmetik, Geometrie und Astronomie im „Quadrivium" der mathematischen Wissenschaften des Mittelalters befand. Das Quadrivium war gemeinsam mit dem philologisch geprägten „Trivium" aus Grammatik – also der lateinischen Sprache –, Rhetorik und Dialektik – der philosophischen Disziplin der Logik – Bestandteil der „septem artes liberales", des grundlegenden Bildungskanons des Mittelalters (vgl. Fend 2006, S. 58, 78ff.). Schönheit zeigte sich in der Musik insbesondere in der Reinheit konsonanter Intervalle, das hieß zunächst der Oktave, der Quinte und der Quarte (vgl. Dahlhaus 1988b, S. 96). Die mathematisch-rationale Konstruktion der Musik fand ihren Ausdruck in der rhythmischen Organisation im Rahmen der Mensuralnotation und gipfelte schließlich in der komplexen Mehrstimmigkeit der Isorhythmie in der „Ars Nova" des 14. Jahrhunderts (vgl. Eggebrecht 1998, S. 149ff., 218ff.). Im Minnesang deutete sich ein weiteres wesentliches Charakteristikum der Musik im höfischen Umfeld an: Der Dichter und Sänger – meist ein Ritter ohne eigenes Land, der sich am Hofe eines höhergestellten Adligen befand (vgl. Elias 1997, S. 112ff.; Pott 2005, S. 53) – brachte seine Sehnsucht nach der verehrten, aber unter den gängigen Konventionen kaum erreichbaren Dame (vgl. Hübner 2008, S. 5f.) in einer ästhetisiert-verfeinerten Weise zum Ausdruck (vgl. Elias 1997, S. 97ff., 366). Durch die dichterischen und musikalischen Formvorgaben wurden die Emotionen gewissermaßen gebändigt und kanalisiert. Neben den „hohen Minnesang" traten allerdings Gattungen der mittelalterlichen Lyrik, in denen auch die Frau niederen Standes besungen wurde (Kuolt 1985, S. 186), es fin-

den sich schließlich auch deutliche erotische Anspielungen (vgl. Nünü 1985; Wolkenstein 1979) – etwa in der Musik der Spielleute, deren Betätigungsfeld sich auch
auf Jahrmärkte und Feste erstrecken konnte (vgl. Michels 1978, S. 227). Der Gegensatz zwischen der Musik des fahrenden Volks und dem hohen Minnesang oder der
Sakralmusik nimmt einerseits die Polarität von Unterhaltungsmusik und Ernster
Musik vorweg und verweist andererseits auf ein grundlegendes Spannungsfeld: Die
Balance und Spannung zwischen ungezügelter Ausdruckskraft und „Zivilisiertheit" –
im Sinne einer gebändigten Emotionalität sowie einer stilgerechten und „kontrollierten" Gestaltung – stellt sicher ein Grundmerkmal des Komponierens und des
Interpretierens abendländischer Kunstmusik dar.

Renaissance

Die Renaissance belebte im Zuge der „Wiedergeburt" der Antike auch die Lehre der
Proportionen wieder neu und erhob die daraus resultierende Schönheit zur obersten Richtschnur der Kunst (vgl. Liessmann 2009, S. 24f.). In der Musik entwickelten
sich einfachere Formen, am Atem orientierte Melodik und pulsierende Lebendigkeit, was oft als Tendenz zum „Menschlichen" gedeutet wird. Gleichzeitig entwickelte der Musiker ein neues Selbstbewusstsein und begriff sich als schöpferisches
Individuum innerhalb der göttlichen Ordnung. Das Element des Menschlichen und
Lebendigen erinnert dabei wieder an Plotins Gedanken *(→ S. 131)*. Der von ihm
beschworene Glanz hat seine Entsprechung in der Harmonik, die bereits in Richtung
Dreiklang weist. Darüber hinaus aber findet sich auch der Gedanke der Nachahmung wieder: So soll die Musik die Natur nachahmen und in der Vokalmusik die
Affekte und Ausdrucksgehalte des Textes wiedergeben (vgl. Michels 1978, S. 229;
Eggebrecht 1998, S. 299ff.; Kaden 2004, S. 181ff.).

Barock

Für den Absolutismus des Barock wird dann wiederum eine Stilisierung im Ausdruck
kennzeichnend. Emotionen werden mit Hilfe des Formenkanons der Affektenlehre
verschlüsselt, ohne dadurch ihre Wirkung einzubüßen. Die zum Tanzen gespielte
Musik findet in Form gesitteter Tanzformen Eingang ins höfische Leben. So werden
französische Volkstänze wie die Gavotte, die Bourrée und das Menuett im 16. und
17. Jahrhundert hoffähig und damit vornehmer (vgl. Harnoncourt 1985, S. 248). Dieser Prozess kann erneut als Zivilisierung verstanden werden. Der Soziologe Norbert
Elias führt den Prozess der Zivilisation auf die zunehmenden Verflechtungen im
Zuge einer fortschreitenden Arbeitsteilung zurück: „Von den frühesten Zeiten der
abendländischen Geschichte bis zur Gegenwart differenzieren sich die gesellschaftlichen Funktionen unter einem starken Konkurrenzdruck mehr und mehr. Je mehr sie
sich differenzieren, desto größer wird die Zahl der Funktionen und damit der Men-

schen, von denen der Einzelne bei allen seinen Verrichtungen, bei den simpelsten und alltäglichsten ebenso, wie bei den komplizierteren und selteneren, beständig abhängt. Das Verhalten von immer mehr Menschen muß aufeinander abgestimmt, das Gewebe der Aktionen immer genauer und straffer durchorganisiert sein, damit die einzelne Handlung darin ihre gesellschaftliche Funktion erfüllt. Der Einzelne wird gezwungen, sein Verhalten immer differenzierter, immer gleichmäßiger und stabiler zu regulieren" (Elias 1997, S. 327). Im Zuge der fortschreitenden gesellschaftlichen Differenzierung und Verhaltensregulierung entwickelte die höfische Gesellschaft mit der Zeit eine – häufig an Frankreich orientierte – „verfeinerte Gesittung und eine Sprache, die sie auszeichnete, die sie von Nichtzugehörigen unterschied" (S. 12). Die eigene Würde ließ sich durch ein Zeremoniell unterstreichen, welches die Hierarchie der Gesellschaft und die damit verbundenen Abhängigkeiten zum Ausdruck brachte (vgl. S. 13). Bei Hofe, aber ebenso in den Kirchen, diente die Musik auch der Prachtentfaltung. So wie sich der Herrscher als Stellvertreter Gottes empfand, wurde die Musik als Abbild einer himmlischen Harmonie gesehen. Gleichzeitig setzte sich die in der Renaissance begonnene Hinwendung zum Menschen in dem Bestreben fort, die gesamte Bandbreite menschlicher Emotionen nachzuahmen, um den Menschen zu bewegen (vgl. Eggebrecht 1998, S. 345f.). Die Melodik trat noch einmal deutlicher in den Vordergrund, ebenso eine am Dreiklang ausgerichtete Harmonik. Beides kommt insbesondere in der generalbassbegleiteten Monodie zum Tragen (vgl. S. 338ff.), deren Gestaltung sich verstärkt am Duktus des menschlichen Sprechens orientierte. Ähnliches gilt auch für die Instrumentalmusik, die neben einem deklamatorischen Charakter (vgl. Harnoncourt 1985, S. 171ff.) auch Figurenwerk aufweist, das zu den Möglichkeiten des jeweiligen Instruments passt. Das solistische Spiel von Violine, Viola da Gamba, Flöte, Blockflöte, Oboe oder einem Tasteninstrument ist ebenso verbreitet wie das „Konzertieren", also Wetteifern mehrerer Solisten in Sonaten und Konzerten. Die Solisten zeigten ihre Fertigkeiten nicht zuletzt in einer ausgefeilten Verzierungskunst, insbesondere in langsamen Sätzen. Als kleinstes Gliederungselement ist der Unterschied von „guten" und „schlechten", also schweren und leichten Zählzeiten im Rahmen des Taktes bestimmend (vgl. Harnoncourt 1985, S. 49f.; Michels 1985, S. 307). Der Grundaffekt eines Satzes, die „Art der Bewegung", wird im Wesentlichen durch eine Tempobezeichnung, darüber hinaus gegebenenfalls auch durch Vortragsbezeichnungen verdeutlicht, muss aber auch aus dem Stück selbst hergeleitet werden (vgl. Mozart 1983, S. 27ff., 72ff.).

Klassik

In der Klassik fasst Friedrich Schiller das Schöne als Ausdruck der Freiheit (Schiller 1954a, S. 763) und das Spiel als einzig angemessene Umgangsweise mit dem Schönen. Hierin entspräche der Mensch letztlich seiner Bestimmung: „Denn, um es endlich auf einmal herauszusagen, der Mensch spielt nur, wo er in voller Bedeutung des Worts Mensch ist, und *er ist nur da ganz Mensch, wo er spielt*" (Schiller 1954b, S. 612). Ähnlich bringt auch Hans Heinrich Eggebrecht die Schönheit eines Tons in der Musik mit dem Spiel und seiner Freiheit von Zwecken, aber auch von Zufall und Naturdasein in Zusammenhang und setzt sie so vom Geräusch des Alltags ab (Eggebrecht 1998, S. 546ff., 549). Darüber hinaus wird ihm zufolge das Spiel der Motive zum dominierenden Gehalt der klassischen Musik (S. 689ff.). Dabei bilden verschiedene Charaktere meist Kontraste, die ein lebhaftes Spiel innerhalb eines Satzes ermöglichen und bedingen. Ein solches Spiel sollte dem „Liebhaber" ebenso gefallen wie dem „Kenner", der die musikalischen Bezüge erkennen konnte. Ausgehend von der Gegenüberstellung von „raison" und „sentiment" und den hierauf bezogenen Typen „connoisseur" und „amateur" in der französischen Aufklärung wurde das Begriffspaar „Kenner und Liebhaber" im Laufe des 18. Jahrhunderts zu einem feststehenden Terminus und vermehrt auf Musik angewandt (vgl. Sponheuer 1996, Sp. 33; Reimer 1975). So veröffentlichte etwa Carl Philipp Emanuel Bach 1779 *Sechs Clavier-Sonaten für Kenner und Liebhaber*. Auch Wolfgang Amadeus Mozart strebte an, „etlichen guten Freunden, Liebhabern und Kennern zu gefallen" (Mozart 1991, S. 407).

Neben dem Schönen, das sich im Zarten und Fließenden darstellen lässt, erhebt der Philosoph Edmund Burke das „Erhabene" – englisch: „sublime" – zur zweiten Kategorie der Kunst. Das Erhabene erscheint gleichwohl bereits im ersten nachchristlichen Jahrhundert bei dem nicht näher identifizierten Autor „Pseudo-Longinos" (Pseudo-Longinos 1890). Während nun das Schöne und Zarte für Burke mit dem menschlichen Streben nach Gesellschaft und Sexualität verbunden ist, ordnet er das Erhabene dem Streben nach Selbsterhaltung zu. Es findet seinen Ausdruck in Größe, Macht und Kampf, dabei klingen Gefahr, Leid und Tod an; dementsprechend löst das Erhabene Gefühle des Schauderns aus (Burke 1914; vgl. Eco 2006a; Liessmann 2009, S. 30ff.). Tatsächlich sind Kontraste zwischen kraftvollen und zarteren Themen ebenso kennzeichnend für die Musik der Klassik, wie es die musikalische Verarbeitung der Themen im „Kampf" der Durchführung im Rahmen des Sonatenhauptsatzes ist. Die Freiheit, die sich bei Schiller in der Schönheit verbirgt, wird in der Französischen Revolution auch zum politisch-sozialen Ideal erhoben. Die Aufklärung zielte auf die Mündigkeit des Einzelnen, das Bürgertum erstarkte und schuf sein eigenes Konzertwesen. So emanzipierten sich auch die Musik und der Musiker allmählich von weltlicher und kirchlicher Macht, was sich an den Biografien Haydns, Mozarts und Beethovens auf je eigene Weise ablesen lässt. Die Musik wurde zu einem Element der bürgerlichen Lebensführung, sie war die Schöpfung eines Individuums und richtete sich wiederum an Individuen, die sich ihr zuwandten. Das moderne Subjekt war in seiner Lebensführung nicht mehr ausschließlich von religiösen und gesellschaftlichen Vorgaben bestimmt, sondern konzentrierte sich auf die eigene Individualität und Emotionalität. Es suchte seine Orientierung in sich selbst. Gewissermaßen analog hierzu zeichnet sich das klassische Kunstwerk in den Worten des Philosophen Georg Wilhelm Friedrich Hegel dadurch aus, dass es eine äußere Form hat, „welche, als mit ihrem Inneren identisch, dadurch auch ihrer Seits unmittelbar die Bedeutung ihrer selbst ist" (Hegel 1843, S. 3f.; vgl. Pott 2005, S. 24), dass es also der Tendenz nach nichts abbildet und bedeutet als sich selbst. Subjektivität und Emotionalität stellen denn auch gewissermaßen die Brücke zur Romantik dar.

Romantik

Die Aufklärung und die Französische Revolution setzten das Individuum gegenüber den überkommenen Institutionen ins Recht. Andererseits erschütterte die Aufklärung auch die Gewissheit, mit Hilfe des Verstandes zur Gotteserkenntnis gelangen zu können (vgl. Kant 1990; Safranski 2007, S. 58, 137). Die menschliche Glückseligkeit war damit keine Sache der Vernunft mehr. An ihre Stelle trat ein emotionaler, mystischer und schwärmerischer Zugang. Schleiermacher spricht vom „Sinn und Geschmack fürs Unendliche" (Schleiermacher 1958, S. 30; vgl. Safranski 2007, S. 137ff., 143). Wie man an den Titeln von Kompositionen Robert Schumanns sehen kann – den „Stücken im Volkston", den „Märchenbildern" und den „Märchenerzählungen" –, gewannen das Volksgut mit seiner Ursprünglichkeit und das Märchen mit seinen mythisch-fantastischen Elementen einen neuen Reiz, der im Gegensatz zur Nüchternheit der „Vernünftler" (Wackenroder 1984, S. 326) und „Philister" (Goethe 1960, S. 366; Schumann 1839, S. 163) stand (vgl. Wackenroder 1984, S. 328, 330). Der Philosoph Jean-Jacques Rousseau hatte die Zivilisation als Quelle aller menschlichen Schlechtigkeit ausgemacht und eine Erziehung in der Natur propagiert (Rousseau 1789a–b; 1790; 1791). Die Natur, die zuvor überwiegend als Wirtschaftsraum erschien, wurde für die Romantiker ebenso zu einer Quelle höherer Ahnungen wie auch die Kunst. „[I]n wessen Innern nicht eigene Offenbarungen aufsteigen, wenn seine Seele sich sehnt die Schönheit der Welt einzusaugen", der hat für Schleiermacher „keine Religion" (Schleiermacher 1958, S. 67). Wilhelm Heinrich Wackenroder, der 1793 mit Ludwig Tieck durch Franken gewandert war (vgl. Safranski 2007, S. 99), schreibt in einer posthum von Tieck herausgegebenen Schrift von Stunden, „in denen die Natur wie mit einer freundlichen Glorie umzogen ist […] und alles in einen süßen Klang zerrinnt, ein Widerhall vom Himmel herunter". Den Pol des Schönen um den des Erhabenen ergänzend, kommt er auf Berge, Felsen und Wolken, auf Sturm, Donner und Meer zu sprechen und fährt fort: „dann scheint die Welt mit allen Kräften zu ringen, kein Teil im Stillstande und unbeseelt. Aufgerichtet in Majestät steht die Natur vor uns, […] wir sehn die Kräfte der Welt sich mächtig offenbaren, alles wird zu einem großen Bilde, zu einer geheimnisvollen Allegorie" (Wackenroder 1984, S. 276f.). Das Naturerlebnis kann für Wackenroder auch das Kunsterlebnis inspirieren. Der Musik kommt dabei eine besondere Bedeutung zu:

Von den Tönen fortgezogen,
Wirst du schönre Lande sehn:
Sprache hat dich nur betrogen,
Der Gedanke dich belogen,
Bleibe hier am Ufer stehn (S. 348).

Die „Töne der Instrumente" sind für ihn „gleichsam ein neues Licht, eine neue Sonne, eine neue Erde, die im Licht auf unserer Erde entstanden ist" (S. 345). Die Lichtmetapher erinnert hier an die antike Bestimmung der Schönheit als Glanz, der auf das Göttliche rückbezogen wird (Plotin 1878, S. 42ff.). So haben auch die Klangfarben Anteil an der bewunderten Wirkung der Musik. Bei Wackenroder liest man: „Die Musik hat das Schönste der Naturtöne gesammelt und veredelt, sie hat sich Instrumente gebaut, aus Metall und Holz, und der Mensch kann nun willkürlich eine Schar von singenden Geistern erregen, sooft er will" (Wackenroder 1984, S. 297). Im Gegensatz zum Barock wird die klangfarbliche Gestaltung – und damit auch die Instrumentierung – zu einem entscheidenden Mittel der Komposition und so auch der Interpretation. Vom Deklamatorischen sich entfernend, das die Musik bis zu dieser Zeit geprägt hatte (vgl. Wackenroder 1984, S. 352f.), „malt" der Musiker mit den Farben der Klänge und Töne, sodass Fläche und große Linie an Bedeutung gewinnen (vgl. Harnoncourt 1985, S. 182). Die Kunst wird „der Wirklichkeitswelt als Gegenwelt gegenübergestellt" (Eggebrecht 1998, S. 573), die – wenn sie die Realität nicht ironisch bricht – stetige Sehnsucht erzeugt und gar eine Art Erlösung von der Auswegslosigkeit der Welt verspricht – ein Gedanke, der schließlich bei Richard Wagner eine zentrale Rolle spielt (vgl. Eggebrecht 1998, S. 592ff., 642; Safranski 2007, S. 270). So wie die Welt und ihre Verneinung in der erlösenden Kunst nebeneinanderstehen und andererseits auch die Kunst aus dem Blickwinkel der Welt wiederum als Verführung und Täuschung erscheinen kann, prägt allgemein die gleichzeitige Anwesenheit gegensätzlicher Pole die romantische Kunst: Endlichkeit und Unendlichkeit, Intellekt und Triebhaftigkeit, Revolution und Rückbesinnung (vgl. Michele 2006, S. 299). Euphorie und Melancholie lassen sich ebenso in den Stimmungswechseln der Musik ausmachen, die die Kontraste der Klassik fortführen, wie in der Ambivalenz vieler Werke. Volkstümlichkeit und Sinfonik, Arglosigkeit und Grauen, Trost und Verzweiflung, Traum und Wirklichkeit, heile Welt und Abgrund prägen etwa die Musik Franz Schuberts und Gustav Mahlers (vgl. Eggebrecht 1998, S. 643, 724ff.; 1986). In der Romantik stehen Schlichtheit und Natürlichkeit neben Leidenschaft, Exaltiertheit und virtuoser Artistik; das musizierende Individuum findet sich einerseits in der Innerlichkeit und Intimität der Hausmusik und wird andererseits als Star des Konzertwesens zum manchmal dämonischen Genie erhöht. Der Gedanke der Nachahmung in der Kunst findet sich in Reinform in der Programmmusik, wie sie von der „Neudeutschen Schule" um Liszt propagiert wurde (vgl. Eggebrecht 1998, S. 666ff.). Die Gegenposition nahm insbesondere der Musikkritiker und Schriftsteller Eduard Hanslick ein, der „tönend bewegte Formen" als alleinigen

Inhalt und Gegenstand der Musik begriff (Hanslick 1973, S. 32; → *S. 16*). Während aber Immanuel Kant die Schönheit der Musik an ihrer mathematischen Form festmacht (Kant 1963, § 53), hat sie für Hanslick „mit dem Mathematischen nichts zu thun" (Hanslick 1973, S. 47; vgl. auch: Hanáček 2008), sondern liegt vielmehr in den „sinnvollen Beziehungen in sich reizvoller Klänge" (S. 32). Dennoch endet auch Hanslicks Schrift in seiner ursprünglichen Fassung mit einem Anklang an die Sphärenharmonie, die auch bei Wackenroder begegnet (Wackenroder 1984, S. 285, 297): „Da die Elemente der Musik: Schall, Ton, Rhythmus, Stärke, Schwäche im ganzen Universum sich finden, so findet der Mensch wieder in der Musik das ganze Universum" (Hanslick 1973, S. 104; vgl. Dahlhaus 1988a, S. 44ff.).

Wurzelt die Emotionalität der Romantik im Empfinden des Individuums, so tendiert sie im Salon und auf der Operettenbühne zum Volkstümlichen und Sentimentalen. Dabei kann diese Musik durchaus Eleganz und Raffinesse besitzen. In der Salonmusik und im Wiener Walzer findet das Bedürfnis nach gehobener Geselligkeit und Unterhaltung seinen Ausdruck. Damit wird der Realität gewissermaßen eine Welt der seligen Träume und des glanzvollen Scheins gegenübergestellt.

Fin de Siècle, 20. Jahrhundert und Neue Musik

In der Spätromantik des Fin de Siècle schlug die Verneinung der Welt in der Kunst teilweise in Lebensferne und Morbidität um (vgl. Liessmann 2009, S. 63). Gleichzeitig wird im Impressionismus die Konzentration auf die Klangfarbe weitergeführt. Dagegen radikalisierte der Expressionismus gewissermaßen die romantische Idee der „Aufbewahrung der Gefühle" in der Musik (Wackenroder 1984, S. 312) und strebte nach unmittelbarem Ausdruck aus den Kräften des Unbewussten sowie nach einer Wahrhaftigkeit, die gerade auch Hässlichkeit beinhalten konnte und sich aus den Fesseln formaler Schönheitsvorstellungen befreite (vgl. Stuckenschmidt 1979, S. 178; Stephan 1995, Sp. 245f.). Im Weiteren verlangte jedoch auch die Frage nach dem musikalischen Material und seiner Organisation nach Lösungen. Arnold Schönberg, der 1912 einen Aufsatz zum expressionistischen Manifest „Der Blaue Reiter" der beiden Maler Wassily Kandinsky und Franz Marc beigesteuert hatte (Schönberg 1988), wies mit der Zwölftontechnik von den 1920er-Jahren an den Weg zu neuen Organisationsprinzipien (vgl. Michels 1985, S. 525); daneben fanden Komponisten wie Béla Bartók und Leoš Janáček Inspiration und Material in der Volksmusik ihrer Heimat. Igor Strawinsky wiederum orientierte sich an historischen Stilen, die er mit neuen Errungenschaften der Kompositionstechnik konfrontierte. Insgesamt ist seitdem ein Pluralismus kennzeichnend, der es verbietet, von verbindlichen ästhetischen Ideen zu sprechen, allenfalls könnte man Neuartigkeit und Originalität als Bedingungen für einen kompositorischen Erfolg ausmachen. Zweifellos strebt die Musik der jüngeren Zeit nicht nach Schönheit als unbedingter Richtschnur; wer sie an Schönheit messen und daher verurteilen wollte, würde dies an den ästhetischen Ideen vorbei tun, die ihr zugrundeliegen. Gerade auch Egge-brechts oben angeführte Bestimmung der Tonschönheit als Freiheit von Zufall und Naturdasein *(→ S. 135)* greift nicht mehr. Im Serialismus – etwa bei Pierre Boulez – wurde die Dominanz von Tonhöhe und Rhythmus durch die akribische Festlegung und strukturelle Berücksichtigung der anderen musikalischen Parameter aufgebro-chen. Für die Interpretation sind dementsprechend etwa auch die Dynamik und die Artikulation exakt umzusetzen. Das genaue Gegenteil scheint im Einbeziehen der Zufälligkeit in das Komponieren zu liegen; allerdings könnte man sagen, dass schon die Anwendung der seriellen Ordnungen auf das Tonmaterial zu Unvorhergese-nem führt. Die Struktur gewinnt gewissermaßen ein Eigenleben, in das der Kompo-nist nicht in traditionell gestaltender Weise eingreift. Wenn in der Vielschichtigkeit der Struktur eine unabsehbare Fülle an Möglichkeiten aufscheint, ist der Weg dazu, gewisse Entscheidungen dem Zufall oder den Interpretinnen und Interpreten zu überlassen, nicht mehr weit. Berücksichtigt man ferner die Ausweitung klangfarb-licher Möglichkeiten durch Elektronik und Geräusch – hier wären etwa Karlheinz Stockhausen und Edgar Varèse zu nennen –, so erscheint der erweiterte Musikbe-griff John Cages als folgerichtige Entwicklung: Hier wird schließlich das Leben selbst mit seinen Alltagsklängen – etwa in der berühmten Komposition „4: 33" von 1952 – als potenzielle Musik begriffen. Entscheidend ist die Einstellung des Hörens als eines Versenkens in die sinnlichen Wahrnehmungen. Der Umgang mit Musik wird so gleichsam zu einem meditativen Akt; nicht zuletzt trifft dies auch auf die soge-nannte „Minimal Music" mit ihren Entwicklungen repetierter Muster zu – beispiels-weise bei Steve Reich und Philip Glass (vgl. Eggebrecht 1998, S. 812ff.; Wallbaum 2012). Der Verweis auf die Zufallsmusik, die sich in der Welt ereignet; das Unvorher-gesehene, das sich aus den Anfangsbedingungen der Konstruktion ergibt; die „Resulting Patterns", die aus der Überlagerung von Rhythmen in der Minimal Music entstehen – all dies erinnert an die selbstorganisierten Muster in der belebten und der unbelebten Natur, welche in der sogenannten „Chaostheorie" das Herzstück einer neuen Sichtweise auf die Welt bilden (vgl. Krohn, Küppers 1990; Kauffman 1998).

Jazz und populäre Musik

Zum sinnlich-körperlichen Eintauchen animieren auch Jazz und populäre Musik. Von zentraler Bedeutung ist hier die zeitliche Gestaltung, das „Timing". Erstens muss der Grundpuls in unbestechlicher Gleichmäßigkeit durchlaufen. Zweitens wer-den die Melodietöne einer „Guide Line" im freien Umgang mit ihr immer wieder vor und nach den Zählzeiten platziert, also als „Off Beats" gestaltet. Insgesamt soll sich aus der rhythmischen Gestaltung drittens die Empfindung einer durchgehen-den Bewegtheit ergeben, die je nach Stilistik als „Swing" oder „Groove" bezeichnet wird (vgl. Ashley 2002; Bruhn 2002b, S. 530; Auhagen 2008, S. 451). Eine makellose

Schönheit würde häufig nicht zum angestrebten Ausdruck passen, stattdessen finden „Dirty Tones" bewusst Eingang in die Musik. So entsprechen die Tongebung und der Tonansatz nicht den klassischen Idealen; unsaubere Töne, Verzerrungen und Extreme sind oft gewünscht. Entsprang der Jazz zunächst der Situation der afrikanischen Sklaven und ihrer Nachkommen in Amerika (vgl. Michels 1985, S. 538ff.), so greift die populäre Musik allgemein das Lebensgefühl ihrer Hörerinnen und Hörer auf – gerade dadurch schafft sie eine Voraussetzung dafür, populär zu werden. Bevor sie „Mainstream" wird, identifiziert sich die jüngere Generation häufig mit ihr; dementsprechend trachtet sie danach, gegenüber der Erwachsenenwelt unangepasst zu sein. Folgt man dem Musikpädagogen Hermann Rauhe, so kommt den musikalischen Primärkomponenten – Tonhöhen, Rhythmus, Harmonik und Form – keine dominierende Rolle zu. Stattdessen kommt es wesentlich auf die Sekundärkomponente der Instrumentation und die Tertiärkomponente der Interpretation an (Rauhe 1968). Was die erstere betrifft, sind elektronisch erzeugte oder nachbearbeitete Klänge von eminenter Bedeutung. In Bezug auf die Interpretation stellt auch die visuelle Inszenierung ein zentrales Element der Präsentation dar. Dies äußert sich in aufwändigen Bühnenshows ebenso wie in den Videoclips der Bands.

Didaktik der Interpretation

In jedem Falle sollte die Interpretation musikalischer Werke von der Orientierung an den ästhetischen Ideen der Entstehungszeit profitieren: So kann sich das Spiel barocker Musik am jeweiligen Tanzcharakter oder Affekt ebenso ausrichten wie an musikalischer Deklamation und den Betonungsnuancen innerhalb des Taktes. Bei klassischen Stücken kann das plastische Spiel der Charaktere fokussiert werden, bei romantischen das farbenreiche Gestalten größerer Linien. Vor dem Hintergrund der jeweiligen Konventionen können auch deren Verletzungen und Überschreitungen im Einzelfall in den Blick geraten, beispielsweise dort, wo sich bei einem Komponisten der Klassik schon romantische Züge zeigen, wo ein Romantiker bereits in die Moderne weist oder wo ein Komponist seine ganz eigene Sprache entwickelt.

Daneben wird die Interpretation aber auch von den einschlägigen ästhetischen Ideen der Aufführungszeit bestimmt sein. Dies kann auch zur Bearbeitung und Aktualisierung von Werken führen. Weitere Orientierungen ergeben sich durch die Interpretationstradition. Zum einen begegnet einem hier die vom 19. Jahrhundert geprägte „romantische" Spieltradition. Wie sich allerdings seitdem die Vorstellung von einem schönen Ton gewandelt hat, kann man zum Beispiel an Geigenaufnahmen vom Beginn des 20. Jahrhunderts erkennen, auf denen man ein vibratoarmes, aber mit vielen Glissandi versehenes, süß schmelzendes Spiel hören kann. Zum anderen sind bis heute bereits Ansätze überliefert und weiterentwickelt worden, die Musik historisch zu rekonstruieren trachten (vgl. Danuser 1996, Sp. 1057ff.). So wird das Spiel eines Barockstücks heute fast zwangsläufig auf die eine oder andere Weise von der Historisch informierten Aufführungspraxis beeinflusst sein.

In Unterrichtsstunden ist es sinnvoll, vom Allgemeinen zum Detail fortzuschreiten: Zunächst können Erfordernisse der jeweiligen *Stile* und deren zeitgeschichtliche Hintergründe besprochen werden. Der Klärung der grundlegenden ästhetischen Ideen kann die Suche nach dem *Gehalt* und *Charakter* des konkreten Stücks folgen, nach dem also, was die Musik im Sinne der entsprechenden ästhetischen Idee „nachahmt". Von diesem Charakter ausgehend, müssen Tempo, Dynamik, Artikulation und Klangfarbe gefunden werden. Der Gehalt, der aus dem Stück herausgelesen wurde, soll sozusagen wieder in ihn hineingelegt werden. Dabei kann das menschliche Verhalten in Situationen, die dem Gehalt entsprechen, der Gestaltung als Orientierung dienen: So verlangsamt etwa Kummer die menschlichen Bewegungen, diese stocken und verlieren an rhythmischer Kontur, das Sprechen wird leise; für Freude gilt das genaue Gegenteil. Wird Macht demonstriert, so wird die Stimme erhoben, dabei bleibt das Tempo der Bewegungen gemessen. Zärtlichkeit wiederum drückt sich in leisen, gleichmäßig pulsierenden Bewegungen – wie etwa beim Streicheln und Wiegen – aus (vgl. Rösing 2002a, S. 579ff.). Bei alledem sollte im Auge behalten werden, dass kulturelle Einflüsse eine wesentliche Rolle für die Zuschreibung von Ausdrucksgehalten spielen (vgl. Fuhr 2007, S. 96). Wenn Lehrkräfte erwarten, dass Schülerinnen und Schüler den „richtigen" Gehalt eines Stücks spüren oder nennen, wenn sie ihnen einen bestimmten Gehalt vermitteln, so handeln sie auch im Sinne einer Einführung in kulturelle Übereinkünfte, im Sinne der Enkulturation *(→ S. 27f.).* In das Zuschreiben von Gehalten gehen aber auch individuell-biografische Faktoren ein, sodass auch Menschen mit dem gleichen kulturellen Hintergund abweichende Zuschreibungen vornehmen können.

Schließlich kann man sich den *Phrasierungen* und Linien zuwenden, die durch Betonungen, Dynamik, Agogik und das Atmen entstehen. Für die Gestaltung einstimmiger Melodien liefern die Musikwissenschaftler Johan Sundberg, Lars Frydén und Anders Askenfelt elf grundlegende Regeln, die in einer von ihnen durchgeführten Untersuchung die Ausführung durch einen Computer so verbessern konnten, dass das Ergebnis jeweils als musikalischer empfunden wurde:

1. Höhere Töne werden in der Regel lauter gespielt, was dem Singen nachempfunden sein mag. Bei aufsteigenden Linien ergibt sich hieraus ein Crescendo.
2. Kontraste zwischen längeren und kürzeren Noten werden dadurch geschärft, dass letztere abermals verkürzt werden, ohne dass die Verzerrung des Grundpulses ausgeglichen würde. Diese Regel gilt sicher nicht für populäre Musik.
3. Bei Aufwärtssprüngen wird die Ausgangsnote verkürzt, während
4. die Zielnote bei Auf- und Abwärtssprüngen gedehnt wird. Dies mag dem Gestus eines Sprungs ebenso entsprechen wie die
5. entstehende Pausenwirkung zwischen Ausgangston und Zielton durch ein Decrescendo am Ende des Ausgangstons.

6. Kürzere Noten, die von längeren umgeben sind – beispielsweise kurze Noten nach punktierten Noten in durchgehenden Punktierungsfiguren –, werden leicht akzentuiert.
7. Lautstärkeunterschiede bei aufeinanderfolgenden Tönen werden durch Crescendi und Decrescendi abgemildert. Dies trifft etwa bei Aufwärtsbewegungen zu, die nach der ersten Regel mit einem Anstieg der Dynamik einhergehen.
8. Die Töne werden bei weiter von der Grundtonart entfernten Harmonien entsprechend lauter gespielt, bei größerer Nähe zur Tonika entsprechend leiser. Hierdurch werden harmonische Distanzen gewissermaßen als bewusst eingesetzte Mittel markiert.
9. Dies kann auch auf die Einzeltöne übertragen werden: Je weiter diese auf dem Quintenzirkel vom Grundton entfernt sind, umso lauter werden sie ausgeführt.
10. Die erste Note nach Akkordwechseln wird gedehnt.
11. Schlussnoten werden etwas länger gespielt.

Der Einsatz der Gestaltungsmittel gemäß den genannten Regeln soll unmerklich geschehen, also keinesfalls übertrieben werden. Selbstverständlich sind auch bewusste Abweichungen von diesen Regeln möglich, sie können sogar gerade reizvoll sein (Sundberg, Frydén, Askenfelt 1982; vgl. Bruhn 2002b).

Wie an den Regeln deutlich wird, kann im Dienste der Phrasierung – aber auch des Stils und des Gehalts – schließlich auch am einzelnen Ton gearbeitet werden. Für die *Tongestaltung* sind insbesondere die Klangfarbe und die Artikulation von Bedeutung.

So umfasst die Interpretation verschiedene Ebenen: die historisch-kulturelle Ebene der ästhetischen Ideen und Stilmerkmale, die Ebene des Stücks mit dem spezifischen Gehalt desselben, die Ebene der Phrase mit der jeweiligen Linienführung und zuletzt die Ebene des Einzeltons mit den entsprechenden Gestaltungsmöglichkeiten. Auf jeder Ebene hängen die interpretatorischen Entscheidungen auch von den jeweils höheren Ebenen ab.

Gehalt, Phrasierung und Tongestaltung können bereits im Anfangsunterricht mit Kindern als Anhaltspunkte interpretatorischer Arbeit dienen. Dabei lassen sich vier Stufen unterscheiden:
1. In einem ersten Schritt wird der Schülerin oder dem Schüler dabei geholfen, ein *Gefühl* für das jeweilige Musikstück zu entwickeln und dessen emotionalen Gehalt zu erspüren. Manchmal reicht dazu das Vorspielen aus, daneben kann die Lehrkraft das Spiel des Kindes durch begleitendes Singen oder Dirigieren inspirieren. Es ist jedoch nicht ausgeschlossen, dass das Kind von Anfang an ein Gespür für den Ausdruck des Stücks zeigt, ohne dass die Lehrkraft viel dazutun muss.
2. Im zweiten Schritt wird nach passenden *Beschreibungen* für den Gehalt gesucht. Dadurch, dass dieser schließlich in Worten ausgedrückt wird, gerät er in die bewusste Verfügbarkeit der Schülerin oder des Schülers. An der entsprechenden

Vorstellung, dem Bild oder Wort, kann sich das Kind nun auch zuhause orientieren. Dabei gilt es, der Beschreibung immer näherzukommen. Hilfreich können Adjektive, wie sie Anselm Ernst anbietet (Ernst 2007, S. 94), aber auch Bilder oder kleine Geschichten sein, die mit der Musik assoziiert werden können.

3. Der dritte Schritt besteht aus dem Identifizieren derjenigen *Parameter*, die den Gehalt jeweils tragen. Für den nervösen Charakter mag zum großen Teil das Tempo, für die Klage die chromatische Melodik, für den harschen Ausdruck die Staccato-Artikulation verantwortlich sein. Zunächst kann es helfen, Passagen oder Wendungen ausfindig zu machen, an denen der Gehalt besonders gut zu spüren ist. Werden diejenigen Parameter, von denen man vermutet, dass sie den Gehalt maßgeblich bestimmen, gezielt variiert und modifiziert, lässt sich gut beobachten, wie und ob sich auch der Gehalt verändert. Mit diesem Schritt bekommt das Kind weitere Hilfen an die Hand, den Gehalt zu treffen, womit die Gestaltung abermals bewusster gesteuert wird.

4. An vierter Stelle können schließlich auch die *technischen Mittel* geklärt werden, die eine Gestaltung der entsprechenden Parameter im Sinne des Gehalts ermöglichen. Für das harsche Staccato oder das blühende Vibrato braucht es bestimmte Bewegungsabläufe, die im Detail betrachtet werden können. Hiermit wird die Verfügbarkeit für das eigene Üben noch ein weiteres Mal gesteigert. Die Schülerinnen und Schüler haben nun auch Anhaltspunkte für die technische Ausführung derjenigen Spielweisen an der Hand, die zum gewünschten Gehalt führen können (vgl. Dartsch 2010e, S. 61f.).

Jeder der Schritte ist dort angesagt, wo sich Hindernisse zeigen. Spürt das Kind unmittelbar einen Gehalt, muss nichts weiter getan werden, um ihm diesen zu vermitteln. Kann es ihn auch zuhause immer wieder abrufen, bedarf es nicht unbedingt einer Verbalisierung. Findet das Kind Mittel, um den Gehalt auszudrücken, müssen die Parameter nicht zwingend einzeln benannt und bewusst gemacht werden. Gelingt dem Kind schließlich die Ausführung problemlos, kann eine technische Besprechung unter Umständen selbstverständliche Abläufe gefährden. Häufig ergeben sich organische Bewegungen eher durch die Konzentration auf ein gewünschtes Ergebnis als durch das Fokussieren auf die motorischen Abläufe selbst (→ S. 164; Wulf, Shea, Wright 1998, S. 215f.; vgl. Saxer 2006). Alles dies lässt sich im Übrigen auch auf den Unterricht mit Jugendlichen und Erwachsenen übertragen.

Die Arbeit am Gehalt und an den ihn tragenden Parametern ist bereits beim Spiel einfacher Lieder oder Stücke angezeigt. Dies soll exemplarisch an dem Lied „Laterne, Laterne" gezeigt werden. Dabei handelt es sich um ein wohl über hundert Jahre altes Lied aus Norddeutschland, dessen Text von Theodor Storm stammen könnte (Weber-Kellermann 1999, S. 146). Es gehört zum Martinsfest, das für Kinder einen großen Zauber haben kann. Die womöglich selbst gebastelte Laterne, der Umzug mit vielen Kindern durch die dunklen Straßen, das Martinsfeuer, das Pferd und der Darsteller des Heiligen, nicht zuletzt auch die Musik, die nur in dieser Zeit erklingt, prägen das Fest, auf das man jedes Jahr wieder lange warten muss, auf eigene Weise. Gemessen an dieser Faszination erscheint das Lied zunächst recht einfach:

volkstümlich

Dennoch lohnt sich ein genauerer Blick: Der Anfang mit seiner sogenannten „Leiermelodik" erinnert an einen Ruf. Man kann dies Kindern gut verdeutlichen, indem man einige Namen mit der Stimme oder auf dem Instrument mit der gleichen Melodik ruft. Dabei wird sich auch zeigen, dass unbetonte Silben in den Namen auch im Ruf gegenüber den betonten Silben deutlich abfallen. Das Gleiche gilt für den Anfang dieses Liedes. Sonne, Mond und Sterne gehören ebenfalls zu diesem Ruf, denn sie stellen die früher üblichen Laternenformen dar, sollten doch die Laternen den Himmelskörpern nachempfunden sein. Ein Gespräch mit den Kindern über ihre Laternen sowie über den bevorstehenden oder schon erlebten Umzug kann Gedanken an das Fest lebendig werden lassen und entsprechende Stimmungen hervorrufen. Vielleicht ist das Kind stolz auf seine Laterne, wahrscheinlich freut es sich auf das Fest oder ist vom letzten Jahr noch beeindruckt. Stolz und Freude können dann in den Anfang einfließen. Der Ausdruck von Stolz, aber auch die Sangbarkeit zum langsamen Gehen beim Umzug sprechen für ein gemessenes Tempo und eine Art Maestoso, das allerdings durch die Freude zum Gegenteil hin ausbalanciert wird, denn es darf nicht langweilig, müde oder gar traurig klingen. Dazu wird auch eine angemessene Lautstärke beitragen, wie sie der Freude und den Blasinstrumenten des Umzugs entspricht. Wenn es dann heißt: „Brenne auf, mein Licht", erscheinen das erste Mal Achtelnoten, und es wird von einer Zählzeit zur anderen eine Quinte durchmessen. Man spürt förmlich das Aufflackern der Kerzenflamme, die hier „angefeuert" wird. Musikalisch wird dies durch ein Crescendo unterstützt, vielleicht auch durch ein leichtes Marcato. In den letzten beiden Takten kommt eine neue Farbe ins Spiel: Hier wird fast flehentlich darum gebeten, dass die Laterne nicht in

Flammen aufgehen soll. Den an die Allgegenwart von Elektronik gewöhnten Kindern wird man diese früher sehr reale Gefahr vielleicht erst durch Erzählungen von vergangenen Zeiten verständlich machen. Schließlich kann die Bitte in einem dichten Legato und mit einer weichen Betonung der ersten Silbe des Wortes „liebe" gespielt oder gesungen werden (vgl. Dartsch 2010e, S. 64ff.). All dies gilt es zu empfinden und je nachdem auch zu verbalisieren, an der jeweiligen Gestaltungsweise festzumachen und technisch umzusetzen. So kann schon im Anfangsunterricht an der ausdrucksvollen Gestaltung und Interpretation eines vorgegebenen Stücks gearbeitet werden.

Hinter allen Aspekten des Objekts, des Musikstücks, darf das Passen einer Interpretation zum jeweiligen Subjekt nicht in Vergessenheit geraten *(→ S. 130)*. So kann dasselbe Stück von verschiedenen Personen auf unterschiedliche Weise überzeugend vorgetragen werden. In diesem Zusammenhang sind einige der Überlegungen, die Matthias Duderstadt zur Improvisation anstellt *(→ S. 100)*, auch für die Interpretation hilfreiche Anhaltspunkte:

Zu den konstitutiven Elementen der Improvisation rechnet er zunächst die Erinnerungsspuren an Sinneseindrücke aller Art sowie an Körperempfindungen, Gedanken und Gefühle (vgl. Duderstadt 2003, S. 23ff.). Wer beabsichtigt, Härte oder Süße in die Musik zu legen, wer nach einem warmen oder leuchtenden Ton strebt, wer rasend oder schleppend, schmeichelnd oder zögernd spielen oder singen möchte, muss all dies buchstäblich am eigenen Leib erfahren haben; das Umsetzen solcher etwa an Materialien gesammelter Erfahrungen in Musik hat bereits in der Elementaren Musikpraxis seinen Platz. Auch die Darstellung von Emotionen und Stimmungen wird auf Erinnertes zurückgreifen. Hier kann die Imagination zu Hilfe kommen: Mit ihr kann Erinnertes wachgerufen werden, sie ermöglicht das Hineinversetzen in Unbekanntes unter Anknüpfung an eigene Erlebnisse, sie bringt schließlich aus Erinnerungsbruchstücken schöpferisch Neues hervor, das bisher nicht zur Verfügung stand (vgl. S. 69ff.). Neben bewussten Erinnerungen spielt auch das Unbewusste eine große Rolle für die künstlerische Gestaltung. Aus dem Unbewussten heraus können versunkene Erinnerungen, unreflektierte Gewohnheiten, Verdrängtes, mythisch-fiktive Inhalte und kreative Impulse in das Spiel einfließen. Um einen Zugang zu unbewussten Inhalten zu finden, die sich ja eben nicht ins Bewusste zwingen lassen, kann es helfen, sich ganz in das künstlerische Tun zu vertiefen, zunächst jegliche Zensur auszuschalten, eine innere Entspannung anzustreben, beharrlich an der Aufgabe zu bleiben und mit dem Material immer wieder auch einmal improvisatorisch zu spielen (vgl. S. 97ff.). Dabei sind Konzentration und Entspannung gleichzeitig präsent (vgl. S. 87ff.); es kann der Eindruck entstehen, das Spiel geschähe ohne inneres Zutun. Die Psychologie würde in diesem Zusammenhang von Flow-Zuständen sprechen (vgl. Csikszentmihalyi 1992; Burzik 2006; Rheinberg 2006, S. 345ff.). Wahrscheinlich geschehen aber in jedem Fall große Teile des Interpretationsvorgangs unbewusst; sie leben von der Intuition, die sich allerdings aus erworbenen Erfahrungen mit Musik speist (Mantel 2007, S. 15ff., 24).

Werden Gedächtnisspuren und Unbewusstes ebenso aktiviert wie die Imaginationsfähigkeit, so entstehen Zugänge, die in hohem Maße von der spielenden Person selbst geprägt sind. Über eine korrekte Umsetzung von Noten, Vortragsbezeichnungen und Hinweisen einer Lehrperson hinaus kann so Authentizität (vgl. Duderstadt 2003, S. 171ff.; Dartsch 2010b, S. 285) im Sinne einer persönlichen Stimmigkeit entstehen, wie sie im Übrigen für Bildungsprozesse jeder Art kennzeichnend sein sollte (vgl. Dartsch 2010b, S. 159ff.).

Interpretation erscheint so auch als ein Bildungsgeschehen. Wie stets in Bildungsprozessen begegnen sich dabei äußere und innere Realitäten (vgl. S. 174ff.). Wann immer es gilt, Musikstücke interpretierend in Klang umzusetzen, kommt es ebenso darauf an, den äußeren Kriterien – den ästhetischen Ideen, dem Gehalt und dem Charakter, den Phrasierungen und der Linienführung – gerecht zu werden, wie den inneren Gegebenheiten des interpretierenden Menschen in dem Bestreben nach Authentizität und Stimmigkeit Rechnung zu tragen. Lehrkräfte sollten beiden Aspekten ihre Aufmerksamkeit schenken. Gewissermaßen an der Schnittstelle zwischen Objekt und Subjekt könnte man ein Denken ansiedeln, welches die Durchdringung des Werkes und eine interpretatorische Konzeption zum Inhalt hat. Es liefert dem Bewusstsein eine Art roten Faden für die Aufführung, aber auch bereits für das Üben von Musikstücken.

3.5 Üben

Für die meisten Musikerinnen und Musiker dürfte das Üben eine alltägliche und kaum hinterfragte Beschäftigung sein. Sie dient der Verbesserung oder dem Erhalt der instrumentalen Leistung in Bezug auf ein bestimmtes Musikstück oder auch auf die allgemeinen Spielfertigkeiten. Dass das Üben aus unterschiedlichen Perspektiven betrachtet werden kann und sich dabei als vielschichtiges Phänomen erweist, belegt Ulrich Mahlert mit seinen „Ansätzen zu einer Theorie musikalischen Übens": Üben wird hier zunächst als umfassendes *Lernen* beschrieben, das neben vielfältigen körperlichen Aspekten auch das Denken, das Wahrnehmen und das Fühlen betrifft. Weiter lässt sich Üben – man könnte hier ergänzen: wie alles Musizieren – als *Bildungsgeschehen* kennzeichnen, das Spuren in der Person selbst hinterlässt und ihren Horizont weitet. Indem es neue Erfahrungsräume eröffnet und mit Inspiration und Konzentration verbunden ist, trägt es auch Züge der *Meditation*. Dabei wendet sich der übende Mensch auch sich selbst zu, nimmt sich wahr und arbeitet in förderlicher Weise an sich selbst, sodass man das Üben aus einem philosophischen Blickwinkel heraus als Form der *Selbstsorge* betrachten könnte. Schließlich stellt es auch eine *Kunst* eigener Art dar, die man lernen und verfeinern kann. Üben kann weiter als *Forschungsfeld* gesehen werden, das mittels systematischer Untersuchung vorangetrieben und durchdrungen werden kann – sei es der Tendenz nach von einzelnen übenden Menschen, sei es von Wissenschaftlern verschiedener Disziplinen. Insofern ein imaginäres oder reales Publikum das Üben ebenso prägt wie vorgestellte oder anwesende Kammermusikpartnerinnen und -partner, kann Üben auch als *soziales Handeln* beschrieben werden (vgl. Mahlert 2006, S. 23ff.). Entlang der hier im Anschluss an Mahlert angeführten Kategorien und unter Ergänzung eines weiteren Aspekts soll das Üben im Folgenden tiefer durchleuchtet werden.

Üben als Lernen

Da beim Üben gelernt wird, greifen hier auch Ansätze aus der Lernpsychologie. Die auf das Verhalten gerichtete „behavioristische" Schule (engl. *behavior* für *Verhalten*) wird etwa prominent durch den Psychologen Edward Lee Thorndike vertreten. Thorndike experimentierte mit Tieren (vgl. das Video bei: Jennings 2007), übertrug seine Ergebnisse jedoch auch auf den Menschen. Er erklärt das Lernen mit Hilfe dreier Gruppen von Gesetzen:

1. Das „Gesetz des Erfolgs" besagt, dass die Wahrscheinlichkeit für das zukünftige Auftreten eines auf einen Reiz hin gezeigten Verhaltens steigt, wenn dieses von einem Lustgefühl begleitet ist oder gefolgt wird. Das Lustgefühl fungiert hier gewissermaßen als Belohnung für das Verhalten. Umgekehrt sollte ein mit einem Verhalten verbundenes Unlustgefühl die Wahrscheinlichkeit dieses Verhaltens vermindern. Das Spielen eines Instruments stellt sicher eine Form des Verhaltens dar. Der belohnende Erfolg beim Üben liegt im Idealfall in der Verwirklichung einer zuvor gehegten Klangvorstellung oder einfach im Gefallen, das ein Klangergebnis mit sich bringt. Als auslösenden Reiz könnte man die Noten der betreffenden Stelle oder des Stücks ansehen. Während des Übens werden verschiedene Spielbewegungen ausprobiert, von denen einige vielleicht „bestrafende" Missklänge nach sich ziehen, andere aber die belohnenden Lustgefühle zur Folge haben. Diese Verhaltensweisen werden von nun an mit größerer Wahrscheinlichkeit auftreten und sich schließlich durchsetzen, während dasjenige Verhalten abklingen wird, das zu Misserfolgen geführt hat.

2. Im Laufe dieses Prozesses kommen das „Gesetz des Gebrauchs" und das „Gesetz des Nicht-Gebrauchs" zum Tragen. Wird von dem gelernten Verhalten nun auch Gebrauch gemacht, steigt wiederum die Wahrscheinlichkeit seines Auftretens in der Zukunft – man übt also auch durch Wiederholung. Unterlässt man dies, macht also keinen Gebrauch von dem Verhalten, führt dies zum Sinken der Wahrscheinlichkeit. Hiermit sind bereits die Grundpfeiler des Übens auf den Punkt

gebracht. Allerdings ist zu beachten, dass der Theorie zufolge genau genommen eine Reiz-Reaktions-Verbindung gestärkt und somit gelernt wird, das Verhalten also an die Noten gekoppelt bliebe. Doch kann eine geübte Stelle häufig auch auswendig gespielt werden; als Reiz müsste dann die Absicht der Musikerin oder des Musikers gelten, die Stelle zu spielen. Damit aber entfernt man sich bereits deutlich von der eher mechanistisch gedachten Theorie, die mentale Phänomene völlig auszublenden versucht. Allerdings weist die dritte Gruppe von Gesetzen bereits in eine ähnliche Richtung.

3. In den „Gesetzen der Bereitschaft und der Nicht-Bereitschaft" wird die Voraussetzung für die Wirkung eines Erfolgs berücksichtigt: Um eine Verhaltenskonsequenz als lustvoll zu empfinden, muss man auf eine bestimmte Weise aufgelegt sein. Die Versuchstiere Thorndikes konnten etwa mit Futter belohnt werden, solange sie hungrig waren. Ähnlich wird eine übende Person einen Wohlklang nur dann als Erfolg verbuchen, wenn sie dazu bereit und motiviert ist, wenn sie gewissermaßen danach hungert, diesen Klang zu hören. In diesem Falle wird auch der Missklang wie eine Strafe erlebt werden können. Nach Thorndike kann die Person sogar einen Wohlklang als Strafe erleben, wenn sie nicht zu solchen Klängen aufgelegt ist (vgl. Thorndike 1961; 1970, S. 63ff.; vgl. auch: Dartsch 2010b, S. 111). Effektives Üben setzt demzufolge eine entsprechende Motivation voraus, nämlich das Bedürfnis nach bestimmten Klängen. Während das Ausprobieren eines Instruments bereits die Lust unerwartet reizvoller Klänge gewähren kann, wird es im späteren Verlauf des Instrumentalspiels darauf ankommen, eine vorgestellte Musik auch als Produkt des eigenen Handelns hören zu wollen.

Während die Behavioristen das Lernen ausschließlich über die Verstärkung von Reiz-Reaktions-Verbindungen zu erklären suchten, stellten Versuchsergebnisse schon bald die Absolutheit dieses Ansatzes in Frage. Es wurde deutlich, dass Tiere auch ohne verstärkende Belohnungen lernten, sich in ihren Umgebungen zu orientieren. So legten Ratten offensichtlich en passant eine innere Landkarte von Labyrinthen an, in denen sie umherliefen (vgl. Tolman 1948; Blodgett 1961). Organismen strukturieren also von sich aus die Fülle der sie erreichenden Sinnesreize und durchsuchen sie nach Regeln. Auch aus der akustischen Umwelt werden Muster herausgefiltert, sodass ein Kind, das häufig von Musik umgeben ist, sich diese zu einem großen Teil ganz unabhängig von formaler Unterweisung erschließen wird (→ S. 113). Im Laufe der Zeit kann beim Üben nebenbei gelernt werden, sich auf dem Instrument zu orientieren, zum Beispiel auf den Tasten oder auf dem Griffbrett ein immer feineres Gefühl für Abstände zu erlangen. Im Bereich akustischer Phänomene sollte etwa die Fähigkeit zur Orientierung im Tonsystem zunehmen. Das Gefühl für exakte Rhythmen wird vom Üben ebenso profitieren wie das Gehör für die Feinheiten der Intonation. Auch in Bezug auf Körperempfindungen sollte die Wahrnehmung sich verfeinern. Voraussetzung hierfür ist das wache und häufige „Umherlaufen" in den Feldern der Klänge und Körperempfindungen.

Eine Sonderform des instrumentalen Lernens stellt das Auswendiglernen dar. Hierfür können verschiedene Gedächtnissysteme genutzt werden:

- Der *kognitive* Zugang geht den Weg über das denkende Strukturieren des Musikstücks, man merkt sich also etwa die formale Anlage oder die jeweils zugrundeliegende Harmonik (vgl. Leimer 1938, S. 5ff.; 1959, S. 12ff.; Bernstein 1993, S. 221ff.; Mantel 2003, S. 127ff.).
- Demgegenüber prägen sich beim *motorischen* oder *kinästhetischen* Zugang die Spielbewegungen ein, sodass etwa die Finger später wie von selbst weiterlaufen, ohne dass man das Stück unbedingt aufschreiben könnte (vgl. Mantel 2003, S. 123ff.).
- Der *auditive* Zugang basiert auf dem inneren Hören des musikalischen Verlaufs; auch wenn die Motorik zur Fortsetzung des Spiels fehlen mag, erinnert man sich daran, wie die Musik an dieser Stelle klingen müsste.
- Der *visuelle* Zugang beinhaltet die Orientierung am Notenbild; typischerweise weiß man hier stets, an welcher Stelle des Notenblatts man sich gerade befindet.

Generell wird man den Zugang den eigenen Stärken und Bedürfnissen gemäß wählen. Im Allgemeinen bedarf die Motorik in jedem Fall einer Automatisierung (vgl. Kopiez 1991). Darüber hinaus kann jedoch die Berücksichtigung mehrerer Zugänge das Auswendigspiel absichern helfen (vgl. auch: Lehmann, Chaffin 2008, S. 358ff.; Bitzan 2010, S. 38ff.; Christée 2011, S. 117ff.).

Üben als Training

Das Üben der Sportler wird von diesen gewöhnlich als Training bezeichnet. Auch unter diesem Blickwinkel kann das instrumentale Üben betrachtet werden. Damit rücken die körperlichen Aspekte in den Fokus. Über das Lernen hinaus zielt das Üben auf weitere Entwicklungsprozesse:

- Der Aufbau von Muskulatur als Ergebnis eines entsprechenden Trainings erhöht die *Kraft,* die für bestimmte instrumentale Aktionen zur Verfügung steht.

   In der Hauptsache werden für das Musizieren *Schnellkraft* und *Kraftausdauer* benötigt. Die Schnellkraft als die Überwindung von Widerständen in größtmöglichem Tempo kommt etwa beim raschen Niederdrücken einer Saite in Läufen zum Tragen. Dass das Greifen bei Streich- und bei Zupfinstrumenten Kraft erfordert, lässt sich beim ersten Greifen im Unterricht mit Kindern beobachten. Häufig kommt noch kein reiner Klang zustande, weil der Finger nicht fest genug auf die Saite und die Saite somit nicht fest genug auf das Griffbrett gedrückt wird. Kraftausdauer als die Fähigkeit, ausdauernd Kraft auszuüben, wird schon allein für das Halten eines Instruments – etwa einer Bratsche – über die Dauer eines längeren Musikstücks hinweg benötigt. In der Regel entwickeln sich Schnellkraft und Kraftausdauer über eine gewisse Zeit des Instrumentalspiels hinweg allmählich weiter. Spezielle Übungen können dies zwar unterstützen, dabei ist jedoch zur Vorsicht zu raten, da beim Krafttraining stets behutsam vorgegangen werden sollte.

- Schnellkraft und Kraftausdauer berühren als spezielle Facetten der Kraft bereits zwei weitere körperliche Faktoren: die Schnelligkeit und die generelle Ausdauer. Auch die *Ausdauer* kann durch Training wesentlich verbessert werden. Dagegen scheint es bei der *Grundschnelligkeit,* die sich in der maximalen Bewegungsfrequenz in bestimmten Gelenken niederschlägt, individuelle Grenzen zu geben, die sich auch durch intensives Üben nicht überwinden lassen. Entscheidend hierfür ist das individuelle Verhältnis schnell kontrahierender Fasern – sogenannter Fast-Twitch- oder Typ II-Fasern – zu langsam kontrahierenden – sogenannten Slow-Twitch- oder Typ I-Fasern – in den betreffenden Muskeln, welches im Wesentlichen genetisch vorgegeben ist (vgl. Wagner 2005, S. 70). Bei den Fast-Twitch-Fasern wird noch einmal zwischen Typ IIa und Typ IIb unterschieden, wobei Typ IIa ähnlich wie die langsamer kontrahierenden Fasern Energie auch aus Sauerstoff bezieht, während Typ IIb durch den Abbau von Kohlenhydraten Energie gewinnt. Heute wird davon ausgegangen, dass die Unterschiede gradueller Natur sind und sich die Fasern somit auf einem Kontinuum von schnelleren zu langsameren befinden. Durch Ausdauertraining können schnelle Fasern zu langsamen, weniger rasch ermüdenden werden, nämlich Typ IIb zu Typ IIa und in Grenzen Typ II zu Typ I (Ingalls 2004). Belege für einen Wandel in umgekehrter Richtung, also von langsamen zu schnellen Fasern, fehlen hingegen. Die Debatte über den Faserwandel hält derzeit noch an (Baguet, Everaert, Hespel et al. 2011). Ungeachtet dieser physiologischen Gründe für die Grenzen von Schnelligkeitsübungen lassen sich alle Fasertypen durch Training in ihrer Leistungkraft verbessern, Muskeln können wachsen, stärker durchblutet oder in ihrem Zusammenspiel optimiert werden (vgl. Wagner 2005, S. 70; vgl. insgesamt auch: Mujika, Padilla 2001; Russell, Feilchenfeldt, Schreiber et al. 2003; Zierath, Hawley 2004).

Es zeigt sich, dass Bewegungen im Handgelenk und im Ellenbogen schneller ausgeführt werden können als solche in der Schulter und in den Fingergelenken. Im Durchschnitt, in den sicher eine Mehrheit von rechtshändigen Menschen eingeht, erreichen Bewegungen in den Gelenken des rechten Arms ein etwas höheres Grundtempo als die entsprechenden Bewegungen auf der linken Seite; auf der dominanten Seite dürfte auch ein größerer Krafteinsatz möglich sein (vgl. Mengler 2010, S. 13f.; Kopiez, Galley 2010). Gemessen an den Mittelwerten haben Männer wie schon bei der Kraft, so auch bei der Schnelligkeit leichte Vorteile. Tatsächlich hängt das Tempo aber auch von der Koordination ab. Je besser alle Bewegungsanteile aufeinander abgestimmt sind, desto schneller lässt sich eine Bewegung ausführen, sodass das Üben die Schnelligkeit über diesen Weg verbessern kann.

- Von einer optimalen Koordination profitiert auch die *Beweglichkeit,* das heißt die Größe möglicher Auslenkungen in den Gelenken. Hierbei wird noch einmal zwischen aktivem und passivem Bewegungsumfang unterschieden: Ersterer kommt durch den größtmöglichen eigenen Krafteinsatz zustande, letzterer durch eine Kraft von außen, die sich gegen den naturgegebenen Widerstand des Körpers richtet (vgl. Wagner 2005, S. 80f.). Die Beweglichkeit hängt von den individuellen körperlichen Voraussetzungen, aber auch von den Bewegungsgewohnheiten ab. Wer sich in einem Gelenk wenig bewegt, wird allmählich unbeweglicher darin (vgl. Holdhaus 2011, S. 40ff.). Auch Muskelverspannungen schränken die Bewegungsmöglichkeiten ein. Umgekehrt können Dehnübungen die Toleranz für maximale Dehnungen und die Reichweite der Bewegungen steigern (vgl. Klee, Wiemann 2004, S. 4f.). Dennoch vermag man die großen Unterschiede, die bezüglich der physiologischen Veranlagung von Auslenkungspotenzialen zwischen Menschen bestehen, wohl nicht außer Kraft zu setzen (vgl. Wagner 2005, S. 189f.). Im Einzelfall muss nach Spielhaltungen, Bewegungen und Fingersätzen gesucht werden, die dem Individuum entgegenkommen. Extreme Auslenkungen gegen hohe Widerstände sollten beim Instrumentalspiel vermieden werden (vgl. S. 82). Bewegungseinschränkungen durch Verspannungen kann kurzfristig mit Wärme begegnet werden (vgl. Gebler 2008, S. 127).
- Die *Koordination* stellt auch selbst ein wichtiges Trainingsfeld dar. Hier findet echtes Bewegungslernen statt (vgl. insgesamt: Klöppel 2005, S. 67ff.).

Insofern das Instrumentalspiel eine körperliche Aktivität darstellt, sind rund um das Üben Grundregeln hilfreich, wie sie auch Sportlerinnen und Sportler beherzigen. Hierzu zählen:

- ein Aufwärmen zu Beginn des Spielens,
- Entspannung und Dehnübungen nach dem Spielen,
- kraftsparende Spielbewegungen,
- ergonomische Rahmenbedingungen – etwa eine optimal angepasste Stuhl- oder Ständerhöhe und ein gutes Raumklima –,
- langsames Steigern der Übezeit nach Spielpausen,
- Geduld,
- Achtsamkeit für körperliche Warnsignale – besonders wenn wegen wichtiger Vorspiele unter besonderem Druck geübt wird –,
- Vorsicht mit ungewohnten Bewegungen beim Sport oder beim Arbeiten in Haus und Garten,
- ausreichend wärmende Maßnahmen für den Körper
- sowie das Sorgen für eine gute körperliche Fitness und einen psychischen Ausgleich (Gebler 2008, S. 129).

Bereits mit Kindern und Jugendlichen kann regelmäßig an Themen wie Aufwärmen, Entspannung, Dehnung, Kraftersparnis, Ergonomie und Fitness gearbeitet werden.

So hat etwa der ungarische Sportmediziner Géza Kovács gymnastische Übungen für Musizierende zusammengestellt, die sich in der ungarischen Musikpädagogik einer gewissen Verbreitung erfreuen (vgl. Kovács, Pásztor 2010; Böhler 2007).

Üben als Bildungsgeschehen

Weit davon entfernt, sich in gedankenlosen Wiederholungen zu erschöpfen, stellt das Üben eine vielschichtige Aufgabe dar, die kognitive, emotionale, motorische und sensorische Aspekte beinhaltet, mithin den ganzen Menschen beansprucht. In das Üben fließen allgemeine Potenziale – die Fähigkeiten – ebenso ein wie spezielles erworbenes Können – die Fertigkeiten (vgl. Lindenberger 2002, S. 356, 371, 373ff.). Am Anfang gilt es, einen ersten Überblick, etwa eine grundlegende Vorstellung eines Stücks oder eine Einschätzung möglicher Schwierigkeiten, zu bekommen. Häufig wird dafür der Notentext zuerst ohne Instrument gelesen (vgl. Wessel 2007, S. 397ff.). Im Anschluss hieran steht ein kluges Einteilen des Stoffs in Abschnitte und deren Verteilung auf die zur Verfügung stehenden Übezeiten an. Zunächst können hier Lehrkräfte helfen, allmählich aber muss dies auch von den Schülerinnen und Schülern geleistet werden. Sodann gilt es, präzise Zielvorstellungen zu entwickeln oder sich in Erinnerung zu rufen, wenn sie bereits vorhanden sind. Ohne präzise Zielvorstelllungen ist das Üben kaum vom Drauflosspielen zu unterscheiden. In der Regel entwickelt man solche Vorstellungen im Unterricht; beim Üben aber wird es immer wieder nötig sein, sich für jede Stelle auch selbst einen Idealklang vor das innere Ohr zu rufen. Ideale, die von Tonträgern übernommen werden, können zwar inspirieren, aber in ihrer Perfektion auch frustrieren. Auf dem Weg zum Ideal müssen für den eigenen Körper passende spieltechnische Lösungen gefunden und geprüft werden. Hierfür ist ein Gespür für den eigenen Körper und seine Bewegungen ebenso wichtig wie ein sicheres Gehör. Die gefundenen Lösungen müssen in der Folge kontrolliert wiederhergestellt und im Körpergedächtnis verankert werden. Wie beim Auswendiglernen hilft dabei das Einbeziehen verschiedener Sinne unter Umständen ebenso wie das kognitive Durchdringen der Abläufe. Man kann sich beispielsweise innerlich Anweisungen geben oder die Aufmerksamkeit auf bestimmte Empfindungen lenken. Ähnliche musikalische Muster führen häufig zu Verwechslungen – etwa zwischen dem Seitensatz in der Exposition und demselben Thema in der Reprise eines Sonatenhauptsatzes. Hier ist es angezeigt, sich die Unterschiede bewusst zu vergegenwärtigen (vgl. Ernst 2007, S. 132). Schließlich gilt es, die Bewegungsabläufe zu automatisieren, aber auch zu flexibilisieren, damit sie variabel einzusetzen sind und immer weniger störanfällig werden. Während sich das Bewusstsein bei alltäglichen Aufgaben vergleichsweise rasch aus der Ausführung zurückzieht und die automatisierte Bewegung schließlich unbewusst gesteuert wird, gilt es beim Instrumentalspiel, mit der Aufmerksamkeit bei den stabilisierten motorischen Abläufen zu bleiben, um eine stetige Verbesserung und Ausdifferenzierung zu erreichen (vgl. Ericsson 1998, S. 96ff.). Dabei werden immer wieder neue Bewegungs-muster in bereits erlernte eingegliedert (Klöppel 2005, S. 217, vgl. auch: S. 45ff., 51, 60f., 222). Nicht zu vergessen ist schließlich das Herstellen eines musikalischen Kontextes über den gesamten Lernprozess hinweg (vgl. Petrat 2007, S. 135f.). Die einzelne Stelle ist also am Gesamtzusammenhang auszurichten. Diese Phase des musikalischen Lernens lebt wiederum auch von der Auseinandersetzung mit dem Werk in seiner historisch-kulturellen Prägung. Durch die Lektüre von Texten über das Werk, den Komponisten und seine Zeit sowie durch das Anhören von verschiedenen Einspielungen kann ein tieferes Verständnis für das erarbeitete Stück wachsen. Begleitend kann außerdem die Vorbereitung auf die Auftrittssituation erfolgen, wobei die Umstände des Konzerts (etwa Raum, Publikum, Bühne, Beleuchtung) innerlich durchgespielt werden. Es ergibt sich mithin der folgende Zusammenhang von Aufgaben:

1. Erwerb eines Überblicks,
2. Einteilen des Pensums,
3. Entwickeln von Zielvorstellungen,
4. Finden und erspürendes Prüfen von für den eigenen Körper passende Lösungen,
5. Kontrolle sowie Verankerung über verschiedene Sinne und über kognitives Durchdringen,
6. Automatisierung und Flexibilisierung der Koordination durch Wiederholung und Variation,
7. Herstellen des musikalischen Kontextes über den gesamten Prozess hinweg,
8. Auseinandersetzung mit dem Werk in seiner historisch-kulturellen Prägung,
9. gegebenenfalls begleitendes Vorbereiten auf die Auftrittssituation.

Durch das Üben entsteht fortwährend ein neuer Überblick; aus dem veränderten Verhältnis von Erreichtem und Ausstehendem erwachsen neue Strukturierungsoptionen. Auch werden sich die Zielvorstellungen selbst verändern; unter Umständen müssen neue Lösungen gesucht, verankert, automatisiert sowie flexibilisiert werden. Es können sich neue Perspektiven für den musikalischen Kontext und neue Anstöße zur Auseinandersetzung ergeben. All dies wird nicht ohne Auswirkungen auf die Auftrittsvorbereitung bleiben. Somit kann man sich die Aufgabenfolge als Kreislauf vorstellen, der immer wieder durchlaufen wird. Insofern dabei ein immer höheres Niveau erreicht wird, liegt auch das Bild eines spiralförmigen Prozesses nahe.

Der innere Fokus berührt dabei eine Vielzahl von Aspekten, die jeweils auf die eine oder andere Weise das Bildungsthema „Selbst und Welt" betreffen *(→ S. 64ff.)*. Die Aufmerksamkeit richtet sich etwa:

- auf die eigene Psyche: auf Emotionen, etwa auf Ängste, auf begleitende Gedanken, auf die Selbstmotivation,
- auf den eigener Körper: auf Wohlgefühl, Missempfindungen oder Schmerzen, auf die Ökonomie von Bewegungen, auf deren Automatisierung,

- auf das Instrument: auf die Reaktionen des Instruments und damit auch auf ihm gemäße Spielweisen, auf die eventuell gegebene Notwendigkeit von Pflegemaßnahmen,
- auf die Klänge: auf Intonation, auf Klangfarben, auf rhythmische Präzision, auf eine organische Agogik und Dramaturgie, auf Übereinstimmungen mit der Klangvorstellung oder entsprechende Differenzen,
- auf das Musikstück: auf dessen Faktur und Gehalt, auf Möglichkeiten seiner Interpretation,
- auf ein vorgestelltes Publikum: auf die Wirkung des eigenen Spiels, auf die Hinwendung nach außen.

Da sich kaum auf alles gleichzeitig achten lässt, liegt die Empfehlung des Cellisten Gerhard Mantel nahe, die Aufmerksamkeit während des Übens „rotieren" zu lassen, sodass sich die Aufmerksamkeit nacheinander auf verschiedene Aspekte und deren unterschiedliche Facetten richtet und nichts dauerhaft vernachlässigt wird (Mantel 2004, S. 24f.).

Üben als Meditation

Ein versunkenes, ja kontemplatives Üben scheint in dem Ansatz zum „Üben im Flow" des Musikers und Psychologen Andreas Burzik auf. Burzik bezieht sich auf die entsprechende Forschungen des Psychologen Mihaly Csikszentmihalyi, in denen dieser Zustände völligen Aufgehens in einer Tätigkeit bei Menschen verschiedener Berufsgruppen untersucht (Csikszentmihalyi 1992). Dabei gibt es jeweils klare Ziele und Erfolgsrückmeldungen, die Konzentration richtet sich auf ein begrenztes Feld und die Anforderungen entsprechen den Fähigkeiten des Ausführenden. Die Handlung fließt mühelos bei gleichzeitigem Gefühl der Kontrolle, das Zeiterleben verändert sich und das Gefühl des Verschmelzens mit der Handlung stellt sich ein. Gleichzeitig treten Befürchtungen und Sorgen bezüglich möglicher Fehler und Misserfolge in den Hintergrund. Unter verschiedenen Aktivitäten im Tagesverlauf zeigten sich in einer größeren Studie die höchsten Flow-Werte bei Intimitäten, aktivem Sporttreiben und aktivem Musizieren (Rheinberg, Vollmeyer, Engeser 2003; vgl. Rheinberg 2006, S. 345ff.). Burzik nennt vier Felder, auf die die Konzentration gerichtet werden kann, um einen Flow-Zustand zu erzeugen:
- Jedes Instrument wird an bestimmten Stellen mit bestimmten Körperteilen berührt. Zunächst empfiehlt es sich, den *Kontakt zum Instrument* in seiner Qualität zu erspüren. Dies geschieht mit der Zielvorstellung einer optimalen Kraftübertragung und eines grundsätzlichen Wohlgefühls. Kleine Veränderungen bezüglich der Kontaktpunkte können für das Gefühl große Unterschiede zur Folge haben. Dem soll bewusst nachgespürt werden (vgl. etwa: Fischer 2008, S. 1ff.).

- An zweiter Stelle kann sich die Konzentration auf den *Klang* als solchen richten. Dabei gilt es, nach optimaler Resonanz, nach leuchtenden und obertonreichen Tönen zu suchen. Auf Streichinstrumenten sollten, wo es möglich ist, die leeren Saiten mitschwingen und den Tönen zusätzlichen Glanz verleihen. Da dies nur dann der Fall ist, wenn sauber gespielt wird, gewinnt über die Aufmerksamkeit auf die Klangfarbe auch die Intonation (vgl. Heman 1981, S. 20ff.). Das Baden in Klängen kann von großer Lust begleitet sein, dabei ist die Konzentration auf die Nuancen des Klangs stets präsent.
- Drittens sollte man sich auf die *Bewegung* konzentrieren und dabei nach Mühelosigkeit streben. Überflüssige Kraftanstrengungen sind zu reduzieren, ohne dass Schlaffheit entstehen sollte. Vielmehr geht es auch hier um ein Wohlgefühl, das aus leicht fließenden Bewegungen resultiert. Oftmals muss hierfür zunächst das Tempo reduziert, manchmal müssen Vereinfachungen erfunden werden. Stellt sich das angestrebte Gefühl ein, wird versucht, es auch in die Durchgänge mit gesteigerter Schwierigkeit zu übernehmen. Insgesamt wird ein Üben in dieser Art auch der Gesundheit förderlich sein, stellen doch übermäßige Anstrengungen und Verkrampfungen zweifellos eine große Gefahr für das Wohlergehen von Musikerinnen und Musikern dar (vgl. Hildebrandt 2006). Der Körper wird hier nicht in vorgegebene Bewegungsmuster hineingepresst, sondern findet seine Muster aufgrund der ihm eigenen Lernfähigkeit intuitiv (vgl. Biesenbender 1994), wie dies beispielsweise auch geschieht, wenn jemand eine neue Bewegung wie das Skifahren oder das Eislaufen erlernt.
- Auch zur *Musik* selbst, zum Übematerial, kann ein Zugang gewählt werden, der Flow fördert. Burzik plädiert für eine spielerische Herangehensweise, die mit dem Material zuerst sehr frei umgeht, also modifiziert und improvisiert, damit zunächst sichergestellt ist, dass die Klänge von eigener Emotionalität getragen sind. Diese soll bei der später folgenden Annäherung an die Originalgestalt des betreffenden Musikstücks möglichst beibehalten werden (vgl. insgesamt: Burzik 2006).

Beim sogenannten „Neurofeedback" geben spezielle Apparaturen Rückmeldungen zu den eigenen Gehirnwellen. Mittels solcher Methoden kann man lernen, sich selbst in eine tiefe Entspannung zu versetzen. In Untersuchungen mit Studierenden des „Royal College of Music" in London zeigten Versuchspersonen, die in dieser Weise trainiert wurden, nach wenigen Wochen sowohl Zuwächse ihrer instrumentalen Kompetenz – insbesondere in der rhythmischen Präzision – als auch deutliche Verbesserungen im musikalisch-künstlerischen Bereich; dabei war ein Entspannungstraining, das mit Neurofeedback auf Alpha- und Theta-Wellen im Gehirn zielt, anderen Methoden – namentlich Körperübungen, einem Training mentaler Fähigkeiten oder der speziellen Körpertechnik „Alexandertraining" – klar überlegen (Egner, Gruzelier 2003; vgl. Gruzelier, Egner 2005, S. 91ff.). Generell spielen neuronale Rhythmen und speziell auch die Alpha- und Theta-Wellen eine wichtige Rolle für die Aufnahme und Speicherung von Informationen im Gehirn. So lässt sich vermuten, dass die Alpha-Rhythmen mit einem Zurücktreten ablenkender Gedanken und Gefühle verbunden sind und so ein konzentriertes Einlassen auf die Musik begünstigen. Theta-Rhythmen begleiten offenbar das Speichern und Erinnern von Erlebnissen. Geht man davon aus, dass erinnerte sinnliche und emotionale Qualitäten in künstlerische Prozesse einfließen, scheint es nicht abwegig, dass Theta-Zustände der Erarbeitung musikalischer Interpretationen zugutekommen (vgl. Dieterich 2000, S. 221ff., 244ff., 260ff.; vgl. auch: Duderstadt 2003, S. 23ff.; 87ff.). Will man der Bedeutung des mentalen Zustands für das Lernen beim instrumentalen Üben Rechnung tragen, so wird man gut beraten sein, gegenüber einem hektischen Abarbeiten von Übestoff eher nach einer entspannten Grundhaltung und einem meditativ-konzentrierten Zugang zu streben.

Üben als Selbstsorge

Für den Aspekt der Selbstsorge soll hier zunächst eine ältere Veröffentlichung herausgegriffen werden. Der Geiger August Heinrich Bruinier – Primarius eines nach ihm benannten Streichquartetts, welches in den 20er- und 30er-Jahren des 20. Jahrhunderts erfolgreich konzertierte und unter anderem mit der Aufführung der „Drei Stücke für Streichquartett" von Igor Strawinsky einen Skandal verursachte (Hennenberg 1990, S. 9) – entwickelt in einer philosophisch motivierten Untersuchung Gedanken, die durchaus Berührungspunkte mit dem Konzept des Übens im Flow aufweisen: Bruinier setzt das Violinspiel zunächst vom Handwerk ab. Der Handwerker wendet sich ausschließlich seiner Aufgabe zu und nimmt keinerlei Notiz von seinen Bewegungen. Im Unterschied dazu erfahren die Spielbewegungen des Geigers besondere Aufmerksamkeit, da sie sich durch höchste Differenziertheit auszeichnen und von alltäglichen Bewegungen deutlich unterscheiden. Dieses Argument lässt sich, wie auch die Publikation als Ganzes, ohne Weiteres auf andere Instrumente übertragen.

Auch in der Bildenden Kunst gerät die Bewegung als solche – etwa die Führung des Pinsels – kaum je in den Blick. Beim Instrumentalspiel jedoch scheinen Bewegung und Ton – und damit auch Bewegung und Kunstleistung – in eins zusammenzufallen. Voraussetzung für die Bewegung ist die Zielvorstellung. Für Bruinier stellt es einen fundamentalen Irrtum dar, zu meinen, das Wissen darüber, wie man eine bestimmte Bewegung auszuführen hat, reiche aus, um einen Klangzweck zu erfüllen. Vielmehr steht für ihn die Klangvorstellung im Zentrum des künstlerischen Tuns. So wird eine musizierende Person den mittels Bewegung erzeugten Klang jeweils sofort und zwangsläufig mit dem vorgestellten Klang vergleichen und eine Angleichung anstreben. Nach Bruinier lässt sich dies so deuten, als dränge der vorgestellte Ton „ans Licht" und als läge dem keine Willensleistung des musizierenden Menschen zugrunde, eher wolle gleichsam der Ton sich selbst spielen. Es handelt sich in diesem Sinne nicht mehr um eine mittelbar „gemachte", sondern um eine ganz vom Zweck durchdrungene und mit ihm identische Bewegung. Bruinier spricht in diesem Zusammenhang von der „Notwendigkeit zur unmittelbaren Durchdringung"; diese Durchdringung stellt für ihn eine Gesetzmäßigkeit des Instrumentalspiels dar. Auf das Selbst wirkt sie sich insofern aus, als sie Ängste und Minderwertigkeitsgefühle ebenso ausschließt wie ein übermäßiges Kontrollbedürfnis und einen Willen, der sich gewissermaßen selbst im Weg steht – wie es Lehrkräfte nicht selten bei ehrgeizigen Schülerinnen und Schülern erleben. Der Violinpädagoge Carl Flesch spricht in einem ähnlichen Zusammenhang von der „Hemmung als Folge eines übertriebenen Vervollkommnungsdranges" (Flesch 1928, S. 95ff.). All dies zu reduzieren könnte man durchaus als Aspekte der Selbstsorge betrachten. Als Mittel der Wahl empfiehlt Bruinier Autosuggestion: So solle man sich zunächst entspannen und sich dann – ähnlich wie im autogenen Training – mehrfach wiederholend zusprechen: „Ruhe – Ruhe – keine Angst", oder auch: „Ich bin ganz ruhig". Weiter soll auch das zwanghafte Streben danach, zu wissen, welche Bewegungen man wie auszuführen hat, gedämpft werden: „Wir wissen nichts und werden nie etwas wissen." Schließlich kann man hinzufügen: „Und wir brauchen auch nichts zu wissen." Als Früchte dieser Methode winken Angstfreiheit und die „harmonische [...] Angleichung des Bewusstseins an das Unbewusste" (Bruinier 1971, S. 16ff., 30ff., 48ff., 62).

Auch die intensive Beschäftigung mit den Gehalten der Musik *(→ S. 141ff.)* sollte der Persönlichkeit zugutekommen können. Beim Üben gilt es immer wieder, sich Ausdrucksnuancen zu erschließen, also Erinnerungen und Gefühle aufsteigen zu lassen und in Ausdruck zu überführen. Diese werden dabei als individuelles künstlerisches Potenzial und somit auch als Teil des Ichs erlebt. Das Üben kann so zu einer Erweiterung und Bereicherung des Selbst führen. Schließlich können jene Gefühle und Ausdrucksnuancen, wie der Pianist Seymour Bernstein meint, auch in das persönliche Leben eingebracht werden und in mitmenschliche Beziehungen einfließen. Damit dies gelingt, darf das künstlerische Empfinden nicht als Rückzugsmöglichkeit vom Leben abgetrennt, sondern muss mit ihm verbunden werden. Außerdem ist es wichtig, dass schon das Üben gewissermaßen in die Tiefe zielt und als Arbeit an sich selbst – oder eben Sorge für sich selbst – verstanden wird (Bernstein 1993, S. 15ff.).

Nach Otto Friedrich Bollnow, der als geisteswissenschaftlich orientierter Pädagoge wiederum einen philosophischen Blickwinkel einnimmt, bedeutet Üben allgemein eine Disziplinierung auf dem Weg zu vollkommenem Können. Dieser Weg führt über Konzentration, Geduld und Gelassenheit. Bedenkt man, dass Transfereffekte des Musizierens auf das generelle Lernverhalten angenommen werden (vgl. Schumacher 2009), kann das Üben damit Eigenschaften befördern, denen generell eine große Bedeutung für das Leben zukommt. Dabei ist hier nicht in erster Linie an den Erfolg in einer leistungsorientierten Gesellschaft gedacht; vielmehr führen Konzentration, Geduld und Gelassenheit – im Sinne Bollnows – zu einem weniger oberflächlichen und stärker in die Tiefe zielenden Leben. Das Können als Zielpunkt des

Übens schließlich beinhaltet Leichtigkeit und Eleganz. Man erlebt dabei das Beglückende und Befriedigende der „gekonnten" Leistung sowie eine innere Freiheit und Gelöstheit. Mit dieser Freiheit hebt man sich gewissermaßen von der Sphäre der Alltagszwänge, aber auch der eigenen Befindlichkeiten und Bequemlichkeiten ab. Man könnte dies mit Erfahrungen bei spiritueller Askese vergleichen, mit denen man ebenfalls den Alltag und das eigene Ich übersteigt. Auch in der Wortherkunft findet sich ein Anklang an das Religiöse: Das von den Brüdern Jakob und Wilhelm Grimm begründete „Deutsche Wörterbuch" führt als Wurzel des Wortes „Üben" das germanische „ôb" an, was allgemein „in Bewegung setzen" meint, im Speziellen jedoch auch „Ackerbau treiben" und „eine gottesdienstliche Handlung begehen" (Dollmayr, Arbeitsstelle des Deutschen Wörterbuchs 1936, Sp. 55; Bollnow 1978, S. 15; Mahlert 2006, S. 32). Für Bollnow liegt hier der Grund für einen rituellen oder sakralen Charakter, der dem Üben anhafte. Tatsächlich kann das Üben zu einem Ritual werden, das einem sozusagen heilig ist. Auch Geduld und Gelassenheit wird man mit Ackerbau und Gottesdienst verbinden können: Hier wie auch beim Üben muss man warten und kommen lassen und darf doch zu gegebener Zeit die Ernte oder das religiöse Fest – oder eben die Leichtigkeit und Selbstvergessenheit des gekonnten Spielens – feiern. Dies gelingt allerdings nur, wenn das Üben nicht aus Zwang, sondern aus innerem Antrieb und einem heiteren Geist heraus geschieht (vgl. Bollnow 1978). Nicht nur die Techniken des Übens, sondern auch jenen heiteren Geist können Schülerinnen und Schüler beim gemeinsamen Üben im Unterricht kennenlernen; dafür müsste die Arbeit am Detail auch vonseiten der Lehrkraft mit geduldiger Hingabe erfolgen. Das gekonnte Spiel kann besonders gut ausgekostet werden, wenn sich unter den Hausaufgaben von Anfang an immer wieder auch Stücke befinden, die die Schülerinnen und Schüler bereits recht gut beherrschen. Dies sollte ihrer Freude und Motivation ebenso zugutekommen wie der Zeitspanne, die sie zuhause am Instrument verbringen. Leichtigkeit, Eleganz, Gelöstheit und Freiheit erscheinen zwar unter Umständen erst am Ende eines langen Übeprozesses, doch nähert man sich ihnen beständig an und verwirklicht sie jeweils schon graduell, kann man das Üben bereits recht früh als etwas empfinden, womit man sich immer wieder etwas Gutes tut.

So kann nicht nur der weniger leistungsbetonte und eher musikantisch-expressive Umgang mit Musik – etwa in der Elementaren Musikpraxis *(→ S. 90)* – dem Menschen gut tun und Freude bereiten, sondern auf seine Weise auch das kontinuierliche Üben, obwohl es gerade auch von Schülerinnen und Schülern neben den schulischen Anforderungen nicht selten als eine lästige Pflicht empfunden wird. Sicher ist es günstig, wenn das stetige Feilen und Vervollkommnen beim Üben gleichwohl von einem lustvoll-expressiven Musikzugang „grundiert" ist. Dieser zieht sich – ausgehend von ersten musikalischen Erfahrungen – im Idealfall sozusagen als grundsätzliche Musizierlust durch ein Leben mit dem Instrument hindurch.

Die Selbstsorge kann somit so verschiedene Aspekte wie Angstfreiheit und Loslassen von Kontrollbedürfnissen, Empfindungstiefe und Sensibilität, Disziplin und Konzentration, Geduld und Gelassenheit, Gelöstheit und innere Freiheit sowie Heiterkeit und Beglückung umfassen. Nichts davon wird einem einfach geschenkt, um all dies muss man sich mühen, all dies aber belohnt für die Mühe des Übens.

Üben als Kunst

Üben kann man mehr oder weniger gut, es stellt eine Kunst dar (vgl. Wessel 2007), die erst gelernt werden muss. Dies wird deutlich, wenn man sich die Unterschiede zwischen Üben und Musizieren ansieht, wie sie der Musikpädagoge Christoph Richter auf den Punkt bringt: „Ziele des Übens bestehen in der verlässlichen Bereitstellung von Spieltechniken und Spielweisen sowie ihrer Einfügung in und ihrer Anwendung auf musikalische Zusammenhänge oder Situationen". Dies verlangt einen planvollen und ökonomischen Umgang mit der Zeit ebenso wie eine besondere Einstellung, zu der Konzentration, Fleiß, Sorgfalt, Genauigkeit, Selbstüberwindung, Selbstkritik, Kontrolle, Geduld, Muße, körperliche und geistige Präsenz und generell eine klare Zielorientiertheit gehören. Demgegenüber geht es beim Musizieren um die Anwendung der erworbenen Spieltechniken und Spielweisen im Dienste einer lebendigen und ansprechenden musikalischen Botschaft. Dabei lebt man gewissermaßen in der Eigenzeit der Musik. Die dem Musizieren gemäße Einstellung beinhaltet ein Balance-Spiel zwischen Konzentration und Loslassen, die Bereitschaft zur Kommunikation mit einem Publikum sowie das Bemühen, die Noten für die Zuhörerinnen und Zuhörer in Musik zu übersetzen (Richter 2006, S. 120f.). Zwar nähern sich Üben und Musizieren an, wenn in das Üben das Musizieren bereits mit einfließt, grundsätzlich aber handelt es sich zunächst um unterschiedliche Weisen, sich zu verhalten. Für Kinder existiert diese Differenz meist noch nicht. Weder vermögen sie eine ausgesprochene Musiziereinstellung im Sinne eines professionellen Konzertierens einzunehmen, noch sind sie mit einer reifen Einstellung zum Üben vertraut. Man wird ihnen also die Kunst des Übens begleitend mit der Kunst des Instrumentalspiels nahezubringen versuchen und ihnen die Zeit zugestehen, die sie für diese Entwicklung benötigen.

Die beschriebene Grundeinstellung schlägt sich in konkreten Verhaltensweisen nieder, die charakteristisch für das Üben sind und dessen Wirkungen befördern sollen. Der einschlägigen Literatur kann man viele solcher Verhaltensweisen und Übemethoden entnehmen (vgl. etwa: Vree 1993; Schneider 1998; Mantel 2004; Wessel 2007). Als wichtigste Muster schälen sich die Folgenden heraus:
1. das Wiederholen von Abschnitten – gemäß dem Thorndikeschen Gesetz des Gebrauchs *(→ S. 147f.)*,
2. das Verlangsamen und anschließende Steigern des Tempos, das seit Einführung des Metronoms zu Beethovens Zeiten besonders systematisch erfolgen kann,

3. das Zerlegen, Zuspitzen und Isolieren von Problemen; etwa das Konzentrieren auf das Greifen unter Vernachlässigung oder Vereinfachung der Artikulation – oder anders herum – bei Blas-, Streich- und Zupfinstrumenten,
4. das Modifizieren von Passagen – etwa im Sinne von Variationen.

Letzteres dient einer gewissen Flexibilisierung und verringert damit die Störanfälligkeit des Spiels (vgl. Ericsson 1998, S. 96ff.). In diese Kategorie wären aber auch Vorgehensweisen einzuordnen, die zur Steigerung der Gleichmäßigkeit oder Zuverlässigkeit bestimmter Bewegungsabläufe eingesetzt werden. Hierunter fällt etwa die Arbeit mit „Stütztönen", also mit bestimmten Tönen innerhalb von Läufen, auf die man sich besonders konzentriert, die man vielleicht auch akzentuiert oder verlängert, während man die Zwischentöne eher „laufen lässt" (vgl. Schneider 1998, S. 117). Zu nennen ist auch das zunächst hörbare Einfügen der Zielnoten von Lagenwechseln als Hilfsnoten bei Streichinstrumenten, außerdem das Rhythmisieren von Laufwerk. So kann etwa eine gleichmäßige D-Dur-Tonleiter in den folgenden Varianten geübt – und dabei jede auf eine komplette Tonleiter durch mehrere Oktaven auf- und abwärts angewandt werden:

Vielfach praktiziert (vgl. Wessel 2007, S. 397ff.; Christée 2011, S. 155ff.) und empfohlen wird auch das „Mentale Training", bei dem bestimmte Aspekte des Übens ausschließlich in der Vorstellung stattfinden. Sein Einsatz kann aus unterschiedlichen Gründen ergänzend zum praktischen Üben hinzutreten: Zunächst einmal spart es Kraft und schont so den Körper. Weiter lässt sich so auch dann üben, wenn Ruhezeiten eingehalten werden müssen. Mentales Üben kann außerdem etwa auch auf Zugfahrten praktiziert werden. Zu solchen eher pragmatischen Erwägungen kommen Argumente, die auf die inhaltlichen Potenziale Mentalen Trainings abheben: Es zwingt zum ersten zu einer äußerst präzisen Vorstellung und kann so zu einem zielgenauen und ökonomischen Ausführen von Bewegungsmustern beitragen. Als Einstieg kann eine von der Geigerin Jeanne Christée erwähnte Übung dienen: Während die Hand etwa auf einer Tischplatte liegt, gilt es, sich auf einzelne Finger so zu konzentrieren, dass diese sich endlich ganz leicht anfühlen; anschließend könnten sie „viel vitaler und reaktionsschneller als gewohnt" bewegt werden, da unnötige Muskelspannungen nun vermieden würden (Christée 2011, S. 114). Bei weiter entwickeltem Körperbewusstsein gelingt es schließlich, sich auch komplexere Bewegungen zu vergegenwärtigen. Geht man Musikstücke innerlich durch, können die Bewegungsvorstellungen im Geiste mit den dazu gehörigen Klängen verbunden werden. So wird das mentale Üben zum zweiten auch zum Einprägen und Auswendiglernen eingesetzt (vgl. Leimer 1938, S. 5ff.; 1959, S. 12ff.), wenngleich sein Erfolg hier auch von der individuellen Disposition abzuhängen scheint (vgl. Kopiez 1991). Zum dritten kann man sich mittels des Mentalen Trainings auch auf Auftrittssituationen vorbereiten, indem man diese möglichst genau im Geiste vorwegerlebt (vgl. insgesamt: Orloff-Tschekorsky 2001; Klöppel 1996; Langeheine 1997; Schneider 1998, S. 29f.; Mantel 2003, S. 153ff.; 2004, S. 162ff.; Gutzwiller 2008, S. 3ff.; Christée 2011, S. 109ff.).

Zur Kunst des Übens gehört es auch, günstige Voraussetzungen zu schaffen und die Übezeit einzuteilen. So empfiehlt etwa der Musikdidaktiker Tom de Vree regelmäßige Übezeiten bei guter körperlicher Verfassung, wozu auch frische Luft und eine angenehme Temperatur beitragen. Vom Üben unmittelbar nach dem Essen rät er ebenso ab wie vom Arbeiten mit leerem Magen. Schließlich solle man höchstens zehn bis fünfzehn Minuten hintereinander an einem Problem üben (Vree 1993, S. 10, 16). Der Geiger und Violindidaktiker Martin Mumelter äußert sich konkret zur Anzahl der Wiederholungen und plädiert dafür, sich nach ungefähr sieben gelungenen Versionen einer neuen Passage zuzuwenden (Mumelter 2009, S. 104).

Die gesamte Übezeit eines Tages kann nach Ivan Galamian, einem der renommiertesten Violinpädagogen des vergangenen Jahrhunderts, so gegliedert werden, dass der Fokus auf drei unterschiedlichen Bereichen liegt. Konkret empfiehlt er die Aufteilung in eine „Aufbauzeit" – „gewidmet der Überwindung technischer Probleme und der allgemeinen Förderung der Technik" –, eine „Interpretationszeit" – „dazu verwandt, die Ausführung eines Musikwerks den eigenen musikalischen Vorstellungen anzugleichen" – und eine „Aufführungszeit" – zum Spielen eines ganzen Werkes ohne Unterbrechungen mit vorgestelltem Publikum. Im Grunde müssen hier drei unterschiedliche Einstellungen eingenommen werden, von denen keine verabsolutiert werden darf. Wer ausschließlich vor sich hin konzertiere, ohne Misslungenes zu verbessern, bleibe leicht hinter den technischen Anforderungen zurück; wer jedoch bei allem nur die technischen Aufgaben im Blick habe, laufe Gefahr, das lebendige Kunstwerk zu verfehlen. Bereits während der Interpretationszeit solle geübt werden, Passagen durchzuspielen, um den musikalischen Zusammenhang nicht zu zerstören, auf den es hier ja gerade ankommt. Fehler, die einem dabei unterlaufen, könne man sich merken, um sich ihnen später zuzuwenden (Galamian 1995, S. 104ff., 110; vgl. Flesch 1929, S. 79f.). Christée nennt als Inhalte der „Aufführungsphase" auch das Aufführen bereits gelernter Stücke zum Auffrischen von Repertoire. Außerdem empfiehlt sie das Aufnehmen des eigenen Spiels sowie Aufwärmübungen zu Beginn jeder Übeeinheit. Ihr zufolge kann das Studium neuer Werke etwa die Hälfte der Übezeit beanspruchen, während jeweils ein Viertel auf das Aufführen und ein Technikprogramm entfällt. Letzteres werde aber einen größeren Anteil benötigen, solange der Aufbau von Grundtechniken im Fokus stehe (Christée 2011, S. 112f., 117, 138, 142ff.).

Vergleicht man die Übegewohnheiten verschiedener Interpreten, so offenbaren sich indes große individuelle Unterschiede. So übt beispielsweise der Geiger Ivry Gitlis kaum Tonleitern (vgl. Christée 2011, S. 180), und der Pianist Grigory Sokolow bemerkt: „Ich mache übrigens keine Fingerübungen. Auch die Pianisten, die ich am meisten schätze, machen keine" (Wessel 2007, S. 422). Für andere hingegen – etwa das Klavierduo Hans Peter und Volker Stenzl, die Geiger Vadim Repin und Zakhar Bron und die Geigerin Arabella Steinbacher – gehören Tonleitern oder Finger- und Aufwärmübungen zum unverzichtbaren Bestandteil des täglichen Übens (vgl. Wessel 2007, S. 432; Christée 2011, S. 184, 191, 203). Wieder andere – die Geigerin Hilary Hahn, der Geiger Ulf Hoelscher, der Organist Olivier Latry und die Pianistin Elisabeth Leonskaja – berichten, dass sie früher viel Technik geübt haben, heute hingegen weniger technisches Pensum abarbeiten, dies aber kreativer oder kontemplativer angehen (vgl. Christée 2011, S. 159f.; Wessel 2007, S. 407, 410, 416). Dies alles deutet daraufhin, dass es beim Üben einen Weg zu finden gilt, der mit den jeweils aktuellen Bedürfnissen im Einklang steht. Es kommt demnach immer wieder darauf an, auf die eigenen Erfolge und Probleme sowie die eigene Motivation zu achten und daraus Schlüsse für das Üben zu ziehen.

Eine Didaktik des Übens sollte dies als Fernziel für die Schülerinnen und Schüler im Blick behalten. Allerdings benötigen Kinder für eine effektive Einteilung und Nutzung der Übezeit in der Regel zunächst einmal Hilfestellungen. Diese beginnen bei den Eltern, die durch das Einrichten von Ritualen, die Erinnerung daran, das Zuhören und das allgemeine Interesse am Lernen des Kindes wichtige Voraussetzungen für den Übeerfolg schaffen können. Für Schülerinnen und Schüler empfiehlt Ernst, das tägliche Üben mit etwas zu beginnen, was man sehr gern spielt. Er weist darauf hin, dass es häufig Überwindung koste, ins Üben „einzusteigen", dass aber „[d]er Appetit [...] mit dem Essen" komme (Ernst 2006a, S. 106, 114). Fortgeschrittene Schülerinnen und Schüler können als „Übepaten" oder „Übecoachs" regelmäßig zum Üben dazukommen und die Jüngeren unterstützen – nicht ohne dabei auch für sich selbst zu profitieren (Ernst 2007, S. 145f.; Brand 2011). Schließlich obliegt es natürlich der Lehrkraft, im Unterricht auch das Üben zu thematisieren, darüber zu sprechen, danach zu fragen, gemeinsam mit dem Kind zu üben (vgl. Schwarzenbach, Bryner-Kronjäger 2005, S. 38ff.), klare Hinweise in sein Hausaufgabenheft zu schreiben beziehungsweise vom Kind schreiben zu lassen oder etwa ein Übetagebuch anzuregen und dieses immer wieder mit dem Kind zusammen anzusehen und durchzusprechen (Ernst 2007, S. 139ff.; vgl. insgesamt: S. 113ff.; Ernst 2006a; Mahlert 2011, S. 125ff.).

Üben als Forschungsfeld

Wer übt, erforscht Musikstücke und registriert darüber hinaus möglicherweise auch den Ertrag seiner Übemethoden, um diese zu optimieren. Es ist also nicht vermessen, von „forschendem Üben" zu sprechen (Wieland, Uhde 2002; vgl. Wessel 2007, S. 191ff.). In diesem Sinne ist etwa auch das Üben bei einer Person, die eine künstlerische Professur bekleidet, mit der Forschung bei einer wissenschaftlichen Professur vergleichbar (vgl. Bundesministerium der Justiz 2007).

Das Üben ist aber auch Gegenstand wissenschaftlicher Untersuchungen. So entwickelt der Musikmediziner Eckart Altenmüller – aufbauend auf Ergebnissen der Hirnforschung – Grundsätze einer „Neurodidaktik des Übens". Wichtige Regeln sind hier
1. das Aufhören bei Anzeichen von Ermüdung,
2. das Einfügen von Pausen – bei Fortgeschrittenen nach etwa 45 Minuten – sowie
3. das Einhalten ausreichenden Nachtschlafs zur Konsolidierung des Geübten.
Weiter scheint sich das zeitnahe Üben unterschiedlicher Werke positiv auszuwirken. Schließlich verweist Altenmüller auf Bewegungen, die ein gewisses Tempo voraussetzen und so von Anfang an schnell geübt werden sollten, wobei Zerlegungen in überschaubare Abschnitte eine Vereinfachung gewährleisten können (Altenmüller 2006a).

Schon vor einigen Jahren hat die motorische Lernforschung das Aufteilen der Übezeit in kürzere, von Pausen unterbrochene Abschnitte nahegelegt. Aus einschlägigen Untersuchungen werden weitere Empfehlungen abgeleitet: So wirken sich im Anfangsstadium der Arbeit an einem Problem häufige Rückmeldungen über die Qualität der Bewegung positiv aus; für das häusliche Üben setzt dies die Mitarbeit und Einweisung der Eltern voraus. Im Laufe der Zeit aber sollten die Rückmeldungen reduziert werden, sodass die Selbsteinschätzung gefördert wird. Gegenüber längeren Blöcken der Arbeit an einem Problem führt das Abwechseln zwischen verschiedenen Problemen zu besseren Ergebnissen. Auch das Variieren einzelner Parameter

steigert den Lerneffekt. Weiter führt das Lenken von Aufmerksamkeit auf die Ausführung einer bestimmten Bewegung zu schlechteren Resultaten als ein Fokus auf
die angestrebte Wirkung der Bewegung (vgl. Saxer 2006). Genaue Bewegungsan-
weisungen können offenbar das unbewusste Einstellen der Motorik auf die Aufgabe
stören. Eine Reihe von Befunden deutet schließlich daraufhin, dass Bewegungs-
übungen zu zweit die Effektivität des Übens steigern können. Hier wirken sich die
Möglichkeiten zum gegenseitigen Zusehen sowie zum Besprechen von Herangehensweisen ebenso förderlich aus wie die zusätzliche Motivation (vgl. insgesamt:
Wulf, Shea, Wright 1998). Natürlich lässt sich nicht alles zu zweit im Unisono üben.
Es wäre jedoch durchaus denkbar, dass sich Schülerinnen und Schüler zum Üben
verabreden, sich sodann auf zwei benachbarte Räume verteilen und sich immer
wieder besuchen, um sich vorzuspielen, auszutauschen und zu ermutigen (vgl. dazu
Andreas Doernes Vision eines „Lernhauses Musik" → *S. 225)*.

Üben als soziale Handlung

Der soziale Charakter des Übens kann zunächst an einem beim Üben mitgedachten
Publikum festgemacht werden, das ein Zuhören aus einer objektiven Perspektive
begünstigen kann (vgl. Lessing 2006). Ein realer sozialer Zusammenhang ist indes
beim Üben im Ensemble gegeben, das meist als „Probe" bezeichnet wird. Hierfür
lassen sich typische Schwerpunkte benennen: Ein sorgfältiges Aushören von Akkorden und Unisono-Passagen – eventuell an eigens dafür ausgewähltem Material –
wird der Feinheit des Hörens und damit der Intonation insgesamt zugutekommen.

Um präzise zusammenzuspielen, müssen die Mitglieder eines Ensembles lernen,
aufeinander zu hören; überlässt man bei einfachen Stücken aus dem Repertoire des
Ensembles abwechselnd einzelnen Schülerinnen und Schülern die Führung im Hinblick auf Tempo und Charakter und fordert die anderen auf, der „Chefin" oder dem
„Chef" zu folgen, entsteht ein besonderer Anreiz, der die zeitliche Abstimmung verbessern kann. Bei komplizierten Rhythmen können Sprechen und Körperperkussion
helfen. In den Stücken selbst sollten dynamische Abstufungen zwischen führenden
und begleitenden Stimmen herausgearbeitet werden. Das Üben im Ensemble wird
häufig von einer erfahrenen Person angeleitet, die Entscheidungen über Ziele und
Inhalte der Proben trifft sowie die Arbeit unter methodischen Gesichtspunkten
plant und gestaltet. Generell aber sollte eine dialogische Arbeitsweise angestrebt
und gefördert werden (vgl. insgesamt: Rüdiger 2006), die allen Mitgliedern die
Möglichkeit gibt, ihre Vorstellungen einzubringen. Unabdingbar ist dies bei Kammermusik (vgl. Verband deutscher Musikschulen 2013) – auch ein Kinderquartett
wird neben dem Unterricht bald ohne die Lehrkraft proben. Im Bereich der Orches-
terarbeit existieren Ansätze zu demokratischeren Formen der künstlerischen Arbeit,
meist aber wird hier die Leitungsfunktion einer Dirigentin oder eines Dirigenten
akzeptiert.

Weiterführende Literatur zu Inhalten des Musiklernens

Zum Thema *Elementare Musikpraxis* (3.1):
Verband deutscher Musikschulen (Hrsg.): *Bildungsplan Musik für die Elementarstufe/Grundstufe*. Bonn: Verband deutscher Musikschulen 2010

Zum Thema *Musik erfinden* (3.2):
Gagel, Reinhard: *Improvisation als soziale Kunst. Grundlagen für den künstlerischen und didaktischen Umgang mit dem Unerhörten.* Mainz: Schott 2010

Steffen-Wittek, Marianne (Hrsg.); Dartsch, Michael (Hrsg.): *Improvisation. Reflexionen und Praxismodelle aus Elementarer Musikpädagogik und Rhythmik.* Regensburg: ConBrio, im Druck

Zum Thema *Musik verstehen* (3.3):
Eggebrecht, Hans Heinrich: *Musik im Abendland. Prozesse und Stationen vom Mittelalter bis zur Gegenwart*. München: Piper 1998, 2., durchgesehene Taschenbuchausgabe

Zum Thema *Interpretieren* (3.4):
Mantel, Gerhard: *Interpretation. Vom Text zum Klang*. Mainz: Schott 2007

Zum Thema *Üben* (3.5):
Mahlert, Ulrich (Hrsg.): *Handbuch Üben. Grundlagen – Konzepte – Methoden*. Wiesbaden: Breitkopf & Härtel 2006

4 Methoden

4.1 Methoden im Unterricht

Methoden sind nach einer auf den Instrumentalunterricht bezogenen Bestimmung von Ulrich Mahlert „Handlungs- und Verhaltensweisen von Lehrkräften im Unterricht und in Zusammenhang mit Unterricht, die darauf gerichtet sind, das musikalische Lernen von Schülern in vielfältiger Hinsicht zu ermöglichen und zu fördern" (Mahlert 2011, S. 39f.). Lernen braucht nicht unbedingt mit Methode zu geschehen. Ein kleines Kind lernt fast alles ohne eine methodische Anleitung. Generell können Handlungen, die etwa im Alltag immer wieder gefordert und zu erleben sind, von der jüngeren Generation allmählich übernommen werden. Die Älteren brauchen sie nicht zu unterrichten, sondern nur vorzuleben. Der Erziehungswissenschaftler Klaus Mollenhauer spricht in diesem Zusammenhang vom Modus der „Präsentation" (Mollenhauer 1998, S. 22ff.). Natürlich kommt man dem Kind entgegen und bewahrt es etwa vor der vollen Anforderung des Erwachsenenlebens; so benutzt es etwa zuerst Plastikgeschirr, sitzt auf speziellen Stühlchen, übernimmt beim Kochen oder Backen eher einfachere Aufgaben, während die Älteren die jeweiligen Tätigkeiten strukturieren. Im frühen Mittelalter wuchsen die meisten Kinder auf solche Weise in das Erwachsenenleben hinein (vgl. Ariès 1984, S. 463; Arnold 1985, S. 55).

Diese *informelle* Lernweise kommt an eine Grenze, wenn es um eine vergleichsweise komplexe Tätigkeit geht, bei der es darauf ankommt, es zu einer gewissen Meisterschaft zu bringen. Hierfür wurde und wird der junge Mensch zu einem Meister in die *Lehre* geschickt, wie es noch heute bei vielen Handwerksberufen üblich ist. Charakteristisch ist dabei zum einen, dass der Lehrling sofort in den „Ernstfall" des Handwerksbetriebs eingebunden ist – so sind die Gründe für das, was gelernt werden muss, offensichtlich. Zum anderen ist er von Gesellen umgeben, die bereits weiter sind als er, sodass er auch von ihnen vieles abschauen und Hilfe erhalten kann (vgl. Gardner 1993, S. 156ff.). Eine spezielle Methodik zum Anleiten des Lehrlings benötigt der Meister kaum.

Beide Lernformen finden sich auch im Bereich der Musik. Das natürliche Hineinwachsen geschieht dort, wo Musik als Teil des Alltags erlebt werden kann. Die volkstümliche und populäre Musik ist hierfür ebenso ein Beispiel wie die traditionelle Musik außereuropäischer Kulturen; in beiden Fällen spielen Noten oft keine Rolle. Charakteristisch ist die musizierende „Praxisgemeinschaft" (Röbke 2009), in die ein junger Mensch sich über das Mitwirken von Anfang an einbringt. Dabei trägt er immer so viel bei, wie ihm schon möglich ist, und lernt gleichzeitig immer mehr von dem, was er in der Gruppe benötigt. Die Gruppe ihrerseits, in der alle Leistungsstufen anzutreffen sind, unterstützt ihn durch informelle Hilfestellungen, Hinweise und

Korrekturen. Die Motivation profitiert hier zum einen vom musikalischen Ernstfall der Proben und Aufführungen, zum anderen von dem Wunsch, dazuzugehören und es den Fortgeschrittenen gleichzutun. Ähnliche Strukturen lassen sich manchmal im Bereich des Laienmusizierens finden. Manches lässt sich auch auf das venezolanische „Sistema" übertragen, in dem die Kinder von Anfang an in Orchesterproben eingebunden sind und sich gegenseitig helfen. Fortgeschrittene werden zur Einarbeitung der Neulinge eingesetzt (Fundación Sistema 2011; vgl. Koch 2008). Hier klingt wieder das Lehrlingsprinzip an, denn auch die Fortgeschrittenen werden kaum ausgefeilte Methoden einsetzen. Die Auftritte entsprechen dem Ernstfall im Handwerksbetrieb. Noch zu Zeiten Johann Sebastian Bachs war die Stadtmusik seiner Heimatstadt Arnstadt in der Zunft der Stadtpfeifer organisiert, in der der Meister seine Gesellen anlernte, meist auch beherbergte und verköstigte (vgl. Eggebrecht 1998, S. 418; Loritz 1998, S. 12; Röbke 2000, S. 13ff.) – hier mag man eine weitere Parallele zum „Sistema" sehen, in dem die Kinder viel Zeit in den „Núcleos", den musikalischen Gemeindezentren, verbringen und dort auch zu essen bekommen.

Am Beispiel Bachs jedoch kann man ebenso den Weg über eine *bewusste Planung des Lernens* sehen, über die er sich als Lehrer offensichtlich Gedanken machte. Dies wird nicht zuletzt in den Kompositionen für seine Schüler und seine Kinder sichtbar. Allerdings schuf er für die Unterweisung stets hochrangige Musik, die sowohl dem Erlernen des Instrumentalspiels als auch dem Verständnis von Kompositionsregeln dienen sollte (vgl. Eggebrecht 1998, S. 444f.) – so als würde eine heutige Instrumentalschule ausnahmslos Werke lebender Komponisten enthalten, an der die Schülerinnen und Schüler aktuelle Kompositionstechniken nachvollziehen könnten und die die Nachwelt noch in 300 Jahren kennen und schätzen würde. Auch hier war also gewissermaßen ein Lernen am Ernstfall, in diesem Fall an guter Musik, gegeben. Gleichzeitig aber erkennt man Ansätze einer Lehrmethodik.

Will man Kindern das Erlernen einer Tätigkeit auch dann ermöglichen, wenn es in ihrem Alltag nicht ausreichend präsent ist, und handelt es sich bei dem Lernstoff um eine komplexe Vielfalt, dann wird nach Mollenhauer die „Präsentation" durch die „Repräsentation" ersetzt. Als Protagonisten führt Mollenhauer Johann Amos Comenius (1592–1670) an, der eine „Große Didaktik" verfasste, mit der er bezweckte, „alle Menschen alles zu lehren" (Comenius 1960). Damit treten Fragen auf den Plan, die die Pädagogik auch heute noch beschäftigen, nämlich diejenigen nach der Auswahl und Anordnung der Stoffe und nach der Vermittlungsmethode (vgl. Mollenhauer 1998, S. 52ff., 67f.). Der Begriff der „Vermittlung", der auch in Zusammenhang mit Musik häufig gebraucht wird, macht das Dilemma deutlich: Was im Modus der Präsentation in der realen Welt direkt an den jungen Menschen herankam, wird nun aus der Welt herausgenommen und in einen eigens zu diesem Zweck eingerichteten Raum hereingebracht, um dort über Pädagoginnen und Pädagogen als Mittlerinnen und Mittler systematisch an die Kinder herangetragen zu werden.

Dass einem solchen Verfahren eine gewisse Künstlichkeit anhaftet, lässt sich kaum leugnen. Wenn sich etwa jeden Dienstag um 14.30 Uhr zwölf Kinder im Vorschulalter, die sich oft nur an diesem Termin sehen, in einem speziell ausgestatteten Raum zusammenfinden, um für genau 60 Minuten miteinander Musik zu machen, die eine dafür ausgebildete Lehrkraft anregt – ohne Rücksicht darauf, ob das einzelne Kind aktuell vielleicht gerade länger, anderes oder gar nicht musizieren möchte –, wie dies in Gruppen der Musikalischen Früherziehung geschieht, dann kann dies nur so gerechtfertigt werden, dass viele dieser Kinder sonst noch weniger musikalische Anregungen bekämen (vgl. Dartsch 2004). Unter den gegebenen Umständen liegt hierin auch eine Vorbereitung auf die Schule, die ja eine ähnliche Künstlichkeit mit sich bringt. Die Motivation, die mit der Künstlichkeit vom Grundsatz her kollidiert, muss jetzt im Rahmen didaktischer Überlegungen in den Blick genommen werden.

Die Methodik stellt nun dasjenige Mittel dar, mit dem aus dieser Situation „das Beste" gemacht werden kann. Gegenüber den älteren Schulmodellen, in denen die Magister im Wesentlichen vorlasen und abfragten, während die Schüler vielfach auswendig lernten (vgl. Fend 2006, S. 86, 121ff.), bewirkte die zunehmende Methodisierung des Unterrichts – insbesondere seit der Aufklärung und in der ersten Hälfte des 19. Jahrhunderts (vgl. S. 125f., 142ff.) – sicher einen Effektivitätsgewinn. Sie ist im Zusammenhang mit dem abendländischen „Sonderweg" eines rational geprägten Bildungswesens im großen Stil zu sehen, der seinerseits auf das Christentum zurückgeführt werden kann, genauer: auf seinen Bedarf, kanonisiertes Wissen an die nächste Generation weiterzugeben, auf die immanente Anforderung, als Individuum ein verantwortliches Leben zu führen, schließlich auch auf die Rezeption der Antike, die ihrerseits das Aufblühen der Wissenschaften begünstigte und so der Rationalität zum Durchbruch verhalf, welche letztlich auch die abendländische Musikgeschichte prägt (Fend 2006, S. 15f., 143ff.; Eggebrecht 1998, S. 36ff.; Rösing 2002b).

Zur Zeit der Aufklärung und im 19. Jahrhundert nahm auch innerhalb des Instrumentalunterrichts eine Methodisierung zu. Für den Dirigenten Nikolaus Harnoncourt stellt die Französische Revolution eine Bruchstelle dar, an der das Verhältnis Meister-Lehrling durch ein System, eine Institution ersetzt wurde. Gemeint ist das französische Conservatoire, in dem etwa Luigi Cherubini das politische Ideal der Gleichheit auf die Musik übertrug. Von nun an wurde die Instrumentalausbildung durch Schulwerke und Etüdensammlungen – so etwa die Violinetüden von Rodolphe Kreutzer – systematisch strukturiert und vereinheitlicht (Harnoncourt 1985, S. 26ff.). Auch heute ist die Instrumentalausbildung vielfach von jenen Entwicklungen geprägt, werden doch die einschlägigen Etüden häufig immer noch wie ein unumstößlicher Kanon behandelt.

Verfahrensweisen nach Anselm Ernst

Während die Auswahl und Anordnung der Stoffe im Instrumentalunterricht also schon auf eine lange Tradition zurückblickt, blieb das konkrete Verhalten der Lehrperson im Unterricht häufig im Dunkel. Vor einiger Zeit hat Anselm Ernst hierzu eine viel beachtete Systematisierung vorgenommen. Er unterscheidet sechs methodische Verfahren:

1. Das Erarbeitende Verfahren

Das Erarbeitende Verfahren zeichnet sich durch klare, knappe Anweisungen aus, die jeweils sofort umgesetzt werden sollen. Es folgt die prompte Rückmeldung, gegebenenfalls eine Korrektur und die nächste Anweisung. In kleinen Schritten werden die Schülerinnen und Schüler auf diese Weise gleichsam an der kurzen Leine geführt. Den Kern dieses Verfahrens bilden Kontrolle und Anleitung, die einem sicheren und raschen Fortschritt ohne Umwege dienen sollen. Das Verfahren steht und fällt damit, dass die Lehrkraft über die nötige Erfahrung und Kompetenz zur Planung der Lernschritte verfügt, während die Schülerinnen und Schüler sich dieser Führung anvertrauen und entsprechend mitarbeiten müssen.

2. Die Modell-Methode

Spielt die Lehrkraft selbst vor und demonstriert etwa bestimmte Bewegungsmuster, so handelt es sich nach Ernst um die Modell-Methode. Hier fungiert die Lehrperson als Vorbild und setzt auf die Imitationsfähigkeit der Schülerinnen und Schüler. Damit sind zugleich die Bedingungen für ein Gelingen benannt: Die Lehrkraft muss das, was sie zeigen will, überzeugend und klar ausführen können; die Schülerinnen und Schüler sollten wach und aufnahmebereit zuschauen und zuhören sowie grundsätzlich bereit sein, sich an der Lehrerin oder dem Lehrer zu orientieren.

3. Das Darstellende Verfahren

An dritter Stelle nennt Ernst das Darstellende Verfahren. Die Lehrkraft erläutert hier größere Zusammenhänge, liefert Informationen und vermittelt Wissensinhalte. Häufig geschieht dies auf eine Nachfrage der Schülerinnen und Schüler hin. Während das Verfahren von der Lehrperson ein fundiertes fachliches Verständnis der entsprechenden Zusammenhänge und die Fähigkeit zur verständlichen Darstellung verlangt, hängt sein Erfolg auf der Seite der Schülerinnen und Schüler vom jeweiligen Interesse ab. Wo Verständnisprobleme auftreten, muss dies durch weitere Erklärungen aufgefangen werden.

4. Das Aufgebende Verfahren

Das Charakteristikum des Aufgebenden Verfahrens liegt darin, dass die Schülerinnen und Schüler zu einem gewissen Grade selbstständig arbeiten können. Dazu stellt ihnen die Lehrperson eine geeignete Aufgabe. Während die Schülerinnen und Schüler diese aktiv bearbeiten, nimmt die Lehrkraft die Rolle eines Beobachters ein, um später nicht nur zum Ergebnis, sondern auch zum Arbeitsprozess Rückmeldungen geben zu können. Zu einem fruchtbaren Einsatz dieses Verfahrens gehören die Angemessenheit der Aufgabe sowie ein waches Beobachten aufseiten der Lehrkraft. Bei den Schülerinnen und Schülern stellen Selbstbewusstsein und Motivation zentrale Voraussetzungen dafür dar, die Aufgaben in Angriff zu nehmen.

5. Das Entdeckenlassende Verfahren

Dies gilt auch für das sogenannte Entdeckenlassende Verfahren. Hier geht es darum, die Schülerinnen und Schüler etwas herausfinden oder erfinden zu lassen. Die Aufgabe der Lehrperson besteht darin, anzuregen und zu ermutigen sowie gegebenenfalls kleinere Hilfen zu geben. Bei diesem Verfahren tritt neben der Selbsttätigkeit der Schülerinnen und Schüler auch deren Selbstbestimmung stärker in den Vordergrund. Sie können in Ruhe Ideen entwickeln und ausprobieren. Das Verfahren lebt von ihrer Kreativität sowie von der Fähigkeit der Lehrkraft, zu begeistern und hilfreiche Anregungen zu geben.

6. Die Dialog-Methode

Das sechste Verfahren nennt Ernst Dialog-Methode. Die Lehrkraft spricht hier sozusagen auf Augenhöhe mit den Schülerinnen und Schülern. Diese nehmen selbst Stellung und werfen Fragen und Probleme auf, worauf die Lehrperson wiederum reagiert. Es entsteht also ein lebendiger Austausch, ein Geben und Nehmen, sodass der Musikpädagoge Nicolai Petrat auch von der „Ping-Pong-Methode" spricht (Petrat 2007, S. 51). Ernst sieht eine partnerschaftliche Einstellung als entscheidendes Kennzeichen dieser Methode an. Sie nimmt die Sichtweisen der Schülerinnen und Schüler ernst und ermöglicht ihnen die Mitgestaltung des Unterrichts sowie letztlich ein selbstbestimmtes Lernen. Die Lernenden nehmen von der anderen Seite her die Lehrperson als Lernpartnerin oder Lernpartner sowie als Beraterin oder Berater an und übernehmen auch selbst Verantwortung für das eigene Lernen (vgl. insgesamt: Ernst 1991, S. 82ff.; vgl. Mahlert 2011, S. 52ff.).

Ernst hat nun nicht im Sinn, die Verfahren gegeneinander auszuspielen. Vielmehr sollten sie sich ihm zufolge wechselseitig ergänzen. Welches Verfahren jeweils angezeigt sei, hänge dabei von den Schülerinnen und Schülern ebenso ab wie von den Unterrichtssituationen, -zielen und -inhalten (Ernst 1991, S. 91). Dabei birgt jede

Methode spezielle Gefahren und Chancen. Häufig sind vergleichbare Problemstellungen auch in der Allgemeinen Didaktik reflektiert worden.

So lässt das *Erarbeitende Verfahren* den Schülerinnen und Schülern wenig Raum für das Suchen und Vorschlagen eigener Lösungen; ihre Bedürfnisse und Erfahrungen dürfen aber nicht ins Hintertreffen geraten, will man dabei nicht riskieren, an ihnen vorbeizuunterrichten und so tiefere Bildungsprozesse ebenso zu verfehlen wie eine tragfähige Motivation. Leistungsorientierte Jugendliche unterwerfen sich mitunter gerne einer solchen Unterrichtsmethodik, laufen aber möglicherweise Gefahr, in ihrer Selbstständigkeit und Kreativität im Umgang mit neuen Stücken zurückzubleiben. Doch kann das Verfahren im beiderseitigen Einverständnis angewandt werden, damit zeitsparend bestimmte Probleme gelöst oder auch Übeweisen verdeutlicht werden können. In der allgemeindidaktischen Literatur findet sich das Konzept „Direct Instruction", das einerseits kritisch diskutiert wird, sich in der empirischen Forschung aber andererseits als effektives Instrument zur Lernförderung erwiesen hat. Mit der klaren Struktur, den kleinen Schritten und den zahlreichen Rückmeldungen und Korrekturen ist die Methode durchaus mit dem Erarbeitenden Verfahren vergleichbar (vgl. Becker, Engelmann 1973, 1996; Grell 2002).

Die *Modell-Methode* kommt dem Imitationsvermögen und -bedürfnis besonders jüngerer Kinder entgegen. Häufig sagt außerdem das lebendige Beispiel mehr als alle Worte. Das Verfahren läuft aber, wird es verabsolutiert, auf das Heranzüchten musikalischer Klone heraus. Nur wenn die eigene Auseinandersetzung mit der Musik hinzukommt, wird es letztlich zu überzeugenden Ergebnissen führen. Auch zur Modell-Methode finden sich allgemeindidaktische Korrespondenzen: Im Konzept des „Cognitive Apprenticeship", das sich am Meister-Lehrling-Verhältnis orientiert, schließt das „Modelling" außer der Vorführung auch Erläuterungen und Begründungen ein (vgl. Collins, Brown, Newman 1987; Reinmann, Mandl 2006, S. 632; Helmke 2010, S. 208). Auch im Instrumentalunterricht kann hierdurch die kognitive Verarbeitung und Einordnung des Gehörten und Gesehenen befördert werden.

Das *Darstellende Verfahren* hat grundsätzlich seine Berechtigung, wo es um die Vermittlung von Informationen geht, also besonders in den Bereichen Musikgeschichte und Musiktheorie. Die Vertrautheit mit einschlägigen Hintergründen stellt ein wichtiges Element eines Instrumentalunterrichts dar, der auf Bildung zielt. Der Redeanteil der Lehrkraft sollte nichtsdestoweniger begrenzt sein und Raum lassen für das Üben und Musizieren am Instrument sowie auch für Redebeiträge der Schülerinnen und Schüler. Im Darstellenden Verfahren hält gewissermaßen ein Stück „Frontalunterricht" Einzug in den Instrumentalunterricht, wobei die Darbietung hier auch die Schülerinnen und Schüler mit einbeziehen kann, indem sie diesen das zu behandelnde Problem zunächst aufzeigt und sie dann um ihre Mithilfe bittet; denn nicht selten sind bei ihnen rudimentäre Erfahrungen oder Wissensbestände bereits vorhanden und können fruchtbar eingebracht werden. Ergänzend kann das informierende Darbieten in Form von kurzen Referatsphasen durchaus angebracht sein (vgl. Wiechmann 2002a).

Beim *Aufgebenden Verfahren* besticht die Schaffung eines Freiraums für die Lehrkraft, in der sie sich einmal uneingeschränkt der Beobachtung widmen und so vieles über die Schülerinnen und Schüler lernen kann. Diese wiederum können durch die Herausforderung und das in sie gesetzte Vertrauen angespornt werden und sich die notwendigen Arbeitsweisen erschließen. Die Methode kommt dort an ihre Grenzen, wo es sich die Lehrkraft damit bequem macht und die Schülerinnen und Schüler mehr oder weniger sich selbst überlässt, ohne aktiv zu beobachten oder fundierte Rückmeldungen zu geben. Manchmal muss eine Anregung sicher unmittelbar umgesetzt und sofort wieder mit einer Rückmeldung versehen werden. Auf diese Weise kann vielleicht dasjenige Handwerkszeug erworben werden, das zur Bearbeitung zukünftiger Aufgaben nötig ist. Der Übergang zum Erarbeitenden Verfahren ist wohl ein fließender und liegt in der Vielschichtigkeit der Aufgaben und der Länge der Beobachtungszeit. Auch auf das Aufgebende Verfahren lassen sich Prinzipien aus der Allgemeinen Didaktik fruchtbar anwenden, die wiederum aus dem Konzept des „Cognitive Apprenticeship" stammen: Beim „Scaffolding" schafft die Lehrperson ein Gerüst, das die Aktivitäten der Schülerinnen und Schüler strukturiert, lenkt und unterstützt. Das Prinzip der „Articulation" wird verwirklicht, wenn die Lernenden immer wieder aufgefordert werden, ihre Gedanken und Strategien zur Bearbeitung der Aufgabe auch auszusprechen. Dies ließe sich sehr gut auf die Aufgabe übertragen, eine Passage selbstständig im Unterricht zu üben. In der „Reflection" werden die Lösungsansätze mit den Mitschülerinnen und Mitschülern diskutiert. Mit dem „Coaching" verbinden sich Betreuung und Unterstützung durch Tipps und Hinweise, dabei befassen sich die Lernenden grundsätzlich selbst mit dem jeweiligen Problem. In der Musikschularbeit findet sich etwa das Band-Coaching. Beim „Fading" blendet die Lehrkraft ihre Hilfen allmählich aus, um immer mehr auf die Selbstständigkeit der Schülerinnen und Schüler zu setzen.

Wo schließlich gemäß dem Prinzip der „Exploration" eine eigene Problemlösung angeregt wird, befindet man sich bereits auf dem Terrain des *Entdeckenlassenden Verfahrens* (vgl. Collins, Brown, Newman 1987; Reinmann, Mandl 2006, S. 632; Helmke 2010, S. 208); auch zu diesem hin besteht vom Aufgebenden Verfahren aus sicher ein fließender Übergang. Das entscheidende Kriterium stellt hier die Offenheit der Aufgaben dar. Je mehr Freiräume diese enthält, desto mehr tendiert das Verfahren zum Entdeckenlassen. Entdecken kann sich zuerst im eigenständigen Erforschen einstellen. Dessen Wert liegt sowohl in einer starken Neugier-Motivation als auch in gut verankerten Lernergebnissen, die überdies für Schülerinnen und Schüler persönlich bedeutsam sein dürften. Hier wird das Element der Selbstbildung greifbar, das als Chance beim Entdecken aufscheint. In diesem Zusammenhang ist auch das eigene Nachdenken von Bedeutung. Schließlich gehören zum Entdecken auch eigene Formen und Wege der Gestaltung, die mit Authentizität und Gestaltungslust einhergehen sollten (vgl. Hameyer 2002). Auch bei diesem Verfahren liegt eine Gefahr darin, die Schülerinnen und Schüler allein und auf „Abwege" geraten zu lassen. Wenngleich auch Umwege zum Lernen gehören, muss nicht jeder Fehler selbst begangen werden. Im weiteren Sinne zählen auch Recherche-Aufträge zur Methode: Im Internet können Schülerinnen und Schüler musikhistorische Zusammenhänge erkunden; mit Tonträgern können sie Interpretationsvergleiche durchführen (vgl. Dartsch 2007b). Ensembles können Interpretationsansätze ausprobieren und im Unterricht zur Diskussion stellen.

Die *Dialog-Methode* ist nicht etwa auf Fortgeschrittene beschränkt, sondern kann von Anfang an praktiziert werden. Zunächst wird vielleicht gemeinsam überlegt, welche Assoziationen mit einem Stück verbunden werden können, welchen Charakter man verwirklichen möchte, aber auch, wie man die Unterrichtsstunde gestalten, womit man beginnen oder enden möchte. Wo verschiedene Möglichkeiten zur Wahl stehen, kann auch die Entscheidung für bestimmte Musikstücke im Dialog fallen. Die Lehrkraft wird nichtsdestoweniger stets fachliche Argumente und Inhalte zur Geltung bringen. Von Fall zu Fall muss immer wieder überlegt werden, wie viel Verantwortung dem lernenden Menschen zugetraut und zugemutet werden kann. Über fachliche Gespräche hinaus wird es aber auch im Rahmen des persönlichen Austauschs immer wieder zum Dialog kommen. Spätestens hier wird der Dialog auch als Element einer grundsätzlichen „Schülerorientierung" erkennbar, wie sie in der Allgemeinen Didaktik thematisiert wird (vgl. Helmke 2010, S. 230ff.).

Allgemeine methodische Orientierungen

Auf einer allgemeinen Ebene liegen die Verfahren auf einem Kontinuum zwischen Steuerung und Zulassen von Eigenaktivität. Der Unterschied zwischen diesen Kategorien liegt in der Verbindlichkeit nachprüfbarer und konkreter Ziele. Wo solche Ziele von der Lehrkraft gesetzt und angesteuert werden, wird man demgemäß von *Steuerung* ausgehen. Wenn die Lehrperson eher die Auseinandersetzung mit einer Materie anstrebt, ohne die Ziele genau zu fixieren, könnte man von *Anregung* sprechen. Sind die Schülerinnen und Schüler frei, ihre eigenen Ziele zu setzen und zu verfolgen, in diesem Sinne also selbstbestimmt zu handeln, liegt das *Zulassen von Eigenaktivität* vor.

Für den Erziehungswissenschaftler Jürgen Wiechmann ist „ein völlig gelenkter Unterricht ebenso unrealistisch wie das vollkommen autonome Lernen" (Wiechmann 2002b, S. 16f.). Auch hier gilt es abzuwägen: Wenn ohne Zustimmung der Schülerinnen und Schüler gesteuert wird, stellt dies einen pädagogischen Übergriff dar. Zeit und Kraft der Schülerinnen und Schüler werden dann nämlich für eigene Ziele der Lehrkraft in Anspruch genommen. Grundsätzlich besteht daher die Notwendigkeit, das Einverständnis der Schülerinnen und Schüler zu gewinnen. In einer guten pädagogischen Beziehung dürfte dies unproblematisch sein. Hier vertrauen sich die Schülerinnen und Schüler der Lehrperson im Allgemeinen gerne an, solange die Steuerung oder die verlangten Aktionen nicht unangenehm werden. Bei jungen Kindern kann die Suche nach Spielthemen, die dem Kind naheliegen, helfen, seine Bereitschaft dafür zu wecken, sich auf eine Steuerung einzulassen, wie sie im Erarbeitenden Verfahren vorliegt. Die anderen Verfahren bieten jedoch auch die Gelegenheit zur Anregung ohne fixierte Feinziele. Die Reaktionen auf Anregungen zeigen der Lehrperson Bedürfnisse, Vorlieben und Ziele der Schülerinnen und Schüler, die sie in der Zukunft berücksichtigen kann. So kann etwa bei der Modell-Methode offengelassen werden, welche Aspekte der Vorführung das Kind aufgreifen möchte, in diesem Falle dient sie schlicht der Anregung. Auch das Darstellende Verfahren kann Raum für Fragen und die Beteiligung der Schülerinnen und Schüler bieten und so in andere Richtungen gehen als vielleicht ursprünglich vorgesehen (vgl. Wiechmann 2002a, S. 24). Schließt es das Reagieren auf spontane Bedürfnisse und Fragen ein, so befördert es das Zulassen von Eigenaktivität. Wird hingegen eine grobe Richtung verfolgt – etwa bei einem Gespräch über die Gestaltungsmöglichkeiten eines Stücks –, so handelt es sich eher um Anregung. Hier geht das Verfahren allerdings bereits in die Dialog-Methode über, in der sowohl das Anregen als auch das Zulassen wichtige Momente sind. Das Aufgebende Verfahren, für das Ernst die Selbsttätigkeit der Schülerinnen und Schüler hervorhebt, kann gleichwohl zur Steuerung tendieren, wenn es etwa darum geht, zu einer vorgegebenen Lösung zu kommen. Nur wo dieAufgabe offener gestellt wird, regt sie eher an, als dass sie steuert. Das Gleiche gilt für das Entdeckenlassende Verfahren: Zielt dieses auf kreative Gestaltungsversuche der Schülerinnen und Schüler ab, so wird deren Eigentätigkeit zugelassen, ja gefördert. Daneben aber kann auch hier durch Hilfen und die Vorgabe von Strukturen mehr oder weniger stark gelenkt werden (vgl. Helmke 2010, S. 68f.; vgl. insgesamt: Dartsch 2010b, S. 150f., 262ff.).

Methodische Aktionsformen

Wird mit solchen Überlegungen gegenüber den methodischen Verfahren eine übergeordnete Perspektive eingenommen, so soll der Blick nun nach der anderen Seite hin auch noch genauer auf einzelne Aktionsformen gerichtet werden, die für die Frage nach Methoden von Belang sind. Dem Weitwinkelobjektiv folgt gleichsam das Telezoom:

1. Das verbale Initiieren von Handlungen

Im Hinblick auf verbales Initiieren von Handlungen im Unterricht lassen sich unterscheiden:
a) das Auffordern,
b) das Vorschlagen,
c) das offene Fragen.

Zu a) Das Auffordern

Das Auffordern, das je nach dem Grad der Strenge, mit der Alternativen ausgeschlossen werden und die beabsichtigte Handlung durchgesetzt wird, zum Anweisen bis hin zum Befehlen tendieren kann, lässt sich leicht als verbale Form der Steuerung identifizieren. Jenseits einer solchen formalen Einordnung wäre im Einzelfall zu beurteilen, inwieweit der Form zum Trotz Zielfreiheiten zugelassen werden. Wird dazu aufgefordert, eine Aufgabe zu lösen und werden die Lösungsmöglichkeiten hierbei offengelassen, so läge eher eine Anregung als eine Steuerung vor.

Zu b) Das Vorschlagen

Klarer werden solche Freiheiten allerdings im Vorschlagen zum Ausdruck gebracht, das man der Anregung zuordnen könnte. Ein ehrlich gemeinter Vorschlag beinhaltet sowohl eine Vorgabe als auch die Möglichkeit, frei mit dieser umzugehen, ja sie auch abzulehnen. Es lohnt sich für Lehrkräfte, zu überprüfen, ob sie mit Formulierungen wie: „Magst du mal ausprobieren, ...?" oder: „Wollen wir jetzt ...?" tatsächlich ausdrücken wollen, dass sie bereit sind, sich auf jegliche Reaktion einzustellen und damit weiterzuarbeiten.

Zu c) Das offene Fragen

Offene Fragen hingegen lassen Eigentätigkeit zu, ja fordern diese heraus. Am Stundenbeginn könnte die Lehrkraft etwa fragen: „Womit möchtest du beginnen?" Dies sollte sie wiederum nur tun, wenn sie nicht auf eine bestimmte Stundeneröffnung hinausmöchte. Feine Unterschiede in der Formulierung markieren die Grenzlinie zwischen Vorschlag und offener Frage. „Sollen wir es jetzt einmal zweistimmig spielen?", ist zwar grammatisch als offene Frage formuliert, enthält aber einen deutlichen Vorschlag. Hingegen weisen die mit „w" beginnenden Fragewörter auf echte offene Fragen hin. Nach Gestaltungsalternativen lässt sich mit „wie" fragen, nach Stücken mit „welches"? Die Warumfrage allerdings – etwa: „Warum hat Dir das Stück keinen Spaß gemacht?" – ist weniger empfehlenswert; sie dringt in den anderen ein und kann als Bevormundung aufgefasst werden (vgl. Delfos 2011, S. 158f.); versichert man sich hingegen mit einer Nachfrage, ob ein eigener Eindruck zutrifft – etwa: „Kann es sein, dass du entmutigt warst, weil du es zuhause nicht hinbekommen hast?" – fühlt sich das Gegenüber möglicherweise verstanden und erzählt gerne weitere Einzelheiten (vgl. Schulz von Thun 2006, S. 73f.).

Neben jenen Prototypen lassen sich Zwischenstufen denken. So schließen Sätze in der Wir-Form die Schülerinnen und Schüler so mit ein, als entspräche die initiierte Handlung sowohl deren Absicht als auch der Intention der Lehrkraft: „Dann wollen wir mal mit der Tonleiter beginnen." Wird eine solche Übereinstimmung in keiner Weise gesucht, sondern schlicht unterstellt, liegt sicher eine subtile Steuerung vor. Es ist jedoch durchaus denkbar, dass ein solcher Satz erst fällt, nachdem die Lehrperson gefragt hat, womit die Schülerinnen und Schüler beginnen mögen. In diesem Falle resümiert der Satz das Ergebnis des Zulassens von Eigeninitiative. Hat sie die Vorlieben nicht erfragt, aber zu erspüren versucht, tendiert die Kommunikation wieder mehr zu einer Anregung hin, die aus den Signalen, die die Schülerinnen und Schüler mimisch und gestisch aussenden, eine konkrete Handlung abzuleiten versucht. Die Lehrperson könnte sich dabei noch über ein Fragezeichen absichern: „Wollen wir mit der Tonleiter beginnen?" Möglich wäre auch: „Dann wollen wir mal mit der Tonleiter beginnen, ja?"

2. Die Rückmeldungen der Lehrkraft

Von wesentlicher Bedeutung für das Unterrichtsgeschehen sind Rückmeldungen der Lehrkraft auf das Spiel der Schülerinnen und Schüler hin. Auch diese lassen sich in drei Typen unterteilen, die sich hinsichtlich ihres Bewertungscharakters unterscheiden:
a) das Beschreiben,
b) das Loben,
c) das Kritisieren.

Zu a) Das Beschreiben
Die Beschreibung bleibt neutral und spiegelt den Schülerinnen und Schülern möglichst objektiv ihr eigenes, für die Lehrkraft sichtbares Verhalten zurück. Dabei überlässt sie ihnen selbst die Bewertung. Vielleicht setzt die Lehrkraft voraus, dass die Schülerinnen und Schüler über ähnliche Bewertungskategorien verfügen wie sie selbst, was sich aus dem zurückliegenden Unterricht ergeben haben könnte. Möglicherweise beschreibt sie das Spiel aber auch dann neutral, wenn sie für mehrere Konsequenzen offen ist.

Zu b) Das Loben
Demgegenüber kommt im Lob eine positive Bewertung zum Ausdruck, die die Schülerinnen und Schüler bestärkt, auf dem eingeschlagenen Weg weiterzugehen. Wird das Lob gezielt im Sinne einer Verhaltensformung eingesetzt, wie dies etwa in verhaltenstherapeutischen Zusammenhängen der Fall sein kann (vgl. etwa: Matakas 1981, S. 153f.), so stellt auch das Lob eine Form der Steuerung dar. Aus ethischen Erwägungen heraus wird ein solches Verfahren, dem ja ein Hauch von Dressur und Manipulation anhaftet, an das Einverständnis der Betroffenen sowie an eine trans-

parente Anwendung zu binden sein (vgl. Gage, Berliner 1996, S. 259). Im Idealfall drückt das Lob ehrlich die Freude der Lehrkraft aus.

Zu c) Das Kritisieren

Ähnliches gilt für die Kritik im Sinne eines Tadels beziehungsweise einer negativen Bewertung, die für Schülerinnen und Schüler in der Regel mit Unlust verbunden sein wird. Wie das Lob wird sich Kritik im Sinne einer gezielten Steuerung insbesondere beim Erarbeitenden Verfahren nach Ernst finden.

Lob und Kritik stellen darüber hinaus zentrale Elemente des Unterrichts dar, anhand derer die Schülerinnen und Schüler erkennen können, ob sie im Einzelfall den Gütemaßstäben der Lehrkraft entsprechen. Häufig transportieren sie gleichzeitig als spontane Reaktionen authentische Regungen der Lehrperson, was – wie in jeder Interaktion – eine wichtige Rolle für die Orientierung der Schülerinnen und Schüler spielt.

3. Zugangswege

In den meisten Fällen stehen mehrere Zugangswege zu einem Stoff, der gelernt werden soll, zur Auswahl. Als typische Zugänge wären die folgenden zu nennen:
a) das Erklären,
b) das Zeigen,
c) das Vorspielen,
d) das Fühlenlassen,
e) das Körperführen.

Zu a) Das Erklären – Kognitiver Zugang

Wer Stoff erklärt – man denke an das Darstellende Verfahren bei Ernst –, setzt auf einen kognitiven Zugang. Das Erklären steht und fällt mit der Verständlichkeit. Verständliche Ausführungen zeichnen sich dem Kommunikationspsychologen Friedemann Schulz von Thun zufolge dadurch aus, dass sie einfach gehalten, gut gegliedert, prägnant sowie mit Beispielen, Analogien und persönlichen Erfahrungsberichten angereichert sind. Dementsprechend leidet die Verständlichkeit durch den Gebrauch von unnötigen und unerklärten Fremdwörtern, Zusammenhangslosigkeit, Weitschweifigkeit und einen trockenen Stil (Schulz von Thun 2006, S. 142ff.). Davon abgesehen werden, wo komplizierte Beschreibungen nötig wären, je nach Thema ganz andere Zugänge naheliegen.

Zu b) Das Zeigen – Visueller Zugang

Das Zeigen einer Bewegung oder Körperstellung etwa schafft einen visuellen Zugang. Komplexe Bewegungsmuster oder ungewohnte Körperpositionen, die sich unter Umständen nur schwer mit Worten erklären ließen, können dabei von den Schülerinnen und Schülern als Ganzheiten erfasst werden.

Zu c) Das Vorspielen – Auditiver Zugang

Das Vorspielen bietet ebenfalls diesen visuellen, darüber hinaus aber vor allem auch den auditiven Zugang. Man kann sich dabei unmittelbar am gehörten Klang orientieren und eine Imitation ohne bewusste Bewegungssteuerung versuchen. Da das Gehör für das Musizieren zweifellos von besonderer Bedeutung ist, sind Klangvorstellungen hierfür unerlässlich. Durch das Vorspielen werden diese wesentlich mitgeprägt.

Zu d) Das Fühlenlassen – Haptischer Zugang

Gerade dort, wo es um die körperliche Umsetzung geht, kann sich auch ein haptischer Zugang als hilfreich erweisen. Die Lehrkraft lässt hierbei die Schülerinnen und Schüler bewusst spüren, wie sich eine körperliche Spannung oder eine Bewegung anfühlt. Konkret werden sie dazu ermuntert, die Lehrperson an den entsprechenden Körperteilen zu berühren und die Spannung und Entspannung aufmerksam wahrzunehmen. Auf diese Weise kann etwa die Schwere des entspannten Arms oder die Bewegung des Zwerchfells bei der Atmung erfahren werden.

Zu e) Das Körperführen – Kinästhetischer Zugang

Andersherum kann auch die Lehrkraft vieles ihrerseits durch geeignete Berührungen oder das Führen bestimmter Körperbewegungen anregen. Beispielsweise kann die behutsame Berührung der Schulter sofort dafür sensibilisieren, dass diese im Augenblick unnötig hochgezogen wird. Eine sanft Widerstand bietende Berührung am rechten Ellenbogen kann bei Streichinstrumenten eine Öffnung des Ellenbogengelenks und damit eine Richtungskorrektur der Streichbewegung bewirken. Zum gleichen Zweck kann der Bogen samt der daraufliegenden Hand hin und wieder einmal beim Schüler so geführt werden, dass die Bewegung des geraden Striches gespürt werden kann. In allen diesen Fällen vertraut die Lehrkraft auf den sogenannten kinästhetischen Zugang, also darauf, dass Bewegungen, Positionen und Spannungen von Körperteilen erfühlt werden.

Sowohl der haptische als auch der kinästhetische Zugang verlangen einen respektvollen und sensiblen Umgang mit den Schülerinnen und Schülern. Diese sollten keinesfalls unvorbereitet, ungefragt oder gar heftig berührt werden. Vielmehr ist die private Sphäre grundsätzlich zu achten. Dennoch ermöglichen Zugänge dieser Art, wo sie einvernehmlich und unkompliziert eingesetzt werden, unter Umständen wertvolle Erfahrungen.

Schließlich kann den Schülerinnen und Schülern auch ein *emotionaler Zugang* gebahnt werden; dieser aber ist auf die anderen Zugänge angewiesen, er stellt sich etwa begleitend ein, während gesprochen, gezeigt, vorgespielt wird. Gleichwohl kann er bewusst intendiert werden.

4. Diagnosemethoden

Das Gegenstück zu den Zugangstypen bilden die Möglichkeiten, die der Lehrkraft dafür zur Verfügung stehen, sich ein Bild von der Leistung der Schülerinnen und Schüler zu machen. Man könnte in diesem Sinne von Diagnosemethoden sprechen. Im Einzelnen fallen hierunter die folgenden Typen:

a) das Zuhören,
b) das Beobachten,
c) das Lauschen,
d) das Fühlen.

Zu a) Das Zuhören

Der Begriff des Zuhörens soll hier für das Aufnehmen von gesprochenen Äußerungen stehen, umfasst damit also sowohl kognitive als auch emotionale Aspekte. Hört die Lehrkraft zu, was Schülerinnen und Schüler ihr sagen und erzählen, so gewinnt sie einen Eindruck davon, was in ihnen vorgeht. Sie kann von Problemen ebenso erfahren wie von positiven Emotionen. Schulz von Thun würde hier von einer Selbstoffenbarung aufseiten der Schülerinnen und Schüler sprechen. Daneben aber lassen sich ihm zufolge den Äußerungen immer auch Appelle, Sachinformationen oder Hinweise zur Beziehung entnehmen (Schulz von Thun 2006). Mit dem Satz „Ich konnte diese Woche nicht üben." kann zunächst die schlichte Information transportiert werden, dass nicht geübt wurde, weil keine Möglichkeit dazu bestand. Damit kann eine Selbstoffenbarung verbunden sein, die sich etwa darauf bezieht, wie gestresst man sich fühlt. Ein typischer mitschwingender Appell wäre: „Sei mir nicht böse!" Je nach Tonfall kann es auch heißen: „Bemitleide mich!" Auf diese Weise wird möglicherweise eine Beziehung so definiert, dass die Lehrperson sich im Sinne einer mütterlichen, väterlichen oder auch freundschaftlich verbundenen Bezugsperson auch um die seelischen Belange der Schülerin oder des Schülers zu kümmern hat. Eine ganz andere Beziehungsdefinition läge vor, wenn hier mit anderem Tonfall provoziert werden soll – etwa im Sinne von: „Du kannst mich nicht zwingen." Nicht immer werden die verschiedenen Aspekte bewusst wahrgenommen oder sind beabsichtigt. Nichtsdestoweniger können sie auch als unbewusste Untertöne ihre Wirkung entfalten und etwa auch Konflikte heraufbeschwören. Das Zuhören erweist sich somit als vielschichtiges Diagnoseinstrument, das insbesondere in der Dialog-Methode ihren Platz hat und im Übrigen auch die visuelle Wahrnehmung der Mimik und Gestik sowie das auditive Aufnehmen des Tonfalls einschließt.

Zu b) Das Beobachten

Ein eindeutig visueller Weg wird mit dem Beobachten beschritten. Hier liegt das Hauptaugenmerk auf den Bewegungen und Körperpositionen, die mit dem Auge erfasst werden. Oftmals hilft eine gewisse räumliche Distanz, ein Zurücktreten dabei, eine objektive Haltung einzunehmen, das eigene Engagement einmal hintanzustellen und sich wie von außen ein Urteil zu bilden.

Zu c) Das Lauschen

Analog dazu konzentriert sich das Lauschen auf die von den Schülerinnen und Schülern erzeugten Klänge. Auch dabei sollte sich die Lehrkraft ein unbestechliches Urteil bewahren und vermeiden, sich mit ihrer Erwartungshaltung von vornherein auf die Klänge einzustellen, die sie von den Schülerinnen und Schülern gewohnt ist. Nur wenn sie ihre Erwartung immer auch an ihren Klangidealen ausrichtet, wird sie die Schülerinnen und Schüler vor diesem Hintergrund realistisch einschätzen und dann auch voranbringen können.

Zu d) Das Fühlen

Für das Fühlen als Diagnosemethode gilt analog das zum haptischen und zum kinästhetischen Zugang Gesagte *(→ S. 178)*. Auch hier sind Sensibilität und Respekt vorrangig. Dann aber kann die Lehrperson auch einmal den Tonus der Hand – etwa der Bogenhand beim Streichinstrument – erfühlen und den Schülerinnen und Schülern gleichzeitig einen Impuls zur Spannungsreduktion geben.

Kriterien für den Einsatz von Methoden

Für den Einsatz von Methoden und konkreten Verhaltensweisen kann man zwei Kriterien geltend machen:

Zum ersten wird aus Gründen der Abwechslung im Unterricht – und damit der Motivationssteigerung – für methodische Vielseitigkeit, also den wechselnden Gebrauch verschiedener Methoden plädiert (Petrat 2007, S. 50ff.). Dabei stellt der Methodenwechsel nach Mahlert jedoch keinen Selbstzweck dar; es kann nicht darum gehen, durch Aktionismus eine vertiefte Arbeit zu unterbrechen (Mahlert 2011, S. 118f.).

Zum zweiten muss das methodische Handeln zu dem Menschen, der unterrichtet wird, ebenso passen wie zu den Stärken und Schwächen der Lehrkraft und zu den Zielen und Inhalten des Unterrichts (vgl. Mahlert 2011, S. 57ff.). Im Rahmen ihrer Mitgestaltungsmöglichkeiten im Unterricht werden die Schülerinnen und Schüler auch die Methodenwahl beeinflussen. Einige mögen besonders gut lernen, wenn sie sich Bewegungen von der Lehrperson abschauen können. Andere benötigen in jedem Fall ein theoretisches Verständnis oder eine verbale Anleitung in kleinen Schritten.

Der Biochemiker Frederic Vester hat Ende der 70er-Jahre des 20. Jahrhunderts sein populäres Konzept unterschiedlicher Lerntypen publiziert, welche sich durch die jeweilige Präferenz für ein bestimmtes Sinnessystem auszeichnen; er sprach von einem auditiven, einem visuellen, einem haptischen und einem intellektuellen Typus (Vester 1978, S. 41f., 144ff.; vgl. Ernst 1991, S. 168). Von der akademischen Psychologie ist dieser Ansatz allerdings nicht aufgenommen worden. Stattdessen hat dort der Ansatz des Chemietechnikers Richard Felders eine gewisse Verbreitung gefunden, der zur gleichen Zeit veröffentlicht wurde und zehn *Lern*stile mit jeweils dazu passenden *Lehr*stilen unterscheidet. Felder ordnet die Lernstile fünf Dimensionen zu, auf denen sich jeweils zwei einander entgegengesetzte Pole befinden. Danach können Prozesse des Lernens und Lehrens

1. eher sinnlich-konkret oder eher gedanklich-abstrakt ablaufen,
2. eher visuell oder eher auditiv-verbal geprägt sein,
3. eher induktiv, das heißt vom konkreten Fall zur allgemeinen Regel, oder eher deduktiv, also von der Regel zum Einzelfall, fortschreiten,
4. sich von den Schülerinnen und Schülern aus gesehen als eher aktiv oder eher passiv-reflexiv kennzeichnen lassen,
5. einen eher sequenziellen, mit systematischen Lernschritten ansteigender Schwierigkeit verbundenen, oder eher einen globalen, freieren und ganzheitlichen Charakter annehmen (Felder 1988).

Nach Felder ist die Wahl der Methode vor allem vom Lernstil des Lernenden abhängig. Allerdings beziehen sich die Kategorien Felders auf das technische Studium. Es steht zu vermuten, dass die Altersgruppe Kind und das Lernthema Musik von vornherein zu den Polen des Sinnlich-Konkreten (1.) und des Aktiven (4.) tendieren. Bei der zweiten Polarität wäre die auditive Seite wohl nicht nur auf das Aufnehmen von Redebeiträgen der Lehrperson zu beziehen, sondern auch auf das Wahrnehmen von Klängen. Eine auditive Ausrichtung in diesem Sinne wird auf jeden Fall erwünscht sein; daneben aber kann sicher auch das Abschauen fruchtbar für das instrumentale Lernen sein. Hinsichtlich der dritten und der fünften Polarität könnte man mutmaßen, dass Instrumentallehrerinnen und -lehrer zum Deduktiven und Sequenziellen neigen. Der Anschlag, der Ansatz oder die Haltung wird dann als allgemeingültige Regel vermittelt und erst danach auf Spezialfälle angewandt, die zudem in ansteigender Schwierigkeit präsentiert werden. Ein anderer Weg kann sich wiederum beim Lernen im Rahmen der Mitwirkung in einem Ensemble ergeben. Für die Elementare Musikpraxis dürfte eine eher induktive und globale Herangehensweise charakteristisch sein.

Der Lernstil-Ansatz ist in der Psychologie kritisch diskutiert worden (vgl. Allinson, Hayes 1988; Hayes, Allinson 1997; Reynolds 1997; Sadler-Smith 2001). Ein Überblick aus jüngerer Zeit führt zu dem Resümee, dass derzeit kaum ein Konsens bezüglich einer übergreifenden Theorie existiert (Coffield, Moseley, Hall et al. 2004, S. 145). Eine im Unterschied zu den vielen Differenzierungen vergleichsweise einfache Lösung besteht darin, *Analyse* und *Intuition* als grundlegende Faktoren des „kognitiven Stils" einer Person zu betrachten, die bei Entscheidungen und bei der Ausführung von Aufgaben individuell verschieden stark zum Tragen kommen (Coffield, Moseley, Hall et al. 2004, S. 90; vgl. Kopiez 1991; Allinson, Hayes 1996; Hayes, Allinson 1997, S. 190; Hodgkinson, Langan-Fox, Sadler-Smith 2008). Die Psychologin Jean Pretz fand, dass Anfänger generell eher von einer intuitiven und ganzheitlichen Herangehensweise profitieren; allerdings bezieht sie sich dabei auf Problemlöseaufgaben (Pretz 2008, S. 563). Die Unterscheidung erinnert an die Asymmetrie der Hirnhälften, wobei der linken Hemisphäre die Sprachverarbeitung und der damit verbundene analytische Zugriff zugeschrieben werden, während die rechte mit Gestik, Mimik sowie dem Ausdruck und dem Verständnis von Emotionen in Verbindung gebracht wird (Allinson, Hayes 1996, S. 122; vgl. Ross 1981; Pritzel, Brand, Markowitsch 2003, S. 282ff.; Dichgans 2004, S. 222ff.; Mengler 2010, S. 29ff.). Dennoch liegen aus der Forschung keine Bestätigungen für rechts- oder linkshemisphärische Dominanzen als Persönlichkeitsmerkmale vor (Coffield, Moseley, Hall, Ecclestone 2004, S. 15). Für Lehrkräfte dürfte es fruchtbar sein, die analytischen und die intuitiven Potenziale der Person, die sie unterrichten, jeweils in Betracht zu ziehen. Das Verständnis von Erklärungen – beispielsweise beim Darstellenden Verfahren – setzt ebenso auf analytische Fähigkeiten wie Aufgaben, die das Strukturieren von musikalischem Material beinhalten. Das intuitive Potenzial scheint als Voraussetzung für die Ausführung kreativer Aufgaben – und somit wohl auch im Entdeckenlassenden Verfahren – von Bedeutung zu sein (Hodgkinson, Langan-Fox, Sadler-Smith 2008, S. 19).

Die Pole der Analyse und der Intuition scheinen auch in der Kontroverse zwischen dem Cellisten Gerhard Mantel und dem Geiger Volker Biesenbender in der deutschen Sektion der „European String Teachers Association" (ESTA) auf. Biesenbender hatte in einem Vortrag für ein vom „natürliche[n] Wissen des Körpers" geleitetes Lernen im Sinne eines „wachen Geschehenlassens" plädiert. Dagegen hat das „Bedürfnis nach [bewusster] Kontrolle aller instrumentalen Abläufe" für ihn „in sich bereits die Tendenz zu Spannung und Stockung des Energieflusses" bis hin zur *„völlige[n] Lähmung"* (Biesenbender 1994, S. 28, 32ff.; vgl. 1990; 1991). Mantel hat in seinen Reaktionen betont, dass mühelose Bewegungsabläufe und das „natürliche Wissen" um diese ihrerseits das Ergebnis von Lernprozessen sind, bei denen die Kontrolle zunächst einmal im Bewusstsein lag, dann aber daraus „wegdelegiert" wurde (Mantel 1990, S. 5, 8); so plädiert er für das „richtige" Verhältnis von Denken und Fühlen in der Musik (Mantel 1991, S. 58; vgl. 2004; vgl. auch: Röbke 2000, S. 222ff.). Vorteilhaft kann es sein, mit der bewussten Kontrolle weniger bei der Bewegungsausführung als vielmehr bei deren musikalischer Wirkung anzusetzen (→ *S. 164*; vgl. Wulf, Shea, Wright 1998, S. 215f.; Saxer 2006). In der instrumentalpädagogischen Praxis täte dem Analytiker häufig eine Ergänzung durch intuitive Zugänge ebenso gut wie dem Intuitiven ein wenig Analyse und Systematik.

Die Methodenwahl wird aber auch von der Lehrkraft selbst abhängen – etwa davon, ob sie gut erklären oder vorspielen, Aufgaben ersinnen oder kommunizieren, zuhören oder beobachten, beschreiben oder ermutigen kann. Grundsätzlich wünscht man sich natürlich eine Lehrkraft, die über alle nötigen methodischen Fähigkeiten verfügt. Schließlich werden auch die jeweiligen Inhalte und die damit verbundenen Ziele für die Auswahl von methodisch relevanten Verhaltensweisen eine Rolle spielen:

Im Rahmen der *Elementaren Musikpraxis* wird das konkrete Verhalten innerhalb eines Spiels oder einer Aufgabe sehr häufig nicht genau vorgegeben. An anderer Stelle ist die Rede von einer „Methodik, die sich mit Augenmaß im Spannungsfeld zwischen Steuerung und Zulassen von Eigenaktivität um das Anregen herum bewegt […]. Von Grobzielen ausgehend […] wird sie einerseits manchmal feinere Ziele verfolgen und sich andererseits immer wieder den Zielen der Kinder verschreiben" (Dartsch 2010b, S. 316). Dabei scheint es angezeigt, vor allem positive Rückmeldungen zu geben und alle Zugangswege für musikbezogene Erfahrungen zu nutzen.

Kreative Betätigungen lassen sich nur schwer mit konkreten Anweisungen steuern. So bedarf es beim *Erfinden* sowie beim *Interpretieren* von Musik grundsätzlich einer gewissen Freiheit für Eigenaktivitäten. Vorschläge können aber durchaus hilfreich sein. Insbesondere die neutral beschreibende Rückmeldung korrespondiert mit der erstrebten Freiheit, überlässt diese doch das Urteil der erfindenden oder interpretierenden Person selbst. Es empfiehlt sich eine Auswertung der Ergebnisse über das Lauschen oder das Gespräch.

Das *Verstehen* von Musik lässt sich als Ziel nicht erzwingen, wohl aber anregen; gleichwohl kann zu konkreten Aktionen, die dem Verstehen dienen, aufgefordert werden. Geht es um anerkanntermaßen richtige Zuordnungen, haben auch Lob und Kritik ihren Platz. Ob, was und wie viel eine Schülerin oder ein Schüler behalten und verstanden hat, kann leicht über das Zuhören im Gespräch festgestellt werden.

Beim *Üben* im Unterricht kommen, seiner Vielschichtigkeit entsprechend, schließlich alle Arten des Initiierens, alle Rückmeldungen, Zugänge und Diagnosemöglichkeiten zum Tragen. So wie jede Person, die zu den eigenen Möglichkeiten, Problemen und Motivationen passenden Übestrategien suchen sollte, werden auch die Lehrkraft und die Schülerinnen und Schüler für sich als Lehr-Lern-Team immer wieder passende und motivierende Methoden zu entwickeln haben.

4.2 Exkurs: Methoden in der Forschung

Wissenschaft lässt sich verstehen als systematisches Ergründen von Fragestellungen. Stützt sich dieses nicht nur auf Überlegungen, sondern auch auf sinnlich erfahrbare Tatsachen, spricht man gemäß dem griechischen Wort für „Erfahrung" von „empirischer" Forschung (vgl. Kromrey 1990, S. 13). Auch in der Musikpädagogik wird empirisch geforscht. Hierbei können auch die Methoden musikpädagogischen Handelns Gegenstand des Interesses sein. Die Forschung benötigt hierzu ihrerseits bestimmte Methoden, die im Folgenden in einem Exkurs thematisiert und im Hinblick auf das Feld musikpädagogischer Methoden betrachtet werden sollen.

Empirische Forschung basiert auf Daten, welche Erfahrungstatsachen repräsentieren. Die Methoden empirischer Forschung betreffen zum einen die Erhebung und zum anderen die Auswertung dieser Daten. Grundsätzlich werden quantitative und qualitative Vorgehensweisen unterschieden. In der *quantitativen* Forschung liegen die Daten als *Zahlen* vor und werden zur Auswertung mittels *statistischer* Methoden *verrechnet*. In *qualitativen* Untersuchungen können Daten in Form von *Texten* sowie als *Audio-* und *Videomaterial* vorliegen; in der Auswertung werden diese Materialien mit dem Ziel, zu einem tieferen *Verständnis* zu gelangen, *interpretiert*. Gerade wenn es in der Forschung um den Menschen geht, werden am Anfang jeder Studie stets Vorannahmen und Erfahrungen in Bezug auf die jeweilige Fragestellung vorhanden sein, während am Ende ein vertieftes Verstehen erreicht werden sollte. Dies gilt auch für quantitative Verfahren, sodass auch diese so verstanden einer qualitativen Rahmung bedürfen (vgl. Mayring 2010, S. 20ff.).

Experiment, Quasi-Experiment und Ex-post-facto-Studien

Während die Daten in der Naturwissenschaft klassischerweise im Labor gewonnen werden, begibt sich die Sozialwissenschaft meist „ins Feld", in das wirkliche Leben. Daher kann sie in der Regel das untersuchte Merkmal auch nicht systematisch variieren, um die Auswirkungen auf ein anderes Merkmal zu untersuchen – wie dies im naturwissenschaftlich geprägten *Experiment* geschieht. Stattdessen ist sie in vielen Fällen darauf angewiesen, im Nachhinein die Auswirkungen verschiedener Bedingungen festzustellen.

Will man etwa wissen, ob die tägliche Übedauer mit der Leistung auf einem Instrument in Zusammenhang steht, wird man kaum ein echtes Experiment durchführen können. Dieses läge dann vor, wenn man eine bestimmte Anzahl von Kindern bäte, eine Zeit lang jeden Tag eine bestimmte Dauer zu üben, und eine andere, ähnlich große Gruppe von Kindern aufforderte, doppelt so viel wie die erste Gruppe zu üben. Nach der festgesetzten Zeit müsste man dann die durchschnittliche Leistung beider Gruppen auf irgendeine Weise messen oder einschätzen und vergleichen. Das Entwickeln von Kriterien und Verfahren zur Messung von Merkmalen – wie beispielsweise der Leistung auf einem Instrument – wird als *Operationalisierung* bezeichnet und stellt sich nicht selten als heikel heraus. In jedem Fall aber hängt die Aussagkraft einer empirischen Untersuchung wesentlich von der Sorgfalt ab, mit der die Operationalisierung vorgenommen wird.

Im gewählten Beispiel stellt sich ein weiteres Problem: Ob Kinder auf Befehl eine bestimmte Dauer üben können, ohne dass das Üben damit an Qualität verliert, darf angezweifelt werden. Alternativ könnte man die Kinder selbst entscheiden lassen, ob sie die geringere oder die doppelte Dauer üben möchten. Da die Kinder sich hier nach eigenen Vorlieben auf die Gruppen aufteilen, werden aber zusätzlich zu den Übedauern auch die Unterschiede in der Motivation in die Ergebnisse eingehen.

Wissenschaftlich gesehen, wären dies keine sauberen Ausgangsbedingungen für ein Experiment, denn bei einem echten Experiment sollte nur ein Merkmal variiert werden. In dem geschilderten Fall, in dem sich die Versuchspersonen nicht zufällig, sondern nach eigenen Kriterien auf die Gruppen verteilen, spricht man daher von einem *Quasi-Experiment*. Mehr Erfolg verspricht es schließlich, eine große Zahl von Kindern und deren Eltern nach der durchschnittlichen Übedauer zu fragen und die so gewonnenen Daten mit der zu einem bestimmten Zeitpunkt gezeigten Leistung in Beziehung zu setzen. Da die Variation der Übedauern hier erst im Nachhinein erhoben, nicht aber zu Beginn veranlasst wird, spricht man im Unterschied zum Experiment von *Ex-post-facto-Studien* (vgl. Plöger 2003, S. 22ff.; Schnell, Hill, Esser 2008, S. 224ff.; Schumacher 2006, S. 22).

Gütekriterien

Natürlich lässt sich auch fragen, ob und wie eine instrumentale Leistung überhaupt erfassbar ist. Diese Frage berührt die Güte der Messmethoden. Die Instrumente zur Datenerhebung müssen wissenschaftlichen Ansprüchen genügen. In der Hauptsache verlangt man von ihnen:
a) Objektivität,
b) Reliabilität,
c) Validität.

Zu a) Objektivität

Die Forderung nach Objektivität meint, dass verschiedene Forscherinnen und Forscher mit dem gleichen Instrument bei der gleichen Versuchsperson oder Stichprobe auch gleiche Ergebnisse erzielen sollten. Die Ergebnisse sollen also unabhängig von der forschenden Person sein. Als grundlegendes Gütekriterium stellt Objektivität im strengen Sinne auch die Voraussetzung für die beiden weiteren Anforderungen dar.

Zu b) Reliabilität

Das Kriterium der Reliabilität zielt auf die Zuverlässigkeit der Datenerhebung; dabei sollen die Daten so genau erhoben werden, dass das betreffende Instrument bei der gleichen Versuchsperson zu verschiedenen Zeitpunkten zum gleichen Ergebnis kommt. Hierbei muss allerdings vorausgesetzt werden, dass das untersuchte Merkmal stabil ist, sich also zwischen zwei „Messungen" nicht ändert, was für psychologische Daten kaum jemals sicher angenommen werden kann. Definitionsgemäß müsste dies aber für die Erhebung von Persönlichkeitseigenschaften gegeben sein, die sich ja gerade durch Stabilität auszeichnen. Die Reliabilität lässt sich hier in Reinform über eine zweite Erhebung – einen sogenannten „Re-Test" – überprüfen. Daneben kann ein anderes Instrument, das auf das gleiche Merkmal zielt, zum Vergleich herangezogen werden – hier spricht man von einem „Paralleltest". Schließlich können Tests, die aus mehreren Aufgaben oder Fragen bestehen, welche alle das gleiche Merkmal betreffen, auch geteilt werden; bei einer zuverlässigen Messung sollten die Teiltests zu gleichen Ergebnissen kommen – es handelt sich hier gewissermaßen um eine interne Paralleltestung. Wird eine Teilung in zwei Hälften vorgenommen, spricht man von der „Split Half-Methode". Werden noch kleinere Teile gebildet und deren Ergebnisse miteinander verglichen, untersucht man also die interne Konsistenz des Instruments, spricht man dementsprechend von „Konsistenzanalysen".

Zu c) Validität

Fordert man schließlich die Validität eines Erhebungsinstruments, so verlangt man, dass es „gültige" Resultate erbringt. Von Gültigkeit ließe sich genau dann sprechen, wenn auch wirklich das Merkmal erhoben wird, um das es in der Untersuchung geht. In Fällen, bei denen dies unter Betrachtung der Konstruktion des Instruments offensichtlich der Fall ist, spricht man von „Inhaltsvalidität". So wird man bei einem Zollstock die inhaltliche Validität kaum anzweifeln; bei einer Personenwaage aber möchte man vielleicht den inneren Aufbau derselben in Augenschein nehmen, um urteilen zu können; bei dem Psychotest in einer Illustrierten wird man ebenfalls nicht unmittelbar einsehen wollen, dass die gestellten Fragen das Merkmal, um das es geht, gültig erfassen. Soll die Validität mittels eines Vergleichs mit äußeren Kriterien erfasst werden, handelt es sich um „Kriteriumsvalidität". Hierbei liegt die Crux natürlich im Auffinden eines sicheren Kriteriums. Wird etwa die Begabung für ein bestimmtes Fach untersucht, könnte man auf den Gedanken kommen, die Schulnote als Außenkriterium für die Gültigkeit heranzuziehen. Dies scheint aber zweifelhaft, da in die Note unter anderem auch der Arbeitsaufwand in dem entsprechenden Fach einfließen dürfte. Misst man das Interesse für eine Materie, sollte man meinen, man könne die Ergebnisse auch am Kauf von einschlägigen Büchern und Materialien auf seine Gültigkeit prüfen; wie viel jemand kauft, hängt aber sicher auch von der finanziellen Situation ab. Grundsätzlich gelten solche Bedenken auch für die „prognostische Validität", von der man spricht, wenn Gültigkeit am Eintreffen von Vorhersagen geprüft wird, die man aus den Ergebnissen ableitet. Die Validität einer künstlerischen Abschlussprüfung müsste sich dann daran messen lassen, ob gut bewertete Absolventinnen und Absolventen auch wirklich künstlerisch erfolgreich werden und schlecht bewerteten der Erfolg versagt bleibt. Es steht allerdings zu vermuten, dass für den Erfolg im Bereich der Musik neben der künstlerischen Befähigung noch andere Eigenschaften eine Rolle spielen – etwa das Aussehen und die Managementqualitäten. Überprüft man die Gültigkeit schließlich daran, ob und wie gut die Ergebnisse sich in eine gegebene Theorie einfügen, wie gut also theoretisch plausible Zusammenhänge tatsächlich zu beobachten sind, geht es um die sogenannte „Konstruktvalidität" (vgl. Plöger 2003, S. 29ff.; Schnell, Hill, Esser 2008, S. 149ff.; Mayring 2010, S. 116ff.; Kollbaum 2009).

Die dargestellten Gütekriterien werden insbesondere für quantitative Verfahren geltend gemacht und überprüft. Da qualitative Verfahren auf das Interpretieren und Verstehen abzielen, kann es dabei kaum auf eine absolute Objektivität hinaus-laufen. Vielmehr geht es hier um Plausibilität, um die Nachvollziehbarkeit der Datenerhebung und der Auswertung. Auf dieser Grundlage können Erhebungen durchaus mit ähnlichen Ergebnissen reproduziert werden. Auch lassen sich im Hin-blick auf Gültigkeit Vergleiche mit ähnlich gelagerten Untersuchungen anstellen und Ergebnisse in bestehende Theorien einordnen (Flick 2007, S. 487ff.; Mayring 2010, S. 118ff.).

Quantitative Studien

Quantitative Studien wollen häufig Aussagen über große Gruppen von Menschen erreichen – etwa über die deutschen Wähler oder über alle Menschen einer bestimmten Altersgruppe innerhalb einer bestimmten Region. Hierfür werden in aller Regel aber nur Stichproben untersucht, die im Idealfall repräsentativ für die sogenannte „Grundgesamtheit" sind, das heißt für die gesamte Gruppe der Men-schen, über die eine Aussage getroffen werden soll. *Repräsentativität* liegt dann vor, wenn sich die Ergebnisse auf die Grundgesamtheit übertragen lassen. Man erreicht Repräsentativität entweder, indem man dafür sorgt, dass die Verteilung gewisser für die Untersuchung wichtiger Merkmale in der Stichprobe der Verteilung in der Grundgesamtheit entspricht. Die Stichprobe einer Bevölkerungsumfrage wird hinsichtlich der Altersstruktur der Gesamtbevölkerung entsprechen, außerdem wer-den die unterschiedlichen Regionen des Landes in einem realistischen Verhältnis vertreten sein. Weiter könnte man sich vorstellen, dass in gleicher Weise das Ver-hältnis von Großstadt-, Kleinstadt- und Landbevölkerung abgebildet werden sollte wie auch das zwischen unterschiedlichen Berufsgruppen und Bildungsabschlüssen. Entscheidend ist es hier, kein wichtiges Kriterium zu vergessen und die Stichprobe dementsprechend zusammenzustellen. Insofern wird ein solches Verfahren stets mit Unsicherheiten und Schwierigkeiten behaftet sein. Das sauberste Verfahren, um zu einer repräsentativen Stichprobe zu kommen, stellt die *Zufallsauswahl* dar. Nach den Regeln der Wahrscheinlichkeitsrechnung wird der Zufall desto besser für eine optimale Verteilung aller wichtigen Merkmale sorgen, je größer die Zahl der Ver-suchspersonen ist. Allerdings sind auch Zufallsauswahlen nicht immer leicht zu bewerkstelligen, denn hier muss für jede Person der Grundgesamtheit die gleiche statistische Chance bestehen, in die Stichprobe zu gelangen. Hilfreich können

Zufallsgeneratoren sein, mit denen sich ein Losverfahren simulieren lässt (vgl. insgesamt: Kromrey 1990, S. 136ff.; 146ff.).

Bei der Auswertung quantitativer Daten, welche etwa in psychologischen Tests oder mit Fragebögen erhoben wurden, kommen in aller Regel statistische Verfahren und entsprechende Computerprogramme zum Einsatz. Die Ergebnisse beinhalten zunächst eine Darstellung von *Häufigkeiten* sowie aussagekräftige Kennzahlen wie Mittelwert, Maximum und Minimum. Da die erhobenen Merkmale grundsätzlich verschiedene Ausprägungen annehmen können, nennt man sie *Variablen*. Bei einer begrenzten Anzahl möglicher Ausprägungen lässt sich leicht darstellen, wie häufig welche Ausprägung vorkommt. So wird man bei einer Wahlumfrage dokumentieren, wie häufig die einzelnen Parteien gewählt worden sind. Sind die erhobenen Werte auf einer sogenannten „Intervallskala" angesiedelt – das hieße, dass eine doppelt so große Zahl auch einer doppelt so starken Merkmalsausprägung entspräche –, so können arithmetische *Mittelwerte* errechnet werden. Strenggenommen verbieten sich nach diesem Kriterium Durchschnittsnoten in der Schule, da man kaum davon ausgehen kann, dass ein Schüler, der nach dem 15-Punkte-System benotet wird und zwölf Punkte erzielt, eine dreimal so gute Leistung gezeigt hat wie ein anderer, der mit vier Punkten benotet wurde. Man müsste hier ersatzweise auf die am häufigsten vergebene Note – den sogenannten „Modus" – oder aber den „Median" zurückgreifen. Letzterer ist dadurch definiert, dass die Hälfte der Klasse nicht schlechter und die Hälfte nicht besser als der Median benotet wurde (vgl. S. 247ff.). Ähnliche Zweifel ließen sich auch für Aufgaben oder Fragen – die sogenannten „items" – aus Fragebögen vorbringen, bei denen auf einer Skala mit mehreren Antwortmöglichkeiten angekreuzt werden soll, ob man etwa einer bestimmten Aussage „voll", „überwiegend", „weniger" oder „gar nicht" zustimmt. Dennoch existiert die Praxis, solche „Rating Scales" als Intervallskalen zu behandeln, um eine statistische Weiterverarbeitung zu ermöglichen (vgl. Bamberger 2002, S. 88). Das arithmetische Mittel kann allerdings auch ein irreführendes Bild vermitteln; dies gilt, wenn eine Stichprobe der Tendenz nach in Gruppen mit eher niedrigen und eher hohen Werten zerfällt, während mittlere Werte – und damit auch der Mittelwert selbst – vergleichsweise selten auftreten.

Auch der *Maximal-* und der *Minimalwert* können von Interesse sein. Schließlich wird man auch die Streuung der Werte darstellen wollen; dies geschieht den statistischen Gepflogenheiten gemäß in Form der sogenannten *Varianz*. Diese erhält man, wenn man für jede Person erhebt, wie weit sie vom arithmetischen Mittel abweicht, diese Abweichung quadriert und schließlich den Durchschnitt aus jenen Abweichungsquadraten berechnet. Die Quadrierung bewirkt, dass Abweichungen nach oben und unten, also positive und negative Werte, sich nicht aufheben, sondern gleichermaßen positiv in die Varianz eingehen. Um den durch die Quadrierung erhöhten Betrag gewissermaßen auf die Dimension einer einzelnen Abweichung zurückzuholen, wird mit der Wurzel aus der Varianz, der sogenannten *Standardabweichung,* gearbeitet. Wie sich leicht nachprüfen lässt, ist die Standardabweichung als Wurzel des durchschnittlichen Abweichungsquadrats nicht identisch mit dem durchschnittlichen Abweichungsbetrag, den man vielleicht intuitiv als Streuungsmaß bevorzugen würde. Sie hat aber den Vorteil, dass die so gewonnenen Werte anschließend auf die sogenannte „Normalverteilung" bezogen werden können, eine typische Kurve, die die Verteilung zahlreicher Merkmale in der Natur und unter Menschen abbildet und bei der sich vergleichsweise viele Werte oder Personen dicht am Mittelwert befinden, während nur wenige diesen deutlich über- oder unterschreiten. Der Normalverteilung kann man sich über die Wahrscheinlichkeitsrechnung nähern; man kann sie aber auch statistisch aufspüren und sich dann die Gesetzmäßigkeit zunutze machen, nach der etwa 68 Prozent der gemessenen Werte höchstens eine Standardabweichung vom arithmetischen Mittel entfernt sind (vgl. Kromrey 1990, S. 258ff., 148f.; Diehl, Kohr 1989, S. 92ff.; 112ff.).

Für die Quadrierung gibt es noch einen weiteren Grund: Das Streuungsmaß soll so konzipiert werden, dass der Wert so klein wie möglich ist. Die drei Zahlen 10, 9 und 2 würde man beispielsweise nicht um die 3 herum streuen lassen, da sich hier große Abweichungen bei der 9 und der 10 ergäben. Es leuchtet ein, dass man als Zentralwert das arithmetische Mittel bevorzugt, aber auch hier erhält man eine Abweichungssumme, die nicht die kleinstmögliche darstellt. Die Streuung von 10, 9 und 2 um das Mittel 7 ergibt eine Abweichungssumme von 3 + 2 + 5 = 10, während eine Streuung um die 9 eine kleinere Summe von 1 + 0 + 7 = 8 ergäbe! Anders liegt der Fall bei der Quadrierung der Abweichungen. Hier erbringt die Streuung um den Mittelwert – in diesem Falle 7 – tatsächlich das kleinstmögliche Ergebnis. $3^2 + 2^2 + 5^2 = 9 + 4 + 25 = 38$, während für die 9 ein höherer Wert resultiert: $1^2 + 0^2 + 7^2 = 1 + 49 = 50$. Mit der Quadrierung lässt sich also die Orientierung am Mittelwert mit dem Bestreben nach einem Minimalwert für die Streuung verbinden (vgl. Diehl, Kohr 1989, S. 109).

Von besonderem Interesse sind schließlich auch statistische Zusammenhänge zwischen verschiedenen Merkmalen, insbesondere die sogenannten *Korrelationen*, deren Zahlenwert zwischen -1 und 1 liegen kann. Liegt eine hohe *positive Korrelation* zwischen zwei Variablen vor – etwa ein Koeffizient zwischen 0,5 und 1 –, so bedeutet dies, dass eine hohe Ausprägung der einen Variablen auch auf eine hohe Ausprägung der anderen schließen lässt. Man könnte sagen: Je höher der eine Wert ausfällt, desto höher wird tendenziell auch der andere sein. Bei einer hohen *negativen Korrelation* mit einem Koeffizienten zwischen -1 und -0,5 deutet eine hohe Ausprägung der einen Variablen auf eine niedrige Ausprägung der anderen Variablen hin. Damit ist allerdings noch nichts darüber gesagt, ob die eine Variable die andere ursächlich beeinflusst. So könnte es ebenso gut sein, dass beide von einer dritten noch unbekannten Variablen abhängen. Wenn man etwa herausfände, dass die Mathematikzensuren mit den Noten im Fach Musik korrelierten, so gäbe es drei Erklärungsansätze:

1. Mathematische Fähigkeiten wirken sich positiv auf musikalische Leistungen aus.
2. Umgekehrt: musikalische Fähigkeiten begünstigen mathematische Leistungen.

3. Beide Fähigkeiten hängen von einer allgemeinen Intelligenz ab.

Sollte innerhalb der Stichprobe dieselbe Lehrkraft für beide Fächer zuständig sein, könnte die Korrelation auch auf deren – strenge oder lasche – Zensierungstendenzen zurückgehen.Korrelationen müssen also interpretiert werden.

Eine vertiefte Darstellung der mathematischen Grundlagen von Korrelationsberechnungen würde den gegebenen Rahmen sprengen. Dennoch soll ein kurzes Streiflicht zumindest ein Grundverständnis ermöglichen: Die Formel des gängigen Korrelationskoeffizienten basiert auf der sogenannten „Kovarianz", der „gemeinsamen Streuung" der beiden Variablen. Ausgangspunkt ist die Tatsache, dass bei einer hohen Korrelation eine große Abweichung der einen Variablen vom Mittelwert mit einer ebenfalls hohen Abweichung der anderen Variablen von deren Mittelwert einhergeht. Wenn die Körpergröße und die Schuhgröße korrelieren, wird man beispielsweise erwarten, dass eine weit überdurchschnittlich große Person auch weit überdurchschnittlich große Füße hat; es werden also sowohl für die Körpergröße als auch für die Schuhgröße hohe Abweichungen vom Mittelwert resultieren. Zunächst multipliziert man nun für jeden Fall oder jede Person diese beiden Abweichungswerte und addiert die entsprechenden Produkte. Bei hohen Korrelationen ergibt sich eine insgesamt höhere Summe als bei niedrigen Korrelationen, da ein Produkt zweier großer Werte tendenziell so groß ist, dass auch mehrere Produkte von jeweils einer kleinen und einer großen Zahl hier nicht mehr heranreichen. Zum Beispiel ist die Summe aus 9×10 und 2×1 – nämlich 92 – deutlich größer als die Summe aus 9×2 und 10×1, also 28! Da zur Errechnung der gemeinsamen Streuung die jeweilige Summe nur noch durch die Zahl der Fälle geteilt wird, fällt auch sie im ersten Beispiel höher aus als im zweiten. Eine hohe gemeinsame Streuung bedeutet daher also auch eine hohe Korrelation. In der Korrelationsformel wird die gemeinsame Streuung noch ins Verhältnis zu den Standardabweichungen der beiden Merkmale gesetzt, damit ein hoher Wert nicht auf eine allgemein hohe Streuung, sondern wirklich auf einen hohen Zusammenhang schließen lässt (vgl. Diehl, Kohr 1989, S. 152ff.).

Aus der Formel der Korrelation resultiert schließlich, dass der quadrierte Korrelationskoeffizient angibt, zu wie viel Prozent die Varianz des einen Merkmals durch den Zusammenhang mit dem anderen Merkmal erklärt werden kann (S. 243ff.; vgl. dazu auch: Stern, Neubauer 2013, S. 194ff.). Wenn also die Musikmediziner Hans-Christian Jabusch und Eckart Altenmüller sowie der Pianist Raymond Yong berichten, dass die Gleichmäßigkeit einer C-Dur-Tonleiter auf dem Klavier bei Kindern zu neun Prozent durch die Häufigkeit technischer Übungen erklärt werden konnte (Jabusch, Yong, Altenmüller 2007, S. 366), so korrelieren diese Häufigkeit und jene Gleichmäßigkeit mit einem Koeffizienten von 0,3.

Mit speziellen statistischen Methoden lässt sich weiterhin untersuchen, ob Mittelwertunterschiede zwischen Untergruppen zufälliger oder systematischer Art sind. So könnte man beispielsweise prüfen, ob die Wähler einer bestimmten Partei über ein höheres Einkommen verfügen als die einer anderen. Auch wird die Stichprobe als sogenannte „Versuchsgruppe" häufig mit einer „Kontrollgruppe" verglichen, die keine besondere Behandlung erfahren hat und keine besonderen Voraussetzungen erfüllt. Die Ergebnisse solcher Vergleiche werden ebenso wie Korrelationen erst dann als wissenschaftlich gesichert angesehen, wenn die Wahrscheinlichkeit dafür, dass sie zufällig zustande gekommen sind, kleiner als fünf Prozent ist. Man nennt solche Ergebnisse dann *signifikant* oder bei einer Irrtumswahrscheinlichkeit von unter einem Prozent „hochsignifikant" (vgl. Schnell, Hill, Esser 2008, S. 446ff.).

Lassen sich nun Korrelationen zwischen der Häufigkeit der Anwendung einer bestimmten musikpädagogischen Methode und dem Erfolg der Schülerinnen und Schüler bei speziellen Tests nachweisen, so kann dies auf eine besondere Eignung der Methode hinweisen. In einer bundesweiten Untersuchung zur Musikalischen Früherziehung zeigte sich beispielsweise, dass die Kinder desto besser einfache Melodieausschnitte nachsingen konnten, je öfter sie im Unterricht die Gelegenheit hatten, alleine zu singen. Je häufiger auf Instrumenten improvisiert wurde, desto besser schnitten die Kinder beim Nachspielen einfacher Rhythmen auf Klanghölzern ab. Im Hinblick auf die Validität *(→ S. 186f.)* könnte man mutmaßen, dass in das erste Ergebnis neben der Singfähigkeit auch die Ausprägung der Scheu vor dem Alleinsingen und in das zweite neben dem Rhythmusempfinden auch der Grad an Übung in der Handhabung der Klanghölzer eingeflossen ist. Eine negative Korrelation zeigt sich für die Bewegung: Hier geht die Häufigkeit gezielter Übungen mit schlechteren Ergebnissen bei der Koordination von Beinen und Musik einher. Man könnte mutmaßen, dass hier die Übungen die Natürlichkeit der Bewegungen beeinträchtigen. Insgesamt deutet sich an, dass ein unbefangener und engagierter Umgang mit Musik sich auch auf die Fähigkeiten förderlich auswirkt, während ein gezieltes Üben die Lust verringern kann. Gleichwohl scheinen auch sensible Anregungen und Korrekturen die Ausdifferenzierung von Fertigkeiten zu begünstigen (Dartsch 2008a, S. 28ff.; 2010b, S. 309ff.). Wie Kontrollgruppenvergleiche zeigten, gingen sechsjährige Kinder, welche über zwei Jahre hinweg die Musikalische Früherziehung absolviert hatten, präziser und kreativer mit Musik um als andere Sechsjährige und auch als Kinder am Beginn der Musikalischen Früherziehung. Dagegen scheint sich das Interesse an Musik – gemessen an häuslichen Verhaltensweisen – durch die Musikalische Früherziehung kaum zu verändern (Dartsch 2008, S. 30ff.; 2010b, S. 312ff.).

Qualitative Studien

Qualitative Forschung sucht die vielfältigen Bedeutungen zu verstehen, die menschlichem Handeln zugrunde liegen. Interaktionen können ebenso untersucht werden wie subjektive Erlebensqualitäten. Für deren Interpretationen sind auch die subjektiven Gefühle und Eindrücke der Forschenden unerlässlich. Vergleichbarkeit und Absicherung werden durch formalisierte Methoden und Teamarbeit erreicht. Oft sollen unbekannte Zusammenhänge aufgespürt werden, die in neue Theorien münden können (vgl. Flick 2007, S. 22ff.).

Typische Instrumente der Datenerhebung sind *Interviews*, *Beobachtungen*, *Audio-* und *Videoaufnahmen*. Meist wird das Material in Schriftform gebracht; manchmal werden auch existierende Textdokumente analysiert. Einzelnen Segmenten ordnet man nun bestimmte Kategorien, die „Codes", zu. Diese können sich teils aus Forschungsfragen ergeben (vgl. Kuckartz, Dresing, Rädiker et al. 2008, S. 36ff.), vor allem aber werden sie in einem „offenen Kodieren" aus den Dokumenten herausdestilliert. Weitere Kodierdurchgänge dienen der Bildung von Unterkategorien. Die Zusammenführung von Codes zu Schlüsselkategorien kann wesentliche Tendenzen sichtbar werden lassen (vgl. Flick 2007, S. 386ff.). Bei der „qualitativen Inhaltsanalyse" wird das Material nach Klärung von Fragen zu Datenbasis und Forschungszielen je nach Bedarf fallweise und fallübergreifend zusammengefasst, näher erklärt oder aber nach formalen oder inhaltlichen Kriterien strukturiert, zu Typen verdichtet oder auf Skalen eingeschätzt (vgl. Mayring 2010, S. 63ff.). Kombinationen mehrerer Methoden nennt man „Triangulation" (vgl. Flick 2007, S. 519f.).

In der eigenen Untersuchung wurden 30 Unterrichtsstunden der Musikalischen Früherziehung beobachtet. Die Beobachtung richtete sich dabei jeweils auf ein einzelnes, zufällig ausgewähltes Kind. Es sollten nun

1. alle Situationen beschrieben werden, in denen die beobachtenden Personen den Eindruck hatten, dass das Kind „ganz dabei" war, also in der Aktion „aufging", fasziniert, gebannt, versunken, voll konzentriert, emotional stark beteiligt beziehungsweise innerlich berührt war, nachdenklich war oder innegehalten hat;
2. auch Situationen in den Blick genommen werden, in denen das Kind eine bestimmte Aktion auf ganz persönliche Weise ausgeführt hat, sodass etwas von ihm selbst, etwas von seinen eigenen Impulsen, seiner eigenen Persönlichkeit spürbar wurde;
3. Situationen dokumentiert werden, in denen das Kind eine bestimmte Aktion unmittelbar hintereinander mehrmals, aber dabei zuletzt spürbar besser oder differenzierter ausgeführt hat als vorher.

Während der Stunde sollten die Beobachtungen skizziert und später dann ausführlich niedergeschrieben werden. Es ging dabei jeweils darum, die Interaktionen unmittelbar vor, während und nach den Situationen zu erfassen. Außerdem sollte angegeben werden, woran erkannt wurde, dass die Kinder „ganz dabei" waren, etwas auf ganz persönliche Weise oder zuletzt besser ausgeführt hatten.

Auf diese Weise wurden in insgesamt sechs verschieden großen deutschen Orten 30 Kinder in 204 Situationen beobachtet. Durchschnittlich wurden also etwa sieben einschlägige Situationen pro Unterrichtsstunde protokolliert, wobei die Anzahl hier stark zwischen den sechs beobachtenden Personen streute. Im Verlauf einer Unterrichtsstunde war ein Kind durchschnittlich dreimal innerlich ganz dabei, zweimal führte es etwas auf ganz persönliche Weise aus und knapp zweimal verbesserte es sich bei einer Aktion.

Relevante Passagen der Niederschriften erhielten im Rahmen der Auswertung „Codes". Dabei wurde zwischen verschiedenen Gruppen von Codes unterschieden, nämlich zwischen Stundeninhalten, Konstellationen – wer kommuniziert auf welche Weise mit wem –, Folgen und Erkennungskriterien. Ähnliche Codes wurden schließlich zusammengefasst, um Schwerpunkte sichtbar werden zu lassen. Sowohl bei den Beobachtungen als auch bei der Auswertung kamen die Subjektivität und das Einfühlen der Beteiligten zum Tragen.

Es zeigte sich, dass die Kinder sich in vielen Fällen bereits von bekannten Ritualen wie dem Begrüßungslied faszinieren ließen. *Situationen, in denen die Kinder „ganz dabei" waren,* fanden sich häufig in Spielthemen eingebettet, in denen es etwa um Zauberei, Indianer oder Pinguine ging, die also dementsprechende Identifikationsangebote enthielten. Die musikalischen Inhalte reichten dabei von Liedern über rhythmisches Sprechen bis hin zu Körperperkussion und Bewegung. Häufig waren es Ankündigungen, Aufforderungen, Bitten oder Fragen der Lehrkraft, die die Kinder fesselten. Ähnliche Wirkungen hatte es vielfach, wenn die Lehrkraft selbst musikalisch aktiv wurde oder etwas vormachte. Auch Situationen, in denen sie etwas erzählte oder zeigte, führten zu einer intensiven Beteiligung der Kinder. Manchmal folgte eine solch intensive Situation auch auf eine Phase der Ablenkung oder des Alberns. Zwischen konzentrierten Momenten zogen Kinder sich immer wieder auch ein Stück weit vom Unterrichtsgeschehen zurück. Häufig hielten Faszination und Beteiligung eine Weile lang an, oft erhielten die Kinder ein Lob von der Lehrkraft, über das sie sich teils sichtbar freuten. Als Kriterien für ihre innere Beteiligung wurden vor allem das Anschauen der Lehrkraft und das aktive Mittun gewertet; die beobachtenden Personen orientierten sich vielfach an Konzentration, Spannung und Freude der Kinder. Insgesamt fällt in methodischer Hinsicht besonders die Bedeutung von Ritualen, von Spielthemen, die zur Identifikation einladen, und allgemein von Impulsen der Lehrkraft für die Faszination der Kinder ins Auge, darunter auch das Vormachen vonseiten der Lehrkraft. Das musikalische „Material" selbst reicht hier alleine offenbar nicht aus, was auch für den Instrumentalunterricht bedenkenswert scheint.

Situationen, in denen Kinder etwas auf ganz persönliche Weise ausführten, fanden sich häufig bei der Beschäftigung mit Rhythmen sowie beim Singen. Auch hier gingen dem konkrete Aufgabenstellungen und Aufforderungen der Lehrkraft voraus. Daneben wurde oft explizit dazu aufgefordert, etwas auszuprobieren oder zu erfinden; häufig gab es offene Fragen und Wahlmöglichkeiten für die Kinder. Die Lehrkraft kann persönliche Äußerungen der Kinder auf diese Weise gewissermaßen anstoßen. Aus den Reaktionen der Kinder ergibt sich jedoch, dass man offen sein sollte, Kreativität auch dort zu finden und aufzugreifen, wo man sie nicht initiiert und erwartet hat. Auch für eine persönliche Ausführung wurde häufig gelobt, manchmal entstanden aus den Ideen der Kinder Impulse für den Fortgang der Stunde. Die beobachtenden Personen achteten darauf, inwieweit die Kinder eigene Vorstellungen und Ideen umsetzten, aber ebenso auf das Eintauchen in die Aktionen.

Faszinierende Spielthemen wie „Zauberei" spielen anscheinend auch im Zusammenhang mit *Fortschritten innerhalb einer Unterrichtsstunde* eine Rolle. Allgemein fanden sich entsprechende Situationen bei Inhalten wie Liedern, Bewegung und Rhythmen. Verbessert wurden die rhythmische Präzision, die Sicherheit und Selbstständigkeit, die Konzentration auf und die Koordination von Musik und Bewegung. Aufseiten der Kinder ließ sich – insbesondere in den ersten Halbjahren – das optische Orientieren an der Lehrkraft beobachten, aufseiten der Lehrkräfte zeigten sich wiederum gezielte Aufgaben und Aufforderungen, das Steigern und Reduzieren des Schwierigkeitsgrades, das Wiederholen von Aktionen und vor allem das Vormachen. Man hat es hier mit typischen methodischen Verfahren zu tun, die also tatsächlich nicht wirkungslos sein dürften. Auch hier wurden die Kinder nicht selten gelobt, was die Freude der Kinder über den vollzogenen Lernschritt und die Motivation für das weitere Lernen verstärken dürfte.

Die beobachtenden Personen sollten auch die Persönlichkeit des Kindes anhand einiger vorgegebener Merkmale einschätzen. Es scheint, dass bei eher leistungsorientierten Kindern oft schon das Austeilen von Instrumenten oder Materialien reicht, um Faszination zu wecken, diese bringen auch mehr Persönliches in die Stunde ein und sind noch beim Schlusslied ganz dabei. Dagegen profitieren eher nicht leistungsorientierte Kinder wohl mehr von einer konkreten Aufgabenstellung sowie vom Vormachen seitens der Lehrkraft. Das Modell der Lehrkraft spricht auch Kinder an, die als eher energiegeladen eingeschätzt wurden. Weniger selbstbewusste Kinder scheinen sich optisch stärker an der Lehrkraft zu orientieren. Dasselbe gilt von Mädchen, die auch stärker vom Modell der Lehrkraft profitieren. Sie sind schon beim Begrüßungslied und dann auch bei Aufgabenstellungen und Erzählungen der Lehrkraft stärker innerlich beteiligt. Außerdem wird eine leichte Tendenz sichtbar, dass Kinder, die motivational oder kognitiv schwächer eingeschätzt werden, mehr vom Unterricht profitieren und häufiger gelobt werden. So wurden bei eher nicht energiegeladenen, nicht aufgeweckten, nicht leistungsorientierten und nicht selbstbewussten Kindern mehr Verbesserungen der rhythmischen Präzision beobachtet. Diejenigen Kinder, die als eher nicht sozialverträglich eingeschätzt werden, scheinen dagegen auch weniger aus den Stunden mitzunehmen.

Insgesamt zeigt die Fülle verschiedener Kategorien – mit 815 Codes für 204 Situationen –, dass aus Interaktionen und Konstellationen unterschiedlichster Art jeweils Faszination, Individualität und Verbesserungen erwachsen können. Sichere Methoden zum Erzielen von Aufmerksamkeit, Persönlichkeit und Fortschritt bei allen Kindern und in allen Situationen gibt es nicht. Nicht zuletzt konnten nur Inhalte und Konstellationen beobachtet werden, die auch tatsächlich im Unterricht vorkamen. Es kann also nicht ausgeschlossen werden, dass andere Unterrichtselemente noch erfolgreicher gewesen wären. Dennoch lohnt es immer wieder, sich zu fragen, welche Interaktionen und Konstellationen in bestimmten Unterrichtsstunden zu welchen Resultaten geführt haben mögen und woran man diese zu erkennen glaubt. Dabei werden das subjektive Verstehen und das Einfühlen eine wichtige Rolle spielen. Gleichzeitig lauert die Gefahr der individuellen Verzerrung von Wahrnehmungen. Hier kann eine Dokumentation mittels Beobachtungsprotokoll (vgl. etwa: Ernst 2007, S. 166; Busch 2008; Dartsch 2010c, S. 21) oder Videoaufnahme gute Dienste leisten. Idealerweise wird zur Auswertung eine andere, bisher unbeteiligte Person hinzugezogen.

Ethnografische und phänomenologische Forschung

Qualitative Forschung der beschriebenen Art versucht, durch die Orientierung an bestimmten Vorgehensweisen bei der Datengewinnung und der Auswertung Systematik und Nachvollziehbarkeit sicherzustellen. Demgegenüber zeichnen sich ethnografische und phänomenologische Herangehensweisen eher durch ihre Grundeinstellung als durch festgelegte Schritte aus. Man will sich vorschneller Deutungen enthalten und aus einer neuen Perspektive auf den Forschungsgegenstand schauen.

Dieser wird im ethnografischen Ansatz gewissermaßen als fremde Kultur verstanden. So wie die Völkerkunde eine unbekannte Kultur erforscht, lässt sich etwa auch an Verhaltensweisen und „Kulturen" von Kindern herantreten. Denn grundsätzlich kommt Handlungsmustern innerhalb von Kulturen ein besonderer sozialer Sinn zu, der entschlüsselt werden kann (vgl. Staege 2010, S. 16f.). Es gilt dabei, vermeintliches Vorwissen über Kinder hintanzustellen und sich von ihnen aufs Neue „befremden" zu lassen. Ähnlich können etwa auch Ethnologen anderer Länder in Deutschland für uns überraschende Erkenntnisse gewinnen (vgl. Antweiler 2009, S. 179ff.).

Auch im phänomenologischen Ansatz sollen Voreinstellungen überwunden werden. Die Phänomenologie geht auf den Philosophen Edmund Husserl zurück, der darin eine beschreibende Methode und gleichzeitig die Grundlage einer streng wissenschaftlichen Philosophie sowie auch aller „Tatsachen-Wissenschaften" sah (Husserl 1985, S. 219ff.). Dabei ging er davon aus, dass dem Menschen die Dinge der Welt stets als subjektive Erlebnisse, als „Bewusstsein von" oder „Erscheinung von" gegeben sind. Seine Methode zielt nun darauf ab, diese Erscheinungen – die „Phänomene" – zu reflektieren und ihnen dabei immer näherzukommen. Zu diesem Zweck muss man sich Husserl zufolge zuerst von Vorurteilen und theoretischen Vorannahmen befreien, was durch eine möglichst klare Beschreibung gelingen kann. Aus der theoretischen Einstellung wird dadurch eine „natürliche" Einstellung. Im nächsten Schritt ist das Präzisieren in Gedanken und Sprache erforderlich, wodurch auch die natürliche Einstellung überwunden und durch eine „phänomenologische" ersetzt wird. Durch Herausstellen des Allgemeingültigen nähert sich diese schließlich einer „Wesensschau" an. Im Letzten strebt die Methode nach einer „transzendentalen Subjektivität", in der sich „das endlose transzendentale Seinsfeld" eröffnet (Husserl 1985, S. 200ff.; 213ff.; vgl. Kron 1999, S. 194f.). In der pädagogischen Forschung, in der die Phänomenologie als Methode aufgegriffen wurde, entspricht der Wesensschau etwa die innere Wahrnehmung eines Kindes „in der Gesamtheit seiner persönlichen und situativen Befindlichkeit" also mit „Körper, Seele, Geist/Psychomotorik, Emotionalität, Kognition, Motivation" (vgl. Kron 1999, S. 204). Es geht also um ein umfassendes Verstehen von Kindern und das Deuten ihres Verhaltens. Auch hierbei müssen Vorurteile und Theorien weichen, damit man dem Kind selbst, seiner Subjektivität, seiner „Lebenswelt", seinen Erfahrungsweisen und Sinndeutungen näherkommen kann (vgl. Stieve 2010b, S. 23ff.). In konkreten Situationen, in denen Kinder bestimmte Erfahrungen machen, wäre jeweils zu fragen, *„wie es* [für die Kinder] *ist",* diese Erfahrungen zu machen (Staege 2010, S. 17).

Die phänomenologische Methode kann auch als Richtschnur für das Abfassen schriftlicher Arbeiten herangezogen werden, selbst wenn keine empirischen Untersuchungen zugrundeliegen. Auch dann geht es darum, einem Phänomen – dem Thema der Arbeit – möglichst auf den Grund zu gehen, Vorurteile hinter sich zu lassen und in mehreren Schritten Klarheit zu gewinnen. Zuerst empfiehlt es sich, den Zentralbegriffen etymologisch nachzugehen; mit der Wortherkunft geht man gleichsam zum Ursprung des entsprechenden Konzepts zurück. Weiter sollte das Phänomen so genau wie möglich beschrieben werden; hierbei sind Beobachtungen und Wahrnehmungen, empirische Daten, aber auch einschlägige Texte natürlich äußerst hilfreich. Im Folgenden helfen Vergleiche mit ähnlichen oder auch kontrastierenden Begriffen und Phänomenen. Sodann sollte das Phänomen in einen historischen, gesellschaftlichen und psychologischen Zusammenhang eingebettet werden. Dabei steht schließlich auch wieder die Frage im Raum, was es allgemein für Menschen bedeuten kann, die Erfahrungen zu machen, die in der Arbeit behandelt werden (vgl. Kron 1999, S. 204ff.).

Die Gliederung, die sich aus diesen Gedanken ergibt, sei hier noch einmal im Überblick dargestellt:

1. Analyse des Zentralbegriffs im Hinblick auf die Wortbedeutung
⇓
2. Beschreibung des Phänomens mit Hilfe von Beobachtungen und Wahrnehmungen, von empirischen Daten und von einschlägigen Texten
⇓
3. Vergleiche mit ähnlichen oder konstrastierenden Begriffen und Phänomenen
⇓
4. Einbettung des Phänomens in historische, gesellschaftliche und psychologische Zusammenhänge

In einer gemeinsam mit dem Erziehungswissenschaftler Gerd E. Schäfer und der Musikpädagogin Barbara Stiller durchgeführten eigenen kleinen Studie wurde ein Konzert für Vorschulkinder mit kurzen Werken aus der Neuen Musik beobachtet und gefilmt. Während der Wiederholung des ersten Stücks für Tamtam und Elektronik begannen die Kinder Schnalzlaute anzustimmen. Diese waren zuerst nur von einzelnen Kindern zu vernehmen, wurden aber schließlich von der Mehrheit der Kinder aufgenommen. Dieses Verhalten war für die Forschenden vollkommen unerwartet und lässt sich als spontanes Mitspielen durch Imitation des Instruments deuten, auf dem in dem Stück von der Solistin leise Kratz- und Klopfgeräusche erzeugt wurden. Ein ähnliches Verhalten zeigten einige Kinder auch noch beim letzten Stück, einem Orgelwerk. Während einer Passage mit hohen Tönen begannen einzelne Kinder zu pfeifen.

Beim zweiten Stück, einem Werk für Gitarre, forderte der Moderator die Kinder auf, das Stück so zu begleiten, wie sie dies mochten. Hier griffen die Kinder auf das Muster des Schnalzens zurück, das sie als Mitspielmöglichkeit für das erste Stück spontan entwickelt hatten. Ein etabliertes Muster schien in diesem Fall einem flexiblen Lauschen und Reagieren geradezu im Wege zu stehen.

Soziale Mechanismen – im Sinne eines kulturellen Sinns, nach dem eine ethnografische Perspektive sucht – zeigten sich bereits beim Aufnehmen des Schnalzens durch die Mehrheit der Kinder. Die Kinder, die hier nicht zufällig zusammengewürfelt worden waren, sondern das Konzert als eine bestehende Gruppe einer Kindertageseinrichtung erlebten, suchten dementsprechend als Gruppe zu reagieren. Tatsächlich zeigten sich während des Konzerts immer wieder auch Handlungen mit spezifisch sozialer Bedeutung. Während einer lauten und schnellen Stelle des Gitarrenstücks blickte etwa ein Junge lachend zu seinem Nachbarn. Teilweise kam es im Konzert zu ausgesprochen intimen Szenen zwischen Freunden und Freundinnen, die bis zu Umarmungen reichten. Hier bestätigte und konstituierte sich die Gruppe als solche. Geht eine Kindergartengruppe geschlossen in ein Kinderkonzert, so erleben nicht nur die Einzelnen dieses Konzert, sondern auch die Gruppe als Gesamtgebilde erlebt das Geschehen. Eine entsprechende Perspektive stand zunächst gar nicht im Zentrum der Beobachtung, drängte sich aber gewissermaßen auf.

Einer subjektiven Bedeutung im Sinne der Phänomenologie ist man möglicherweise auf der Spur, wenn man die Veränderung des Gesichtsausdrucks eines Jungen zu deuten versucht: Während einer lauten Stelle eines Orgelstücks nahm seine Mimik einen grimmigen Ausdruck an, der als Identifikation mit dem Charakter der Passage verstanden werden kann. Tatsächlich schien der Junge in diesem Moment in die von der Musik angebotene Rolle zu schlüpfen (vgl. Dartsch 2010b, S. 188f.). Letztlich bleibt diese Deutung natürlich unsicher, das grimmige Gesicht könnte ja auch ein Ausdruck des Missfallens gewesen sein. Hier wird deutlich, wie die phänomenologische Methode nach genauer Beobachtung schließlich auf das Einfühlen und Interpretieren angewiesen ist, um das Kind in seiner Befindlichkeit zu verstehen *(→ S. 196)*.

Schließlich kann man viele Verhaltensweisen der Kinder unter der zunächst ungewöhnlichen Fragestellung „Wie hören Kinder, wenn sie zuhören sollen?" betrachten. Das Sollen war – und ist ja auch im Allgemeinen – durch den Moderator und die Form des Konzerts gegeben. Eine Vielzahl von Reaktionen ist nun vor dem Hintergrund dieses Sollens als Ausweichen und Abtauchen zu verstehen. Die Kinder ziehen sich auf sich selbst zurück – wie ein Mädchen, das sich am Boden liegend von einer auf die andere Seite rollte – oder beschäftigen sich miteinander; sie spielen mit Materialien wie den Sitzmatten, kuscheln sich an die Erzieherin oder gähnen. Dabei geschieht aber durchaus Bemerkenswertes: Auch bei Ausweichreaktionen können sich – manchmal kaum sichtbar – Synchronisationen mit der Musik ergeben, etwa wenn sich ein zusammengekauertes Mädchen bei einer akzentuierten Passage ruckartig aufsetzt. Ein Junge vollführte mit seiner Matte einen regelrechten Sitztanz zur Musik, der zweifellos Kreativität verriet.

Insgesamt lässt sich das Abtauchen als Reaktion auf eine tendenziell „monologische" Konzertstruktur deuten, in der die Ausführenden und das Kinderpublikum kaum wirklich zueinanderkamen. Suggestiver Körpereinsatz und Blickkontakt vonseiten der Spielenden können die Kinder ebenso ansprechen wie altersgemäße Fragen und Mitmachangebote. Nichtsdestoweniger deuten die Reaktionen der Kinder auf spezifische Möglichkeiten für den Umgang mit Neuer Musik hin: Das stimmliche Imitieren – wie es beim Schnalzen sichtbar wurde – und das freie Bewegen wären denkbare Anknüpfungspunkte für Mitmachaktionen.

Die Erkenntnis, dass der pädagogische Impetus – wie im beschriebenen Beispiel – trotz guten Willens auch ins Leere laufen kann, sowie die Beobachtungen dazu, woran dies liegen und wie man es möglicherweise erkennen kann, sind als Ergebnisse einer solchen Studie vielleicht nicht weniger wertvoll als die Dokumentation eines sogenannten „Best Practice"-Beispiels (vgl. insgesamt: Dartsch, Schäfer, Stiller 2012).

Weiterführende Literatur zu Methoden

Zum Thema *Methoden im Unterricht* (4.1)
Mahlert, Ulrich: *Wege zum Musizieren. Methoden im Instrumental- und Vokalunterricht*. Mainz: Schott 2011

Zum Thema *Methoden in der Forschung* (4.2)
Schnell, Rainer; Hill, Paul B.; Esser, Elke: *Methoden der Empirischen Sozialforschung*. München: Oldenbourg [8]2008

5 Zielgruppen und Unterrichtsformen

Ob Einzel-, Partner- oder Gruppenunterricht: grundsätzlich wird jede Unterrichtskonstellation einzigartig sein. Jeder Mensch bringt seiner individuellen Biografie und Persönlichkeit gemäß anderes in den Instrumentalunterricht ein; dies gilt sowohl für Schülerinnen und Schüler als auch für Lehrpersonen. Um bezüglich der Lernenden dennoch Charakteristika herauszufiltern, bieten sich zunächst zwei Kriterien an:

- die Differenzierung nach Altersgruppen und
- die Unterscheidung nach der Anzahl der Schülerinnen und Schüler.

Selbstverständlich wird man das eigene Verhalten als Lehrkraft bestimmten Schülerinnen oder Schülern gegenüber nicht allein an theoretischem Wissen ausrichten. Vielmehr gilt es im direkten Kontakt zu erspüren, welche Methoden, Umgangs- und Ausdrucksweisen jeweils angemessen und hilfreich sein könnten. Dennoch können theoretische Überlegungen der Klarheit dienen und dazu beitragen, Schwierigkeiten zu erklären oder zu vermeiden. Dies gilt auch für das Unterrichten von Menschen mit besonderem Förderbedarf, das hier zwischen den Altersgruppen und den Unterrichtsformen Erwähnung finden soll.

5.1 Differenzierung nach Altersgruppen

Für die Beschreibung von Altersmerkmalen ist die Entwicklungspsychologie zuständig. Zieht man deren Erkenntnisse heran, darf nicht vergessen werden, dass alle Altersangaben im Allgemeinen nur grobe Richtwerte darstellen, die dem einzelnen Menschen und seinen Fähigkeiten und Fertigkeiten niemals zur Gänze gerecht werden können.

Babys und Kleinkinder

In der Elementaren Musikpraxis wird schon mit Babys und Kleinkindern gearbeitet. Folgt man dem Entwicklungspsychologen Jean Piaget, dessen Theorie einen kaum zu überschätzenden Einfluss auf die Fachentwicklung hatte, so befinden sich Kinder dieses Alters in der sogenannten „sensomotorischen" Phase (Piaget 1969). Hier denkt das Kind gewissermaßen im Medium der Sinneswahrnehmungen und Bewegungen. Durch die Sinne und als Folge der Bewegungen erlebt das Kind immer neue Reize, speichert diese ab und bildet erste „Schemata" dafür aus. Mit dem Wort „Schemata" sind Muster gemeint, mit deren Hilfe die Anforderungen bewältigt werden, welche aus der Begegnung mit der Umwelt resultieren; konkret sind dies Muster des Klassifizierens und Erklärens sowie des Bewertens und der Motorik. Sind solche Schemata einmal erworben, so tendieren sie dazu, später wieder zur Anwendung gebracht zu werden. Wird auf neue Erfahrungen mit diesen Schemata reagiert, spricht Piaget von „Assimilation". Allerdings werden immer wieder auch Schemata verändert und den neuen Erfahrungen angepasst – hier handelt es sich um „Akkomodation" (Piaget 1969, S. 15ff.; 1976, S. 13ff.; 1995, S. 21f.; vgl. Arbinger 1997, S. 2; Wendt 1997, S. 287f.; Mietzel 2002, S. 143f.; Montada 2002, S. 436; Valsiner 2006, S. 198; Joerger 1987, S. 45ff.). Das Baby testet gewissermaßen die erworbenen Schemata, indem es Verhaltensweisen wiederzufinden trachtet, die bestimmte Wirkungen gezeitigt haben. Von einem Alter von etwa vier Monaten an beginnt es, Verhaltensweisen gezielt einzusetzen, um bestimmte Wirkungen zu erzielen. Dabei kann es sich jeweils als deren Urheber erfahren. Ist es etwa ein Jahr alt, so zeigt es schließlich auch Variationen von Verhaltensweisen, die zu bestimmten Wirkungen führen. Die ständige Wiederkehr von Aktionsweisen fasst Piaget im Begriff der „Zirkulärreaktion", wobei er die oben beschriebenen Phasen als primäres, sekundäres und tertiäres Stadium bezeichnet (vgl. Wendt 1997, S. 290ff.; Arbinger 1997, S. 34f.; Mietzel 2002, S. 144f.; Montada 2002, S. 419f.; Dartsch 2007a). Die Handhabung der Schemata basiert dabei noch nicht auf symbolischem Denken, wie es dann mit dem Gebrauch von Wörtern gegeben ist. In der Elementaren Musikpraxis werden Kindern dieses Alters vielfältige – vor allem musikbezogene – Sinnes- und Bewegungserfahrungen ermöglicht, auch werden sie zur Wiederholung und Variation bestimmter Verhaltensweisen – etwa mit Klangerzeugern – angeregt; dagegen gewinnen Angebote zum symbolischen Denken – wie das Schlüpfen in bestimmte Rollen – erst im Laufe des zweiten Lebensjahres allmählich an Bedeutung (vgl. Dartsch 2008b).

Instrumentalunterricht mit *Kleinkindern* stellt sicher eine Ausnahme dar. Von der Suzuki-Methode ist bekannt, dass hier bereits mit Kindern im Alter von etwa drei Jahren begonnen wird (vgl. Suzuki 1994, S. 36, 117; Deutsche Suzuki Gesellschaft 2011; Kruse 1998).

Vorschulkinder

Generell dürfte auch ein Instrumentalunterricht mit Vorschulkindern eher selten sein. Eine Untersuchung aus dem Jahr 2004 unter Kindern, die in Deutschland nach der Suzuki-Methode unterrichtet werden, ergab, dass nur etwa ein Fünftel der 88 erfassten Kinder sich im Vorschulalter befanden (Dartsch 2006c, S. 220). Dagegen besucht etwa jedes zehnte Vorschulkind die Musikalische Früherziehung an einer öffentlichen Musikschule (Dartsch 2010b, S. 12).

Wer Vorschulkinder unterrichtet, wird sich damit auseinanderzusetzen haben, inwieweit sich Herangehensweisen eines fortgeschrittenen und erwachsenen musizierenden Menschen auf dieses Alter übertragen lassen. Erwachsene oder gar professionelle Zugänge basieren auf Grundfähigkeiten, die sich bei Kindern erst allmählich herausbilden und für das kindliche Lernen weniger bedeutend sind. Demgegenüber lassen sich andererseits Motive und Lernwege des Kindesalters benennen, an die auch im Musikunterricht angeknüpft werden kann.

Zu den Grundfähigkeiten eines fortgeschrittenen Übens gehört der Bedürfnisaufschub, konkret das Zurückstellen des Wunsches, ein Stück sofort als Ganzes spielen zu können. Vorschulkinder leben intensiv in der Gegenwart, dagegen ist der zeitliche Horizont in die Vergangenheit und in die Zukunft hinein vergleichsweise wenig bestimmend. Dementsprechend lassen sich Kinder im jungen Alter nur schwer auf eine ferne Zukunft vertrösten, wenn sie ein starkes Bedürfnis verspüren. Der Instrumentalunterricht sollte ihnen daher von Anfang an musikalische Erlebnisse gewähren. Schon mit einfachsten Mitteln lässt sich so mit Freude musizieren. Eng verbunden mit dem starken Gegenwartsbezug ist die Überwältigung durch aktuelle Emotionen, wie sie sich etwa im Weinen zeigt. Nicht selten stößt auch die Kritik der Instrumentallehrkraft an die Grenzen der kindlichen Frustrationstoleranz. Die oben erwähnte Untersuchung an Grundschul- und Vorschulkindern erbrachte unter anderem die folgenden Ergebnisse: Wenn Stellen eines Liedes misslingen, zeigen etwa 60 Prozent der Kinder leichte Unmutsreaktionen, rund 27 Prozent dagegen starke wie Weinen oder Aufstampfen; etwa 15 Prozent brechen überdies das Üben des entsprechenden Liedes ab (Dartsch 2006c, S. 221). Vor diesem Hintergrund sollte der Unterricht dem Kind genügend Erfolgserlebnisse ermöglichen, die sich wiederum positiv auf sein Bild von sich selbst als einem musizierenden Menschen auswirken werden. Ein Fortschreiten und Erarbeiten in kleinen Schritten kommt den Kindern auch deshalb entgegen, weil die Ausführung spezieller Aufgaben auf dem Instrument leicht eine Komplexität erreicht, die – wenn sie noch nicht auf eingespielte motorische Muster zurückgreifen können – die Aufmerksamkeit und die Bewegungssteuerung überfordert. Schon das Spiel eines vergleichsweise einfachen Liedes von Noten verlangt das Entziffern derselben, das Übersetzen in Griffe und gleichzeitig auch in Rhythmen sowie das Halten und Handhaben des Instruments nach den gelernten Vorgaben. Die Lehrkräfte können jedoch die einzelnen Anforderungen je nach Lage voneinander trennen. So bietet es sich etwa an, das Lied zuerst zu singen, um Rhythmen und Tonhöhen vorweg zu erlernen. Wird der Schwierigkeitsgrad so gewählt, dass die Bewegungen selbst bereits grundsätzlich vertraut sind, kann sich die Aufmerksamkeit komplett auf das Umsetzen der inneren Vorstellung in instrumentale Aktionen konzentrieren. Dabei fällt dies Kindern desto leichter, je mehr sie dazu motiviert sind. Gerade die Konzentration auf Ziele, die von außen gesetzt sind und die sich die Kinder nicht selbst zu Eigen gemacht haben, wird nicht lange anhalten *(→ S. 61f.)*.

Die Suche nach der Eigenmotivation und den Lernwegen von Kindern führt sofort zum *Spiel*. Kinder begeben sich aus innerem Antrieb heraus in die Sonderwelt des Spiels und leben ganz in den sich dabei vollziehenden Spannungsverläufen. Auch Unterricht kann sich am Spiel orientieren, wird aber meist kein echtes Spiel darstellen können, da immer wieder Vorgaben von außen den inneren Antrieb der Kinder durchkreuzen. Dennoch lassen sich Spielformen und Spielthemen in den Unterricht integrieren. Zu den Spielformen gehören etwa das Geschicklichkeitsspiel, das Regelspiel – wie im Falle eines Rhythmusquartetts (vgl. etwa: Scheps 1998) –, das Wettspiel und das Rollenspiel, beinhaltet doch das Musizieren per se schon die Übernahme einer gewissen Rolle, wie sie auch ein Liedtext beinhalten kann. Als Spielthemen können beispielsweise allerlei Zaubereien, Zirkustricks oder Spielplatz-aktivitäten mit dem Instrument umgesetzt werden (vgl. Wüstehube, Nykrin 2001b, S. 40ff.; 2002, S. 54ff.; Dartsch 1999, 2006d).

Eine weitere grundlegende Motivation von Kindern wirkt sich ebenso förderlich auf ihr Lernen aus: das Bedürfnis nach *sozialem Anschluss*. Für den Instrumentalun-terricht ist ein gutes Verhältnis zur Lehrperson unerlässlich. Handelt es sich um Gruppenunterricht, so wird eine gute Gruppenatmosphäre anzustreben sein, die gleichfalls zu Wohlgefühl und Erfolg beitragen wird. Daneben sind Kinder fast immer motiviert, *bestimmte Klänge und Wirkungen auf dem Instrument selbst her-vorzubringen*. Eng damit verbunden ist der Wunsch, *über bestimmte Fähigkeiten zu verfügen*. Die Lehrkraft kann dies unterstützen, indem sie mit dem Kind über die Klänge staunt, ihm bewusst macht, welche Fortschritte es bereits gemacht hat, und sich mit ihm zusammen darüber freut. Schließlich helfen dem Kind auch feste *Rituale* beim Üben wie auch im Unterricht. Ist es etwa ganz normal und vertraut, dass zu Beginn einer Stunde einige Spiele und Übungen zur Körperwahrnehmung und zur Haltung des Instruments durchgeführt werden, so wird sich das Kind all-mählich problemlos darauf einstellen und konzentrieren können. Weiß es, dass es zum Schluss ein Lieblingslied wünschen darf, so erträgt es vielleicht im Verlauf der Stunde das Zurückstellen eigener Wünsche besser (vgl. insgesamt: Dartsch 2006c, S. 208ff.).

Schulkinder

Die Ausführungen zu den Grundfähigkeiten fortgeschrittenen Übens und den kindli-chen Lernwegen gelten auch noch für das Schulkind der ersten Klassen. Stärker als vorher wird man hier jedoch mit dem Streben nach dem Erlernen von Kulturfähig-keiten rechnen können. Während das Kind dies in der Regel zunächst optimistisch angeht und seine eigenen Möglichkeiten typischerweise sogar überschätzt, wendet sich das Blatt häufig beim Übergang zum dritten Schuljahr. Das Kind beginnt nun, sich mit anderen zu vergleichen, seine eigenen Leistungen kritischer zu sehen und eine Vorstellung von den eigenen Fähigkeiten zu gewinnen (Mietzel 2002, S. 207,

301). Häufig hören Kinder in diesem Alter auf, aus eigenem Antrieb zu malen; auch beim Singen werten sie nun die Regelkonformität höher, während das Abwandeln nach eigenem Gusto offenbar nachlässt (Deutsch 2006). In die gleiche Phase fällt das allmähliche Ende der sogenannten „Offenohrigkeit". Der Erziehungswissenschaftler David Hargreaves, der den Begriff „open-eared" prägte, stellte fest, dass Kinder desto stärker zu einer stilistischen Einordnung von Musik neigen, je älter sie werden (Hargreaves 1982). Weitere Studien zeigten, dass hiermit verbunden jene Musik stärker negativ beurteilt wird, die den gängigen Konventionen nicht entspricht. Dies gilt für ältere Popmusik ebenso wie für ethnische Musik und zeitgenössische Avantgarde, in besonderem Maße aber für klassische Musik vom Barock bis zur Romantik. Dabei beurteilten die Mädchen die Klassik etwas besser, die ethnische und die zeitgenössische Musik jedoch etwas schlechter als die Jungen, was mit einer stärkeren Tendenz zur Anpassung aufseiten der Mädchen erklärt werden könnte (vgl. Gembris, Schellberg 2003, 2007; Kopiez, Lehmann 2008). Lehrpersonen können auf alle diese Prozesse im Rahmen ihrer Möglichkeiten Einfluss nehmen: So empfiehlt es sich, starre Fähigkeitskonzepte zu hinterfragen und den Kindern aufzuzeigen, was sie durch Anstrengung zu leisten imstande sind. Anregungen zum Abwandeln und Improvisieren können helfen, eine einseitige Ausrichtung an der Richtigkeit zu korrigieren. Der regelmäßige Einbezug „unkonventioneller" Musik kann eine Vertrautheit befördern, die die Offenohrigkeit in Teilen in die Pubertät hinüberrettet.

Jugendliche

Als dominierendes Thema der Jugendzeit wird unter Bezug auf den Psychoanalytiker Erik H. Erikson häufig die Suche nach Identität angesehen (Erikson 1998, S. 94ff.; vgl. Wendt 1997, S. 358ff.; Mietzel 2002, S. 385ff.; Oerter, Dreher 2002, S. 290ff.). Diese ist zunächst stark mit dem eigenen Körper verbunden (vgl. Levita 2002, S. 214ff.). Genau hier aber finden tiefgreifende Veränderungen statt, die die Jugendlichen entsprechend verunsichern. Möglicherweise müssen auch die Spielbewegungen am Instrument wegen der Wachstumsschübe zu bestimmten Zeiten neu austariert werden. Da die körperlichen Veränderungen daneben vor allem die Ausbildung der Geschlechtsmerkmale betreffen, muss sich der junge Mensch unter anderem mit seiner Identität und Rolle als Mann oder Frau auseinandersetzen. Dies beinhaltet auch ein Verhältnis zum jeweils anderen wie auch zum gleichen Geschlecht bis hin zu ersten Liebesbeziehungen. Des Weiteren verorten sich Jugendliche innerhalb einer sozialen Gruppe meist Gleichaltriger – der sogenannten Peergroup; der Freundeskreis, die Clique gewinnt eine tragende Bedeutung, die dem Elternhaus gleichzeitig mehr oder weniger entzogen wird. Der Begriff der Identität kann aber auch auf Einstellungen und Orientierungen bezogen werden. So stehen Jugendliche vor der Aufgabe, eine eigene Weltanschauung und eine politische Meinung zu entwickeln, aber sich auch generell über eigene Vorlieben und Interessen klar zu werden sowie Pläne für das Leben zu schmieden, die bis hin zur Berufsorientierung reichen können. Das Interesse an Musik kann in dieser Zeit eine Stärkung und Stabilisierung erfahren. Nicht zuletzt können bestimmte Musikrichtungen und die Begeisterung für musikalische Idole zu einem Gefühl der Zugehörigkeit innerhalb einer Gruppe beitragen. Dabei bietet die Musik ein Ventil für die sich stark entwickelnde Emotionalität der Jugendlichen. All dies kann den Instrumentalunterricht zweifellos befruchten, aber auch gefährden, wenn etwa Klassik plötzlich „uncool" wird. Hier kann es eine wichtige Erfahrung sein, mit anderen Jugendlichen in Kontakt zu kommen, die sich ebenfalls für Musik begeistern. Orchester, Ensembles und Bands bieten ein Feld für soziale Kontakte im Medium der jeweils bevorzugten Musik. Das Bedürfnis nach Vorbildern kann aber auch auf die Lehrerin oder den Lehrer gerichtet werden. Dabei darf jedoch keinesfalls eine psychische Abhängigkeit entstehen. Auch beim Anhören von Aufnahmen lassen sich beispielhafte Interpretationen und musikalische Vorbilder finden. Für die Herausbildung eigener Standpunkte kann der Dialog mit der Lehrkraft hilfreich sein. Diese wird dem jungen Menschen – seiner Entwicklung gemäß – eine gewisse Autonomie zugestehen, wird die Richtung des Unterrichts immer wieder mit ihm gemeinsam aushandeln und die Verantwortung für sein Lernen damit teilweise auch in seine eigenen Hände legen, ohne ihn dabei zu überfordern. Steht die Frage nach einem Musikstudium im Raum, so ist schließlich eine realistische und behutsame Beratung angezeigt.

Menschen im frühen und mittleren Erwachsenenalter

Beim Unterricht mit erwachsenen Schülerinnen und Schülern liegen gänzlich andere Voraussetzungen vor: Entweder hat der erwachsene Mensch früher einmal ein Instrument gespielt und möchte nun wieder einsteigen, oder aber er verwirklicht einen bisher unerfüllten Wunsch. Im ersten Fall wird man die zurückliegenden Erfahrungen mit dem Instrumentalspiel zu berücksichtigen haben: Möglicherweise gibt es Ängste und Blockaden, die nun von vornherein zu umgehen sind, oder aber gerne gehegte Erinnerungen an bestimmte Stücke und Erlebnisse, an die sich anknüpfen lässt. Sowohl bei einem Wiedereinstieg als auch bei einem Neuanfang wird es sich um eine bewusste Entscheidung handeln, auf deren Basis zielstrebig gearbeitet werden kann.

Die Grundlagen der Handhabung des entsprechenden Instruments werden von erwachsenen Schülerinnen und Schülern nicht selten klar analysiert und verstanden. Dabei kann jedoch die körperliche Umsetzung Schwierigkeiten bereiten. Das Erlernen völlig neuer oder das Wiederbeleben lange vernachlässigter Bewegungsmuster fällt Erwachsenen nicht immer leicht. Durch den festen Vorsatz und das rationale Durchdringen können solche Hürden aber durchaus überwunden werden. Dennoch wird das Augenmerk grundsätzlich auf einen natürlichen Bewegungsfluss zu legen sein; Übungen zur Körpererfahrung können sich hierbei als sehr hilfreich erweisen. Der Gefahr eines ängstlichen Kontrollierens der Spielbewegungen über die Augen kann man nicht zuletzt mit gemeinsamem Musizieren begegnen, wobei der Akzent auf Schwung und Fluss liegen sollte. Fehler wird man grundsätzlich nicht dramatisieren; meist bemerken die Erwachsenen sie ohnehin, häufig sind sie überdies zu sehr auf ihre Vermeidung fixiert. Grundsätzlich ist es nichtsdestoweniger von großem Vorteil, dass Erwachsene meist gewohnt sind, langfristige Ziele zu verfolgen und Lernprozesse zweckdienlich zu strukturieren – also etwa schwierige Bewegungsabläufe herauszugreifen, zu verlangsamen und häufiger zu wiederholen (vgl. auch: Walsleben 2009, S. 44, 52, 55).

Die Lehrkraft muss sich unter Umständen davon verabschieden, ihre eigene Leistung am Fortschritt der Schülerinnen und Schüler zu messen. Gerade im Erwachsenenalter wird das Fortschreiten nicht immer linear verlaufen. Die Musikpädagogin Reinhild Spiekermann spricht in diesem Zusammenhang von „horizontalen" Fortschritten, von einem „Seitwärts statt Vorwärts". Gemeint sind Fortschritte, die sich im Erarbeiten von Stücken des gleichen Schwierigkeitsgrades ereignen können; hiermit kann auch das Erschließen neuer Stilrichtungen verbunden sein. Generell gilt es, menschliche, instrumentale und musikalische Aspekte miteinander auszubalancieren (Spiekermann 2009, S. 121, 124, 126, 111ff.): Dass die Musik dem Erwachsenen guttut, dass er sich beim Musizieren wohlfühlt und das Zusammenspiel mit anderen oder der Lehrkraft genießt, ist demnach nicht weniger erstrebenswert als ein spieltechnischer Fortschritt auf dem Instrument oder auch das Erfahren neuer musikalischer Ausdrucksnuancen und das Erweitern des musikbezogenen Horizonts. Jeder dieser Zielbereiche kann in bestimmten Unterrichtssituationen einmal in den Vordergrund treten; dabei sollte jedoch keiner von ihnen über einen längeren Zeitraum hinweg vernachlässigt werden. Im Idealfall greifen Aspekte dieser Art auch ineinander und begünstigen sich gegenseitig.

Häufig wird der Unterricht mit recht genauen Vorstellungen und Zielen aufgenommen. Den originären Motiven der Erwachsenen ist selbstverständlich Rechnung zu tragen. Generell sind sie nicht in eine ihrer Lebenserfahrung unangemessene Schülerrolle zu drängen, sondern von Beginn an als Partnerinnen und Partner auf dem gemeinsamen Weg zu sehen. Auch wenn der Wunsch nach Zusammenspiel nicht ausdrücklich geäußert wird, lohnt es, dies anzuregen – sei es, indem man potenzielle Musizierpartnerinnen und -partner zusammenbringt, sei es, indem man ein geeignetes Laienensemble vorschlägt (vgl. Meyer, Hempel, Laumerich et al. 1993; Verband deutscher Musikschulen 2010a, S. 25ff.; Gembris 2008b; vgl. insgesamt auch: Petrat 2001, S. 26, 53; 2007, S. 68ff.; Spiekermann 2009).

Ältere Menschen

Das Gleiche gilt schließlich auch für ältere Menschen. Hier dürften Kontakte zu Gleichgesinnten eine mindestens ebenso wichtige Rolle spielen, brechen mit der Pensionierung doch nicht selten viele gewohnte Sozialkontakte weg. Wenngleich die Beschäftigung mit einem Instrument überdies – ebenso wie das Tanzen, das Lesen oder Brettspiele – statistisch das Risiko einer Demenz verringert (Verghese, Lipton, Katz et al. 2003, vgl. Jäncke 2009, S. 393f.), liegt die Bedeutung des Musizierens auch hier in erster Linie in ihrem Bildungswert. Dabei führt nach den Worten des Altersforschers Dietmar Köster die „Verfügungserweiterung von Handlungsoptionen" zu einer erhöhten Lebensqualität (Köster 2008, S. 41).

Das Musizieren mit älteren Menschen erfährt derzeit zunehmende Beachtung und wird allein aufgrund der demografischen Situation sicher weiter an Bedeutung gewinnen (vgl. Spahn 2011, S. 14). Wie schon bei der Sicht auf das Kind erscheint auch im Zusammenhang mit dem Alter eine defizitorientierte Betrachtung als wenig hilfreich (vgl. Sobirey 2008). Zunächst zeigt die Entwicklung der geistigen Leistungsfähigkeit keinen einheitlichen Verlauf, sondern weist große Unterschiede von Person zu Person auf. Verlusten auf bestimmten Gebieten – wie etwa bei der Geschwindigkeit der Informationsverarbeitung – stehen nicht selten Gewinne in anderer Hinsicht gegenüber; so wachsen Wissen und Lebenserfahrung beständig an. Grundsätzlich sind Verbesserungen und Lernprozesse bis ins hohe Alter möglich, wie etwa verschiedene Trainingsprogramme mit älteren Menschen zeigen (vgl. Kliegel, Jäger 2008). Vor diesem Hintergrund können die Ziele und Inhalte des Unterrichts mit den älteren Schülerinnen und Schülern gemeinsam entwickelt und verfolgt werden. Sie bestimmen durch ihre jeweilige Disposition zu wesentlichen Teilen auch die Gestaltung des Unterrichts. Ein zu hohes Tempo und das Missachten eventueller körperlicher Beeinträchtigungen (vgl. Spahn 2008) sind zu vermeiden; wenn beispielsweise langes Stehen ermüdet, kann auch im Sitzen musiziert werden (vgl. Gembris 2008b, S. 20). Für den Instrumentalunterricht mit älteren Menschen sind eine ruhige Umgebung, eine genügende Zahl von Wiederholungen sowie klar verständliche Aufgabenstellungen und Informationen zu empfehlen (vgl. Spahn 2011, S. 20). Ebenso kontraproduktiv wie das Überfordern aber wäre ein permanentes, ängstliches Unterfordern. Ältere Menschen, die im Unterricht oder in einem Ensemble regelmäßig ihr Instrument spielen, tun dies in der Regel mit einem gewissen Leistungswillen und verfolgen selbstgesteckte Ziele, an die die Proben oder Unterrichtsstunden anknüpfen sollten (vgl. Hartogh, Wickel 2008, S. 137; Spahn 2011, S. 21). Bei der Suche nach dem passenden Anspruchsniveau können den Lehrkräften Wohlgefühl und Begeisterung aufseiten der Schülerinnen und Schüler als Kompass dienen.

Dies gilt auch für das Improvisieren mit älteren Menschen. Eine innere Beteiligung kann sich besonders bei assoziativen Improvisationen nach persönlich bedeutsamen Texten, Gedichten, Erzählungen, Erinnerungen oder Träumen ergeben.

Unter Umständen sind hierbei formale Vorgaben der Lehrkraft hilfreich, die einen Rahmen für erste Versuche schaffen (vgl. Hippel, Laabs 2009, S. 62ff., 72f.).

Auch mit Menschen, welche an Demenz leiden, ist Instrumentalunterricht grundsätzlich möglich. Volkslieder und bekannte Stücke, die von groß gedruckten Noten gespielt werden, können die Erinnerung anregen. Neben dem Spiel der Stücke lassen sich Improvisationsaufgaben – etwa mit Bildern als Anregung – und das Hören von Musik in den Unterricht einbauen (vgl. Kehrer 2011). Außerdem kann auf spezielle Instrumente wie etwa die Veeh-Harfe zurückgegriffen werden, ein zitherähnliches Instrument, bei dem Spielschablonen mit einer Griffschrift hinter den Saiten angebracht werden können. Die Musizierenden erfassen mit ihrem Blick die Saiten des Instruments und die Notation gleichzeitig, folgen der Notation von oben nach unten und zupfen beim Spielen die Saiten jeweils an den Stellen an, an denen die Griffsymbole notiert sind (vgl. Hoedt-Schmidt 2011; Schnieders 2011). Hierbei kann sehr gut in der Gruppe musiziert werden. Die folgende Abbildung zeigt die Schablone für das Lied „In Mutters Stübele" (nach Weber-Kellermann 1999, S. 201) auf einer Veeh-Harfe über der herkömmlichen Notation; die waagerechten Linien zeigen die Taktanfänge:

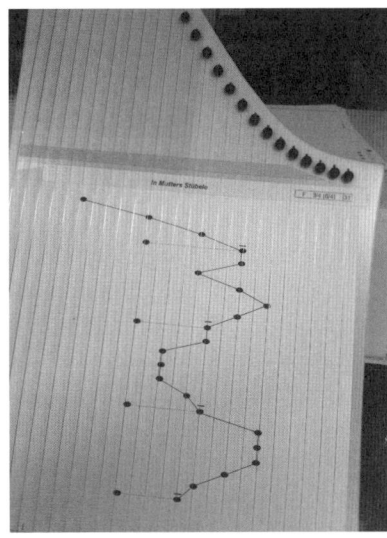

Abbildung 10: Veeh-Harfe mit Notenblatt

In Gruppen lassen sich außerdem auch Schlaginstrumente sehr gut einsetzen (vgl. Schnieders 2011). In der Elementaren Musikpraxis mit älteren Menschen tritt neben das Spiel mit unterschiedlichen Instrumenten – meist aus der Schlagwerkfamilie – die ganze Vielfalt an Umgangsweisen mit Musik, also das Singen, das Bewegen und das Tanzen, das Hören, die geistige Beschäftigung mit Musik, das Sprechen, das Malen, der Instrumentenbau (vgl. Metz 2011, Metzger 2011).

5.2 Menschen mit besonderem Förderbedarf

Menschen mit besonderem Förderbedarf stellen keine einheitliche Zielgruppe dar. Allgemein kommt es darauf an, dem jeweiligen Individuum gerecht zu werden und Ziele und Methoden entsprechend zu wählen. Bei Kindern und Jugendlichen ist hierfür auch ein enger Kontakt mit den Eltern sinnvoll und empfehlenswert. Allerdings gilt dies alles im Grunde für jeglichen Unterricht. Schon dem Begriff des Förderbedarfs haftet eine gewisse Zwiespältigkeit an: Jeder Mensch bedarf für seine Entwicklung vielfältiger Anregungen von außen; niemand entwickelt sich ausschließlich aus sich selbst heraus. Möchte man positive und negative Anregungen unterscheiden, kann man sich an Leitbegriffen wie Gesundheit, Glück und gelingender Bildung orientieren: Was ihnen dient, wäre dann „förderlich". In diesem Sinne wird pädagogisches Handeln stets auch Förderung bedeuten. Von „besonderer" Förderung könnte man sprechen, wenn Anregungen und Maßnahmen angezeigt scheinen, die einem eher selten begegnen. Nun schwingt beim Begriff der Förderung allerdings fast unvermeidlich wieder eine Defizitorientierung mit, die im Grunde auf ein therapeutisches Handeln zielt. Tatsächlich wird ja auch Musik von alters her als Therapeutikum angesehen und eingesetzt (vgl. Bruhn 2002a; Plahl 2008). Für Lehrkräfte eines Instruments oder der Elementaren Musikpraxis erscheint es fragwürdig, eine solche Perspektive ins Zentrum zu stellen, da sie am fachlichen Hintergrund, aber auch an der originären Aufgabe des Berufs vorbeigeht. Den Ausgangspunkt der musikpädagogischen Bemühungen bildet der Wunsch zu musizieren, der einem – in welcher Ausprägung auch immer – von Schülerinnen und Schülern oder manchmal auch zunächst von Eltern junger Kinder entgegengebracht wird. Fehlt er ganz oder lässt er sich auf Dauer nicht finden, ist das Kind nicht weiter zu behelligen. Tritt er zu Tage, so gilt es, ihm jeweils unter Berücksichtigung der individuellen Potenziale zu entsprechen.

Körperliche Behinderungen

Die motorischen Einschränkungen bei körperlichen Behinderungen verlangen unter Umständen besondere spieltechnische Lösungen – etwa Fingersätze oder Haltungsformen. Die Suche nach einer Spieltechnik, die den Voraussetzungen des Einzelnen entspricht, ist jedoch grundsätzlich für die Arbeit mit jedem Menschen angezeigt, der ein Instrument erlernen möchte – zeigen doch allein die Hände und Arme immense Unterschiede in den Spannweiten und Bewegungsmöglichkeiten (vgl. Wagner 2005). Bevor von bestimmten Instrumenten abgeraten wird, sollte man also vor dem Hintergrund individueller Zielhorizonte nach entsprechenden Lösungen suchen. Dazu können auch speziell angepasste oder umgebaute Instrumente sowie geeignete Halterungen und Ständer gehören (vgl. Zimmer 1991). Für Menschen, die von Sehbehinderungen oder Blindheit betroffen sind, existieren spezielle Notenschriften. Hörgeschädigte können Musik über die Schwingungen im Körper wahrnehmen; Rhythmen lassen sich hier über Bewegungen und Berührungsempfindungen vermitteln.

Geistige Behinderungen

Geistige Behinderungen werden häufig durch einen verminderten Intelligenzgrad definiert. In vielen Fällen könnte man auch von einer verzögerten kognitiven Entwicklung sprechen – etwa beim vergleichsweise häufigen Down-Syndrom (vgl. Hogenboom 2010, S. 39f.). So treten einem nicht selten gleichsam zwei Altersgruppen in einer Person gegenüber – etwa wenn ein Grundschulkind, das vom Körperbau her auch als solches zu erkennen ist, im kognitiven Bereich einem Vorschulkind gleicht. Ein jugendlicher Mensch kann wiederum geistig einem Grundschulkind entsprechen. Dabei kann die emotionale Entwicklung durchaus der geistigen voraus sein. Ein Kind mit geistiger Behinderung mag sich in der Pubertät gerade für das andere Geschlecht interessieren und gleichwohl Kinderspiele lieben. Dennoch ist es nicht untypisch, dass auch emotionale Entwicklungen verzögert eintreten, dass beispielsweise die enge Bindung an Bezugspersonen länger bestehen bleibt oder die Pubertät mit den entsprechenden Stimmungsschwankungen einige Jahre später einsetzt (vgl. Senckel 2004, S. 81ff., 97ff.). Ungewohnte Verhaltensweisen von Menschen mit geistiger Behinderung sind in diesem Zusammenhang als Handlungen zur Bewältigung der jeweiligen besonderen Situation zu verstehen, die sich unter anderem auch durch die soziale Etikettierung ergibt. Vor diesem Hintergrund können etwa Aggressionen und Verletzungen sich selbst gegenüber auf Überforderung, Vermeidungstendenzen und Frustrationen hinweisen oder auch als Ruf nach Hilfe und Zuwendung aufgefasst werden (Theunissen 2005, S. 48, 77ff.). Allgemein wird es darauf ankommen, sich auf den ganzen Menschen einzustellen und in der Ansprache sowie der Wahl der Inhalte und Ziele sowohl dem kognitiven Stand als auch der emotionalen Seite gerecht zu werden. Auch der Zugang zur Musik entspricht bei Kindern und Jugendlichen mit geistiger Behinderung tendenziell dem jüngerer Kinder. Während man für das kognitive Erfassen musikalischer Strukturen mit Einschränkungen rechnen muss, können das sinnlich-emotionale Erleben von Musik und die Freude daran sehr intensiv ausfallen (vgl. Gembris 1998a, S. 233). Hiervon wird der Instrumentalunterricht profitieren, sofern er das Musikantisch-Expressive und die Freude an Klang und Musik ins Zentrum stellt. Dies bedeutet keinesfalls, dass keine Leistungssteigerungen möglich wären. Vielmehr kann durchaus ein Niveau erreicht werden, das das Laienmusizieren in Ensembles ermöglicht (vgl. Probst 1991; Müllemann 1991).

Generell ist eine warme und entspannte Unterrichtsatmosphäre anzustreben; gleichzeitig erfordert das Lernen eine gewisse Ruhe und Konzentration. Im Gruppenunterricht können hierzu Regeln beitragen, die beispielsweise Signale zum Spielen oder Pausieren beinhalten. Ein ritualisiertes Training der Spielmotorik trägt zu Fortschritten ebenso bei wie zu einem gewohnten Stundenablauf und damit zu einem Gefühl der Sicherheit. Daneben aber sollten Phasen selbstgesteuerten Lernens treten, bei denen die Schülerinnen und Schüler eigenen Impulsen folgen können. Bereitet etwa das Notenlesen Schwierigkeiten, kann eine Buchstabennotation helfen. Bleibt der Tonumfang beschränkt, gilt es, Lieder mit wenigen oder auch nur einem Ton zu erfinden und mit Texten zu versehen (Theißen 2012).

Der Gedanke der Inklusion legt besonders das Zusammenspiel von Menschen mit und ohne besonderen Förderbedarf nahe. Wenn dies gelingt, ist auch Menschen mit Behinderung Kulturteilhabe möglich; schließlich gilt: „[D]ie Musikkultur in der Gesellschaft ist für Behinderte wie Nichtbehinderte die gleiche" (Kemmelmeyer 1978, S. 210). Der „Verband deutscher Musikschulen" hat bereits 1979 ein Modellprojekt „Arbeit mit Behinderten" initiiert und führt regelmäßig eine spezielle berufsbegleitende Ausbildung für Lehrkräfte durch, sodass Menschen mit Behinderung heute vielerorts ganz selbstverständlich an Musikschulen lernen (vgl. Ernst 2006b, S. 65ff.; → *S. 231*).

Autismus

Bei der Arbeit mit besonders förderungsbedürftigen Menschen kann die Musik von Fachleuten auch im therapeutischen Sinne eingesetzt werden, etwa als ein Medium der Kontaktaufnahme oder der Mitteilung (vgl. Brachem-Meyer 1992; Plahl 2008, S. 644ff.). Dies kann gerade auch bei Autismus hilfreich sein (Schumacher 2004; Kang 2007, S. 73), denn hier sind – neben der häufigen Wiederholung bestimmter Bewegungsmuster, dem starren Festhalten an Routinen und speziellen Interessen – vor allem Auffälligkeiten im Bereich der Kommunikation und der sozialen Interaktion charakteristisch, unter anderem kann das Verständnis von Emotionen Schwierigkeiten bereiten (vgl. Kamp-Becker, Bölte 2011; Schirmer 2011). Autismus ist häufig – aber keinesfalls immer – mit kognitiven Beeinträchtigungen gekoppelt. Kinder mit stärkeren Ausprägungen von Autismus vermögen sich oftmals nur unzureichend über Sprache, Sprachmelodie und Körpersprache auszudrücken (Schirmer 2011, S. 28ff., 37ff., 41). Die Mehrzahl autistischer Kinder zeigt jedoch ein besonderes Interesse für Musik. Bevorzugt wird meist einfach strukturierte Musik mit Texten, außerdem Musik, die – wie ein Spiegel – der eigenen Befindlichkeit entspricht. Viele autistische Kinder hören die Musik lieber, als dass sie sie singen oder spielen (Kang 2007, S. 74ff.). Das Lernen über Imitation fällt ihnen ebenso schwer wie das Verstehen von Erklärungen. Eher vollzieht sich das Lernen über das eigene Ausführen von Handlungsabläufen. Dabei sollten die diesbezüglichen Aufforderungen möglichst in kleinen Schritten erfolgen. Klare Zielbestimmungen – durchaus auch für den Bereich des Sozialverhaltens – helfen, entsprechende Erfolge zu erzielen (Schirmer 2011, S. 71ff.). Generell trägt es zur Verminderung von Konflikten bei, wenn die Lehrkraft Verständnis für die besonderen Bedürfnisse sowie für ungewöhnliches Sozialverhalten – etwa bezüglich Nähe und Distanz (vgl. Carstensen 2009, S. 17f.) – aufbringt. Eine rein defizitorientierte Sichtweise sollte zugunsten eines Blicks auf die speziellen Potenziale der einzelnen Schülerinnen und Schüler aufgegeben werden. Bei Menschen mit dem sogenannten „Asperger-Syndrom", einer leichteren Variante des Autismus-Spektrums ohne verminderte Intelligenz, ist von einer großen Genauigkeit und Aufmerksamkeit für Details ebenso auszugehen wie von der Möglichkeit kreativen Denkens; all dies kann auch dem Instrumentalunterricht zugutekommen. Dies gilt auch für die intensive Beschäftigung mit besonderen Interessen sowie das überwiegend bildliche Denken, das es allerdings erschwert, Ironie und Metaphern angemessen zu entschlüsseln (S. 4, 9ff.). Hilfreich sind gewohnte Abläufe und Rituale, die den Unterricht vorhersehbar werden lassen und Verunsicherungen vorbeugen (vgl. Schirmer 2011, S. 80ff.; Kamp-Becker, Bölte 2011, S. 102).

Aufmerksamkeitsdefizitsyndrom

Menschen mit Aufmerksamkeitsdefizit- oder Hyperaktivitätssyndrom – abgekürzt als ADS oder ADHS – stoßen in schulischen Zusammenhängen häufig auf Probleme, wenn ihre Konzentrationsspanne es ihnen nicht erlaubt, dem Unterricht so zu folgen, wie es von ihnen erwartet wird. Viele von ihnen fallen außerdem sowohl durch ihre Impulsivität als auch durch ihre körperliche Unruhe auf (vgl. Bundesärztekammer 2005; Gawrilow 2009). Dies alles wird sich auch im Instrumentalunterricht zeigen. Bringt man hierfür ein grundsätzliches Verständnis auf, lassen sich viele Situationen mit Gelassenheit und Humor bewältigen. Wie bereits in anderen Zusammenhängen erwähnt, können sich feste Strukturen wie Rituale und Regeln als hilfreich erweisen. Der Unterricht sollte dennoch abwechslungsreich gestaltet werden, um immer wieder Aufmerksamkeit zu befördern. Wichtig sind auch positive Rückmeldungen – nicht nur auf persönliche Fortschritte des Schülers oder der Schülerin, sondern auch schon für entsprechende Anstrengungen (vgl. Biegert 2000). Das Setzen kurzfristiger Ziele kann für die nötigen Erfolgserlebnisse sorgen, auf die Betroffene in der Regel schlechter warten können. Nach kürzeren Etappen des Unterrichts können Pausen hilfreich sein. Häufig zeigen Menschen mit ADHS eine gewisse Hartnäckigkeit beim Verfolgen von Zielen; außerdem ist die Bereitschaft, sich auf Neues einzulassen, recht hoch (vgl. Gawrilow 2009, S. 31f., 72f., 76). So dürfte auch das Eintauchen in Musik vergleichsweise leicht gelingen. Im Musikunterricht vermag metrisches Zusammenspiel als heilsamer Zwang zur Struktur zu wirken. Daneben aber kann die Impulsivität sich immer wieder auch Bahn brechen und über das Instrument kanalisiert werden (Zapalla 2000).

Hochbegabung

Schließlich lassen sich auch hochbegabte Kinder und Jugendliche als Menschen mit besonderem Förderbedarf begreifen. Dabei lässt sich der Begriff der Hochbegabung kaum trennscharf fassen; er wird meist einfach im Sinne von „außerordentlich begabt" gebraucht (vgl. Oerter, Lehmann 2008, S. 98; Gembris 2010, S. 52f.). In der Intelligenzforschung werden einer Konvention gemäß etwa die oberen 15 Prozent als begabt und die oberen zwei Prozent als hochbegabt bezeichnet (vgl. Stern, Neubauer 2013, S. 66); setzt man eine Normalverteilung voraus *(→ S. 189)*, sind dies diejenigen, die mindestens eine beziehungsweise zwei Standardabweichungen *(→ S. 188f.)* über dem Durchschnitt liegen. Tatsächlich entspricht die Zahl von zwei Prozent dem Anteil derjenigen über 14-jährigen Menschen in der Bevölkerung, die täglich musizieren, während die Zahl von 15 Prozent dem Anteil derjenigen nahekommt, die angeben, ein Instrument zu spielen (vgl. Deutscher Musikrat 2012). Natürlich ist aber weder zwingend, dass alle Menschen, die kontinuierlich ein Instrument spielen, auch dafür begabt sind, noch dass alle Begabten ein Instrument spielen. Allerdings darf man erwarten, dass der Anteil Begabter und Hochbegabter unter denjenigen, die ein Instrument spielen, höher ist als in der Gesamtbevölkerung, da Menschen mit geringerer Begabung überproportional häufig mit dem Instrumentalspiel aufhören dürften, was als „Dropout-Effekt" bezeichnet wird *(→ S. 45)*. Demnach sollte – wenn vorsichtig geschätzt wird, dass der Mittelwert der musikalischen Begabung bei Musizierenden um mindestens eine drittel Standardabweichung höher ausfällt als in der Gesamtbevölkerung (vgl. Bruhn 2009, S. 357) – mindestens jeder vierte musizierende Mensch auch musikalisch begabt und jeder zwanzigste hochbegabt sein. Stellt man in Rechnung, dass etwa jeder vierte Schulabgänger ein Instrument spielt und nur ungefähr jeder zweihundertzwanzigste ein Musikstudium aufnimmt (vgl. Deutscher Musikrat 2012), dann würden sich fast zwei Drittel derjenigen, die ein Instrument spielen und musikalisch hochbegabt sind, gegen ein Musikstudium entscheiden. Wahrscheinlich wird bei dem Etikett „musikalisch hochbegabt" im alltäglichen Sprachgebrauch häufig an einen noch strengeren Maßstab und einen entsprechend kleineren Anteil gedacht.

Der Unterricht mit Hochbegabten gestaltet sich nicht immer einfach, muss die Hochbegabung doch keineswegs mit Geduld, mit systematischem Arbeiten, mit zuvorkommendem oder einfühlsamem Verhalten anderen gegenüber einhergehen. Oftmals tendieren Hochbegabte zu – im wahren Wortsinne – „eigenwilligen" und selbstbestimmten Lernwegen und sprechen auf Methoden der Lehrkräfte kaum an (vgl. Winner 2007, S. 5f., 139). Wer mit hochbegabten Kindern zu tun hat, sollte sich nicht wundern, wenn diese aufgrund ihrer hohen Ansprüche Kritik und eigene Unzulänglichkeiten nur schwer ertragen (vgl. Olbertz 2010). Die Balance zwischen der nötigen Selbstkritik und dem ebenso wichtigen Selbstvertrauen erweist sich häufig als heikel und labil; es drohen Selbstüberschätzung auf der einen und Selbstzweifel auf der anderen Seite. Musikalisch begabte Kinder geraten beim Erreichen des Jugendalters, wenn ihnen technische Schwierigkeiten bewusst werden und ihr Selbstkonzept stärker vom Urteil anderer abzuhängen beginnt, nicht selten in Krisen. Lampenfieber kann trotz hoher Leistungen zur ständigen Belastung werden (vgl. Bastian, Koch 2010, S. 32ff., 262ff.). Außerdem bringt die starke Fixierung auf das Musizieren unter Umständen Probleme im schulischen oder sozialen Bereich mit sich. Motivationskrisen und mangelnde Zielstrebigkeit können gerade bei Hochbegabten eine große Herausforderung für Lehrkräfte bedeuten. Da die Instrumentallehrkraft im Allgemeinen eine wichtige Person für den heranwachsenden Menschen darstellt, kann sie ihm möglicherweise sogar persönlichen Rückhalt bieten und ihm helfen, Schwierigkeiten aller Art zu bewältigen oder zu vermeiden. Hinsichtlich der Gestaltung des Unterrichts und des gesamten Lernprozesses gilt es, immer wieder abzuwägen, wo den Schülerinnen und Schülern individuelle Wege zuzugestehen sind – gemäß der Überlegung, dass außergewöhnliche Menschen vielleicht auch außergewöhnliche Wege gehen – und wo andererseits didaktisch begründete Lernschritte eine entscheidende Weiterentwicklung bedeuten könnten und daher in jedem Falle angestrebt werden sollten. Eine hilfreiche Maxime – die sicher nicht nur auf den Unterricht mit besonders Begabten anzuwenden ist – könnte lauten: „Ringen statt Zwingen". Demnach wird man eingedenk der hohen menschlichen und fachlichen Verantwortung durchaus mit den Schülerinnen und Schülern um die jeweiligen Wege ringen, aber davon Abstand nehmen, den Willen der Kinder und Jugendlichen mittels Zwang zu brechen. In Fragen der musikalischen Förderung, der Instrumentenwahl oder des Übens wird die Lehrperson immer wieder auch beratend tätig werden. Hierzu wird sie im Allgemeinen den Kontakt zu den Eltern suchen, um gemeinsam mit ihnen zu überlegen, was für die Schülerinnen und Schüler im Einzelfall am besten zu sein scheint. Um ihnen neue Erfahrungen und Anregungen zu eröffnen, sollten Lehrkräfte und Eltern nach einem Rahmen suchen, innerhalb dessen die Jugendlichen mit Gleichgesinnten zusammen musizieren und sich austauschen können. Von unschätzbarem Wert sind die Landes- und das Bundesjugendorchester, aber auch die Kammermusik. Wo Lehrkräfte den Vergleich mit anderen als hilfreich für die Selbsteinschätzung und die Motivation der Jugendlichen ansehen, insbesondere auch wenn mit dem Gedanken an ein Musikstudium gespielt wird, empfiehlt sich auch die Teilnahme an Wettbewerben wie „Jugend musiziert". Daneben stellt sich auch die Frage, ob und wann ein Wechsel zu einer anderen Lehrkraft angezeigt ist. An vielen Musikhochschulen existieren mittlerweile spezielle Einrichtungen für begabte Jugendliche und Kinder – etwa das Pre-College Cologne (vgl. Gembris 2010, S. 45). Ob der Wechsel an eine Hochschule tatsächlich die beste Lösung für ein hochbegabtes Kind ist, muss jedoch von Fall zu Fall mit den Betroffenen selbst sowie mit den Erziehungsberechtigten entschieden werden. Einerseits können die neuen Anregungen zu einem Leistungsschub beitragen, andererseits aber wird unter ähnlich Begabten der bisher erlebte Sonderstatus verlorengehen; Probleme mit der Konkurrenz und mit der Selbsteinschätzung können die Folgen sein (vgl. Rost, Buch 2010), diese sollten im Rahmen der Förderung thematisiert werden. Eine kontinuierliche, individuelle und verständnisvolle Betreuung an der Musikschule kann durchaus die bessere Wahl sein, solange sich die Lehrkraft der Verantwortung gewachsen fühlt. Kontinuität und Wechsel sind gleichermaßen bedeutend für eine gute Instrumentalausbildung und daher miteinander auszubalancieren. So unvorteilhaft sich ein häufiger Wechsel der Lehrkraft im Allgemeinen auswirkt, so wichtig es ist, die Arbeit auch in längeren Zeiträumen zu konzipieren und zu gestalten, so dringend ist andererseits ein Wechsel nach einigen Jahren, wenn sich Routine breitmacht und neue Impulse von anderer Seite die Entwicklung befruchten könnten. Für Instrumentallehrkräfte gilt in dieser Hinsicht dasselbe wie für Eltern: Auch sie können durchaus in die Gefahr geraten, sich innerlich zu eng an ein Kind zu binden; nicht zuletzt verschafft ihnen ein Kind, das herausragende Leistungen zeigt, eine besondere Bestätigung und Freude. Ziel ihrer Bemühungen muss es gleichwohl sein, sich langfristig überflüssig zu machen; zu gegebener Zeit müssen die Jugendlichen losgelassen werden, um sich weiterentwickeln und eigene Wege gehen zu können. Wiederum verweisen Gedanken zu Menschen mit besonderem Förderbedarf hier auf allgemeine Leitlinien des Erziehens und Unterrichtens.

5.3 Unterrichtsformen

Einzelunterricht

Die Unterscheidung nach der Anzahl der Schülerinnen und Schüler führt zur Betrachtung unterschiedlicher Unterrichtsformen. Der Einzelunterricht bietet den Vorteil, dass die Lehrperson sich ganz auf ihr Gegenüber einstellen und es individuell fördern kann. Der Gedanke eines individuellen Weges spielt auch für Bildung im Allgemeinen eine zentrale Rolle. Im Einzelunterricht kann die Lehrkraft den individuellen Bildungsweg der Schülerin oder des Schülers begleiten und mitgestalten. Sie kann auf die jeweiligen Vorlieben und die besondere Lerndisposition eingehen und bei den spezifischen Schwierigkeiten, welche im Einzelfall auftreten, gezielt Hilfestellungen geben, die unmittelbar zu effektiven Lernprozessen beitragen. Die intensive Betreuung kann mit einer starken persönlichen Bindung einhergehen. Möglicherweise genießen Schülerinnen und Schüler die Zeit, die sie mit der Lehrperson alleine verbringen, auch deshalb, weil ihnen hier ein anderer Mensch fördernd und helfend ungeteilte Aufmerksamkeit zukommen lässt. Nicht zuletzt lässt eine solche Konstellation auch Raum für persönliche Gespräche; nicht selten wird die Lehrkraft auch als Beraterin oder Berater geschätzt.

Wann immer Musik im Mittelpunkt steht, die solistisch aufzuführen ist oder eine individuelle Interpretation verlangt, scheint der Einzelunterricht auch aus musikalischen Gründen die angemessene Unterrichtsform zu sein. Dies trifft verstärkt für Musik vom 18. Jahrhundert an zu; während etwa der berühmte „Kanon" von Johann Pachelbel für drei Violinen und Basso continuo und Johann Sebastian Bachs „Kunst der Fuge" auch häufig in einer Orchesterfassung zu hören sind, wäre dies für ein Streichquartett oder gar Violinkonzert von Mozart schon schwerer vorstellbar. Zwar mag einem das Unisono-Spiel von Violinkonzerten bei Vorspielen von Suzuki-Klassen begegnen (vgl. Kruse 1998), es bleibt dabei aber die Frage, ob eine gewisse persönliche Note, eine Spontaneität, wie sie sich etwa beim Verzieren und Ausführen von Kadenzen zeigt, der Musik nicht eingeschrieben ist. Schon die Virtuosität der Konzerte prädestiniert sie für einen solistischen Vortrag. Vergleichbares gilt natürlich auch bereits für Antonio Vivaldi und Arcangelo Corelli. Eine individuelle Musikerpersönlichkeit kann allerdings durchaus schon im Anfangsunterricht entfaltet werden. Im Einzelunterricht lässt sich diese Zielsetzung sicher am besten verfolgen.

Gruppenunterricht

Nichtsdestoweniger sollte dies auch im Gruppenunterricht möglich sein. Hierzu wird man den Schülerinnen und Schülern einer Gruppe immer wieder die Gelegenheit geben, besondere Rollen zu übernehmen und etwa solistisch oder führend aus der Gruppe herauszutreten. Überdies hat wohl gerade die Sorge um einen soliden spiel-

technischen Aufbau den Bläserpädagogen und Leiter eines Militärmusikkorps Johann Bernhard Logier (1777–1846) bewogen, Akademien zum Erlernen des Klavierspiels zu gründen, in denen der Unterricht in Großgruppen einen zentralen Platz einnahm – man würde hier heute eher von Klassenunterricht sprechen. Daneben wurde auch Einzelunterricht erteilt, bei dem jedoch nach der Art eines Meisterkurses alle Schülerinnen und Schüler anwesend sein sollten und durch entsprechende Fragen der Lehrperson einbezogen wurden. Auch der Theorieunterricht fand in der Gruppe statt. Wurden neue Stücke erarbeitet, spielte zunächst nur ein Schüler, während die anderen mitlasen und den Takt laut mitzählten. Wenn das preußische Unterrichtsministerium in Logiers Akademien die Möglichkeit sah, die künstlerisch-praktische Ausbildung zukünftiger Schullehrer zu rationalisieren, wenn gleichzeitig bereits Kritik an der Vernachlässigung der individuellen Fähigkeiten und Bedürfnisse sowie der künstlerischen Feinheiten laut wurde (Kollmann 1821b, Sp. 785, 793f.; vgl. Kollmann 1821a, c; insgesamt: Loritz 1998, S. 15ff.), dann sind damit Argumente ins Spiel gebracht, die bis auf den heutigen Tag die Debatte bestimmen. Auch in unserer Zeit wird der Gruppenunterricht zwischen Verantwortlichen aus Musikschulen und Kommunalpolitik als Rationalisierungsmaßnahme diskutiert. Ebenso werden immer wieder Zweifel an seiner Eignung für den Instrumentalunterricht geäußert (vgl. Grosse 2006, S. 70ff., 183). Grundsätzlich lassen sich
a) motivationale,
b) pädagogische,
c) musikpädagogische und
d) ökonomische
Gründe für den Gruppenunterricht anführen.

a) Zur motivationalen Begründung

Häufig wird angenommen, dass Kinder den Unterricht in der Gruppe als besonders schön und motivierend erleben (vgl. Ernst 2007, S. 30). Im Rahmen einer niedersächsischen Studie befragte der Musikpädagoge Thomas Grosse die Schülerinnen und Schüler selbst. Auf die Frage, ob der Unterricht in der Gruppe Spaß mache, antworteten tatsächlich fast 90 Prozent mit „immer" oder „meistens". Möglicherweise kann es auch als entlastend erlebt werden, nicht immer im Zentrum des Geschehens zu stehen. Dass man wegen der Gruppe nicht die volle Aufmerksamkeit der Lehrkraft erhält, kam indes bei einem knappen Drittel der befragten Kinder und Jugendlichen gar nicht vor; offensichtlich hängt dies von der Kompetenz der Lehrkraft ab. Unter jenen, die eine verminderte Aufmerksamkeit der Lehrkraft wahrnahmen, empfanden dies knapp 30 Prozent als „schlecht" oder „nicht so schön", 35 Prozent antworteten mit „geht so", etwa ebenso viele fanden dies „ganz gut" oder gar „sehr gut", genossen also offenbar die Entlastung, die hiermit verbunden sein kann. Es ergibt sich somit ein relativ ausgeglichenes Bild, wobei das negative Urteil etwas seltener auftrat als das neutrale und das positive. Das Warten auf die anderen im Rahmen des Gruppenunterrichts störte etwa ein Fünftel „sehr" oder „ziemlich"; in knapp 40 Prozent der gültigen Antworten wurde dies dagegen als „gar nicht" störend angekreuzt. Dass die anderen auf einen selbst warten müssen, scheint – besonders für Ältere – problematischer; dies wurde in einem guten Drittel der gültigen Antworten als störend und nur bei etwa 23 Prozent als „gar nicht" störend angegeben. Im Allgemeinen hatten die Schülerinnen und Schüler auch das Gefühl, die Lehrperson kümmere sich um sie; allerdings nimmt dieses Gefühl mit steigender Gruppengröße ab (Grosse 2006, S. 57f., 167f.).

Das Gelingen von Gruppenunterricht wird außerdem aber auch von der Motivation der Lehrkraft abhängen. Je offener diese an den Unterricht herangeht und je mehr positive Erfahrungen sie dabei schließlich sammelt, desto weniger wird das Gelingen von motivationalen Blockaden beeinträchtigt sein, wie sie etwa bei einer Verpflichtung von oben ohne jegliche Unterstützung durch Fortbildungen und Fachgespräche droht.

b) Zur pädagogischen Begründung

Aus Sicht der Allgemeinen Pädagogik schlägt im Gruppenunterricht das Lernen unter Gleichaltrigen positiv zu Buche, was eng mit Aspekten der Motivation und internen Leistungsvergleichen zusammenhängen mag. In der Gruppe ist es möglich, sich untereinander Bewegungen, Rhythmen, Artikulationen, Phrasierungen und Intonation abzuschauen und abzuhören. Auch können Kinder sich gegenseitig helfen, wenn ihnen regelmäßig die Gelegenheit dazu eingeräumt wird. Einer unguten Konkurrenz ist allerdings ebenso entgegenzuwirken wie einer Nivellierung leistungsfähiger Kinder in Richtung der schwächeren (Ernst 1991, S. 191ff.).

Die positiven Auswirkungen des gemeinsamen Lernens im Gruppenunterricht kommen insbesondere dann zum Tragen, wenn ein weniger lehrergesteuerter Unterricht verwirklicht wird. Dazu werden im Unterricht immer wieder Aufgaben gestellt, die selbstständig von der Gruppe gelöst werden sollen (vgl. Ernst 2007, S. 31, 38; → *S. 170, 172*). Hiervon können sowohl die Lehrkraft als auch die Schülerinnen und Schüler profitieren:

Die Lehrperson hat die Gelegenheit, sich aus der aktiven Rolle zurückzunehmen, einen Schritt zurückzutreten und die Schülerinnen und Schüler aus dieser Distanz heraus zu beobachten. Neben der Entlastung, die darin bestehen kann, nicht ständig das Unterrichtsgeschehen antreiben zu müssen, eröffnet eine in diesem Sinne distanziertere Sicht oft neue Einsichten hinsichtlich des Standes der Schülerinnen und Schüler. Darüber hinaus können deren Ideen und Herangehensweisen durchaus auch für die Lehrkraft bereichernd sein. Gleichwohl stellt gerade das Abgeben der Unterrichtssteuerung für viele Lehrkräfte eine ungewohnte Herausforderung dar. Es empfiehlt sich, gruppengesteuerte Phasen immer wieder zuzulassen und die Erfahrungen damit – im Idealfall mit Hilfe von schriftlichen Aufzeichnungen oder in Gesprächen mit Kolleginnen und Kollegen – kontinuierlich zu reflektieren. Schließlich kann gerade eine solche Arbeitsweise als sehr befriedigend empfunden werden (vgl. Ulrich, Lehmann 2011).

Die Schülerinnen und Schüler werden in einem stärker gruppengesteuerten Unterricht zum aktiven Probieren und Lernen angeregt; Langeweile und Ermüdung dürften dabei seltener auftreten als im vergleichsweise passiven Aufnehmen und Ausführen von Anweisungen. Dagegen ist zu erwarten, dass das Lernen von der zugetrauten Selbstständigkeit und der inneren Beteiligung profitieren wird, die für ein gruppengesteuertes Arbeiten charakteristisch sind. Hier inspirieren die Schülerinnen und Schüler sich gegenseitig, kooperieren, nehmen je nachdem auch führende oder helfende Rollen ein und lernen voneinander. Der analytische Blick, den man beim Beobachten der anderen Gruppenmitglieder entwickelt, kann auch das eigene Üben befruchten; Fehler, die man bei anderen bemerkt hat, wird man möglicherweise selbst vermeiden. Wenn bei alledem auch das Gefühl des Zusammengehörens in der Gruppe wächst, wird sich dies begünstigend auf die weitere Arbeit auswirken.

Eine Vielfalt von Methoden, Modellen, Materialien und Hintergründen zum Thema Gruppenunterricht findet sich auf der Internetseite http://www.instrumentaler-gruppenunterricht.de, die aus einem nordrhein-westfälischen Forschungsprojekt hervorgegangen ist (Buyken, Schmidt-Laukamp 2012).

c) Zur musikpädagogischen Begründung

Die Konstellation einer Gruppe lässt sich darüber hinaus auch musikpädagogisch fruchtbar machen. Dies betrifft insbesondere das Zusammenspiel. Immer wieder ergeben sich Möglichkeiten, einzelnen Kindern einfache Begleitstimmen zuzuweisen und so nicht nur das Hervortreten im Falle der Hauptstimme sondern auch das Begleiten erfahren und üben zu lassen. Mehrstimmige Stücke bieten die Chance, das Geben und Nehmen innerhalb eines in den Stimmen gleichwertigen Zusammenspiels zu erarbeiten. Für die Entwicklung von Ton und Intonation scheint es – gerade auch bei Streichinstrumenten – dennoch wichtig, dass sich die Kinder immer wieder auch alleine hören können und dazu Rückmeldungen erhalten.

Neben dem Zusammenspiel gibt es viele weitere Möglichkeiten, das Warten aufeinander – wie es in der Studie Grosses teilweise beklagt wird – zu umgehen und alle Kinder sinnvoll zu beteiligen (vgl. Ernst 1991, S. 203f.; Mahlert 2011, S. 245f.): Während ein Kind ein bestimmtes Lied spielt, können die anderen Kinder etwa:

- mitsingen, was ihnen hilft, das Lied zu erlernen, und das Spiel des Kindes, welches das Lied spielt, zusätzlich stützt;
- den Text mitsprechen oder flüstern, was das Spiel des Kindes, welches das Lied spielt, stabilisieren kann;

- die Noten mitzeigen, was einen wichtigen Schritt auf dem Weg zum Notenlesen darstellen kann;
- eine einfache Begleitung auf Instrumenten des kleinen Schlagwerks oder mit Körperperkussion spielen, wobei die metrische Stabilität besonders besondere Beachtung findet;
- mitdirigieren, was ebenfalls metrische Stabilität, aber vom spielenden Kind auch das Reagieren auf das Dirigat verlangt;
- tanzen, wobei auch der Bewegungsgestus der Musik und die Bewegung als künstlerische Entsprechung zur Musik thematisiert werden können;
- zur Musik malen, was das Hineinfühlen in die Musik verstärken kann;
- das spielende Kind bezüglich ausgewählter Kriterien beurteilen oder korrigieren, was das Achten auf eben jene Kriterien und das Kritiküben in einer freundschaftlichen Atmosphäre befördert;
- zuhören und bei bestimmten Stellen mit einem Signal reagieren oder später bestimmte Fragen beantworten – welchen Charakter hat man gehört, wie viele Takte waren es, welche Saiten, Tasten oder Griffe kamen vor, was war der tiefste Ton –, wovon das Hören profitieren dürfte;
- spieltechnische Hilfestellungen geben, etwa die Richtung für den Bogenstrich wie ein Fluglotse anzeigen;
- gleichzeitig nur die Töne greifen, ohne zu blasen, zu zupfen oder zu streichen, sodass trotz der Beteiligung aller Kinder nur das spielende Kind zu hören ist und sich dieses nach wie vor selbst gut hören kann;
- pantomimisch mitspielen, was ein intensives Mitvollziehen erfordert und so bereits das Mentale Training vorbereitet;
- nur in Gedanken mitspielen, was eine Form des Mentalen Trainings darstellt. Hierzu passt das *Radiospiel:* Alle Kinder spielen nur in Gedanken; die Lehrkraft oder ein Kind dreht an einem imaginären Lautstärkeregler vor einem Kind, worauf dieses jeweils beginnt, tatsächlich hörbar zu spielen, bis es wieder „abgedreht" wird. Auf diese Weise spielen einzelne Kinder Soli, Duos und Trios, während alle anderen das Spiel innerlich mitvollziehen.

Bei allen diesen Möglichkeiten werden diejenigen Kinder, die gerade nicht hörbar spielen, dennoch in das Spiel eines Kindes einbezogen, das hörbar spielt. Anselm Ernst prägte hierfür den Begriff der *Mobilisierung* (Ernst 1991, S. 202ff.) und unterschied dieses Vorgehen von der *inneren Differenzierung* (S. 204f.). Diese liegt vor, wenn man den gerade nicht spielenden Kindern eine Aufgabe zuweist, welche nicht in Zusammenhang mit dem Spielen des musizierenden Kindes steht. Denkbar sind hier:
- das Analysieren von Noten anhand verschiedenster Fragestellungen an einem „Studiertisch" (vgl. Heilbut 1993, S. 50, 70, 145f., 150f., 308ff., 316, 377ff.),
- das Bearbeiten von Aufgabenblättern verschiedenster Art am Studiertisch,
- Atem- und Körperübungen,

- das Bearbeiten von Höraufgaben an einem Abspielgerät mit Kopfhörer,
- das Malen zu Stücken insbesondere bei jüngeren Kindern,
- das Formulieren von Hausaufgaben und das Zusammenfassen von Lernstoff,
- das Üben bestimmter Stellen auf dem Instrument, sofern die räumlichen Möglichkeiten dies zulassen (vgl. Körber, Lennartz 2012).

Während alle diese Vorschläge darauf abzielen, dass jeweils nicht alle Kinder gleichzeitig hörbar auf dem Instrument spielen, kann aber auch das gemeinsame Musizieren zum Grundprinzip des Gruppenunterrichts werden. Der Musikpädagoge Jörg Sommerfeld beschreibt die Vorteile dieser Herangehensweise im Hinblick auf einen instrumentalen Gruppenunterricht an der Grundschule im Rahmen von Kooperationen zwischen Musikschule und allgemeinbildender Schule: Die Gruppe kann bereits in einem frühen Stadium als Ensemble gesehen werden, wobei die Rollen und Stimmen je nach Lage flexibel gewechselt werden können. Im Zentrum steht von vornherein eine reale Musiziersituation, ein musikalischer „Ernstfall". Für die Kinder wird hierbei sofort offenkundig, was warum getan und beherrscht werden muss, die Sache selbst erfordert es einfach. Der Wunsch zu musizieren wird stets aufs Neue befriedigt, womit die Motivation immer wieder genährt wird. Aufführungsmöglichkeiten im Rahmen der Schule können den Charakter des „Ernstfalls" noch verstärken und schulinterne sowie schulexterne Anerkennung nach sich ziehen. Für die Lieder und Spielstücke – die eine breite Vielfalt von der Folklore über die abendländische Kunstmusik und die populäre Musik bis hin zu Musik mit improvisierten Anteilen abdecken sollten – werden jeweils mehrere Stimmen benötigt, die am besten unterschiedlich schwer sind; eventuell kann eine besondere Stimme für die Lehrkraft hinzutreten. Zum einen wird den Kindern damit die Erfahrung der Mehrstimmigkeit eröffnet, zum anderen wird so auch eine Binnendifferenzierung möglich, wie sie aufgrund der heterogenen Gruppen an Grundschulen angezeigt scheint. Rückmeldungen sollten schließlich auch nicht nur an die gesamte Gruppe, sondern auch an die einzelnen Kinder gerichtet werden; dies betrifft Lob ebenso wie Verbesserungsvorschläge und Übehinweise.

Daneben sieht Sommerfeld auch die Arbeit mit Spielthemen, wie sie in der Elementaren Musikpraxis üblich ist, als ein fruchtbares Modell für den Gruppenunterricht in der Grundschule an, sodass es beispielsweise Ritter-, Indianer-, Zirkus-, Eisenbahn- oder Nikolausstunden mit entsprechenden Liedern, Rhythmen, Improvisationen und musikalischen Spielen geben könnte (vgl. Sommerfeld 2014). Materialien wie leistungsheterogene Arrangements für das Zusammenspiel und Anregungen zu verschiedenen Spielthemen finden sich etwa in den Instrumentalschulen zum Projekt „Jedem Kind ein Instrument" (→ S. 223; vgl. Koop, Schroeter 2010), im Kölner Konzept der „Klassenstreicher" (Meyer, Tiedemann, Weber-Krüger 2010) und in den Unterrichtswerken der Reihe „Musik und Tanz für Kinder. Wir lernen ein Instrument" (vgl. Wüstehube, Nykrin 2001a–b, 2002). Geeignetes Material für den

Gruppenunterricht lässt sich generell natürlich auch selbst arrangieren und erstellen, wobei Notensatzprogramme sehr hilfreich sind.

d) Zur ökonomischen Begründung

Dass sich aus dem Gruppenunterricht finanzielle Vorteile für den Träger ergeben können, liegt auf der Hand: Meist übersteigt die Summe der von den Gruppenmitgliedern entrichteten Gebühren den Gebührensatz des Einzelunterrichts, während die Personal- und Sachkosten für den Unterricht gleichbleiben. Wird ein solches Argument ohne pädagogische Überlegungen als Legitimation zur Durchsetzung von Gruppenunterricht verwendet, kann allerdings der Schaden größer als der Nutzen sein. Daneben könnte man aber auch eine zeitliche Ökonomie geltend machen. Im Gruppenunterricht lassen sich Inhalte wie Musiklehre und Musikgeschichte in der gleichen Zeit einer größeren Zahl von Schülerinnen und Schülern vermitteln, als das im Einzelunterricht der Fall ist. Benötigt man etwa zehn Minuten für das Erläutern und Üben bestimmter Rhythmuswerte und möchte diesen Stoff zwei nacheinander kommenden Kindern angedeihen lassen, so ist es zweifellos ökonomischer, die Unterrichtsstunden der Kinder hierfür überlappen zu lassen und das zweite Kind dafür fünf Minuten früher zu bestellen. Obgleich der Stoff insgesamt zehn Minuten benötigt, verlöre jedes Kind dabei nur fünf Minuten seines Unterrichts für die Rhythmuswerte und hätte überdies fünf Minuten länger Unterricht. Ebenso gut können viele technische Übungen und Körperspiele gemeinsam ausgeführt werden und so in Überlappungsphasen Platz finden.

Partnerunterricht

Strenggenommen kombiniert das geschilderte Überlappungsmodell jedoch den Einzelunterricht nicht mit Gruppenunterricht, sondern mit dem Partnerunterricht, wie das gleichzeitige Unterrichten von zwei Schülerinnen und Schülern genannt wird. Gerade hier kann die Motivation davon profitieren, wenn zwei befreundete Menschen zusammen lernen können. Natürlich erscheint es generell ideal, wenn die Zusammensetzung der Gruppen nicht zufällig erfolgt. Fachliche Schwierigkeiten lassen sich unter Umständen vermeiden, wenn darauf geachtet wird, dass die Gruppenmitglieder vom Alter und von den Voraussetzungen her zueinander passen. Für die Zweiergruppe jedoch ist die Zusammensetzung von besonder Bedeutung, denn sie hat einen vergleichsweise intimen Charakter: Atmosphärische Störungen, Konkurrenz und Dominanz wirken sich hier noch stärker aus, weil die Partner im Unterricht durchweg aufeinander bezogen sind und kein Ausgleich von Spannungen durch Dritte erfolgen kann.

Während beim Partnerunterricht eine intensivere und individuellere Betreuung der einzelnen Schülerinnen und Schüler möglich ist als bei größeren Gruppen, kann andererseits eine gewisse Lebendigkeit fehlen, die für manche Gruppenaktivitäten förderlich ist (vgl. Ernst 1991, S. 186ff.; 2006b, S. 80; Ehrenpreis, Wohlwender 1998, S. 11). Personen, die sonst ausschließlich im Einzelunterricht lernen, können jedoch schon das Lernen zu zweit im Rahmen einer Überlappungsphase als positive Belebung empfinden.

Tatsächlich können im Partnerunterricht bereits eine Reihe unterschiedlicher Konstellationen genutzt werden. So hat der Klavierpädagoge Peter Heilbut für den Frühinstrumentalunterricht die folgenden Möglichkeiten beschrieben:

- „Spieler und Partner": Ein Kind spielt, das andere wird – im Sinne der Mobilisierung *(→ S. 219)* – anders beschäftigt und so miteinbezogen.
- „Zwei Spieler": Beide Kinder spielen zusammen.
- „Der Lehrer an den Tasten": Die Lehrkraft spielt vor, die Kinder hören zu.
- „Lehrer und zwei Spieler": Die Lehrkraft macht etwas vor, die Kinder imitieren es oder achten auf von der Lehrkraft eingestreute Fehler.
- „Lehrer, Spieler und Partner": Die Lehrkraft arbeitet mit einem Kind, das andere wird im Sinne der Mobilisierung anders beschäftigt und so miteinbezogen (Heilbut 1993, S. 139ff.).

Lohnend sind auch Echospiele und Spielerwechsel innerhalb eines Stücks. Im ersten Fall spielen sich die Partner Abschnitte vor und nach, im zweiten Fall spielt einer den ersten Abschnitt, der andere ohne Unterbrechung den zweiten und so fort (vgl. Ernst 1991, S. 203).

Die Kombination von Einzel- und Gruppenunterricht

Überlappungsmodelle stellen eine elegante Möglichkeit der Kombination von Einzel- und Gruppenunterricht dar, wie sie im Allgemeinen empfohlen wird (Ernst 1991, S. 188; 2006b, S. 80ff.; 2007, S. 30f.; Heilbut 1993, S. 137ff.; Verband deutscher Musikschulen 2010a, S. 7, 9f.). Schon Friedrich Wieck, Clara Schumanns Vater, sowie Franz Liszt haben ihren Unterricht teilweise in Gruppen abgehalten; auch Logier *(→ S. 216)* hat – neben dem Unterricht in Großgruppen – den Einzelunterricht eingesetzt (Frey-Samlowski 2009). Kombinationsmodelle stellen alle Beteiligten zwar nicht selten vor organisatorische Probleme, es sollte sich jedoch aus fachlicher Sicht durchaus lohnen, diese zu überwinden. Erhält ein Schüler oder eine Schülerin sowohl Einzel- als auch Gruppenunterricht, so kann die Lehrkraft in den Einzelstunden auf individuelle Stärken und Schwächen eingehen und einen persönlichen künstlerischen Ausdruck fördern, während in den Gruppenstunden die dargestellten motivationalen, pädagogischen, musikpädagogischen und ökonomischen Vorteile des Gruppenunterrichts zum Tragen kommen können. Einerseits kann die Lehrkraft bewusst auswählen, welche Stoffgebiete sie in welcher Unterrichtsform behandeln möchte. Andererseits aber können in den Einzelstunden auch Themen der Gruppenstunden vor- oder nachbereitet werden. Neben dem Einzelunterricht kann ein wöchentlicher Termin in einer größeren Gruppe sowohl für Inhaltsbereiche wie Solmisation, Musiklehre und Übungen zu Haltung und Spieltechnik als auch im Sinne eines Ensembles zum Zusammenspiel genutzt werden.

Instrumentalunterricht mit Klassen und Großgruppen

Neben dem Unterricht mit vergleichsweise kleinen Gruppen hat auch der Klassenunterricht an allgemeinbildenden Schulen und an Musikschulen an Bedeutung gewonnen (vgl. Arendt 2009, S. 11ff.; Loritz 2009). Hier sollte man allerdings von mindestens zwei Lehrkräften ausgehen.

Im Instrumentalunterricht mit Klassen erweist es sich als Vorteil, wenn die Lehrkräfte verschiedene Instrumentengruppen repräsentieren. In einer Kooperation zwischen allgemeinbildender Schule und Musikschule wird mindestens eine Lehrkraft aus jedem der beiden Kollegien vertreten sein. Häufig wird eine Lehrkraft den Unterricht anleiten, während die andere unterstützend und korrigierend zwischen den Kindern umhergeht, was – mit dem englischen Begriff für „auf- und abgehen" – auch als „Class Pacing" bezeichnet wird (vgl. Boch, Boch 1998, S. 64). Bei dieser Kooperationsweise, für die man in der Literatur zur Teamarbeit auch den Namen „One Teaching, One Drifting" findet, liegt ein regelmäßiger Tausch beider Rollen nahe.

Daneben sind auch andere Formen der Zusammenarbeit denkbar, etwa das Aufteilen der Klasse in zwei ungefähr gleich große Gruppen, die dann parallel unterrichtet werden – „Parallel Teaching" –, das Aussondern einer Gruppe mit besonderem Unterstützungsbedarf, der sich eine Lehrperson widmet, während die andere die übrige Klasse unterrichtet -„Alternative Teaching" –, oder das echte „Team Teaching", bei dem beide Lehrkräfte die Planung und Durchführung der Stunde gemeinsam bestreiten (vgl. Friend, Cook 2003, S. 177ff.; Granzow-Seidel 2009; Meyer, Tiedemann, Weber-Krüger 2010, S. 18f.; Vogel 2010, S. 91).

Sehr verbreitet sind Bläserklassen, in denen gleichzeitig verschiedene Blech- und Holzblasinstrumente erlernt werden. Dementsprechend sollte eine der Lehrkräfte ein Blechblasinstrument als Hauptinstrument spielen, die andere ein Holzblasinstrument. An weiterführenden Schulen – mittlerweile aber ebenfalls vermehrt an Grundschulen – sind auch Streicherklassen häufig anzutreffen. Hier sollte eine der Lehrkräfte Geige oder Bratsche spielen, die andere Cello oder Kontrabass. Weiter sind Keyboard-, Gitarren-, Akkordeon-, Perkussions- und Chorklassen zu nennen. In der Regel sind Instrumentalklassen auf eine Dauer von zwei Jahren angelegt.

Der Klassenunterricht bietet die Chance, Kinder für ein Instrument zu begeistern, die sich sonst nicht zum Unterricht angemeldet hätten. Von ihm kann eine Initialzündung ausgehen, die die weitere Entwicklung prägt (vgl. Arendt 2009, S. 135; Hosbach, Oster 2012; Schmidtmeyer 2012; Massek, Stanitzok 2012; Oster, Hosbach

2012). Ideal ist es sicher, wenn den Kindern eine möglichst große Auswahl an Instrumenten zur Verfügung steht. Man müsste sich konsequenterweise Schulen wünschen, an denen sie zwischen Bläser-, Streicher-, Zupf-, Tasten-, Akkordeon-, Perkussions- und Chorklasse wählen und in jeder davon ihr Instrument eigenständig bestimmen könnten. Leider ist dies in der Praxis kaum anzutreffen.

Bezüglich des didaktischen Vorgehens ist vieles mit dem Gruppenunterricht vergleichbar. So können etwa Übungen zur Körperwahrnehmung oder zu bestimmten Spiel- und Haltungsaspekten in der Form eines Rituals gemeinsam durchgeführt werden. Häufig können alle Kinder die entsprechenden Bewegungen gemeinsam ausführen, während etwa eine Lehrkraft zur Unterstützung zur Verfügung steht. Manchmal lassen sich Aufgaben aus diesem Bereich auch so anlegen, dass jeweils ein Kind ein anderes unterstützt, indem es beispielsweise auf irgendetwas vorher Vereinbartes aufpasst und Rückmeldungen gibt. Generell wird man spieltechnische Abläufe in eher kleine Schritte unterteilen, die für alle gut zu bewältigen sind. Bildhafte Vorstellungen und Analogien zu alltäglichen Bewegungen sind hierbei sehr hilfreich.

Für den Liederwerb erweist sich ein Einstieg über das Singen als geeignet, da hier das Notenlesen zunächst wegfällt. In der Art einer flexiblen Liedeinführung können Abschnitte des Liedes über das Vor- und Nachsingen erarbeitet werden; anschließend wird die Übertragung auf das Instrument erfolgen, wobei auch die Noten einbezogen werden können. Spiele und Übungen aus den Bereichen Solmisation und Rhythmussprache können ebenfalls gewinnbringend in der Klasse durchgeführt werden (vgl. Boch, Boch, Gretschel, et al. 2001, S. 29).

Der tendenziell kleinschrittige Aufbau birgt sicher die Gefahr eines stark lehrgangsorientierten und damit auch überwiegend lehrerzentrierten Vorgehens. Grundsätzlich lassen sich im Klassenunterricht jedoch durchaus auch Konzepte verwirklichen, die sich an Spiel und Fantasie orientieren und vielerlei Ausdrucksbereiche einbeziehen. Beispielsweise können Inhalte und Arbeitsweisen, wie sie für die Elementare Musikpraxis charakteristisch sind, auch den instrumentalen Klassenunterricht prägen. Während unterschiedliche Leistungsstände unter den Kindern bei lehrgangsorientierten Vorgehensweisen leicht zu einem Problem werden können, da Konzepte dieser Art darauf abzielen, alle Kinder auf denselben Stand zu bringen, bietet eine an der Elementaren Musikpraxis ausgerichtete Herangehensweise die Chance, im Rahmen leistungsheterogener Arrangements, Melodien und Begleitmuster verschiedener Schwierigkeitsgrade zu ansprechenden Gesamtgestaltungen zu verbinden (vgl. Meyer, Tiedemann, Weber-Krüger 2010).

Durchmischung von Altersgruppen und Unterrichtsformen

Eine Durchmischung von Altersgruppen und Unterrichtsformen findet sich schließlich in den Konzepten des „Multidimensionalen Instrumentalunterrichts" (Wolters,

Stein, Bisle 1999) und der „Tagesmusikschule" (Wolters 2011) sowie in der Vision eines „Lernhauses Musik" (Doerne 2011) die von den Musikpädagogen Gerhard Wolters beziehungsweise Andreas Doerne entwickelt worden sind. Die Zeit, die die Schülerinnen und Schüler sowie die Lehrkräfte in der Musikschule verbringen, wird hier flexibel genutzt. So üben und arbeiten die Schülerinnen und Schüler:

- alleine für sich,
- gemeinsam mit anderen Menschen unterschiedlichen Alters und verschiedener Generationen,
- gemeinsam mit anderen Schülerinnen und Schülern, die sich auf einem ähnlichen instrumentalen oder auf einem anderen Niveau als sie selbst befinden,
- gemeinsam mit anderen Schülerinnen und Schülern, die dasselbe Instrument oder aber ein anderes Instrument als sie selbst erlernen,
- an unterschiedlichen musikbezogenen Aufgaben,
- betreut von weiter fortgeschrittenen Schülerinnen und Schülern oder
- betreut von teils wechselnden Lehrkräften.

Leitend ist dabei der Gedanke einer anregenden sowie zeitlich und strukturell wenig reglementierten Lernumwelt. Mit einer Vielzahl von Räumen, Bibliotheken, Gelegenheiten zum Anhören von Tonträgern, Internetzugängen, Aufnahmestudios und Treffpunkten sollen solche neu gedachten Musikschulen dazu einladen, möglichst viel Zeit in ihnen zu verbringen.

Im Multidimensionalen Instrumentalunterricht kann eine Lehrkraft mehrere Schülerinnen und Schüler in verschiedenen Räumen simultan unterrichten: In einem ist sie selbst zugegen, im anderen wird geübt, wobei die Lehrkraft zwischen den Räumen wechselt und alle Schülerinnen und Schüler schließlich auch zum gemeinsamen Lernen und Musizieren zusammenholen kann (Videobeispiele hierfür: Wolters 2011).

Die Modelle setzen auf die Flexibilität aller Beteiligten; nicht zuletzt müssen die Eltern möglicherweise Erwartungen korrigieren und sich auf die neuen Organisationsformen einstellen. Dafür aber sollen ähnlich wie an Reformschulen das selbst gesteuerte Lernen und die Motivation der Schülerinnen und Schüler im Zentrum stehen.

Weiterführende Literatur zu Zielgruppen

Ernst, Anselm: *Die zukunftsfähige Musikschule. Eine Einführung in die Musikpädagogik für Musikschullehrkräfte.* Aarau: Nepomuk 2006

6   Institutionen

Der folgende Text stellt eine leicht überarbeitete Fassung eines Beitrags zur außerschulischen Musikerziehung dar, der für das „Deutsche Musikinformationszentrum" des „Deutschen Musikrats" entstanden ist (Dartsch 2012).[3]

6.1   Einleitung

Seit Jahrhunderten werden junge Menschen außerhalb der allgemeinbildenden Schule in der Musik, insbesondere im Spiel eines Instruments oder im Singen unterrichtet. Die Wurzeln der außerschulischen Musikerziehung in Deutschland sind damit weit vor der Einführung des Schulfachs Musik zu suchen. Heute stellt die außerschulische Musikerziehung neben dem Musikunterricht in den allgemeinbildenden Schulen einen gesonderten Bereich mit eigenen Zielen, Aufgaben, Strukturen und Institutionen dar. Während der schulische Musikunterricht gewissermaßen einer obligatorischen „musikalischen Allgemeinbildung" für alle dient, gibt es keinerlei Verpflichtung zu außerschulischem Musikunterricht; er ist grundsätzlich freiwillig. Außerdem geht es in ihm in der Regel bereits um eine individuelle Spezialisierung auf eine der vielfältigen Möglichkeiten, sich aktiv mit Musik zu beschäftigen. Häufig handelt es sich dabei um das Erlernen eines Instruments, eine große Bedeutung kommt jedoch auch dem Ensemblemusizieren außerhalb der Schule zu.

Die jüngeren Entwicklungen lassen eine strikte inhaltliche Trennung zwischen schulischer und außerschulischer Musikerziehung gleichwohl fragwürdig erscheinen: Zum einen gibt es allgemeinbildende Schulen, an denen Instrumentalunterricht erteilt wird, zum anderen finden sich auch an allgemeinbildenden Schulen Angebote zur freiwilligen musikalischen Betätigung – etwa in verschiedensten Ensembles. Dies gilt nicht erst, seit der Bund im Jahr 2003 die Einrichtung von Ganztagsschulen mit dem Investitionsprogramm „Zukunft Bildung und Betreuung" zu fördern begann (vgl. Bundesministerium für Bildung und Forschung 2011), auch wenn das Ineinandergreifen von schulischer und außerschulischer Musikerziehung durch die entsprechenden Umstellungen sicherlich zugenommen hat. Sogar das Schulfach Musik kann in all jenen Fällen, in denen es als eine von mehreren Möglichkeiten

---

3   Deutscher Musikrat (Hrsg.): Deutsches Musikinformationszentrum. http://www.miz.org/home.html

gewählt werden kann, bis zu einem gewissen Grad als freiwillig betrachtet werden. Die Elementare Musikpraxis, die als Angebot der außerschulischen Musikerziehung etabliert ist, dient wiederum nicht der Spezialisierung, sondern vermittelt Grundlagen im Bereich musikalischer Allgemeinbildung.

Grundsätzlich soll die außerschulische Musikerziehung Menschen jeden Alters Gelegenheit geben, musikalische Fähigkeiten und Fertigkeiten gemäß den eigenen Interessen zu entwickeln und in das kulturelle Leben einzubringen. Im Sinne einer Breitenförderung sind hier wohnortnahe und finanziell erschwingliche Angebote notwendig. Aber auch die Ausbildung besonders interessierter und befähigter Kinder und Jugendlicher muss auf hohem Niveau gewährleistet sein. Hier werden schon vor dem Studium wichtige Weichen für den professionellen Nachwuchs gestellt.

Das Angebotsspektrum der außerschulischen Musikerziehung ist vielfältig ausdifferenziert: An erster Stelle sind die vielen über das Land verstreuten öffentlichen Musikschulen zu nennen. Daneben behaupten sich überall auch privat getragene Musikschulen sowie selbstständige Musiklehrerinnen und Musiklehrer, die auf dem freien Markt Unterricht anbieten. Auch die Tageseinrichtungen für Kinder vor der Einschulung erlangen immer größere Bedeutung. Quer durch alle Altersgruppen engagieren sich zudem Millionen von Menschen im Bereich des Laienmusizierens in Verbänden und Kirchen. Hier wird die Unterweisung und Förderung des Nachwuchses häufig von den Vereinen oder Kirchengemeinden selbst organisiert und betrieben. Musikalische Angebote – etwa auch im Sektor des Tanzes oder der Neuen Medien – finden sich auch an Jugendkunstschulen, die spartenübergreifend Möglichkeiten zur künstlerischen Gestaltung in Kursen, Workshops, Projekten oder Werkstätten bereitstellen. Darüber hinaus existieren musikbezogene Kurse an Volkshochschulen und Familienbildungsstätten, deren Angebote sich speziell an Erwachsene beziehungsweise an Familien richten.

Für all diese Praxisfelder stehen als Lehrende zahlreiche Absolventinnen und Absolventen künstlerisch-pädagogischer Studiengänge bereit. Die musikpädagogische Professionalisierung der Lehrkräfte durch einschlägige Seminare, Prüfungen und Studiengänge setzte bereits zu Beginn des 20. Jahrhunderts ein. Deutschlandweit schließen heute jährlich mehrere hundert junge Menschen ein entsprechendes, in der Regel vierjähriges Studium ab. Daneben arbeiten im Bereich der außerschulischen Musikerziehung auch Musikerinnen und Musiker mit anderen Abschlüssen sowie engagierte musikalische Laien.

Die außerschulische Musikerziehung wird grundsätzlich von einem breiten gesellschaftlichen Konsens getragen, denn ihre Bedeutung für die Entwicklung der Persönlichkeit und eine kulturelle Teilhabe innerhalb der Gesellschaft stehen praktisch außer Zweifel. Eine Fülle pädagogischen Materials steht hierfür zur Verfügung und wird immer wieder neu- und weiterentwickelt. Dies reicht von Noten und Instrumentalschulen über Instrumente in Kindergrößen bis hin zu einschlägigen Fernsehsendungen sowie Lernsoftware und Internetseiten. Die immense Bedeutung der außerschulischen Musikerziehung zeigt sich nicht zuletzt in den Aktivitäten von Konzerthäusern und Orchestern, die sich verstärkt auch dem jungen Publikum zuwenden. Besondere Anreize werden zudem durch spezielle Angebote des Deutschen Musikrats und seiner Mitgliedsorganisationen gesetzt: Seit 50 Jahren ist der bundesweite Wettbewerb „Jugend musiziert" etabliert, der auf Regional-, Landes- und Bundesebene ausgetragen wird und an dem jährlich über 25.000 junge Menschen teilnehmen. Weiter sind die Bundesbegegnung „Jugend jazzt" und der sowohl auf Bundesebene als auch in Regie einiger Bundesländer durchgeführte Wettbewerb „Jugend komponiert" zu nennen sowie schließlich Ensembles zur Förderung des musikalischen Nachwuchses wie die Landes- und das Bundesjugendorchester.

Auch der Bundestag hat sich mit einer eigenen Enquete-Kommission des Themas Kultur in Deutschland angenommen. Im Abschlussbericht der Kommission wird die Verantwortung des Staates und der Kommunen für eine Infrastruktur betont, die den Menschen einen Zugang zu außerschulischem Musikunterricht ermöglicht. „Trotz der Eigenbeteiligung in Form der Unterrichtsgebühren [sei] eine Förderung des Unterrichts durch Landes- und kommunale Mittel unumgänglich, um nichtelitäre musikalische Bildung möglichst vielen Kindern und Jugendlichen zu ermöglichen. Schon heute [sei] der Zugang zu kultureller Bildung zu sehr vom allgemeinen Bildungsniveau abhängig" (Deutscher Bundestag 2007). Gerade auch vor diesem Hintergrund rückt die musikalische Arbeit an Tageseinrichtungen für Kinder in den Blickpunkt.

6.2 Tageseinrichtungen für Kinder

Kinder im Vorschulalter kommen außerhalb des Elternhauses vor allem an den Tageseinrichtungen für Kinder mit Musik in Berührung, wo die „musische Bildung" – so der Wortlaut in einem gemeinsamen Beschluss der Jugendministerkonferenz und der Kultusministerkonferenz – als obligatorischer Bildungsbereich mittlerweile in allen Bundesländern verankert ist. So werden die ästhetische Erziehung und auch speziell die Musik in den jüngsten Bildungsplänen der einzelnen Bundesländer in unterschiedlichen Akzentuierungen thematisiert. Neben einem eigenständigen Bildungsbereich Musik findet sich Musik auch als Querschnittsaufgabe, die für andere Bildungsbereiche – wie Sprache, Denken, Sinne, Körper und Gefühle – fruchtbar werden kann. Grundsätzlich sollen dabei die Sinne und die Emotionen der Kinder angesprochen sowie ihre Kreativität und Fantasie gefördert werden (Jugendministerkonferenz, Kultusministerkonferenz 2004, S. 5; Baden-Württemberg, Ministerium für Kultus, Jugend und Sport 2006). Eine besondere Chance der Arbeit in Kindertageseinrichtungen liegt sicher darin, die Musik organisch in das alltägliche Leben zu integrieren.

Sowohl an den Fachschulen, an denen die Fachkräfte ihre Ausbildung erfahren, als auch an Fachhochschulen, die mittlerweile erste einschlägige Studiengänge anbieten, spielt dementsprechend auch die Musik eine Rolle. Gleichwohl führt die Ausbildung im Fach Musik häufig nicht zu dem von den Trägern gewünschten Qualifikationsniveau. Einschlägige Studien zeigen, dass Singen und Instrumentalspiel in der Freizeit der Erzieherinnen selbst nur einen relativ geringen Stellenwert haben (Dartsch 2001, S. 136ff.). Zwar nimmt das Singen hinsichtlich seiner Bedeutung einen hohen Rang unter den Aktivitäten im Kindergarten ein, dennoch singen vergleichsweise wenige Erzieherinnen bevorzugt in einer hohen Stimmlage, die den stimmphysiologischen Erfordernissen der Kinderstimme entspricht (Brünger 2003, S. 52f., 57, 79ff.).

Allerdings sind inzwischen die Bedeutung frühkindlicher kultureller Bildung und die Defizite der musikalischen Bildung im Kindergarten auf vielerlei Ebenen ins Bewusstsein gedrungen. Dies kommt in den oben erwähnten Bildungsplänen der Bundesländer und in einer Reihe einschlägiger Projekte zur Verankerung von Musik in Kindertageseinrichtungen ebenso zum Ausdruck wie in Appellen und Stellungnahmen von Fachverbänden und politischen Gremien. Auch wird dem Dilemma ungenügender musikalischer Anregungen an Kindertagesstätten inzwischen zunehmend mit Weiterbildungsprojekten für Erzieherinnen und Erzieher entgegenzuwirken versucht. Nach Angaben einer Studie der Bertelsmann Stiftung fühlen sich mehr als 60 Prozent der Erzieherinnen in Kindergärten im Bereich der musikalischen Bildung nur mittelmäßig bis schlecht ausgebildet und sehen entsprechend großen Fortbildungsbedarf (Brinker, Cloos, Oehlmann 2010, S. 7ff.; vgl. auch: Weishaupt, Baethge, Füssel et al. 2012a, S. 190). Nicht selten engagieren sich daher auch Stiftungen auf dem Gebiet der musikalischen Förderung in Kindertageseinrichtungen. An einigen Orten sind in letzter Zeit Kindergärten mit einem Profil als Musikkindergarten ausgestattet worden, diese werden teilweise mit Forschungen oder Konzeptentwicklungsprozessen begleitet, wie zum Beispiel der von Daniel Barenboim initiierte Musikkindergarten in Berlin (vgl. Doerne 2010a) und der KISUM-Musikkindergarten Weimar-Niedergrunstedt (vgl. Schmidt 2009).

Jenseits solcher Modelle kommt häufig eine Lehrkraft der öffentlichen Musikschule zum Unterrichten in einen Kindergarten. Nicht immer lassen die Rahmenbedingungen dies zu. Dennoch kooperiert nach Erhebungen des nationalen 4. Bildungsberichts, der sich in einem Schwerpunktkapitel erstmals explizit mit der musischen Bildung befasst, etwa jede zehnte Tageseinrichtung für Kinder mit einer öffentlichen Musikschule (Weishaupt, Baethge, Füssel et al. 2012c).

6.3 Öffentliche Musikschulen

Unter den Anbietern außerschulischer Musikerziehung kommt den öffentlichen Musikschulen zweifellos eine herausragende Bedeutung zu. Sie nehmen als gemeinnützige Einrichtungen bildungs-, kultur-, jugend- und sozialpolitische Aufgaben wahr und sind aus der Bildungslandschaft nicht mehr wegzudenken. Über 900 öffentliche Musikschulen sind derzeit im Verband deutscher Musikschulen – abgekürzt: VdM – organisiert. Viele Schulen bieten Unterricht an unterschiedlichen Zweigstellen an, sodass man von insgesamt rund 4.000 Standorten in Deutschland ausgehen kann. Diese streuen breit über alle Bundesländer, wenngleich die regionalen Verteilungen durchaus unterschiedlich sind. Im Durchschnitt liegen die Standorte rund zehn Kilometer auseinander und ermöglichen somit eine flächendeckende Grundversorgung, auch und vor allem in den ländlich geprägten Regionen.

Der VdM veröffentlicht regelmäßig Statistiken, denen alle hier aufgeführten Zahlen entnommen sind. Teilweise werden diese Zahlen hier außerdem mit den Angaben des Statistischen Jahrbuches für die Bundesrepublik Deutschland verrechnet (vgl. Verband deutscher Musikschulen 2012; Statistisches Bundesamt 2011; Deutscher Musikrat 2012).

Voraussetzung für die Aufnahme einer Schule in den VdM ist die Erfüllung zahlreicher Qualitätsstandards, die gegenüber der Politik und den Eltern ein gewisses fachliches Niveau garantieren: So müssen die Lehrkräfte über eine musikalische Fachausbildung verfügen, und die Leitung sollte eine Fachkraft mit musikalisch-pädagogischer Ausbildung innehaben. Der Verband entwickelt Lehrpläne, führt Fortbildungen und Kongresse durch und berät die Mitgliedsschulen. Nicht wenige Schulen haben zusätzlich besondere Programme zur Qualitätssicherung entwickelt.

Die öffentlichen Musikschulen haben sich in der Vergangenheit immer wieder für neue inhaltliche Aspekte geöffnet und damit gesellschaftlichen Entwicklungen Rechnung getragen. So ist die Musikalische Früherziehung mit Kindern in den beiden Jahren vor der Einschulung mittlerweile ein fester Bestandteil des Angebots geworden, womit die Musikschulen etwa jedes zehnte Kind der entsprechenden Jahrgänge erreichen. Auch erwachsenen Anfängern und Wiedereinsteigern hat sich der VdM seit den 1990er-Jahren verstärkt zugewandt. Inzwischen werden fast 98.000 Erwachsene ab 19 Jahren an öffentlichen Musikschulen unterrichtet, dies entspricht rund zehn Prozent der gesamten Schülerschaft. Aufgrund der demografischen Entwicklung ist inzwischen ebenfalls die musikalische Bildung für Menschen im späteren Erwachsenenalter vielfach in den Fokus gerückt. Zurzeit liegt der Anteil der über 60-Jährigen bei 1,3 Prozent. Einschlägige Publikationen unterstreichen die Bedeutung ausreichender und qualifizierter Angebote für diesen Bereich nachdrücklich (vgl. Verband deutscher Musikschulen 2008; Gembris 2008a).

Schon seit den frühen 1980er Jahren bemüht sich der VdM um Materialien zur Integration ausländischer Kinder in die Musikschularbeit. In jüngster Zeit ging es dem Verband im Rahmen des Projekts „Musikalische Bildung von Anfang an" angesichts der Bevölkerungsentwicklung unter anderem noch einmal um Konzepte interkultureller Musikpädagogik und darum, Familien mit unterschiedlichem kulturellem, sprachlichem und sozialem Hintergrund anzusprechen (vgl. Verband deutscher Musikschulen 2010c). Über die Hälfte der Musikschulen bietet auch Unterricht für Menschen mit Behinderungen an. Dazu führt der Verband selbst eine berufsbegleitende Ausbildung für Musikschullehrerinnen und -lehrer durch.

Schließlich ist auch die Vielfalt der musikalischen Genres an Musikschulen stetig gewachsen. Längst ist auch populäre Musik ein fester Bestandteil der Musikschularbeit. Spezielle Studiengänge an den Hochschulen bieten die Möglichkeit einer entsprechenden musikpädagogischen Qualifikation. Neben Instrumenten wie E-Gitarre, E-Bass, Saxophon und Keyboard können auch Ensembles im Rock-, Pop- oder Jazzbereich belegt werden. In ländlichen Gebieten werden ebenso selbstverständlich Instrumente und Ensembles aus dem Bereich der Volksmusik angeboten. Vor dem Hintergrund der kulturellen Vielfalt in der Gesellschaft haben auch Instrumente aus der Volksmusik anderer Länder – etwa die türkische Bağlama – Einzug die Musikschulen gehalten.

Struktur

Die Arbeit an öffentlichen Musikschulen wird nicht zuletzt durch die Struktur der Angebote geprägt. Hierzu hat der VdM einen verbindlichen Strukturplan erstellt, der zuletzt 2009 aktualisiert wurde. Er gliedert die Ausbildung in vier Stufen, die als Elementarstufe/Grundstufe, Unterstufe, Mittelstufe und Oberstufe bezeichnet werden.

Inhalt der *Elementarstufe/Grundstufe* ist ein grundlegender Musikunterricht, der für sich genommen schon ein sinnvolles Bildungsangebot, gleichzeitig aber auch die Basis einer möglichen späteren Spezialisierung darstellt. *Eltern-Kind-Gruppen* werden von Kindern unter drei oder vier Jahren – je nach Gruppe bereits vom ersten Lebensjahr an – in Begleitung einer Bezugsperson besucht. Eine Elementare Musikpraxis für Kinder im Alter von drei oder vier bis sechs Jahren stellt die *Musikalische Früherziehung* dar. Immer größere Bedeutung kommt den *Kooperationen mit Kindertagesstätten* zu, in deren Rahmen die meisten Musikschulen Angebote der Elementaren Musikpraxis bereitstellen. Die *Musikalische Grundausbildung* richtet sich als Elementare Musikpraxis an Kinder im Grundschulalter und zeichnet sich – korrespondierend mit der Grundschule – durch vergleichsweise differenzierte Arbeit aus. Dem Alter entsprechend sind hier auch besondere Schwerpunkte möglich, etwa in Richtung Singklasse oder Musiktheater. Für Kinder im Grundschulalter existieren vielerorts eigens auch *Orientierungsangebote,* die den Kindern die Gelegenheit geben, verschiedene Instrumente nacheinander zu durchlaufen und auszuprobieren. Schließlich spielen *Kooperationen mit Grundschulen* eine kaum zu überschätzende Rolle, deren bekanntestes Programm sicher „Jedem Kind ein Instrument" darstellt, das in unterschiedlichen Ausprägungen existiert (→ S. 233).

Das Spezifikum der Elementarstufe/Grundstufe an deutschen Musikschulen ist die breite Fächerung der Inhalte: Lieder und Stimmimprovisationen decken den Bereich des Singens ab. Freies und gebundenes Spiel auf verschiedensten Instrumenten, zumeist kleinem Schlagwerk beziehungsweise dem sogenannten Orff-Instrumentarium, repräsentiert die Kategorie des Instrumentalspiels. Der Bereich der Bewegung beinhaltet Tänze, freies Bewegen und Körperperkussion. Eng verwoben mit den genannten Bereichen ist das Wahrnehmen und Erleben, das von sensorischer Sensibilisierung über das Hören verschiedenster Musikstücke bis zum Erleben von Instrumenten reicht, die die Kinder später erlernen könnten. Auch das musikbezogene Denken hat seinen Platz, wenn etwa über musikalische Eindrücke gesprochen wird, wenn Strukturen und Notationsformen thematisiert werden. Schließlich wird Musik auch mit anderen Ausdrucksformen verbunden, so im Szenischen Spiel, im rhythmischen Sprechen, in der Visualisierung von Musik durch Bilder und im Instrumentenbau (vgl. insgesamt: Verband deutscher Musikschulen 2010b).

Nach Abschluss der Elementarstufe/Grundstufe – oder auch ohne eine solche Vorbildung – erhalten die Kinder ihren ersten Instrumentalunterricht in der zweiten Stufe des Strukturplans, der *Unterstufe*, häufig in Kleingruppen. Für viele Instrumente liegen Schulwerke vor, die speziell für den Gruppenunterricht konzipiert worden sind. Außerdem steht heute der Klassenunterricht im Zentrum einschlägiger Diskussionen und Bemühungen. Angeregt durch Vorbilder aus den Vereinigten Staaten hat sich inzwischen ein Angebot von Workshops und Weiterbildungsmaßnahmen insbesondere in den Bereichen Streicher-, Bläser-, Keyboard- und Chorklassen in Deutschland etabliert. Dementsprechend bieten auch Musikschulen in wachsender Zahl Klassenunterricht an allgemeinbildenden Schulen an – beispielsweise Streicherklassen, in denen eine komplette Schulklasse unter Verwendung der Übungen des Streicherpädagogen Paul Rolland gleichzeitig in den Instrumenten Geige, Bratsche, Cello und Kontrabass von zwei Lehrkräften unterrichtet wird (vgl. Bradler 2010). Nichtsdestoweniger hat auch der Einzelunterricht an Musikschulen nach wie vor einen großen Stellenwert.

Der Instrumentalunterricht soll schließlich über die *Mittelstufe* bis zur abschließenden *Oberstufe* fortgeführt werden können. Die Begriffe Unter-, Mittel- und Oberstufe bezeichnen dabei Phasen unterschiedlichen Spielniveaus, wobei das Durchlaufen der Unter- und der Mittelstufe nach den Vorstellungen des VdM jeweils etwa vier Jahre in Anspruch nimmt. So ist auch der in den Lehrplänen des VdM für die Unterstufe aufgelistete Stoff jeweils für die ersten vier Unterrichtsjahre vorgesehen, sodass die Mittelstufe bei einem frühen Beginn noch vor der Pubertät erreicht werden kann (vgl. insgesamt: Verband deutscher Musikschulen 2010a).

Für Schülerinnen und Schüler, die ein Musikstudium anstreben, wird an gut jeder zweiten Musikschule eine „Studienvorbereitende Ausbildung" angeboten, die außer dem Hauptfach auch den Unterricht im Nebenfachinstrument sowie eine Vorbereitung auf die Eignungsprüfung in Musiktheorie und Gehörbildung umfasst. Im Durchschnitt stellen Absolventinnen und Absolventen der Studienvorbereitenden Ausbildung rund ein Viertel der Musikstudierenden im ersten Semester.

Neben den Stufen der Ausbildung sieht der Strukturplan des VdM verbindlich auch Ensembles und Ergänzungsfächer vor. Gerade die Ensemblearbeit stellt im Selbstverständnis des VdM eine unverzichtbare Säule der öffentlichen Musikschulen dar, die diese auch von privat erteiltem Unterricht unterscheidet. Heute bietet jede Musikschule durchschnittlich rund 20 Ensembles an. Daneben findet sich eine breite Palette an Ergänzungsfächern von Hörerziehung über Musiklehre bis hin zu Musik und Bewegung. Projekte und Veranstaltungen sollen das Angebot ergänzen. Im Durchschnitt stehen an jeder der VdM-Musikschulen tatsächlich ungefähr zwei Veranstaltungen pro Unterrichtswoche an, darunter befinden sich zahlreiche Veranstaltungen anderer Träger, an denen die Musikschule mitwirkt. Schließlich sieht der Strukturplan Kooperationen in der kommunalen Bildungslandschaft vor.

Kooperationen

Kooperationen der Musikschulen betreffen hauptsächlich die Elementarstufe/ Grundstufe, das Klassenmusizieren sowie Angebote im Rahmen der Ganztagsschulen. In der Elementarstufe/Grundstufe haben neben den Kooperationen mit Kindertageseinrichtungen, die von etwa 70 Prozent der öffentlichen Musikschulen gepflegt werden, besonders auch Modelle der Zusammenarbeit mit Grundschulen neue Perspektiven eröffnet. Eine besondere und intensive Kooperation ergibt sich durch das Programm „Jedem Kind ein Instrument" – abgekürzt: JeKi –, dem die Idee zugrunde liegt, jedem Grundschulkind – unabhängig von den finanziellen Möglichkeiten seines Elternhauses – das Erlernen eines Musikinstruments seiner Wahl zu ermöglichen. Das Programm wurde ursprünglich anlässlich des Kulturhauptstadtjahres im Ruhrgebiet ins Leben gerufen und mit öffentlichen Geldern beziehungsweise Stiftungsgeldern finanziert. Vor der individuellen Instrumentenwahl steht jedoch zunächst in allen Klassen Elementare Musikpraxis auf dem Stundenplan, wobei ein Schwerpunkt auf dem Kennenlernen von Instrumenten liegt. Erst danach setzt dann der Gruppenunterricht auf dem gewählten Instrument im Schulgebäude ein. Außerdem ist das Zusammenspiel im Ensemble obligatorisch. Mittlerweile wird das Programm mit regionalen Varianten in verschiedenen Gemeinden und Bundesländern verfolgt, sodass der Gruppenunterricht an Grundschulen zu einem neuen Aufgabenfeld für Lehrkräfte der Musikschulen und des freien Marktes zu werden scheint. Neben „Jedem Kind ein Instrument" („JeKi" in Hamburg, Hessen, Nordrhein-Westfalen und Sachsen) existieren auch andere Programme an Grundschulen, die den Instrumentalunterricht oder das Singen ins Zentrum stellen, etwa „Jedem Kind seine Stimme" („JEKISS" in Münster, „JeKi-Sti" in Neuss am Rhein, „Primacanta" in Frankfurt am Main), das „Monheimer Modell" („MoMo" in Monheim am Rhein),

„Musisch-ästhetische Bildung" („MäBi" in Sachsen-Anhalt), „Chor:klasse!" (in Niedersachen) und „Wir musizieren" („wim" in Franken) (vgl. Rademacher, Siebenlist, Thomanek, Zarius 2010, S. 74).

Wie schon im Bereich der Kindertageseinrichtungen hat auch der Stellenwert der Kooperationen von Musikschulen und allgemeinbildenden Schulen schon allein wegen der wachsenden täglichen Verweildauern von Schülerinnen und Schülern in den Schulen insgesamt zugenommen (vgl. Jäger 2012). Nach Angaben des VdM kooperieren je nach Schulart zwischen 4 und 19 Prozent der öffentlichen Musikschulen mit einer allgemeinbildenden Schule.

Allerdings sind durch die Verkürzung der Gymnasialzeit von neun auf acht Jahre an den meisten Schulen erhöhte Belastungen für Jugendliche entstanden, die es ihnen oft erschweren, neben der Schule auch noch eine Musikschule zu besuchen. Auf der anderen Seite haben sich durch die geförderte Entwicklung der Ganztagsschulen für die Musikschulen neue Organisationsformen, Aufgaben und Schülergruppen ergeben (vgl. Ritter 2010a–b; Lehmann-Wermser, Naacke, Nonte 2010; Nonte, Naacke 2010; Lehmann-Wermser 2010). Rahmenvereinbarungen zwischen dem VdM und den zuständigen Ministerien einzelner Bundesländer zielen darauf ab, die Qualität musikbezogener Wahlangebote an Ganztagsschulen zu sichern und die Musikschulen des VdM als bevorzugte Partner dafür festzuschreiben (vgl. Verband deutscher Musikschulen 2005). Für solche Kooperationen eignen sich unter anderem Ensemble- und Ergänzungsfächer, Angebote aus dem Bereich der Elementaren Musikpraxis sowie verschiedenste Projekte. Inwieweit in der Zukunft auch private Anbieter den hier skizzierten Markt bedienen werden, bleibt ebenso abzuwarten wie die Antwort auf die Frage, ob auch der Instrumentalunterricht und das Üben im Rahmen von Ganztagsschulen ihren Platz finden werden (vgl. Nonte, Naacke 2010, S. 60, 71f., 82f.). Neben festen Kooperationen streben die öffentlichen Musikschulen auch die Vernetzung mit anderen Institutionen der Kommunen – wie etwa Bibliotheken, Museen, Kirchen, Jugendzentren und Theatern – an.

Schülerinnen und Schüler

Derzeit werden die öffentlichen Musikschulen von über einer Million Schülerinnen und Schülern besucht, rund drei Viertel davon im Alter zwischen 6 und 18 Jahren. Einen bedeutenden Anteil verzeichnen mit rund 18 Prozent ebenfalls die unter Sechsjährigen, die zahlreiche Angebote im Bereich der Elementarstufe/Grundstufe wahrnehmen, während die Erwachsenen mit insgesamt rund zehn Prozent vertreten sind.

Die im Jahr 2011 an öffentlichen Musikschulen am häufigsten unterrichteten Instrumente sind in absteigender Reihenfolge: Klavier, Gitarre, Violine, Blockflöte, Schlagzeug und Querflöte. Zugelegt haben in der letzten Dekade besonders die Fächer E-Gitarre, Kontrabass und E-Bass, deren Schülerzahlen sich in den Jahren zwischen 2000 und 2011 ungefähr verdoppelt haben. Diese Zahlen deuten auf einen Zuwachs im Bereich der populären Musik hin. Dagegen büßten das Keyboard, die Blockflöte und das Akkordeon etwa ein Drittel ihrer Schülerzahlen ein. Bei allen Orchesterinstrumenten sind Zuwächse zu verzeichnen, ebenso beim Gesang.

Mittlerweile nehmen mehr als 20.000 Kinder über die Musikschulen an Bläserklassen und über 8.000 an Streicherklassen teil; daneben existieren Chor- und Bandklassen, und auch auf anderen Instrumenten wird Klassenunterricht erteilt. In den letzten Jahren lässt sich insgesamt eine starke Zunahme des Klassenunterrichts beobachten.

Etwa jeder fünfte Instrumental- beziehungsweise Vokalschüler des VdM wirkt in einem Ensemble mit. Der Anteil derer, die ein Ergänzungsfach besuchen, an der Gesamtbelegungszahl schwankt unter den Bundesländern grob gerundet zwischen 1 und 20 Prozent. Wo eine Studienvorbereitende Ausbildung angeboten wird – etwa an jeder zweiten Schule –, nehmen im Durchschnitt etwa sieben Schülerinnen und Schüler daran teil, von denen schließlich zwei pro Jahr auch tatsächlich ein Musikstudium aufnehmen. Dies entspricht grob gerundet einem Sechzigstel eines durchschnittlichen Musikschuljahrgangs von 4 bis unter 19 Jahren.

Lehrkräfte

An den öffentlichen Musikschulen unterrichten über 37.000 Fachlehrkräfte. Von diesen sind rund acht Prozent vollzeitbeschäftigt, weitere 25 Prozent sind mit mindestens einer halben Stelle teilzeitbeschäftigt, sodass die große Mehrheit von rund zwei Dritteln der Lehrerinnen und Lehrer in einem geringeren Umfang arbeitet. Die absolute Anzahl der Lehrerinnen und Lehrer an öffentlichen Musikschulen dürfte jedoch etwas niedriger ausfallen, da Lehrkräfte, die an mehreren Musikschulen unterrichten, auch mehrfach in die Statistik eingehen.

Die tarifliche Eingruppierung der angestellten Lehrkräfte, die nach den Vorgaben des VdM stets ein Musikstudium absolviert haben, führt zu einem Gehalt, das deutlich unter dem einer Grundschullehrkraft liegt. Dafür unterrichten die in Vollzeit angestellten Lehrkräfte 30 Dreiviertelstunden pro Woche, wobei vielerorts Stunden, die in den Schulferien ausfallen, zusätzlich auf die Arbeitswochen verteilt werden. Der Rest der Arbeitszeit wird in Form sogenannter Zusammenhangstätigkeiten – etwa durch Unterrichtsvorbereitung, Üben, Elternkontakte und Veranstaltungen – abgeleistet.

Nach den Richtlinien des VdM sollten Lehrkräfte und Schulleitung größtenteils Angestellte der Musikschulträger sein und damit nach dem geltenden Tarifvertrag des öffentlichen Dienstes vergütet werden. Der Anteil der Lehrkräfte, die nicht nach Tarifvertrag des öffentlichen Dienstes bezahlt werden, lag 2002 noch bei einem guten Drittel, nähert sich aber mittlerweile der 60-Prozent-Marke; in einzelnen Bundesländern stellen andere Vergütungen durchaus die Regel dar. Hiervon sind Lehrkräfte betroffen, die nach besonderen Tarifen der einzelnen Schulen entlohnt werden, daneben auch Honorarkräfte im Status freier Mitarbeiterinnen und Mitarbeiter, welche mittlerweile etwa ein Drittel des Lehrkörpers an öffentlichen Musikschulen stellen.

Auf der Basis der Statistik des VdM lässt sich schätzen, dass Lehrkräfte, die nicht nach Tarifvertrag entlohnt werden, durchschnittlich gut 60 Euro im Monat für eine Wochenstunde von 45 Minuten erhalten; geht man von 40 Unterrichtsstunden pro Jahr aus, entspricht dies einem Honorar von unter 20 Euro für eine 45-minütige Unterrichtsstunde beziehungsweise einem Stundenlohn von rund 25 Euro. Bei einem durchschnittlichen Beschäftigungsumfang von etwa 13 Wochenstunden nimmt eine außertariflich bezahlte Lehrkraft durch die Unterrichtstätigkeit an einer öffentlichen Musikschule somit monatlich rund 800 Euro ein. Es ist davon auszugehen, dass viele Lehrkräfte notgedrungen zusätzlichen Tätigkeiten – unter Umständen auch an weiteren Musikschulen – nachgehen, um so ihr Einkommen zu erhöhen.

Finanzierung

Das Betreiben von Einrichtungen zur außerschulischen Musikerziehung stellt rechtlich eine freiwillige Leistung der öffentlichen Hand dar. Diese trägt etwa die Hälfte der anfallenden Kosten für öffentliche Musikschulen. Dabei entfällt der größte Teil der öffentlichen Finanzierung auf die Kommunen, während der Länderanteil am Gesamtetat sehr unterschiedlich ausfällt: Er liegt in den Flächenländern zwischen einem und knapp 20 Prozent. In einigen Bundesländern sind Richtlinien zur Anerkennung und Förderung von Musikschulen gesetzlich festgelegt worden, sodass Landesmittel an Vorgaben des VdM gebunden werden. Grob gerundet, werden die Kosten in den neuen Bundesländern zu zwei Dritteln aus öffentlichen Mitteln beglichen; in den alten Bundesländern streut der Anteil zwischen einem Drittel und zwei Dritteln öffentlicher Kostenübernahme und bewegt sich häufig im Bereich von 50 Prozent. Durchschnittlich wird jeder Schüler beziehungsweise jede Schülerin mit rund zehn Euro pro Unterrichtswoche öffentlich bezuschusst.

Die Musikschulen des VdM befinden sich zu rund zwei Dritteln in kommunaler Trägerschaft. Ein Drittel wird von Vereinen getragen, aber dennoch maßgeblich von der öffentlichen Hand gefördert. In der jüngeren Vergangenheit kam es an einzelnen Orten aufgrund der angespannten Finanzlage zur Aufgabe der kommunalen Trägerschaft oder gar zur Schließung von Musikschulen.

Der Gesamtetat der VdM-Musikschulen betrug im Jahr 2011 rund 871 Millionen Euro. Knapp die Hälfte der Kosten wird dabei durch Unterrichtsgebühren abgedeckt. Diese streuen wiederum sehr stark. Sie liegen bei den Angeboten der Elementarstufe/Grundstufe meist bei unter 25 Euro pro Monat für 60 Minuten wöchentlichen Unterrichts. Für jeweils 45 Minuten Instrumentalunterricht müssen im Einzelunterricht durchschnittlich rund 75 Euro, bei Gruppenunterricht je nach Größe der Gruppe im Durchschnitt zwischen 20 und 40 Euro im Monat bezahlt werden. Nach den Kriterien für die Mitgliedschaft im VdM muss eine Gebührenordnung vorliegen, die nach sozialen Gesichtspunkten auch Ermäßigungen vorsieht.

6.4 Private Musikschulen

Neben den Musikschulen in öffentlicher Trägerschaft existieren in Deutschland auch verschiedenste private Musikschulen. Darunter befinden sich große Firmen und Franchise-Unternehmen, die die Ausbildung der Lehrkräfte zum Teil selbst übernehmen oder eigenes Unterrichtsmaterial verwenden. Häufig wird auch in Filialen des Musikalienhandels Unterricht auf verschiedenen Instrumenten angeboten. Schließlich betreiben vielerorts Privatmusiklehrerinnen und -lehrer auf eigene Initiative hin kleinere Schulen, die meist auf eine einzige Unterrichtsstätte sowie manchmal auch auf einzelne Genres – etwa aus dem Bereich der populären Musik – oder bestimmte Instrumente begrenzt sind. Da sich private Musikschulen wirtschaftlich rentieren müssen, geht es für sie darum, mehr einzunehmen, als an Ausgaben anfällt. Dies gilt im Grundsatz auch dann, wenn die Kommune kleinere Zuschüsse gewährt – etwa weil sie keine eigene Musikschule unterhält. Die Lehrkräfte privater Musikschulen sind in der Regel als freie Mitarbeiterinnen und Mitarbeiter tätig.

Mit dem Bundesverband Deutscher Privatmusikschulen – abgekürzt: bdpm –, der 1997 gegründet wurde, existiert auch ein Zusammenschluss privater Musikschulen, der sich auf bestimmte Standards verständigt hat. Dem Verband geht es laut Satzung unter anderem um eine „unvoreingenommene Analyse und Popularisierung der vielfältigen Ansätze und Methoden musikalischer Ausbildung". Prüfkriterium für eine ordentliche Mitgliedschaft ist zunächst die Freiheit der Schule von außerpädagogischen Zweckbindungen wie etwa Instrumentenverkauf. Weitere Kriterien betreffen die vertraglichen Regelungen, die Räumlichkeiten, die Mitwirkung am öffentlichen Musikleben sowie die Qualifikation der Lehrkräfte, wobei ein einschlägiges Studium hier nicht zwingend erforderlich ist. Schulen, die den Kriterien nur zum Teil genügen, können den Status eines „Fördermitglieds" erhalten. In vielen Bundesländern gibt es Landesgruppen und -verbände des bdpm, dem derzeit circa 300 Schulen mit rund 135.000 Schülerinnen und Schülern angehören (Bundesverband Deutscher Privatmusikschulen 2008).

6.5 Selbstständige Musiklehrerinnen und Musiklehrer

Eine wesentliche Säule der außerschulischen Musikerziehung stellten immer schon die selbstständig unterrichtenden Lehrerinnen und Lehrer dar. Ihre zum Teil hohe Qualifikation verdeutlicht allein die Tatsache, dass rund ein Drittel der Teilnehmer des Bundeswettbewerbs „Jugend musiziert" von privaten Musikerziehern unterrichtet wird. Sie versorgen alle Niveaustufen vom Anfangsunterricht bis zur Studienvorbereitung und betreuen in Einzelfällen sogar professionelle Musikerinnen und Musiker. Manche von ihnen können auch dem Wunsch nach terminlicher Flexibilität oder unregelmäßigem Unterricht nachkommen. Nicht selten stellen sie sich auch insoweit auf die Bedürfnisse ihrer Schülerinnen und Schüler ein, dass sie zum Unterricht in deren Wohnung kommen. Manchmal organisieren auch Schulen oder Kirchengemeinden Privatunterricht und stellen dafür entsprechende Räume zur Verfügung. Generell können private Lehrkräfte zu einer dezentralen und kundennahen Versorgung mit Musikunterricht beitragen.

Oft bauen selbstständig unterrichtende Lehrkräfte aus Elementen wie Privatunterricht, Honorartätigkeiten an Musikschulen und eigener Konzerttätigkeit verschiedener Genres ein persönliches Berufs-Mosaik zusammen. Bei Nachweis einer überwiegend selbstständigen einschlägigen Erwerbstätigkeit gibt es für sie die Möglichkeit, von der Künstlersozialkasse – abgekürzt: KSK – aufgenommen zu werden. Diese finanziert dann wie ein Arbeitgeber die Hälfte der anfallenden Sozialabgaben. Da das Erteilen von privatem Musikunterricht unabhängig von formalen Qualifikationen jedem offen steht, treten viele selbstständige Musiklehrerinnen und Musiklehrer dem Deutschen Tonkünstlerverband – abgekürzt: DTKV – bei; die Mitgliedschaft setzt eine berufsmusikalische Qualifizierung voraus und stellt so ein Markensiegel dar.

Die finanzielle Situation ausschließlich selbstständig unterrichtender Lehrkräfte kann durchaus prekär sein. Einige von ihnen beschränken ihre Tätigkeit aufgrund anderer – beruflicher oder privater – Prioritäten auf vergleichsweise wenige Schülerinnen und Schüler. Viele jedoch sind darum bemüht, die Anzahl ihrer Unterrichtsstunden weiter auszubauen. Einzelne schaffen es, sich innerhalb ihres Einzugsbereiches einen guten Ruf und einen entsprechenden Stamm an Schülerinnen und Schülern aufzubauen, der ihnen ein Auskommen ermöglicht, das dem einer angestellten Musikschullehrkraft einspricht. Die meisten aber bleiben mit ihrem Verdienst weit hinter den angestellten Kolleginnen und Kollegen zurück. Nach Ergebnissen einer Umfrage, die von der für die Musikschullehrkräfte zuständigen Fachgruppe der Gewerkschaft ver.di durchgeführt worden ist, stellen die Unterrichtshonorare für einen nicht geringen Teil der freien Mitarbeiterinnen und Mitarbeiter an Musikschulen das einzige oder das hauptsächliche Haushaltseinkommen dar (Bossen 2012, S. 7).

6.6 Laienmusizieren

Ein Fünftel aller Deutschen ab 14 Jahren musiziert nach eigener Auskunft regelmäßig, etwa zwei Prozent tun dies täglich; etwa jeder Siebente spielt ein Instrument.

Die erste regelmäßige Beschäftigung mit Musik erfahren Kinder in aller Regel in der Familie. Über 80 Prozent der Eltern geben an, mit ihren Kindern von drei bis unter sechs Jahren mindestens einmal wöchentlich zu singen.

Daneben steigt der Anteil der Kinder, die bereits an musikpädagogischen Angeboten teilnehmen, mit dem Alter kontinuierlich an; bei den Zweijährigen liegt er etwa bei einem Sechstel, bei den Vierjährigen mehr als doppelt so hoch. Bis zur Mitte der Grundschulzeit steigt der Anteil der Kinder, die einer musikalischen Aktivität nachgehen, noch ein wenig weiter. Bei den 9- bis 13-Jährigen betätigen sich jeder zweite Junge und drei Viertel der Mädchen musikalisch, wobei hier das Erlernen eines Instruments deutlich vor dem Singen liegt. Von hier an sinken die entsprechenden Anteile wieder, sodass unter den 18- bis 25-Jährigen nur noch jeder Vierte ein Instrument spielt. Allgemein begünstigt ein hoher sozioökonomischer Status der Eltern das Musizieren der Kinder (Weishaupt, Baethge, Füssel et al. 2012b; → *S. 28ff.*).

Eine tragende Basis des Musiklebens in Deutschland stellen die Millionen musizierender Laien dar, die in unterschiedlichen Vereinen und Gruppen organisiert sind. Unter ihnen befinden sich auch etwa 750.000 Kinder, Jugendliche und junge Erwachsene, die in unterschiedlichen Vereinen und Verbänden organisiert sind. Zählt man die jungen Menschen hinzu, die an Musikschulen, bei Privatlehrkräften, an Volkshochschulen und in Ensembles der populären Musik musizieren, so kommt man für den außerschulischen Bereich auf eine Zahl von insgesamt über zwei Millionen junger Laienmusikerinnen und -musiker, zusammen mit den in Schulensembles Aktiven sogar auf über drei Millionen.

Besonders in ländlichen Gegenden stellen die Chöre und Vereine der Laienmusik zentrale Einrichtungen zur sozialen Integration und kulturellen Betätigung dar. Deutschlandweit gibt es über 20.000 weltliche Laienchöre und noch einmal ebenso viele Instrumentalensembles. Zahlreiche Musikvereine organisieren den Unterricht für den Nachwuchs in eigener Regie und Verantwortung. In speziellen Lehrgängen können Übungsleiter-Lizenzen verschiedener Grade erworben werden. Die „Bundesvereinigung Deutscher Musikverbände" – abgekürzt: BDMV – erarbeitet unter anderem Richtlinien für die Ausbildung des Nachwuchses, führt Wertungsspiele durch und verleiht Leistungsabzeichen. Die Jugendorganisation des BDMV ist die „Deutsche Bläserjugend", der nach eigenen Angaben rund 300.000 Kinder und Jugendliche bis zum 27. Lebensjahr in Blaskapellen, Fanfaren- und Spielmannszügen angehören. Die Ausbildung am Instrument nehmen vereinsangehörige Musiker, freie Instrumentalpädagogen oder Musikschulen wahr. Die Prüfungen – bezeichnet als D1, D2 und D3 – führen zu Bronze-, Silber- beziehungsweise Goldabzeichen und umfassen je ein Vortragsstück eines festgelegten Schwierigkeitsgrades, verschiedene Übungen sowie schriftliche Aufgaben aus der Musiklehre. Analoge Lehrgänge und Prüfungen bieten auch der „Bund Deutscher Zupfmusiker" – abgekürzt: BDZ –, der „Deutsche Zithermusik-Bund" – abgekürzt: DZB – sowie der „Deutsche Harmonika-Verband" – abgekürzt: DHV – an. Schließlich bilden Laienmusikverbände ausgewählte Schülerinnen und Schüler ab dem 16. Lebensjahr zu sogenannten „Musikmentoren" für die musikalische Jugendarbeit in den Vereinen aus. Kooperationspartner für die Ausbildungen der Laienmusikverbände sind häufig die Bundes- und Landesmusikakademien, die über ganz Deutschland verstreut ein vielfältiges Kursangebot bereithalten.

Auch in den Kirchengemeinden finden Interessierte regelmäßig Angebote zur musikalischen Betätigung und zur Entwicklung musikalischer Fähigkeiten und Fertigkeiten. Das Leiten von Chören und Ensembles zählt seit jeher zu den Aufgaben von Kirchenmusikern und -musikerinnen und stellt auch einen gewichtigen Teil ihrer Ausbildung dar. In dieser Arbeit durchdringen sich pastorale und musikpädagogische Aspekte. Von zentraler Bedeutung für die Gestaltung von Gottesdiensten und des Gemeindelebens sind die mehr als 37.000 Kirchenchöre, darunter zahlreiche Kinder- und Jugendchöre. Nicht selten gibt es auch offene Singkreise für Seniorinnen und Senioren sowie schließlich kirchliche Instrumentalensembles. Eine besondere Tradition haben hierunter die Posaunenchöre in der Evangelischen Kirche. Insgesamt singen und musizieren fast eine Million Menschen in kirchlichen Ensembles, der Großteil davon in Chören. Kinder und Jugendliche machen ein gutes Viertel der Mitglieder kirchlicher Chöre und Instrumentalkreise aus. Mancherorts werden darüber hinaus besondere musikpädagogische Angebote organisiert. Proben und Unterricht im Rahmen kirchlicher Angebote orientieren sich gleichwohl in der Mehrzahl am Repertoire, das in den Gemeinden selbst gebraucht wird und zum Einsatz kommt (vgl. Reimers 2010).

6.7 Volkshochschulen und Familienbildungsstätten

Außer der Musikschule ist mancherorts auch die Volkshochschule kommunaler Anbieter von Musikunterricht. Aufgabe der Volkshochschulen ist die Bereitstellung von Kursen jeder Art für Erwachsene. Entgegen dem Namensteil „Hochschule" geht es dabei nicht um reguläre Studiengänge, sondern um verschiedene Formen der individuellen Weiterbildung. So können hier etwa Sprachen erlernt, Einführungen in bestimmte Bereiche der Computernutzung belegt oder Schulabschlüsse nachgeholt werden. Die Kunden buchen den Unterricht auch im Bereich der Musik jeweils wie einen Kurs für ein Semester beziehungsweise für eine bestimmte Anzahl von Stunden. Die Lehrkräfte sind nicht angestellt, sondern erhalten ein Honorar.

Im musikpraktischen Bereich finden sich Angebote zum gemeinsamen Musizieren ebenso wie Kurse zum Erlernen eines Instruments. Die Zahl der musikpraktischen Kurse ist seit Jahren nahezu konstant und liegt bei jeweils etwa 12.000 bis 14.000. Durchschnittlich umfassen die Kurse jeweils um die 20 Unterrichtsstunden und werden von jeweils etwa sieben Personen belegt. Daneben werden auch etwa 2.000 musiktheoretische Kurse mit etwas größeren Gruppen an Volkshochschulen angeboten.

Schließlich finden sich insbesondere intergenerationelle Angebote wie Eltern-Kind-Gruppen auch an Familienbildungsstätten. Grundsätzlich mit den Volkshochschulen vergleichbar, werden diese häufig kirchlich, daneben aber auch von Vereinen oder Kommunen getragen und halten ihre Angebote in der Regel in Form von zeitlich begrenzten Kursen bereit. Dabei decken sie verschiedenste Inhalte ab – etwa aus den Bereichen der Gesundheit, der Erziehungs- und Lebenshilfe, der sozialpädagogischen Fort- und Weiterbildung, aber auch des kreativen Gestaltens. Hier finden sich je nach Einrichtung auch Angebote zum Tanzen, Gitarrenkurse und Gruppen im Bereich der Elementaren Musikpraxis.

Familienbildungsstätten wollen mit ihren Angeboten allgemein zur Unterstützung der Familien sowie zur persönlichen Orientierung und Bildung beitragen. Ihre soziale Ausrichtung zeigt sich nicht zuletzt darin, dass die Kurse in der Regel kostengünstig angeboten werden. Musik hat hier an vielen Einrichtungen ihren Platz als Möglichkeit zur Entfaltung kreativer Potenziale und zur Bereicherung des familiären Miteinanders.

6.8 Fazit

Von den Eltern-Kind-Gruppen, die bereits Säuglinge ansprechen, über das Vorschul- und Schulalter bis hin zu den Angeboten für Erwachsene und ältere Menschen finden sich im Bereich der außerschulischen Musikerziehung vielfältige Angebote für alle Altersgruppen. Private Anbieter ergänzen das Programm öffentlicher Träger. Insbesondere in ländlichen Regionen übernehmen nicht selten Vereine des Laienmusizierens die Aufgaben einer außerschulischen Musikerziehung. Öffentliche und private Musikschulen mit ihren jeweiligen Standards existieren gleichwohl dicht über alle Bundesländer gestreut. In Deutschland steht den Menschen so ein differenziertes Netz von Möglichkeiten zur musikalischen Betätigung sowie zum Ausbau musikalischer Fähigkeiten und Fertigkeiten zur Verfügung.

Weiterführende Informationen zu Institutionen des Musiklernens

Deutscher Musikrat (Hrsg.): Deutsches Musikinformationszentrum.
http://www.miz.org/

Dank

Für das Zustandekommen des vorliegenden Buches bin ich zahlreichen Personen zu Dank verpflichtet. An erster Stelle sei der Verlag Breitkopf & Härtel genannt, dessen Kompetenz und Seriosität ich seit vielen Jahren schätze. Dies gilt speziell auch für die gute und anregende Zusammenarbeit mit dem zuständigen Lektor Friedhelm Pramschüfer, dem ich für sein Interesse an diesem Buchprojekt besonders danke.

In Kapitel 5 wird Bezug auf eine in jüngerer Zeit von mir durchgeführte Untersuchung genommen, die ich nicht ohne die Hilfe engagierter Unterstützer hätte zustande bringen können. Dem damaligen Kanzler der Hochschule für Musik Saar, Wolfgang Bogler, danke ich für die unkomplizierte und bereitwillige Beseitigung der finanziellen Hürden. Ausdrücklicher Dank gebührt Christoph Altmann, Ekaterina Bergen, Sabrina Gründling, Anke Knaudt, Cornelia Weiß und Korinna Zidarov, die die Beobachtung und die Niederschrift von Beobachtungsnotizen übernahmen.

Gleichermaßen habe ich auch den Leitungen und den Fachkräften der Musikschulen zu danken, an denen die Beobachtungen durchgeführt werden konnten: der Musikschule Rostock, der Folkwang Musikschule Essen, der Musikschule Lübeck, der Musikschule Kaufungen, der Johannes-Brahms-Musikschule Detmold sowie der Musikschule Mannheim. Wieder hat der Verband deutscher Musikschulen (VdM) die Durchführung ermöglicht und bei den Mitgliedsschulen dafür geworben. Dafür statte ich stellvertretend dem Geschäftsführer Matthias Pannes meinen besten Dank ab.

Für die schöne und inspirierende Zusammenarbeit im Rahmen einer weiteren kleinen Studie, von der am Ende des Kapitels berichtet wird, danke ich Barbara Stiller und Gerd E. Schäfer sehr herzlich.

Das Musikinformationszentrum des Deutschen Musikrats (miz) hat freundlicherweise den überarbeiteten Abdruck eines dort veröffentlichten Textes für das vorliegende Buch genehmigt; dafür soll hier aufrichtig gedankt werden.

Schließlich möchte ich den Kolleginnen und Kollegen danken, mit denen ich mich über die Themen dieses Buches austauschen konnte; namentlich sei Jens Bastian, Franziska Degé, Clara Dicke, Andreas Doerne, Heinz Geuen, Mariko Ikeda, Christian Jabusch, Ivar Rolando Ibañez Sanchez, Peter Jutz, Wolfgang Lessing, Claudia Meyer, Christian Rolle, Carola Schormann, Karl Tschurl, Marianne Steffen-Wittek, Stephan Weidauer und Wolfgang Winkelmann herzlich für wertvolle Anregungen gedankt. Nicht zuletzt danke ich allen Studierenden, mit denen ich die Themen des Buches in Seminaren bearbeitet habe, für ihre vielfältigen Gedankenanstöße und ihre Neugier.

Bild- und Quellennachweise

Seite 105:   *Ein kleines Mädchen.* Aus: Wüstehube, Bianka; Nykrin, Rudolf: *Geige spielen und lernen 3.* Mainz: Schott 2002, S. 32

Seite 105f.:   *Die Geschichte von den Bremer Stadtmusikanten.* Aus: Dartsch, Michael: *Der Geigenkasten. Materialien für den Violinunterricht. Heft 1: Streichen, Greifen, Spielen – die ersten Schritte;* mit CD; Illustrationen: Juliane Gottwald. Wiesbaden: Breitkopf & Härtel, 2., korrigierte Auflage 2006, S. 87

Seite 106ff.:   *Hundertzwei Gespensterchen.* Aus: James Krüss: *Der wohltemperierte Leierkasten.* München: cbj Verlag 1989; Musik: Michael Dartsch

Seite 117:   *Johannes-Hymnus.* Aus: Sigal, Everard: [= Sigal 2005]

Seite 118:   *Guidonische Hand.* Nach: Pascher, Johann: http://upload.wikimedia.org/wikipedia/commons/6/66/Guidonischehand.gif [= Pascher 2010]

Seite 119:   *Tonsilben nach Galin.* Aus: Galin, Pierre: *Exposition d'une nouvelle méthode pour l'enseignement de la musique.* Paris: Rey et Gravier 1818, S. 40

Seite 121:   *Handzeichen nach Curwen.* Aus: Curwen, John Spencer: *The Standard Course of Lessons and Exercises in the tonic Sol-Fa Method of Teaching Music.* London: Curwen 1901, 2., neugeschriebene Ausgabe des Originals von 1858, S. iv.

Seite 122:   *Handzeichen nach Ward.* Aus: Ward, Justine Bayard: *Muziek. Eerste Jaar.* Doornik: Desclée & Cie 1950, S. 6

Seite 123:   *Handzeichen nach Münnich.* Aus: Münnich, Richard; unter Mitarbeit von Siegfried Bimberg, Wilfried Friedrich, Albrecht Krauß, Christian Lange, Walter Schrape: *Jale. Ein Beitrag zur Tonsilbenfrage und zur Schulmusikpropädeutik.* Wolfenbüttel: Möseler 1959, S. 18ff.

Seite 124:   *Rhythmussprache nach Chevé, Chevé.* Aus: Chevé, Émile; Chevé, Nanine: *Méthode élémentaire de Musique Vocale. Ouvrage repoussé à l'unanimité le 9 Avril, 1850 par la commission du chant de la Ville de Paris.* Paris: Chez les auteurs [6]1854, S. 101

Seite 126:   Georges Boulanger: *Die lustige Puppe* Die Rechte liegen beim Musikverlag Anton J. Benjamin, Hamburg. Aus: Bachmann, Angelika; unter Mitarbeit von Axel Schaffran: *Flexible Strings. Fünf Stücke für variables Streicher-Ensemble.* Wiesbaden: Breitkopf & Härtel 2007, Violine 7, Takte 53ff.

Seite 127:   Trad./Bachmann: *Mein Hut, der hat drei Ecken* Aus: Bachmann, Angelika; unter Mitarbeit von Axel Schaffran: *Flexible Strings. Fünf Stücke für variables Streicher-Ensemble.* Wiesbaden: Breitkopf & Härtel 2007, Violoncello 4, Takte 74ff.

Seite 128:   *Handzeichen nach Curwen.* Aus: Curwen, John Spencer: *The Standard Course of Lessons and Exercises in the tonic Sol-Fa Method of Teaching Music.* London: Curwen 1901, 2., neugeschriebene Ausgabe des Originals von 1858, S. v.

Seite 137:   *Von den Tönen fortgezogen.* Aus: Wackenroder, Wilhelm Heinrich: *Phantasien über die Kunst für Freunde der Kunst.* Herausgegeben von Ludwig Tieck, http://www.zeno.org/nid/20005853990, original: 1799 [= Wackenroder 1984]

Seite 144:   *Laterne, Laterne* T. und M.: aus Norddeutschland In: Weber-Kellermann, Ingeborg: *Das Buch der Kinderlieder. 235 alte und neue Lieder. Kulturgeschichte – Noten – Texte.* Melodieausgabe mit Akkordbezifferung. Mainz: Schott 1999, S. 146

Seite 207: *In Mutters Stübele.* T. und M.: aus dem Breisgau, 19. Jh. In: Weber-Kellermann, Ingeborg: *Das Buch der Kinderlieder. 235 alte und neue Lieder. Kulturgeschichte – Noten – Texte.* Melodieausgabe mit Akkordbezifferung. Mainz: Schott 1999, S. 201

Seite 207: *Veeh-Harfe mit Notenblatt;* Foto: Daniel Vuillaume, Notenblatt aus: *Da Capo. Unterrichtswerk für Veeh-Harfe, ein Übungsprogramm für Anfänger und Fortgeschrittene. 82 Spielblätter.* Hemmersheim: Hermann Veeh 2005

Das umfangreiche Literaturverzeichnis finden Sie zum Download im PDF Format auf www.breitkopf.com.

Personenverzeichnis